남프랑스 홀리데이

남프랑스 홀리데이

2025년 5월 30일 개정 3판 1쇄

지은이 맹지나
발행인 김산환
책임편집 윤소영
디자인 윤지영
지도 글터
펴낸 곳 꿈의지도
인쇄 다라니
종이 월드페이퍼

주소 경기도 파주시 경의로 1100, 604호
전화 070-7535-9416
팩스 031-947-1530
홈페이지 blog.naver.com/mountainfire
출판등록 2009년 10월 12일 제82호

ISBN 979-11-6762-122-1
ISBN 979-11-86581-33-9-14980(세트)

지은이와 꿈의지도 허락 없이는 어떠한 형태로도 이 책의 전부, 또는 일부를 이용할 수 없습니다.
※ 잘못된 책은 구입한 곳에서 바꿀 수 있습니다.

Sud de France
남프랑스 홀리데이

글·사진 맹지나

꿈의지도

Prologue

◇

태양과 바다가 있으면 어떤 여행도 행복하다.

오래 머무르는 따사로운 햇살과 포근하게 찰랑이는 청량한 파도라면 더 바랄 것이 없다. 남프랑스를 여러 계절에 걸쳐 여행하며 기대하고 바랐던 것은 이 두 가지였는데, 단 한 번도 실망한 적이 없었다. 11월에도 반팔을 입고 구시가지를 거닐다 니스 해변으로 나와서는 바다로 뛰어들까, 고민할 수 있었던 온화한 날씨는 남프랑스가 일 년 내내 매력적인 여행지인 가장 큰 이유다. 아마 이 책의 표지를 들추어 서문을 읽고 있는 독자들도 남프랑스를 금빛, 푸른빛으로 그리며 여행의 꿈을 품고 있지 않을까 짐작한다.

다른 가이드북 작업에 비해 남프랑스 편을 쓰며 특히 고민했던 점은 목차 작업이었다. 몇 분이면 동네 한 바퀴를 돌아볼 수 있는 아주 작은 마을들까지도 모두 담고 싶은 욕심이 솟구쳐, 책에 담을 도시들을 골라내는 것이 쉽지 않았다. 가까운 이웃 도시들이지만 제각각 개성과 전통, 역사와 자연미가 확연히 달라 가장 좋았던 남프랑스 여행지를 골라달라는 질문에 한참을 고민하고도 대답할 수 없다는 시원찮은 답을 내놓을 수밖에 없었다. 달큰한 바람이 솔솔 불던 산자락, 세월에 닳아 반질하게 윤이 나는 중세거리, 완만하게 굽이치는 파도와 보드라운 모래사장, 남프랑스의 곳곳에서 쉬이 발견할 수 있는 잔잔하고 정겨운 여행의 기억들은 정신없는 도시 생활로 돌아오니 유난히 자주 떠올라 아른거린다. 오래, 소중하게 추억할 여행을 바란다면 주저 없이 남프랑스를 품어 보자.

<남프랑스 홀리데이>는 파리만으로 프랑스 여행을 끝내서는 안 된다고, 찰나의 니스만으로 남프랑스 여행을 마쳐서는 안 된다고 설득하는 책이다. 아무 곳이나 펼쳐 읽어도 여행자를 유혹하는 모습을 발견할 수 있을 것이다. 마음에 오래 남는 명작들의 전시와 역사가 오랜 맛집에서 발견하는 새로운 맛과 시원하고 풍미 좋은 로제 와인이 기다리고 있으니 떠나지 않을 수 없다. 도시적이고 화려한 파리에서 그치지 않고 정다운 남부의 다채로운 모습들까지 꼭 여행하기를 소망한다.

Special Thanks to

◇

현지 취재에 적극 도움 주신 프랑스 관광청에 진심으로 감사의 말을 전합니다.

Special thanks to Comite Regional du Tourisme Riviera Côte d'Azur, Provence-Alpes-Côte d'Azur Tourism Board and Office du Tourisme et Congres de Nice, Cannes, Saint-Paul de Vence, Ville de La Turbie, Villefranche-sur-Mer, Èze, Grasse, Antibes, Cassis, Saint-Tropez, Aix-en-Provence, Bouches-du-Rhône, Nîmes, Marseille, Montpellier, Toulouse.

맹지나

〈남프랑스 홀리데이〉 100배 활용법

남프랑스 여행 가이드로 〈남프랑스 홀리데이〉를 선택하셨군요.
'굿 초이스'입니다. 남프랑스에서 뭘 보고, 뭘 먹고, 뭘 하고, 어디서 자야 할지
더 이상 고민하지 마세요. 친절하고 꼼꼼한 베테랑 〈남프랑스 홀리데이〉와
함께라면 당신의 남프랑스 여행이 완벽해집니다.

1) 남프랑스를 꿈꾸다
❶ STEP 01 » PREVIEW 를 먼저 펼쳐보세요. 오랜 역사와 세월이 빚어낸 맛과 멋을 담은 남프랑스에서 꼭 즐겨야 할 것, 먹어야 할 것들을 안내합니다. 놓쳐서는 안 될 핵심 요소들을 사진으로 만나보세요.

2) 여행 스타일 정하기
❷ STEP 02 » PLANNING 을 보면서 나의 여행 스타일을 정해보세요. 남프랑스는 어떤 곳인지, 각 도시들은 어떤 매력을 품고 있는지 하나하나 알려드립니다. 취향에 맞는 여행지를 고르는 것에 따라 여행 일정과 스타일이 달라집니다.

3) 여행 플랜 짜기
여행의 밑그림을 그렸다면 구체적으로 여행을 알차게 채워갈 단계입니다.
❸ STEP 03 » PLANNING 을 보면서 언제 갈 것인지, 일정은 어떻게 짤 것인지 정해봅니다. 가기 전에 알아두면 좋은 교통 및 렌터카에 대해서 알아보고 남프랑스 쇼핑과 음식에 대해서도 체크합니다.

4) 지역별 일정 짜기
여행의 콘셉트와 목적지를 정했다면 이제 지역별로 묶어 동선을 짜봅니다.
❹ 남프랑스 지역편 에서 남프랑스의 지역별 관광지와 레스토랑 등을 소개합니다. 도시를 가장 알차게 여행할 수 있는 효율적인 동선을 제시합니다.

5) 교통편 및 여행 정보
남프랑스는 차로 30분만 가도 확연히 다른 분위기의 도시들이 많습니다. 여행자를 위한 교통편도 다양하고 여행자가 꼭 알아야 할 여행 정보도 많습니다. ❺ **남프랑스 지역편** 에서는 도시별로 여행지를 찾아가거나 여행지에서 이동할 수 있는 교통편을 제시합니다.

6) 숙소 정하기
어디서 자느냐가 여행의 절반을 좌우합니다. 숙소가 어디인지에 따라 여행 일정도 달라집니다. ❻ **남프랑스 지역편 》 SLEEP** 에서는 지역별 여행지마다 먹고 잘 수 있는 곳들을 알려줍니다. 배낭여행자들을 위한 도미토리부터 프랑스의 역사를 보여주는 호텔까지 가격대비 만족스러운 곳들을 엄선하여 보여줍니다. 자신의 취향에 맞는 숙소를 정해보세요.

7) D-day 미션 클리어
여행 일정까지 완성했다면 책 마지막의 ❼ **여행준비 컨설팅** 을 보면서 혹시 빠뜨린 것은 없는지 챙겨보세요. 여행 70일 전부터 출발 당일까지 날짜별로 챙겨야 할 것들이 리스트 업 되어 있습니다.

8) 홀리데이와 최고의 여행 즐기기
이제 모든 여행 준비가 끝났으니 〈남프랑스 홀리데이〉가 필요 없어진 걸까요? 여행에서 돌아올 때까지 내려놓아서는 안 돼요. 여행 일정이 틀어지거나 계획하지 않은 모험을 즐기고 싶다면 언제라도 〈남프랑스 홀리데이〉를 펼쳐야 하니까요. 〈남프랑스 홀리데이〉는 당신의 여행을 끝까지 책임집니다.

CONTENTS

008	프롤로그
010	100배 활용법
012	목차

SUD DE FRANCE BY STEP
여행 준비 & 하이라이트

STEP 01
PREVIEW
남프랑스를 꿈꾸다

018	01 남프랑스 MUST SEE
022	02 남프랑스 MUST DO
026	03 남프랑스 MUST EAT

STEP 02
PLANNING
남프랑스를 그리다

030	01 남프랑스를 말하는 6가지 키워드
034	02 남프랑스와 첫인사
038	03 남프랑스 여행 코스 추천
048	04 남프랑스 쇼핑 백과사전
050	05 남프랑스 음식 백과사전
052	06 남프랑스 와인 백과사전
056	07 도전! 프랑스어 메뉴판 읽기
058	08 프렌치 리비에라 패스
060	09 남프랑스 드라이빙 여행
064	10 남프랑스 여행 Q & A

SUD DE FRANCE BY AREA
남프랑스 지역별 가이드

01 니스

	070	PREVIEW
	071	GET AROUND
	076	TWO FINE DAYS
	078	MAP
	084	SEE
	095	EAT
	100	BUY
	103	SLEEP

02 니스 근교

	108	PREVIEW
	109	MAP
생폴 드 방스	111	GET AROUND
	112	MAP
	113	SEE
	115	EAT
	116	SLEEP
에즈	119	GET AROUND
	120	MAP
	121	SEE
빌프랑쉬 수르 메르	125	GET AROUND
	126	MAP
	127	SEE
라 투르비	130	GET AROUND
	130	MAP
	131	SEE
보리우 수르 메르	134	GET AROUND
	135	MAP
	136	SEE
생 장 캅 페라	139	GET AROUND
	139	MAP
	140	SEE
캅 다일	143	GET AROUND
	143	MAP
	144	SEE
	146	EAT

03 깐느	150	PREVIEW	06 생 트로페	230	PREVIEW
	151	GET AROUND		231	ONE FINE DAY
	154	MAP		232	GET AROUND
	156	ONE FINE DAY		234	MAP
	158	SEE		235	SEE
	166	EAT		240	EAT
	168	BUY		241	BUY
	170	SLEEP		242	SLEEP

04 그라스	176	PREVIEW	07 마르세유	246	PREVIEW
	177	GET AROUND		247	GET AROUND
	180	ONE FINE DAY		250	TWO FINE DAYS
	181	MAP		252	MAP
	184	SEE		255	SEE
	197	EAT		266	EAT
	200	BUY		269	BUY
	201	SLEEP		272	SLEEP

05 앙티브	204	PREVIEW	08 카시스	276	PREVIEW
	205	ONE FINE DAY		277	GET AROUND
	206	GET AROUND		278	MAP
	210	MAP		281	SEE
	212	SEE		286	EAT
	220	EAT		288	BUY
	223	BUY		290	SLEEP
	225	SLEEP			

09 액상 프로방스

294	PREVIEW
295	GET AROUND
298	ONE FINE DAY
299	MAP
300	SEE
306	EAT
308	BUY
310	SLEEP

10 아비뇽

314	PREVIEW
315	ONE FINE DAY
316	GET AROUND
318	MAP
319	SEE
328	EAT
330	BUY
332	SLEEP

11 아를

336	PREVIEW
337	ONE FINE DAY
338	GET AROUND
340	MAP
341	SEE
350	EAT
351	BUY
352	SLEEP

12 님

356	PREVIEW
357	GET AROUND
360	ONE FINE DAY
361	MAP
362	SEE
368	EAT
371	BUY
374	SLEEP

13 몽펠리에

378	PREVIEW
379	GET AROUND
382	ONE FINE DAY
383	MAP
385	SEE
391	EAT
393	BUY
395	SLEEP

14 툴루즈

400	PREVIEW
401	GET AROUND
406	MAP
408	TWO FINE DAYS
410	SEE
423	EAT
429	BUY
431	SLEEP

433	여행 준비 컨설팅
442	인덱스

Step 01
Preview

남프랑스를
꿈꾸다

01 남프랑스 MUST SEE

02 남프랑스 MUST DO
03 남프랑스 MUST EAT

STEP 01
PREVIEW

PREVIEW 01
남프랑스 MUST SEE

동화 속 중세 도시의 좁은 골목, 금빛 물살이 넘실대는 고운 모래사장, 대가들의 작품이 빼곡히 걸린 오래된 미술관. 무엇을 꿈꿔왔든 상상 그 이상을 선사하는 남프랑스. 남프랑스를 여행하는 자는 그 아름다움에 눈이 멀게 된다. 남프랑스 곳곳의 빼어난 미美를 엄선하였다.

1

니스 언덕에서 내려다보는, 시원하게 펼쳐진 **해안가의 파노라마**

압도하는 역사의 흔적과 건축미, **아비뇽 교황청**

신과 구의 환상적인 조화, **마르세유의 구항구와 뮤셈**

STEP 01
PREVIEW

고흐의 붓터치가 생생히 느껴지는,
아를의 밤의 카페 테라스

위대한 화가의 숨결이 깃든,
엑상프로방스의 아틀리에 세잔

6 가장 훌륭한 피카소 컬렉션을 소장, 전시하고 있는 **앙티브 피카소 박물관**

7 각종 축제의 장이 되는 웅장한 원형 경기장, **아를과 님의 아레나**

STEP 01
PREVIEW

1 카약과 서핑 보드 하나면 남프랑스 바다 정복!
여러 도시에서 즐길 수 있는 해양 레저

PREVIEW 02

남프랑스
MUST DO

에너지 넘치는 여행자들을 위해 남프랑스는 특별한 액티비티들을 마련해놓았다. 바닷물에 발만 담그고 가면 안 되는 이유를, 오래 여행할수록 짜릿함과 흥분이 배가 되는 요소들을 소개한다.

4 보트로 깐느 주변 섬 찾아가는 당일치기 여행

2 산, 계곡과 하나가 되는 칼랑크 하이킹

3 쉽고 간단하지만 중독되면 헤어나올 수 없는 페탕크 게임

5 향수의 고장 그라스에서 나만의 향수 만들기

STEP 01
PREVIEW

6 일 년 중 가장 성대하게 열리는 남프랑스 최대 축제, 니스 카니발 참여하기

8 세계적인 음악 축제, 앙티브 재즈 페스티벌에서 귀 호강하기

7 니스 해안가 도로를 드라이브하며 바닷가 풍경 감상하기

9 남프랑스 어느 마을을 가도 볼 수 있는 즐거운 시장 구경하기

STEP 01
PREVIEW

콩과 육류를 뭉근하게 푹 끓인 툴루즈 별식
까술레

마르세유에서 안 먹고 갈 수 없는 생선 스튜
부야베스

PREVIEW 03

남프랑스 MUST EAT

심심풀이 간식으로 계속 찾게 되는
부드러운 님의 **브렁다드**

생 트로페의 달콤한 디저트
타르트 트로피지엔

앙티브와 니스의 짭쪼름하고
바삭한 즉석 요리 **소카**

겨울 그라스 여행자라면 반길
따끈한 국물 요리 **파숨**

하늘이 선물한 훌륭한 자연환경에서 만들어지는 신선한 과일과 채소, 매일 잡아 올리는 생선과 세계 최고의 치즈와 우유, 버터, 익히지 않고 타르타르로 먹어도 살살 녹는 소고기를 비롯한 육류. 여기에 각 지역별 레시피와 남부의 후한 인심이 더해져 남프랑스 여행 중에는 배고플 틈이 없다.

도시의 이름을 따, 세계적으로 널리 알려진
남프랑스 레시피 **샐러드 니스와즈**

아몬드 가루를 빚어 만드는
작은 잎사귀 모양의 **칼리송**

Step 01
planning

남프랑스를 **그리다**

01 남프랑스를 말하는 **6가지 키워드**
02 남프랑스와 **첫인사**
03 남프랑스 **여행 코스 추천**
04 남프랑스 **쇼핑 백과사전**
05 남프랑스 **음식 백과사전**

06 남프랑스 와인 백과사전
07 도전! 프랑스어 메뉴판 읽기
08 프렌치 리비에라 패스
09 남프랑스 드라이빙 여행
10 남프랑스 여행 Q&A

PLANNING 01

남프랑스를 말하는 **6가지 키워드**

오랜 역사와 세월이 빚어낸 맛과 멋이 남프랑스 전역에 고루 뿌려져 있다. 차로 30분만 가도 전혀 다른 식도락과 문화를 마주하게 되니, 남프랑스 여행은 머릿속으로 상상하는 것 그 이상이다. 남프랑스의 자연 조건과 문화적인 특징을 집약한 키워드 6개로 구체적인 남프랑스를 그려보자.

지중해 La Mer Méditerranée

'유럽 문명의 어머니'라 불리는 아름다운 바다, 지중해. 지중해 일대 지역은 날씨가 온화하며, 여름철에는 거의 비가 오지 않아 무덥고 건조하다. 이러한 기후 특성을 지중해성 기후라 부르며 천금 같은 햇살 덕분에 지중해 지역들은 인기 휴양지가 되었다. 남프랑스 역시 지중해성 기후 덕분에 매일 비가 내리고 추운 영국에서 겨울을 피해 오는 신사들의 휴양지로 조명받았다. 흔히 여름 여행지로 착각하기 쉽지만 남프랑스는 겨울 여행으로 먼저 알려졌다.

남프랑스 최고의 해변 BEST 5

1. 니스 프로므나드 데 장글레 앞바다
2. 니스 근교 빌프랑쉬 수르 메르의 마리니에르 해변
3. 마르세유 보렐리 해변
4. 몽펠리에 팔라바스-레-플롯 해변
5. 생 트로페의 팜펠론느

영화 Cinema

세계에서 가장 유명한 영화제가 열리는 깐느 외에도 남프랑스의 여러 도시는 영화와 밀접한 관련이 있다. 아름다운 풍광으로 수많은 영화의 배경이 된 덕분. 남프랑스로 떠나기 전에 볼 만한 영화를 추천한다. 마릴린 먼로, 브리짓 바르도를 단숨에 세계적인 스타로 만든, 생 트로페 항구가 배경인 〈그리고 신은 여자를 만들었다〉가 대표적. 프랑소아즈 사강의 소설 원작 〈슬픔이여 안녕〉도 생 트로페에서 촬영하였다. 캐리 그랜트와 그레이스 켈리가 주연한 알프레드 히치콕 감독의 〈나는 결백하다〉는 프렌치 리비에라의 여러 마을을 배경으로 하였다. 코트 다 쥐르 해안가의 한 빌라를 배경으로 하는 〈수영장〉도 있다. 최신작으로는 깐느와 라 투르비, 니스 구항구 등지에서 촬영한 로버트 드 니로 주연의 스릴러 〈로닌〉, 빌프랑쉬 수르 메르에서 촬영한 스티브 마틴과 마이클 케인 주연의 코미디 영화 〈화려한 사기꾼〉, 프로방스 등지에서 촬영한 러셀 크로우 주연의 동명 소설을 영화화한 〈어느 멋진 순간〉 등이 있다.

축제 Les Fêtes

남부 사람들은 일 년 내내 흥이 넘친다. 가장 큰 축제는 2월에 열리는 니스 카니발. 유럽에서 가장 오래된 축제인 니스 카니발은 2월 초 참회 화요일 Mardi Gras을 기준으로 2주간 열린다. 90년 가까이 진행해온 멍통에서 열리는 레몬 축제가 상큼한 봄을 기원하는 2월 중순에 펼쳐진다. 재즈 축제로는 니스와 주앙 레 팡이 유명하며 특히 니스 재즈 페스티벌의 경우 세계 최초의 재즈 축제라는 점에서 그 의의가 대단하다. 5월의 깐느에는 세계 제일의 영화 인사들이 모여드는 깐느 영화제가 있고, 부활절 후에 열리는 님의 오순절 축제 향연인 아비뇽 페스티벌이 그 뒤를 따라 6~7월에 열린다. 전 세계의 전통 음악과 무용을 위한 몽펠리에 무용 축제가 여름 성수기 전 축제가 막을 올린다. 바캉스 시즌이 지나고 가을이 오면 몽펠리에 와인 축제를 비롯한 여러 와인 행사가 열리고, 겨울에는 따뜻하고 포근한 크리스마스 마켓이 남부 해안가를 수놓는다.

미스트랄 Mistral

미스트랄은 겨울에서 봄 사이 프랑스 중부에서 론 강을 따라 지중해로 불어오는 한랭건조한 국지풍局地風으로, '북풍'이라는 뜻이다. 겨울 저기압이 동진할 때 전면으로 북쪽 산지에 축적된 찬 공기가 함께 밀려오는 것. 겨울 내내 계속되나 느닷없이 불다가 멈추다가 하여 언제 미스트랄을 마주할지 예상할 수 없다. 최고 풍속은 40m/s로 조금만 빈틈을 보여도 창과 문이 뜯겨 나갈 정도의 무시무시한 위력을 자랑한다. 프랑스에서 개발한 휴대용 미사일을 '미스트랄'이라 이름 붙인 것으로 그 파워를 가늠할 수 있다. 때문에 남부의 건물들은 문을 남쪽으로 향하도록 지었다. 골목길이 구불거리는 것은 그러한 이유 때문이다.

옥시탄 Occitan

이탈리아와 스페인 일부, 모나코와 함께 남프랑스는 지역 고유의 언어 옥시탄Occitan을 사용한다. 옥시탄을 사용하는 지역을 옥시타니아라고 부르기도 한다. 옥시탄은 카탈란어, 프로방스어, 가스콩어 등 다양하다. 프랑스에서 공식 언어로 인정받지 못하는 상태이며 안타깝게도 점점 더 사용 빈도가 낮아지고 있다. 제2외국어로 학교에서 가르치거나 옥시탄 협회를 운영하는 등 지방 언어의 보존을 위해 많은 노력이 이루어지고 있다. 툴루즈의 경우 길 표시를 프랑스어와 옥시탄으로 병기한다. 봉쥬르가 아닌 '봉죠', 싸 바(잘 지내?)가 아닌 '꼬시 바'를 듣는다면 '바 플랑, 메르쎄(잘 지내요, 감사합니다)'라고 답해주자.

꽃과 나무

툴루즈의 파스텔과 바이올렛, 그라스의 장미와 재스민, 니스와 깐느의 야자수 등 남프랑스는 연중 내내 푸르고 알록달록하며 진하고 달콤한 향기를 풍긴다. 프로방스 지역에만 야생화가 150여 종이 넘고 남프랑스의 어느 마을에서나 식료품 시장 못지않게 꽃 시장이 많은 것을 볼 수 있다. 아침 이슬을 머금은 이름 모를 꽃 한두 송이를 들고 고즈넉한 거리를 걸어보자. 동화 같은 중세 마을의 운치가 한 층 더 할 것이다.

PLANNING 02
남프랑스와 **첫인사**

시크한 파리지앵과는 달리 날씨만큼이나 밝고 따뜻한 사람들이 사는 곳! 바닷가와 붙어 있어 침략이 잦았던 탓에 평탄치 않은 역사를 가지고 있다. 또 여러 문화의 영향을 받아 다양하고 풍성한 예술이 발달한 곳이기도 하다. 아직은 낯설기만 한 남프랑스. 남프랑스는 어떤 향기와 빛깔을 품은 곳인지, 설레는 첫인사를 나누어보자.

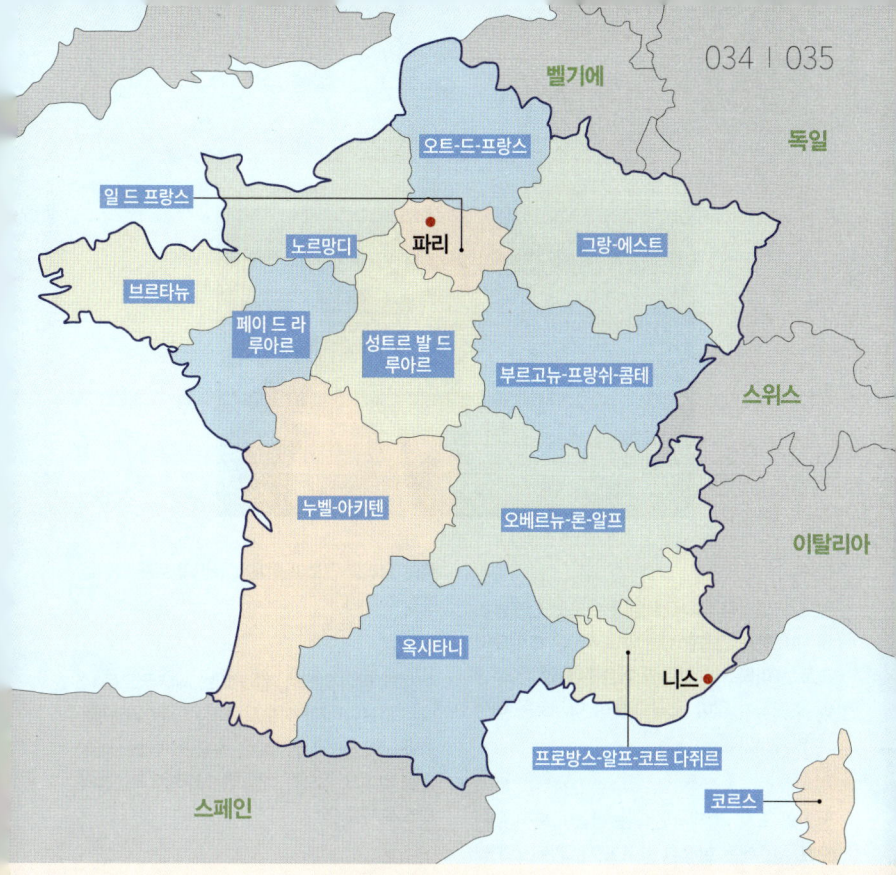

남프랑스는 대서양과 지중해, 스페인과 이탈리아와 맞닿아 있어 다양한 자연 환경과 여러 문화에 영향을 받았다. 덕분에 온화한 기후와 풍부한 먹거리로 유명하다. 샤갈, 마티스가 여생을 보낸 곳이고, 우디 앨런 감독의 <매직 인 더 문라이트>, 줄리엣 비노쉬가 주연한 영화 <쇼콜라> 등 수많은 영화의 배경이 되기도 했다.

일 년 중 300일 이상 햇살이 쨍하다는 남프랑스의 해안가 지역은 '리비에라 Riviera'라고도 부르는데, 유럽 겨울 여행지의 대명사. 18세기 중반부터 빅토리아 여왕, 에드워드 7세 등 영국 귀족들이 겨울마다 찾았다고 한다.

철도의 발달과 함께 더욱 사랑받기 시작하면서 오늘날까지 유럽 최고의 바캉스 여행지로 손꼽히는 곳이기도 하다. 한국 여행자들 사이에서도 여유롭고 평화로운 남프랑스가 나날이 주목받고 있다. 각 도시마다 완전히 다른 분위기와 볼거리 등 특색있는 맛과 멋을 지니고 있어서 지루할 틈이 없다.

"남프랑스 주요 도시를 소개합니다"

니스
알프스 마리팀 데파르트멍의 수도로 남프랑스를 대표하는 황홀한 해변의 도시. 문화 랜드마크로는 마티스와 샤갈의 미술관이 있다. 주변에 소도시가 많아 오래 머물며 다채로운 여행을 할 수 있다.

깐느
영화의 도시. 축제 기간에는 한없이 북적대고, 오프 시즌에는 한적한 항구 도시. 카지노와 명품 매장들이 즐비한 항구 쪽의 신시가지와 언덕 위 구시가지의 분위기가 확연하게 다르다.

마르세유
인구 85만 명의 대형 마도로스의 도시. 투박한 구시가지와 뮤셈MuCEM을 대표로 하며, 나날이 발전하는 박물관, 미술관, 그리고 종교인이 아니더라도 한 번 올라가볼 만한 노트르담 드 라 가르드 성당 등이 여러 가지 매력을 뽐내는 곳이다. 맛있는 해산물과 지역에서 양조하는 맥주로 눈과 입이 모두 즐거운 여행지이다.

생 트로페
브리짓 바르도가 사랑해 마지 않는 작고 낭만적인 항구 도시. 아침 일찍 동네 사람들이 갓 잡아 온 생선으로 만든 음식과 달콤한 크림 타르트, 홍합 요리를 맛보며 럭셔리 쇼핑과 로제 와인을 즐길 수 있다.

앙티브
주앙 레 팡과 앙티브, 캅 당티브 세 지역으로 나뉘는 길쭉한 해안가 도시. 대형 아쿠아 테마파크와 세계적으로 인정받은 훌륭한 피카소 미술관을 갖추고 있으며 여름에는 화려한 라인업의 재즈 축제를 연다.

아비뇽
프랑스, 유럽 종교, 정치의 주 무대가 되었던 도시로서 남아 있는 유적과 문화의 흔적이 특별하여 볼거리가 많다. 현대 기술을 가미하여 밤이 되면 교황청에서 화려한 레이저 공연을 볼 수 있다. 유독 전시관이 많아, 문화를 즐기고 싶은 여행자라면 사랑에 빠질 수밖에 없는 곳.

그라스
세계 제일의 향수 도시. 향수를 맡아보고, 공부하고, 만들어보고, 구입할 수 있는, 꽃향기 가득한 전원적인 작은 동네이다.

카시스
남프랑스에서는 바다뿐 아니라 하이킹도 즐길 수 있다. 어마어마한 규모의 국립공원 칼랑크를 여행하기 좋은 작은 해안가 도시. 카시스

해산물과 로제 와인도 유명하다.

엑상프로방스

미술과 와인, 남다른 취향을 뽐내는 프랑스인들이 거주하는 부유한 도시로 학생들도 많아 젊고 활기찬 분위기가 특징적이다.

아를

고흐가 사랑한 전원적이며 평화로운 작은 마을. 깨끗하고 맑으며 천재 화가에게 영감을 주었던 진하고 소박한 색의 향연이 도시 이곳저곳 펼쳐져 있다. 잘 보존되어 있는 대형 아레나는 아를 최고의 명소.

님

현대 미술관과 아를 못지않게 훌륭하게 보존되어 있는 원형 아레나, 그리고 대구살을 으깨어 만드는 특산물 브랑다드가 님을 대표한다. 아침마다 서는 대형 시장과 밤의 압생트 한 잔은 활기차고 유쾌한 님의 분위기를 자아낸다.

몽펠리에

축제가 많은 문화의 도시. 대형 오페라 공연장이 2개나 있으며 훌륭한 전시를 여는 미술관, 박물관도 여럿이다. 해안과는 조금 떨어져 있으나 내륙 도시만의 포근함, 아늑함이 있다. 독특한 건축 양식의 대성당은 꼭 가봐야 한다.

툴루즈

젊고 국제적인 진보 도시, 과학과 강과 운하의 도시. 남프랑스 다른 도시들과는 완전히 다른, 가장 특징적인 맛과 멋을 자랑한다. 감자와 콩 요리, 거센 바람을 피하기 위해 구불구불 지은 골목과 도시 외곽에 자리한 우주, 항공 관련 전시 센터가 툴루즈의 상징이다.

TIP 프랑스의 행정구역

크게 주(헤지옹Région)와 주를 구성하는 데파르트망Département으로 되어 있다. 〈남프랑스 홀리데이〉에서 소개하는 헤지옹은 프로방스 알프 코트 다쥐르Provence Alps Cote d'Azur(주도 마르세유)와 옥시타니Occitanie(주도 툴루즈)이다. 옥시타니주의 경우 2016년 전까지 랑그독-후시용Languedoc-Roussillon과 미디 피레네Midi-Pyrénées 헤지옹으로 나뉘어 있었기에 랑그독-후시용-미디 피레네Languedoc-Roussillon-Midi-Pyrénées라 부르기도 한다.

PLANNING 03
남프랑스 **여행 코스 추천**

남프랑스는 도시, 마을마다 각각의 테마와 관련한 특색 있는 볼거리가 상당하다. 남프랑스의 '이것'은 알차게 보고 왔다! 자신 있게 말할 수 있을 보람찬 여행 코스를 추천한다.

A 남프랑스 핵심 도시 탐방 6박 7일

파리도, 프랑스와 국경을 마주하는 스페인과 이탈리아도 욕심내지 않고 오로지 남프랑스에 집중하는 알찬 여행. 겨울에도 청량한 바다와 맑은 하늘이 반겨주는 남프랑스를 가장 알차게 돌아보는 일주일 일정을 소개한다.

TIP 매일 도시를 옮기는 것이 체력적으로 무리가 될 것 같은 여행자라면 도시를 1~2개 줄이고 여행 막바지에 2박을 하는 일정을 만드는 것도 좋다.

DAY 1, 2 니스

남프랑스를 대표하는 도시라 해도 과언이 아닌 니스에서 여행을 시작하자. 바다와 문화, 맛과 멋을 고루 갖추었다. 근교가 무척 아름다우니 니스의 주요 명소들을 미리 책에서 살펴보자. 니스에서의 일정을 하루에 마칠 수 있으면 나머지 하루는 근교 여행을 하자.

DAY 3 그라스 또는 앙티브

향수의 도시에 가보고 싶은지, 아니면 해변과 피카소를 원하는지? 입맛에 따라 고르는 두 번째 도시. 두 곳 모두 색이 확실한 소도시들이니 니스와는 전혀 다른 분위기에 흠뻑 취할 수 있을 것이다.

DAY 4 마르세유

꾸밈없는 항구와 시가지의 소박하고도 힙한 모습에 반하게 될 것이다. 지역색이 물씬 풍겨져 나오는 식도락을 즐기는 것도 잊지 말도록.

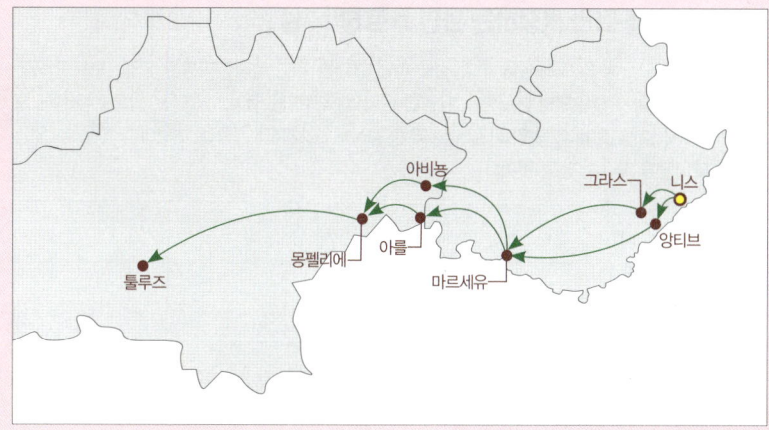

DAY 5 아비뇽 또는 아를

역사적인 의미가 상당한 곳. 여러 미술관이 자리한 문화의 도시 아비뇽을 여행할 것인지 고흐의 흔적이 도시 곳곳에 묻어 있는 아를을 여행할 것인지 결정해 떠나보자.

DAY 6 몽펠리에

나날이 발전하는 신시가지와 전통이 공존하는 멋진 도시. 연중행사가 잦아 언제나 즐겁고 흥겨운 분위기가 매력적인 몽펠리에에서의 하루를 보내자.

DAY 7 툴루즈

해안가 도시들과는 완전히 다른 과학과 맛의 도시 툴루즈. 하루 세 끼로 부족할 정도로 맛집이 많고 니스 못지않게 규모가 커 바쁘게 여행해야 한다. 가보고 싶은 곳들을 미리 결정하고 짜임새 있게 일정을 계획해야 한다.

B 포도 향을 따라 여행하는 와인 루트 6박 7일

파리를 뒤로하고 남부의 포도향을 따라 길을 떠난 그대를 위한 달콤쌉싸름한 일정. 보르도 와인은 한국에서도 마셔 보았으니 남프랑스 다양한 지역의 오크통을 열어 보겠다는 각오로 여행해 보자. 후회하지 않을 것이다. 와인과 잘 어울리는 음식도 도시마다 가득해 끼니마다 잊을 수 없는 최고의 테이블을 마주하게 될 것이다.

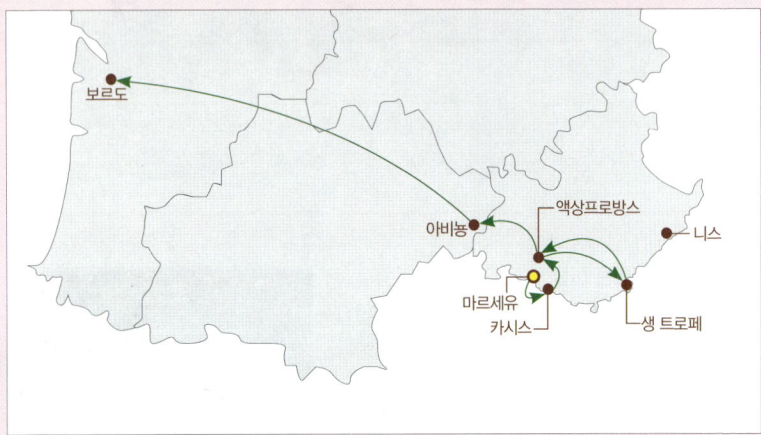

DAY 1 마르세유

남프랑스의 대표적인 해안가 도시 마르세유는 식도락 천국. 경제적이고 맛좋은 남부 와인들이 모여 있다. 마르세유 시내를 돌아보는 것으로 아쉽다면 일정을 하루 늘려 칼랑크를 돌아보도록 하자. 액티브한 일정은 와인 맛을 더욱 돋울 것이다.

DAY 2 카시스

항구에서 맛 좋고 저렴한 해산물과 화이트 와인 마시기. 머리끝부터 발끝까지 청량함으로 채워질 것이다. 온통 로제인 프렌치 리비에라 해안에서 화이트 와인으로 가장 유명한 곳이다.

DAY 3 액상프로방스

액상프로방스와 생 트로페의 로제! 여름이건 겨울이건 눈을 뜨면 프로방스 사람들은 커피보다도 로제를 찾는다. 얼음 한 조각을 동동 띄워 시원하게 마셔보자. 온도는 낮아지고 알코올은 희석되어 계속 마시게 된다.

DAY 4 생 트로페

럭셔리한 남프랑스 대표 휴양지 생 트로페에서는 어떤 것도 부족함이 없다. 편안하고 고급스러운 숙소와 식당, 명품 상점들이 가득한 한편 소담한 항구와 좁고 구불거리는 골목길이 대조적인 매력을 이룬다.

TIP 마르세유를 베이스 삼아 카시스, 액상프로방스, 생 트로페를 당일치기 여행으로 다녀오자. 숙소를 자주 옮기는 것은 번거롭기도 하고 시간을 많이 잡아먹는다.

DAY 5 아비뇽

아비뇽에서 대표적인 코트 뒤 론 와인인 샤토 뇌프 뒤 파프 Châteauneuf-du-Pape AOC를 원 없이 마셔보자. 스파이시하고 바디감이 무거워 고기 요리와 잘 어울린다. 화이트 와인 타벨 Tavel도 목 넘김이 좋다. 2월쯤 아비뇽을 찾는다면 밸런타인데이 다음주 토요일 아비뇽 근교 로크마유르에서 열리는 '키스의 축제'를 보러가자.

DAY 6 보르도

프랑스에서 와인하면 빠질 수 없는 도시가 바로 보르도. 이왕 프랑스에 온 김에 몇 시간만 달리면 찾을 수 있는 와인의 명가를 여행하지 않을 수 없다. 아비뇽에서 TGV를 이용하여 보르도에 들렀다가 파리에서 아웃(OUT) 하는 일정을 추천한다.

STEP 02
PLANNING

🅒 세계적인 화가들의 발자취를 따라가는 5박 6일

여행자를 다정히 맞이하는 수백 년 된 미술품들은 남프랑스 곳곳에 조용히 자리를 지키고 있다. 대가들이 남프랑스와 사랑에 빠져 오래 머물며 남긴 걸작들을 직접 보고 그들의 예술혼을 따라 여행해보자. 여행을 마치고 돌아가는 길에 봄꽃처럼 피어나는 영감을 주체할 수 없을 것이다.

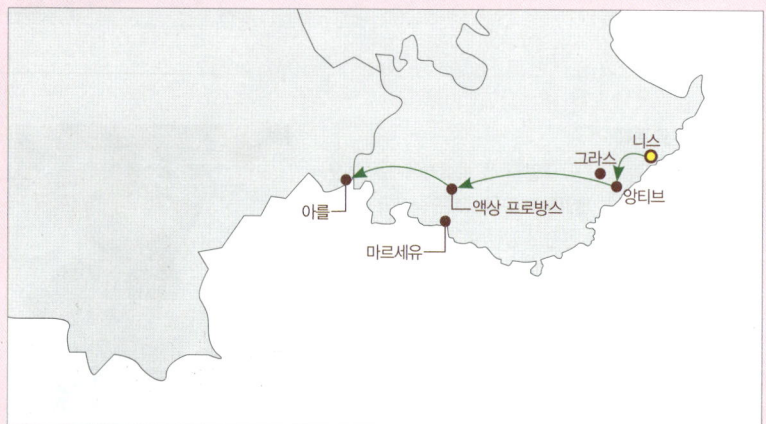

DAY 1, 2 니스

마티스 미술관과 샤갈 미술관뿐 아니라 니스의 크고 작은 박물관도 방문해보자. 니스 박물관 전시는 마르세유나 파리의 미술관들에 비하면 크게 뛰어나지 않은 것이 사실이다. 그러나 남부를 대표하는 도시이고 해안가가 아름다워 산책하기 안성맞춤이니 이틀 정도 머물며 하루는 온전히 미술관 감상에, 나머지 하루는 니스의 다른 관광지들을 즐겨보도록 하자.

DAY 3 앙티브

피카소를 좋아한다면 앙티브의 피카소 미술관에서 하루 종일 머무를 수도 있을 것이다. 파리와 바르셀로나, 말라가 등 세계 곳곳에 위치한 피카소 미술관들 중 가장 훌륭한 컬렉션으로 꼽히니 이미 피카소를 보았다고 해서 건너뛸 만한 도시가 아니다.

DAY 4 엑상프로방스

세잔의 아틀리에와 그가 수많은 화폭에 담았던 생트 빅토와르 산 주변의 하이킹 루트를 추천한다. 시가지가 잘 조성되어 있어 시내 구경도 좋지만, 이 도시를 가장 잘 여행하는 방법은 세잔과 관련한 관광 명소 세 곳을 돌아보는 코스다. 엑상프로방스 관광청에서도 추천하는 '세잔 루트'를 따라보자.

DAY 5, 6 아를

고흐가 사랑한 이 작은 도시에 오래 머무는 이유는 밤을 보기 위해서. 좋은 와인 바가 많고 노란 카페와 강가의 낭만이 짙다. 캔버스를 흔들면 별이 한 움큼 쏟아질 것 같은 '별이 빛나는 밤'을 두 번은 보내야 아쉽지 않을 것이다. 고흐의 자취가 시내 곳곳에 묻어 있어 갤러리와 미술관 등 낮 일정도 알차다.

D 파리에서 기차로 떠나는 남프랑스 7박 8일

파리를 안 보고 가자니 아쉽고, 어차피 직항이 없다면 경유를 할 바에 매혹적인 에펠이 유혹하는 빛의 도시를 함께 여행하는 것이 좋다 생각하는 여행자들이 많을 것이다. 파리에서의 일정이 여유롭고 내친김에 남부도 들르고 싶은 효율적인 일주일 일정이다.

DAY 1, 2, 3 파리

아무리 서둘러도 파리의 주요 명소 반 이상을 보고 가려면 3박은 필수. 2박 이상 같은 숙소에서 머무르며 시차 적응을 하는 것도 필요하다. 남부에서 한 도시에만 머무는 것이 아니라 도시 간 이동이 있어 피곤하니 파리에서의 스케줄을 너무 서두르지 않는 것이 좋다. 파리가 처음이라면 3박 4일로는 절대 원하는 만큼 다 보고 갈 수 없다. 욕심 내지 말고 볼 수 있는 만큼만 보자.

DAY 4, 5 니스

일찍 출발하여 기차로 이동하는 편이 가장 좋다. 공항까지 이동하고 공항에서 시내로 이동하는 시간을 감안하면 기차와 비행기 이동 시간이 그리 차이가 나지 않는다. 둘째 날은 니스 근교 에즈 또는 생 폴 드 방스 당일치기 여행으로 보낸다. 근교 대신 깐느를 다녀와도 좋지만 니스 근교의 작은 마을들이 깐느보다 마음에 남을 것. 대도시와 대조되는 전원적인 풍경을 추천한다.

DAY 6, 7 마르세유 또는 툴루즈

니스와는 또 다른 매력의 남부 도시를 여행해보자. 뱃사람들의 거친 매력이 있는 항구와 축구, 부야베이스로 유명한 마르세유 또는 파스텔과 바이올렛으로 온통 푸른 도시, 럭비의 도시 툴루즈를 추천한다. 두 도시 모두 규모가 있어서 하루로는 부족하다. 이동하는 시간 등 의외로 빠져나가는 시간들이 있어 알차게 일정을 계획해도 2박은 필요하다.

DAY 8 아비뇽

마르세유 또는 툴루즈에서 이동하기 좋은 아비뇽에서 마지막 남부 일정을 소화한다. 교황청과 미스트랄이 불어 건널 수 없는 다리가 있는 중세 도시에서 마지막 밤을 보내자. TGV 역이 있어 파리로 돌아가는 것이 수월한 아비뇽도 좋지만 자동차를 렌트하거나 이동이 조금 더 길어도 좋다면 아비뇽 대신 엑상프로방스도 좋다.

E 최고의 바다를 찾아 떠나는 여름 소년 소녀들을 위한 7박 8일

한 겨울의 여행자라도, 남프랑스 바다에 발을 담그지 않을 수 없다. 남프랑스는 겨울에 하늘이 더욱 높고 맑아 사진이 예쁘게 나오고 하늘을 올려다볼 '맛'이 난다고들 한다.

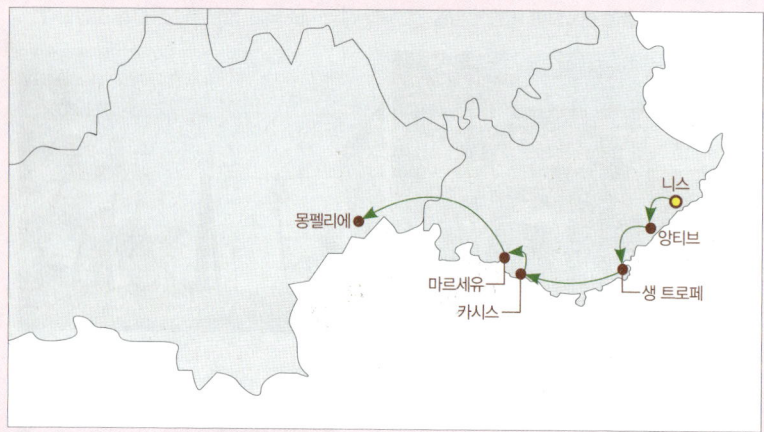

DAY 1, 2 니스

니스의 프로므나드 데 장글레 앞 바다에서는 반나절이면 충분하지만 주변 작은 해안가 도시 쾨르 리비에라의 해변들이 예뻐 이틀은 할애하는 것이 좋다. 해안가의 구불거리는 도로를 따라 이동하는 여정 또한 즐겁다. 보트들이 떠 있는 빌프랑쉬 수르 메르 항구의 식당에서 식사를 하고 장 콕토가 장식한 작은 예배당에도 들러보자.

DAY 3 앙티브

앙티브 시내에서 조금 떨어진 캅 당티브까지 걸어 내려가 자그마하게 움푹 파인 모래사장들을 거닐어보자. 해변마다 바, 카페, 식당 등 작게나마 먹을 곳과 쉴 곳이 마련되어 있다. 리조트 타운 주앙 레 팡은 재즈 페스티벌이 열리는 시기에 맞춰 찾아가면 바다와 재즈 음악을 동시에 즐길 수 있다.

DAY 4 생 트로페

브리짓 바르도처럼 레트로 디자인의 수영복을 입고 그녀 소유의 작은 보트 피우 피우 옆에서 포즈를 취해보자. 유독 럭셔리한 호텔과 리조트가 많아 멋진 호텔 수영장과 바다를 함께 즐길 수 있다. 여름 성수기에 오픈하는 여러 해변 클럽에서 열리는 파티도 놓칠 수 없다.

DAY 5 카시스

작은 마을 카시스에서는 칼랑크를 여행해야 한다. 엄청난 규모의 국립공원 내 여러 칼랑크를 여행하며 해변과 산악 하이킹 둘 다 만끽해보자. 시내로 돌아와 바다 옆에 모여 있는 카시스 맛집에서 생선구이와 화이트 와인으로 하루를 마감하는 것은 천국.

DAY 6 마르세유

마르세유에서는 물놀이할 해변이 마땅치 않지만 구 항구를 구경하는 것만으로도 숨통이 트인다. 큼직한 관람차를 타고 한 바퀴 돌아도 좋고, 항구 끄트머리에 걸쳐 있는 성채에 자리한 세련된 뮤셈 박물관에서 보는 바다 경치도 훌륭하다. 남프랑스 내에서 어디로 가든 통하는 곳이다.

DAY 7 몽펠리에

시내에서 트램을 타고 이동해야 하는 몽펠리에의 팔라바스-레-플롯 해변. 쭉 뻗은 트램을 타고 환승 없이 다녀올 수 있어 그리 불편하지 않다. 시가지에서 떨어져 있어 깨끗하고 사람도 비교적 적다는 점도 큰 장점.

PLANNING 04

남프랑스 쇼핑 백과사전

남부를 여행할 때는 큰돈을 쓸 일이 없다. 비누나 천연 화장품 등 남프랑스 여러 지역의 특산품은 유니크하고 특별하며 질도 좋고 가격도 착하다. 늘어나는 짐의 부피를 감당할 수 없을지도 모르니 진짜 갖고 싶은 것들만 아껴가며 쇼핑할 것.

명품 쇼핑을 하기 가장 좋은 도시는 액상프로방스와 생 트로페. 화려한 부티크와 최고의 서비스를 바란다면 생 트로페로, 브랜드는 다양한데 좀 더 가격이 착한 쇼핑 플레이스를 원한다면 액상프로방스를 추천한다. 툴루즈와 마르세유, 니스와 같은 대도시에서는 국제적인 브랜드를 접할 수 있다. 특히 마르세유의 경우 지역 아티스트, 디자이너들이 급격히 늘고 있는 패셔너블한 도시로 편집숍, 콘셉트숍 등이 점점 더 늘어나고 있다.

마르세유에서 만들어지기 시작한 색색의
마르세유 비누

내 손으로 직접 제조하여 병에 담는
그라스 향수

바이올렛 꽃잎을 설탕에 입혀 만드는 툴루즈의 비올레트 캔디와 파스텔을 주 원료로 하며 피부에 탁월한
그레인 드 파스텔 화장품

튼튼한 최고급 가죽으로 만드는
수제 생 트로페 샌들

곧 세상이 알아봐줄 날을 기다리는 생 폴 드 방스
예술가들의 작품

액상프로방스와 생 트로페, 깐느에서 즐길 수 있는
럭셔리 브랜드 쇼핑

PLANNING 05
남프랑스
음식 백과사전

남프랑스 각 도시의 특색을 꼽을 때 빼놓을 수 없는 것이 바로 음식이다. 해안가에 위치하고 있다고 모두 해산물을 먹는 것이 아니다. 많은 이들이 최고의 즐거움으로 먹는 것을 꼽는 만큼, 지역별로 유명한 음식을 미리 알고 떠나는 것은 훌륭한 여행 준비라 할 수 있다.

프로방스 지역에는 달걀을 베이스로 한 마늘과 올리브유 소스 아이올리Aioli가 다양한 음식에 사용된다. 대표적인 애피타이저로 올리브를 잘게 다져 빵에 발라먹는 타프나드Tapenade가 있다. 크리스마스 때 먹어야 하는 13종류의 디저트도 빼놓을 수 없는 프로방스 대표 음식. 남부에서 가장 인기 많은 육류는 양고기이며 이탈리아와 프랑스 경계의 멍통Menton에서 나는 최고의 레몬으로 만드는 각종 레몬 디저트가 식사를 상큼하게 마무리한다.

흰 강낭콩과 오리고기 등을 넣은 콩 스튜
카슐레Cassoulet

유명한 바욘Bayonne 지방의 햄

닭을 뭉근하게 끓인 요리
꼬꼬뱅Coq au vin

든든하고 따듯한 스튜
파숨 Fassum

기름진 남서쪽에서
먹을 수 있는 **오리고기**와
푸아그라 foie gras.
보르도와 가까워 레드 와인과
잘 어울리는 육류 및 자두,
굴, 버섯과 트러플도 유명

지중해성 기후에 최적화된
올리브와 각종 허브,
토마토와 마늘로 만든
페스토를 넣은
수프 오 피스토우
soupe au pistou

해산물과 토마토를 넣고
끓이는 **부야베스** Bouillabaisse와
식사로 곁들이는 빵가루, 마늘,
사프란, 고추, 올리브유를
섞어 만드는 **루이** rouille

지역 특산물 꿀과 감초로
만든 캔디,
그리제트 Grisette

꽃잎 모양의 과자
칼리송 Calisson

각종 야채를 토마토
소스와 함께 요리하는
라따뚜이 Ratatouille

짭짤한 감자 팬케이크
소카 Socca

대구살을 우유에 절여
부드럽게 만들어 빵에 발라
먹는 **브렁다드** Brandade

PLANNING 06

남프랑스 와인 백과사전

와인을 빼놓고는 프랑스 문화를 이야기할 수 없다. 하지만 보르도, 버건디, 샴페인 외의 지역은 상대적으로 우리에게 잘 알려져 있지 않다. 프랑스는 북부 해안가 지역을 제외하고 전국에서 포도를 재배하여 포도주를 빚는 와인의 나라다. 그중에서도 남프랑스에는 품질 좋은 와인이 무척 많다.

🚩 기억하세요, 아펠라시옹 Appellation

1905년부터 포도 재배 지역의 지리적 경계를 나누기 시작한 프랑스는 와인뿐 아니라 모든 자국 생산 농수산물의 분류 체계를 일찌감치 마련하여 건강한 식생활과 투명한 거래를 보장한다. 아펠라시옹은 1935년 설립된 프랑스 공인 와인 품질 등급 제도. 프랑스 와인은 재배지, 포도 품종, 날씨, 최대 수확량, 최소 알코올, 재배법, 추수, 양조와 관련한 세세하고 엄격한 규제에 따라 등급이 3개로 나뉜다.

원산지 통제명칭 와인 AOC

아펠라시옹 도리진 콩트롤레
Appellation d'Origine Contrôlée

최상위 등급 와인. 수확량과 포도나무를 심을 때의 밀도까지 규제하여 단위 면적당 과다한 포도의 생산을 막고, 알코올 도수의 최저·최대 함량 제한을 정해 적당한 포도의 숙성이 이루어지게 한다. 성분 검사와 시음회 등을 통과해야 하며, 전체 와인의 35%가 AOC 마크를 받는다. 주의할 점은 AOC가 절대적으로 맛을 보장하는 것은 아니라는 것. 3등급 중에도 AOC보다 좋은 품질의 와인이 많이 있다. 원산지를 보증하여 어느 정도의 소비자 길잡이 역할을 할 뿐이다. 지역마다 AOC 내에서도 세분화가 되어 있어 보르도의 경우 AOC를 다시 프리미에 크뤼(1등급), 그랑 크뤼 클라스(2~5등급), 크뤼 부르주아, 크뤼 아르티장으로, 부르고뉴의 경우 특등급, 1등급, 마을이름 AOC, 지역이름 AOC로 구분한다.

지역등급 와인 VdP

뱅 드 페이 Vin de Pays

1979년에 신설된 등급으로, 포도 생산지역과 포도품종 등의 기본적인 규제만 거쳐 생산되는 와인. 알코올 도수는 9도 이상이어야 하며, 특정지역의 고유 품종이 아닌 포도의 사용을 허용하고, 라벨에 포도 품종을 와인 이름으로 사용하게 한다. 프랑스의 전체 등급 와인 중 15% 정도를 차지하고 있으며, 이 등급의 와인을 가장 많이 생산하는 지역은 랑그독 루씨옹.

현재 프랑스에는 약 150여 개의 지역 와인이 있는데 프랑스의 모든 지방에서 지역등급 와인(VdP)이 생산되는 것은 아니다. 부르고뉴 지방은 고급 산지의 이미지를 위해 이 품계의 제품을 생산하지 않고 있다. 와인 라벨에 의무적으로 뱅 드 페이와 생산 지역의 명칭, 와인 병입자의 이름, 병의 용량과 알코올 도수를 표기하고 선택사항으로 원료 포도의 수확연도, 포도의 품종이름, 생산 국가를 표기하는데, 최근에는 모두 표기하는 추세. 최근 들어 100% 단일 품종 생산이 늘어나고 있다.

테이블 와인 VdT

뱅 드 타블르 Vin de Table

여러 가지 포도를 섞어 만드는 와인으로, 가격이 가장 저렴하며 최소 알코올이 8도 이상인 것을 제외하고는 어떤 정부의 규제도 받지 않는다. 원산지, 수확 년도가 표기되지 않은 것도 많다. 프랑스 와인 전체 생산량의 약 38%. 훌륭한 품질의 저렴한 3등급 와인들이 급격히 증가하고 있어 뱅 드 타블르 생산이 점점 감소하고 있다.

남프랑스 와인 대표 지역 소개

1. 코트 뒤 론느 Côtes du Rhône

특징
① 면적, 생산량 부분에서 프랑스 제2의 AOC 포도 재배지.
② 리옹 남부에서 카마르그 지역까지 200km 길이로 뻗어 있으며 8만 헥타르 이상의 규모에 자리한 5천여 개의 포도 경작지 보유.
③ AOC 중 가격대가 저렴한 편으로 대중적으로 인기.
④ 13가지 허가된 품종으로만 양조 가능.
⑤ 풍부한 일조량과 강우량.
⑥ 이 지역의 와인 등급 관련한 규정이 전국적인 AOC 제도를 만드는 기반 역할을 함.

대표 와인
① 샤토 뇌프 뒤 파프Châteauneuf-du-Pape AOC를 비롯한 16개의 크뤼Crus.
② 차게 마시는 화이트 와인 타벨Tavel (가볍고 드라이).

2. 프로방스 Provence

특징
① 전형적인 지중해 기후로 겨울은 온화하고 여름은 더우며 강수량이 적음. 포도를 기르기 위해 필요한 최소 일조량의 2배가 넘는, 1년에 3천 시간으로 일조량 풍부.
② 2,600년 넘게 와인을 제조. 규모가 그리 크지 않지만 맛이 좋은 와인으로 유명.
③ 토질이 다양하여 같은 프로방스 와인이라도 다른 맛 보유.
④ 프로방스 지역에서 많이 자라는 허브류의 로즈마리, 주니퍼, 타임, 라벤더 등이 프로방스 와인의 맛에도 기여.
⑤ 생산하는 와인의 88%가 로제. 로제에 집중하는 산지로는 프랑스에서 유일.
⑥ 모래시계 모양을 한 프로방스 지역의 전통 와인 병은 스키틀skittle이라 호칭.

대표 와인
① 뭐니 뭐니 해도 로제. 가장 유명한 지역으로는 코트 뒤 프로방스Côtes de Provence와 코토 덱스Côteaux d'Aix를 비롯한 10개의 AOC.
② 중세부터 빚기 시작한 반돌Bandol 화이트 와인과 AOC 카시스 화이트 와인도 훌륭.

3. 랑그독-루씨옹 Languedoc-Roussillon

특징
① 프랑스 와인 생산량 중 1/3을 차지하는 최대 와인 생산지.
② 생산량의 80% 이상이 레드 와인.
③ 최근에 와인의 질을 향상시키는 데 노력.
④ 여름 해가 길어 포도가 빨리 익어, 와인의 바디감이 크고 알코올 농도가 진함.

대표 와인
① 코르비에르Corbières를 비롯한 20여 개의 AOC(빠른 속도로 늘어나는 추세).
② 샴페인 지역보다 앞선 탄산 와인 제조 기법으로 프랑스에서 가장 오래된 스파클링 와인이라 하는 블랑케트 드 리무Blanquette de Limoux.

로제 와인 Rosé 이란?

레드와 화이트를 만들기 적절치 않은 포도를 섞어 만드는 저급 와인인 양 로제를 와인 취급 하지 않는 사람들도 있다. 하지만 알고 보면 남부를 대표하는 술인 로제는 꽤 훌륭한 와인이다. 최초의 와인은 발효 기술이 발달하지 않고 압축하여 바로 마셨을 것이기 때문에, 가장 먼저 만들기 시작한 와인의 종류는 아마 로제였을 것이라는 설이 압도적. 탄산의 정도도 조절 가능하며 당도 역시 천차만별이라 로제라고 다 같은 맛이 아니다. 현재는 인기가 떨어졌으나 세계 2차대전 이후 포르투갈 와인업자들이 달콤하고 약간의 탄산이 있는 스파클링 로제를 미국에 진출하여 소개하고 크게 인기를 끌었던 것이 로제 붐을 더욱 불러 일으켰다. 요즘은 더 드라이한 전통 로제를 선호하는 것이 트렌드이다. 미국의 화이트 진판델(블러쉬blush) 로제가 인기를 점점 더 끌고 있다.

> **TIP** 와인으로 부족하다면 파스티스 한 잔!
>
> 호불호가 강하게 갈리는 파스티스Pastis. 남부에서 로제보다 좀 더 센 술을 원하는 사람들이 즐겨 마신다. 압생트가 금지되었을 때 이를 대체하기 위해 마르세유에서 만들어진 술로, 압생트와 비슷한 맛을 내기 위해 아니스 열매가 첨가되었다. 처음 파스티스를 만들기 시작한 리카르드 브랜드가 오늘날 프랑스에서는 파스티스와 동의어로 쓰일 정도로 대표 브랜드로 자리 잡았다. 남부 사람들은 바에서 파스티스를 주문할 때 '리카르드'라 외친다. 그냥 마시기에는 독해 물을 약간 섞어 먹는다.

PLANNING 07
도전! 프랑스어 메뉴판 읽기

대부분의 관광지에는 영어 메뉴판이 준비되어 있으나 없는 곳도 많다. 기본적인 메뉴 구성과 주요 단어들을 알면 무엇이든 주문할 수 있다. 즐거워야 할 식사 시간에 스트레스를 받아서는 안 되니 꼼꼼히 읽어보자.

1. 메뉴의 종류

메뉴판은 라 캬르트La Carte라 부른다. 메뉴에서 하나씩 골라 개별적으로 주문하는 것은 '아 라 캬르트à la carte'라 한다. 와인 메뉴는 라 캬르트 데 뱅La carte des vins, 세트 메뉴는 라 포뮬 La Formule. 점심, 저녁 포뮬이 따로 준비된 식당이 많으며, 세트로 묶을 수 있는 요리 중 선택을 하도록 되어 있으며 가격이 개별 메뉴 주문에 비해 훨씬 저렴하다. 반대로 고급 레스토랑에 주로 마련되어 있는, 여러 코스의 음식을 맛보는 메뉴는 프랑스어로 운 데구스타시옹une degustation. 메인 요리만 따로 주문할 수 있도록 '오늘의 요리(플랏 드 쥬르plat du jour)'가 있는 식당도 많다.

2. 식사의 순서

① **아페리티프**aperitif 식전 음료(주로 칵테일)
② **아무즈 부슈**amnuse-bouche 입맛을 돋우는 한 입 크기의 요리
③ **앙트레**entrée 식전 요리(애피타이저)
④ **플랏 프렁시팔**plat principal 메인 요리
⑤ **프로마주**fromage 치즈
⑥ **데세르**dessert 디저트
⑦ **카페**café 커피
⑧ **디제스티프**digetif 식후주

* 보통 앙트레-플랏-데세르로 식사하는 것이 일반적이다. 모든 코스가 차례대로 준비되어 있는 경우는 고급 레스토랑에서만이다.

3. 테이블 위 듣기 평가

우리는 영어로 말하더라도 그들은 프랑스어로 대답하는 경우가 많다. 주문이나 질문은 영어로 하더라도 웨이터나 식당 스태프가 말하는 것을 알아들으려면 다음의 표현들을 주의 깊게 읽고 기억해두자.

- 고르셨나요?
  부자베 쇼아지? Vous avez choisi?
- 무엇을 드시겠습니까?
  끄 부드리에 부? Que voudriez-vous?
  부 데지레? Vous désirez?
- 주문하세요 (직역하면 '듣고 있습니다')
  쥬 부 제쿠트 Je vous écoute
- 다 드셨습니까?
  쎄 떼르미네? C'est terminé?
- 맛이 어땠나요? 싸 아 에떼? Ça a été?

4. 손님이 쓰기 유용한 표현

- 맛있게 드세요/잘 먹겠습니다
  보네페팃 Bon appétit
- ~을 먹겠습니다/주문하겠습니다
  주 베 프렁드르 Je vais prendre ~
  주 브드헤 Je voudrais ~
- 배불러요
  주 넝 푸 플뤼 Je n'en peux plus
  제 비앙/트로 망제 J'ai bien/trop mangé
- 계산서 주세요
  라디씨옹 실 부 플레 l'addition s'il vous plait

* '실 부 플레'라는 표현은 영어로 please와 같아서 어디에 붙여도 공손함을 표현하니 기억해두자.

5. 본격 메뉴 읽기

아침 쁘띠 데쥬네 petit déjeuner
점심 데쥬네 déjeuner
저녁 디네 diner

육류 비앙드 Viande
소고기 뵈프 Boeuf
송아지 보 veau
돼지고기 폴크 porc
양고기 무통 mouton
새끼 양고기 아뇨 agneau
토끼고기 라빵 lapin
닭고기 풀레 poulet
칠면조고기 딘드 dinde
오리고기 카나르 canard

고기 굽기
많이 설구워진 블뢰 또는 세냥 saignant
설구워진(레어) 호제 rosé
약간 설구워진(미디움 레어) 아 뽀앙 à point
잘 구워진(웰 던) 비앙 퀴 bien cuit

생선 포아송 Poisson
해산물 프뤼 드 메르 fruits de mer
랍스터 호마르 homard
작은 랍스터 랑구스틴 langoustine
새우 (깐 것) 크레베트 crevettes
새우 (안 깐 것) 감바스 gambas
연어 소몽 saumon
참치 똥 thon
홍합 물 moules
대구 모루 morue
농어 룹 loup
오징어 칼마르 calmar
문어 풀프 poulpe

채소 레귬 Légumes
콩 아리코 haricots
옥수수 메 mais
시금치 에피나르 epinards
양파 오아뇽 oignon
당근 카롯 carottes

그 외
파스타 파트 pâtes
감자 튀김 폼므 프리트 pommes frites
디저트 데세르 dessert

PLANNING 08
프렌치 리비에라 패스
French Riviera Pass

니스 코트 다쥐르 관광청에서 주관하는 프렌치 리비에라 일대의 관광을 위한 패스로 24시, 48시, 72시 세 종류가 있다. 무제한 사용 가능한 시티 투어 버스 '니스 르 그랑 뚜르Nice le Grand Tour'를 비롯하여 주요 관광지 무료입장, 테마 가이드 투어, 계속해서 추가되고 있는 여러 도시의 선별된 장소(상점, 레스토랑, 여가 시설 등) 할인 쿠폰과 가이드 책자를 포함한다. 패스를 사용하여 무료입장할 수 있는 모든 명소와 각종 혜택 및 할인을 받을 수 있는 곳은 홈페이지를 참고하자. 온라인 구매도 가능하지만 오프라인 구입가와 가격이 동일하니 오프라인을 추천한다.

Data **주소** 니스 공항과 관광청 사무소를 비롯하여 시내의 여러 호텔에서 판매한다
요금 24시간권 28유로, 48시간권 40유로, 72시간권 성인 59유로(교통 기능이 추가된 패스는 1일당 4유로씩 추가) **홈페이지** www.frenchrivierapass.com/en/

〈대표적인 패스 혜택〉
*모든 혜택은 홈페이지에서 확인할 수 있다.

	패스 소지자 무료입장 명소	동반 어린이 요금
니스Nice	니스 투어리스트 기차Trains touristiques de Nice	14세 미만 무료
	니스 르 그랑 투어(버스 투어)Nice Le Grand Tour	0~3세 무료, 4~10세 8유로, 11~17세 22유로
	세그웨이 모빌보드Segway Mobilboard Nice (30분)	14~17세 17유로(14~15세는 반드시 성인과 함께 사용)
	니스 구시가지 가이드 투어 Visite guidée du Vieux Nice	12세 미만 무료, 12~17세 12유로
	코트 다쥐르 천문대 가이드 투어 Visite guidée de l'Observatoire de la Côte d'Azur	6세 미만 무료, 6~17세 3유로
	피닉스 공원Parc Phoenix	12세 미만 무료, 12~17세 3유로
	국립 스포츠 박물관Musée National du Sport	18세 미만 무료
	마크 샤갈 미술관Musée National Marc Chagall	26세 미만 무료
	마티스 박물관Musée Matisse, 라스카리스 박물관Musée Lascaris, 마세나 박물관Musée Masséna, 보자르 박물관Musée Beaux-Arts, 아르 나이프 박물관Musée Art Naïf, 고고학 박물관과 테라 아마타 Musée Archéologie Cimiez & Terra Amata, 자연사 박물관Muséum d'histoire Naturelle, 근현대 미술관MAMAC, 폰셰트 갤러리Galerie des Ponchettes, TPI, 린 갤러리Galerie de la Marine, 빌라 아르손 아트 센터Centre d'Art Villa Arson	18세 미만 무료

	패스 소지자 무료입장 명소	동반 어린이 요금
앙티브Antibes	마린랜드Marineland (72시간 패스 소지자에 한함)	3세 미만 무료, 3~12세 10% 할인
	피카소 미술관Musée Picasso	18세 미만 무료
	페이네 박물관 Musée Peynet et du dessin humouristique	18세 미만 무료
	고고학 박물관Musée d'Archéologie	18세 미만 무료
	카레 성채Le Fort Carré	18세 미만 무료
비오트Biot	페르난드 레제르 박물관 Musée National Fernand Léger	26세 미만 무료
카네스 수르 메르 Cagnes sur Mer	그리말디 성-박물관Château-Musée Grimaldi	26세 미만 무료
	르느와르 박물관Musée Renoir	26세 미만 무료
깐느Cannes	플라나리아Planaria(레린섬Îles de Lérins)	4세 미만 무료, 4~7세 5.50유로, 8~10세 7.50유로, 11~12세 8.50유로, 13~17세 13유로
	트란스 코트 다 쥐르Trans Côte d'Azur (레린 섬Îles de Lérins)	카드 소지자 동반 4~10세 11유로
무쟁Mougins	무쟁 고전 미술 박물관 Musée d'Art Classique de Mougins(MACM)	10세 미만 무료, 10~17세 5유로
빌프랑쉬 수르 메르 Villefranche-sur-Mer	구시가지 가이드 투어 Visite guidée Vieille Ville et Citadelle	12세 미만 무료
보리우 수르 메르 Beaulieu-sur-Mer	빌라 그레크 케릴로스Villa Grecque Kérylos	그레크 케릴로스는 26세 미만 무료, 에프루시는 7세 미만 무료, 7~17세 11유로
생 장 캅 페라 St. Jean Cap Ferrat	에프루시 드 로스쉴드 빌라와 정원 Villa et jardins Ephrussi de Rothschild	
에즈Eze	에즈 식물원Jardin exotique d'Eze	12세 미만 무료, 12~17세 1유로
	아스트로라마Soirée découverte Astrorama	6세 미만 무료, 6~17세 8유로
모나코Monaco	모나코 식물원Jardin exotique de Monaco	6세 미만 무료, 6~18세 2.90유로
	모나코 해양 박물관 Musée Océanographique de Monaco	4세 미만 무료, 4~12세 7유로, 13~18세 10유로
	특별전 -NMNM:VillaPaloma&VillaSauber -그리말디 포룸Grimaldi Forum	26세 미만 무료, 18세 미만 무료
생 마르탱 베수비 St. Martin Vésubie	알파Alpha, 파크 아니말리에Parc animalier	4세 미만 무료, 4~12세 8유로, 13~17세 12유로

TIP 어린이 혜택

패스는 성인을 위한 것으로 아동은 패스 소지자 성인 동반 시 위와 같은 혜택을 받을 수 있다.

PLANNING 09
남프랑스 렌터카 여행

남프랑스는 차로 이동하면 보고 느낄 수 있는 것이 훨씬 많은 여행지다. 이동 시간에 얽매이지 않고 쉬어가며 상쾌한 바닷바람도 즐길 수 있다. 도시를 잇는 도로들이 잘 정비되어 있으며 작은 근교 마을들도 길이 그리 복잡하지 않고 주차 공간도 넉넉하다. 또 대중교통 시간을 맞추거나 정류장에서 이동을 해야 하는 불편함도 걱정할 필요가 없다.

렌트 방법

다른 나라에서 차를 빌리고, 운전을 한다는 것이 어렵게 느껴지겠지만 몇 가지만 유의한다면 렌트부터 반납까지 쉽게 해결할 수 있다. 한국에도 여러 대형 국제 렌터카 회사들이 들어와 있기 때문에 한국어 사이트를 통해 쉽게 예약할 수 있다. 예약하지 않고 여행지에 도착하여 공항, 기차역 등의 렌탈 사무소에서 바로 렌트하는 것도 가능하다. 하지만 성수기의 경우 원하는 조건의 차가 없을 수도 있고, 예약하는 것이 저렴하기 때문에 미리 예약하는 것이 좋다.

A. 렌탈 가격 비교 업체를 통해 예약하기

렌탈 가격 비교 웹사이트에서 여행지, 인도·반납 지점과 날짜, 차종 등을 입력하여 검색하면 모든 업체들의 렌터카 요금을 한눈에 비교할 수 있다. 하지만 최저 요금 위주로 안내해주기 때문에 예약 전 차량 상태와 보험의 유무 등 세부 조건을 반드시 확인해야 한다. 외국에서 운전을 하다 보면 얼마든지 돌발 상황이 발생할 수 있으니 무조건 최저 요금을 선택하는 것이 능사는 아니다. 또한 가격 비교 사이트에서 예약을 하면 절차가 복잡하고, 신용카드 결제 등에 불편 사항이 있을 수 있어, 렌터카 업체에서 직접 예약하는 것보다 최종 결제 가격이 비쌀 수 있다는 점에도 유의한다. 해당 렌터가 업체 홈페이지와 가격을 비교하고 가격을 확인하여 더 빠르고 저렴한 편을 선택하도록 한다.

렌탈카스닷컴 www.rentalcars.com
렌탈카그룹 www.rentalcargroup.com
(언어 설정 한국어로)

B. 렌터카 홈페이지에서 예약하기

현지에서 예약하는 것보다 15~20% 정도 저렴하다. 유럽에서 가장 지점도 많고 사람들이 많이 이용하는 대표적인 렌터카 업체는 허츠, 유롭카, 식스트와 아비스. 특정 지역에서만 영업하는 렌터카 회사는 차량 인수와 반납이 한정된다. 보통 대형 업체가 사고 대처가 빠르며 차종도 다양하고 상태가 좋다. 가격이 현저히 차이가 나는 저가의 로컬 렌터카 업체의 경우 차량이 오래되거나 사고 처리가 미숙한 경우가 있으므로 추천하지 않는다. 남프랑스 여러 도시에 지점을 가지고 있는 경우 인, 아웃 도시를 인도, 반납지로 설정한다. 대개 공항과 기차역에서 바로 인도가 가능하며 시내에도 사무소를 가지고 있어 반납이 용이하다. 다만 유의할 점은 각 지점의 영업일, 시간이 상이하다는 점. 여행 스케줄과 어긋나지 않도록 영업시간을 꼭 확인하자. 대부분 한국어 홈페이지가 있어 절차가 쉽다. 복잡한 보험을 패키지로 묶어 합리적인 가격으로 제공하는 등 혜택이 다양하므로 홈페이지를 확인해보자.

Data

허츠 Hertz
전화 02-6465-0315
한국어 지원 홈페이지 www.hertz.co.kr

유롭카 Europcar
전화 02-317-8779
한국어 지원 홈페이지 www.europcar.co.kr

식스트 Sixt
전화 1588-3373, 02-3452-0001
한국어 지원 홈페이지 www.sixt.co.kr

아비스 Avis
전화 02-6147-0209
홈페이지 www.avis.com (한국어 미지원)

예약 시 주의사항

렌트 가격의 차이는 대개 보험 때문이다. 유럽에서 렌트할 때는 자차와 대인대물, 도난 보험이 포함되는데, 사고 시 운전자 본인의 치료비가 포함되어 있지 않고 차량 손상에 대해 고객이 일정 금액을 부담해야 한다. 완전면책을 보장하는 풀 커버리지, 모든 상황을 모두 고려하여 보장하는 슈퍼 커버리지 등의 옵션도 있다. 해외 렌트가 익숙하지 않은 여행자에게는 안전한 추가 옵션 선택을 권한다.

추가 주의 사항

❶ **오토/스틱** 유럽에서는 대부분 수동 차량을 이용하기 때문에 2종 면허 소지자는 반드시 오토 차량인지 확인한다. 오토매틱 차량이 많지 않다는 점도 미리 예약을 권하는 이유 중 하나. 오토로 사전에 예약해도 스틱을 받는 경우가 많으니 차를 받을 때 다시 한 번 확인할 것. 직원이 스틱밖에 없다고 하면 다른 곳에서 차량을 가져오길 부탁하자.

❷ **개인상해보험** 운전자와 동승자의 병원 치료비를 보상한다. 도둑이 들어 휴대품 도난 시에도 보상한다.

❸ **슈퍼 커버리지**(업체마다 이름 명칭 상이) 차량 손상에 대한 고객 부담금 0원 보장, 완전면책. 음주운전 같은 중대과실이 아닌 이상 차량 손상에 대한 전액을 보상한다. 보통 슈퍼 커버에 가입되어 있는 차량은 반납 시 직원이 차량을 살펴보지도 않고 키만 돌려받는다.

❹ **타이어와 유리창 보험** 필요 없다고 생각하여 많이 빼는 옵션인데, 타이어가 오래 되었거나 예상치 못한 사고로 유리가 깨지는 경우가 발생하기도 한다.

❺ **편도 반납/원 웨이 피** One way fee 차량 인도, 반납 장소가 다를 경우 추가 요금 지불해야 한다.

❻ **연료 옵션 PR** Pre-paid Fuel 차량 반납 시 잔

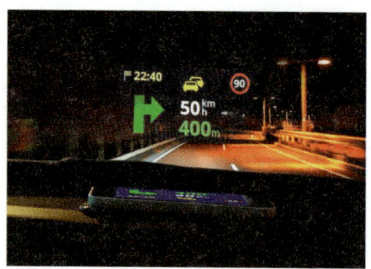

여 연료량을 상관없이 반납하는 조건으로 내는 요금. 반납 시 연료가 많이 남아도 이에 대해서는 환불해주지 않는다. 이 옵션을 선택하지 않은 경우는 연료를 가득 채워서 반납하거나 추가 비용을 내야 하는데, 일반 주유 가격보다 조금 높은 편. PR 옵션 비용이 그리 크지 않다면 연료를 거의 소진하고 반납하며 추가 비용을 내는 것도 나쁘지 않다

❼ **과금** 렌터카 업체마다 추가 요금이 시간 단위인지 일 단위인지 확인하자. 1시간만 추가 사용하여도 1일 요금을 추가 부과하는 경우도 있다.

❽ 그 외에 운전자 추가, EU 미가입국 방문, GPS 내비게이션, 휴대용 무선 인터넷 라우터, 베이비 시트 등의 추가 유료 옵션이 있으니 확인한다.

차량 인도와 반납

회사에 따라 절차가 조금씩 다르긴 하지만 일반적인 과정은 다음과 같다.

인수

카운터 수속하기
한국 운전면허증과 국제 운전면허증, 신용카드를 꼭 챙기자. 예약 확인서나 확인 번호가 있다면 빠르게 수속할 수 있다. 우리나라에서 취득한 면허증은 한국어로 되어 있으니 국제 운전면허증을 지참해야 한다.

계약서 작성 및 확인
차량 렌트 계약서 작성 시 계약서에 명시돼 있는 인도·반납 일자 및 시간, 렌탈 지점, 차량 정보, 차량 요금, 보험 내역 및 세금, 옵션 선택 사항, 연료 이용 등을 확인하고 서명한다. 서명한 후에는 이의를 제기하거나 환불할 수 없다. 렌트 계약서는 만일을 대비해 보관한다.

이용 요금 지불하기
대부분의 결제 방식은 차량 인도 시 일정 금액을 신용카드로 가승인하고 최종 결제는 차량 반납 시에 이루어진다. 가승인은 보증금과 같은 역할을 하는 것인데 중간에 계약 내용을 바꾸지 않았다면 예약 시 안내받았던 예상 임차 요금과 거의 동일하다. 가승인 카드와 최종 결제 카드가 다르면 두 번 결제가 되는 경우도 있으니 가급적 동일한 카드를 이용하자.

차량 인수하기
회사에 따라 다르지만, 직원이 차량을 안내하여 인도받는 방식과 직접 주차된 차량 중에서 고를 수 있는 방식이 있다. 어떠한 경우든 시동을 걸고 차량의 상태를 확인해야 한다. 방향지시등, 비상등, 헤드라이트, 윈도우 브러시 등을 점검한다. 차량 외관도 체크해야 한다. 직원이 차량의 긁히거나 찍힌 부분 등을 표시할 수 있는 종이를 주면 직접 확인하고 표시를 한 다음 1장은 직원에게 주고 나머지 1장은 보관한다.

반납

연료 상태 확인
연료 후지불 방식을 택한 경우는 반드시 연료를 가득 채워서 반납해야 한다.

반납 장소로 이동
차에 놓고 내린 소지품이 없는지 확인하고 차량을 반납하면 렌터카 직원이 차량 상태와 운행 거리, 연료 등을 체크한 후 최종 영수증을 발급해준다. 영수증 사용 내역을 살핀 후 궁금한 것이 있으면 그 자리에서 물어보거나 재확인을 요청해야 한다. 한국에 돌아온 후 관련 문제들을 해결하려면 시간도 많이 걸리고 여러 가지로 불편하기 때문에 마지막까지 꼼꼼하게 체크해야 한다. 따라서 차량을 반납하는 시간을 넉넉히 잡자.

주요 도시 구간별 소요 시간 / 운전 거리

니스에서
에즈 25분, 12km
생 폴 드 방스 25분, 18.5km
그라스 40분, A8 도로, 42.7km
깐느 40분, A8 도로, 33.4km
생 트로페 1시간 30분, A8 도로, 112km
마르세유 2시간 10분, A8 도로, 204km

마르세유에서
엑상프로방스 40분, A55와 A51 도로, 39.3km
아비뇽 1시간 10분, A7 도로, 105km
님 1시간 30분, A7과 A54 도로, 122km
몽펠리에 2시간, A54와 A9 도로, 170km
툴루즈 4시간, A9와 A61 도로, 403km

TIP 운전 시 주의할 점
① 차량 부착 네비게이션을 이용해도 좋으나 구글 맵스 네비게이션 등을 미리 다운받아 사용법을 익히는 것도 좋다. 시직Sygic (한글 지원, 7일 무료) 등 데이터 없이 사용 가능한 네비게이션 어플을 보조로 추가 사용하면 좋다.
② 유럽에서는 어떤 상황에서도 무조건 보행자 위주로 안전 운전한다.
③ 클랙슨은 되도록 사용하지 않는다.
④ 톨게이트용 잔돈은 미리 준비한다.
⑤ 유럽은 회전교차로가 무척 많은 편. 신호가 없는 곳도 있으니 방향등을 잘 이용하자.
⑥ 니스, 마르세유 등 대도시는 시내 교통이 꽤 복잡한 편이다.
⑦ A8은 해안가 도로로 경치가 좋으나 커브가 꽤 있어 조심하도록 한다.
⑧ 프랑스는 유럽 국가 중에서도 과속 처벌 수위가 높은 편이니 유의한다.

PLANNING 10

남프랑스 여행 Q&A

설렘을 가득 안고 떠나는 여행, 막상 가려니 걱정이 앞선다고? 그래서 준비했다. 근심 따위 싹 날려줄 알짜배기 정보로 꽉 채운 Q&A 하나하나 차근차근 준비하면 남프랑스 여행이 쉬워진다.

Q1. 남프랑스 여행, 언제가 좋을까?

남프랑스는 '언제 와도 좋은 여행지'로 주목받는 곳. 한겨울인 12~1월을 제외하고는 언제나 온화한 날씨를 보인다. 크리스마스 마켓이 예뻐 12월에도 여행하기 좋으나 성수기에 비해 상점, 식당 등이 문을 닫은 곳도 많다는 것을 감안하자.

Q2. 남프랑스의 물가는 어느 정도인가?

유로를 쓰며, 물가는 파리와 유사하다. 에스프레소 한 잔이 1~2유로 정도며 도시별로 큰 차이는 없지만 액상프로방스와 생 트로페가 비교적 비싼 도시에 속한다. 배낭여행자를 위한 호스텔도 많고 1박당 80~200유로로 저렴한 호텔도 많아 알뜰하게 여행하는 데 문제없다. 단, 유로 환율에 따라 체감 물가가 달라질 수 있다. 1유로 1,625원 (2025년 4월 기준). 숙박비를 제외하고 1인당 하루 100유로(식사, 교통, 입장료 등) 정도 잡으면 적당하다.

Q3. 프랑스어를 못해도 여행할 수 있을까?

최근에는 파리지앵들도 영어를 거리낌 없이 사용한다. 프랑스에서 프랑스어를 할 수 없으면 차별을 받는다는 말은 옛날 얘기. 남부 사람들의 친절함은 파리와 비교할 수 없어, 프랑스어가 서툴러도 여행하는 데 문제가 없다. 그러나 간단한 프랑스어를 하는 순간 여행이 달라질 것은 분명하다. 인사말만 프랑스어로 건네도 입이 귀에 걸리는 순박한 남부 사람들이다.

Q4. 비자가 필요한가?

프랑스는 솅겐 조약 가입 국가로 비자 없이 여권만 보여주면 입국 가능하며, 무비자로 최대 90일까지 머물 수 있다. 출입국 카드도 별도로 작성할 필요 없다. 입국 시 독일, 네덜란드, 스페인 등 솅겐 조약 가입 국가를 경유할 때도 입국 심사 창구에 여권만 보여주면 된다.

* 솅겐 조약이란?
유럽 각국이 출입국 관리 정책을 통일해 국가 간 통행에 제한이 없게 하는 조약.

Q5. 한국에서 남프랑스 가는 법은?

아직 한국에서 남프랑스 도시들로 직항편이 없다. 대신 프랑크푸르트, 암스테르담, 런던 등 유럽의 주요 도시를 경유해 니스, 마르세유, 툴루즈 등으로 입국할 수 있다. 공항이 있는 남프랑스 도시들은 니스, 마르세유, 툴롱, 님, 아비뇽, 툴루즈, 몽펠리에가 있다. 비교적 큰 도시인 니스와 마르세유, 툴루즈 공항을 이용하는 것이 편리하다. 파리에서 TGV를 타고 이동하는 것도 좋은 방법. TGV 기차가 지나는 남프랑스 도시들 중 책에서 소개하는 곳들로는 엑상프로방스, 앙티브, 아비뇽, 아를, 깐느, 마르세유, 몽펠리에, 니스, 님이 있다.

Q6. 남프랑스 내에서 이동은 어떻게 하나?

기차
남프랑스 모든 도시와 마을이 기차로 연결되어 있어 이동이 어렵지 않다. 성수기에는 배차가 잦다. 홈페이지 www.groupe-sncf.com

버스
기차보다 요금은 저렴하면서 편안한 교통수단. 특히 니스 근교의 경우 니스와 메트로폴 니스 코트 다쥐르를 구성하는 니스 부근 49개 동네 여행을 용이하게 하는 140개 버스 노선 리뉴 다쥐르Ligne d'Azur가 있다.
홈페이지 www.lignesdazur.com

렌터카
가능하다면 렌터카로 남프랑스를 여행하는 것이 가장 좋다. 해안가 구석구석을 볼 수 있고 이동 중 경치를 감상하느라 지루할 틈이 없으며, 도로 정비도 잘 되어 있고, 대중교통 시간에 구애받지 않아도 되기 때문. 남프랑스 모든 마을과 도시에 주차장도 잘 되어 있어 바쁜 성수기가 아니라면 주차 문제도 걱정 없다.

Q7. 남프랑스에서 심카드 이용하는 법은?

여행 중 구글맵, SNS 등 데이터를 맘껏 쓰려면 데이터 무제한 유심이 필수다. 출발 전 미리 쿠팡 같은 온라인 사이트에서 오렌지Orange 등 유럽 대표 통신사의 유심을 미리 구매하자. 유럽 통합 유심의 경우 유럽 전역에서 로밍이 가능하다. 칩 교체없이 사용하는 이심eSIM도 편리하다. 이심은 한국 전화번호도 유지할 수 있다.

Q8. 시차는 얼마나 날까?

우리나라보다 8시간 느리다. 3월의 마지막 일요일부터 10월 마지막 일요일까지는 서머타임이 적용돼 7시간 차이가 난다.

Sud de France
By Area

남프랑스
지역별 가이드

01 니스
02 니스 근교
03 깐느
04 그라스
05 앙티브
06 생 트로페
07 마르세유

08 카시스
09 액상프로방스
10 아비뇽
11 아를
12 님
13 몽펠리에
14 툴루즈

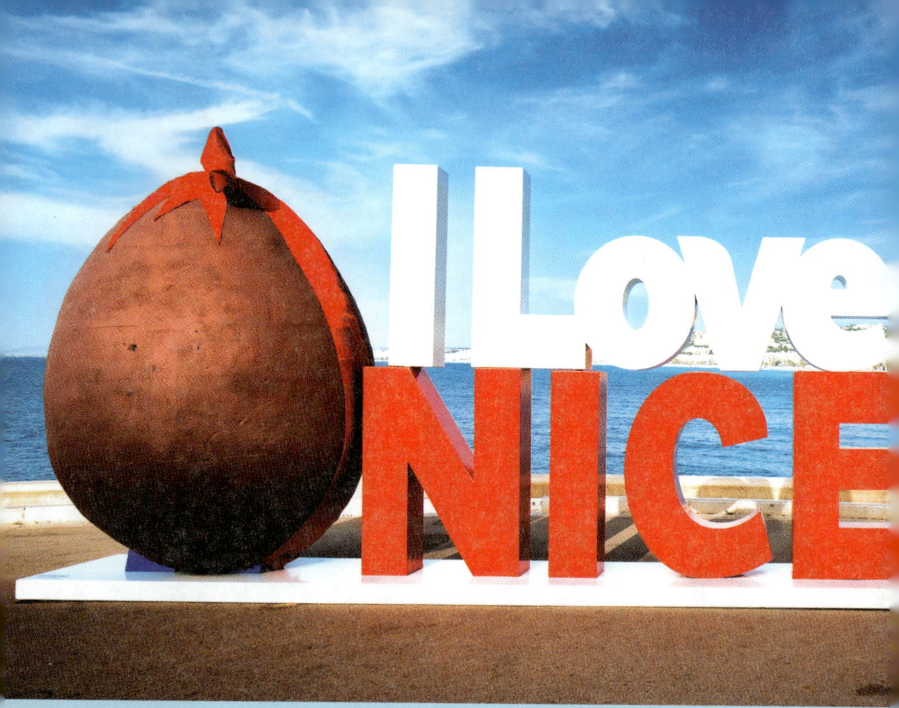
I Love
NICE

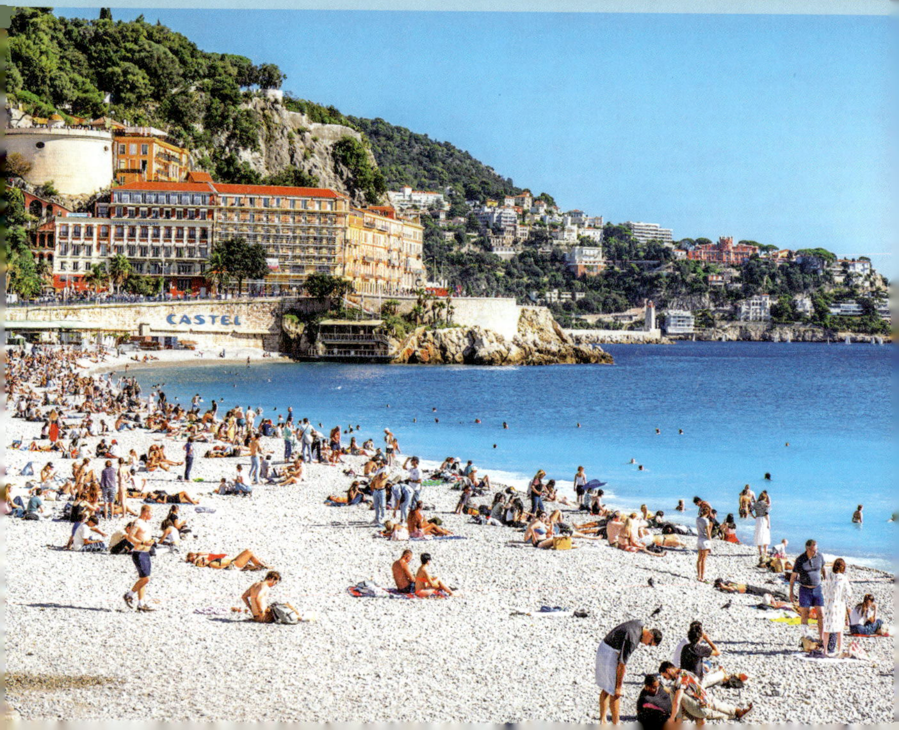
CASTEL

Sud de France By Area

01

니스
Lice

너르고 청정한 해안 도시이며, 다채로운 행사가 열리는 문화 도시 니스. '아름다운 니스(니스 라 벨Nice la Belle)'라는 별칭으로 불리기도 한다. 아담과 이브가 천국에서 쫓겨나 천국과 비슷한 곳을 찾아 정착한 지역이 니스라는 내용의 시가 있을 정도로 그 경관이 빼어나다.
일 년 내내 온화하고 따사로운 햇살로 각광받는 휴양지다.

SUD DE FRANCE BY AREA 01
니스

Nice
PREVIEW

끝없이 펼쳐지는 푸른 해안가와 뛰어난 박물관, 미술관들이 즐비한 니스는 남프랑스를 대표하는 관광지다. 소소한 즐거움을 선사하는 살레야 시장과 대형 쇼핑몰, 바다와 대조되는 촉촉한 녹지대 등 다양한 모습으로, 찾는 이들을 매료시키는 팔방미인이다.

SEE

샤갈과 마티스 미술관은 시내에서 조금 떨어져 있지만 일부러 찾는 수고를 할 정도로 전시의 퀄리티가 뛰어나다. 두 미술관을 차치하더라도 니스 시내에는 훌륭한 박물관과 갤러리가 많아 문화 예술을 즐기기 좋다. 프로므나드 데 장글레를 따라 걸으며 계단으로 이어진 여러 해변에서 바다를 만끽하는 것도 잊지 말자. 콜린 성 공원에서 바닷가를 카메라에 담고, 긴 역사가 서린 구시가지와 늘씬하게 뻗어 있는 알베르 1세 정원, 마세나 광장도 걸어보자.

EAT

신선한 해산물과 특산물 올리브를 이용한 음식이 많다. 저렴한 식당은 구시가지에 몰려 있고, 해변가 레스토랑들은 가격대가 조금 높다. 니스에서는 정통 니스 레시피로 요리하는 식당에게 '퀴진 니사드Cuisine Nissarde' 라벨을 수여한다. 식재료의 선정부터 건강 기준과 서비스까지 모두 니스 시의 기준을 충족해야 받을 수 있다. 웹사이트에서 퀴진 니사드 라벨을 가진 식당들을 확인할 수 있으니 골라 방문해보자.

BUY

주요 백화점과 쇼핑몰, 여러 상점들이 즐비한 장 메데성 대로가 니스의 쇼핑 스팟. 세계 각국의 유명 브랜드들을 모두 찾아볼 수 있다. 지역 특산품이나 식료품 쇼핑을 원한다면 살레야 광장의 시장을 찾아보자.

SLEEP

프랑스에서 파리 다음으로 인기 있는 관광 도시답게 숙소 찾는 것이 어렵지 않다. 저렴한 호스텔에서 고급 호텔까지 시내 여러 지역에 고르게 분포해 있다. 다만 도시가 작지 않으니 원하는 것이 해변의 경치인지, 시내 중심부와의 접근성인지, 이동이 용이한 기차역과 가까이 있는 숙소인지 등을 따져보고 위치를 결정하도록 한다.

Nice
GET AROUND

어떻게 갈까?

비행기

프렌치 리비에라의 출입구, 니스 코트 다쥐르 공항Aéroport Nice Côte d'Azur은 파리의 샤를 드골 공항 다음으로 규모가 큰 공항. 107개 도시로 직항편이 발착한다. 37개국, 62개 항공사가 취항하며 연간 1,200만 명의 승객들이 이용한다. 터미널 1과 2가 있다. 휴대폰 애플리케이션 니스 아에로포르 Nice Aéroport (아이폰·안드로이드 지원, 무료)를 이용하면 실시간 도착/출발 편 정보와 공항 내 편의 시설 정보를 볼 수 있다.

Data 주소 BP 3331-06206 Nice 전화 0820-423-333 (0.12유로/1분)
홈페이지 www.nice.aeroport.fr

공항에서 니스 시내 가기

트램
트램 2번이 시내 중심부와 공항을 장 메데성 Jean Médecin역으로, 항구와 공항을 포르 랑피아 Port Lympia역으로 잇는다. 배차시간은 약 8분.

버스
터미널 1번을 오가는 12번 버스가 프로므나드 데 장글레, 메세나 광장, 구시가지에 선다.

공항-시내를 잇는 버스와 트램 정보

택시
공항-시내 간 택시 요금은 정찰제로 운행한다. (단, 공휴일이나 탑승인원, 짐 개수 등에 따라 금액이 추가될 수 있다.) 요금은 32유로. 공항에서 택시 호객꾼을 따라가지 말고, 택시 지붕에 'TAXI'라는 간판이 붙어 있는 공식 택시를 이용할 것. 우버나 볼트를 이용해도 편리하지만, 이들은 공식 택시가 아니므로 정찰제가 아니다. 길이 막힐 경우 미터기 비용이 추가될 수 있다. 택시는 공항에서 24시간 이용 가능하다.

기차

하루 11편의 국외 열차와 20편의 국내 열차가 니스에 도착한다. TGV 고속 열차로 파리에서 5시간 30분이면 니스에 도착한다. 자동차 여행자는 '카-트랑car·train' 서비스가 지원되는 편을 예약하면 여행자와 자동차가 같은 시간에 출발하고 도착할 수 있다. 프랑스 철도청 SNCF에서는 주요 프랑스 도시에서 출발하는 여정과 호텔 숙박을 묶어 판매하는 '트랑train+호텔hôtel' 패키지도 판매하니 철도청 홈페이지를 확인해보자. 지역 고속철도 TER로도 프렌치 리비에라의 주요 도시를 잇는다. 홈페이지에서 예매할 수 있다. SNCF 휴대폰 어플(아이폰·안드로이드 지원, 무료)도 사용할 수 있다.

니스 기차역

Data 지도 078p-F 주소 Avenue Thiers, 06000 Nice 운영시간 매일 05:00~00:30

보트

니스 항구Le Port de Nice는 500대 이상의 선박을 수용할 수 있는 니스 시내 중심부에 위치한 넓은 항구이다. 상업 선박과 승객을 실어 나르는 배 모두 이용하여 항상 붐빈다. 프랑스에서 두 번째로 큰 국제 크루즈 항구로, 해마다 약 50만 명의 여행객들이 보트를 이용하여 니스를 찾는다. 홈페이지에서 요트, 보팅 등 바다를 여유롭게 즐길 수 있는 액티비티 예약도 안내하고 있으니 확인해보자.

Data 지도 079p-L
가는 법 니스 기차역에서 T1 탑승, Garibaldi에서 하차하여 도보 15분
주소 Quai Amiral Infernet, 06300 Nice 전화 0493-217-217

자동차

운전자들은 엑상프로방스에서 니스를 지나 동쪽의 이탈리아 국경까지 이어지는 A8번 도로를 주로 이용한다. 어떤 도로를 이용하던 다음의 5개의 출구를 통해 니스로 올 수 있다.

❶ Exit N°50 : Promenade des Anglais
❷ Exit N°51 : Saint-Augustin / Aéroport
❸ Exit N°52 : Saint-Isidore
❹ Exit N°54 : Nicenord
❺ Exitn N°55 : Niceest

어떻게 다닐까?

버스와 트램

니스와 니스 부근 49개 마을을 잇는 140개의 버스 노선 리뉴 다쥐르Ligne d'Azur. 대표 트램 노선은 북동쪽에서 장 메데성 대로와 마세나 광장을 지나는 1번 노선이다. 매일 04:25~01:35 동안 운행한다. 버스와 트램은 동일한 티켓으로 이용할 수 있으며 환승 횟수에 구애받지 않는다. 모든 노선은 홈페이지 혹은 애플리케이션 리뉴 다쥐르Lignes d'Azur에서 시간표와 정류장을 확인할 수 있다. 니스 지역에서 사용 가능한 교통권을 NFC Nice Ticket이라 부르며, 휴대폰 애플리케이션 Lignes d'Azur Tickets으로 구입하고 사용할 수 있어 편리하다. 버스나 트램 탑승 시 휴대폰을 티켓 머신에 가져다 대면 처리가 된다. 실물 교통카드는 홈페이지에서 2유로로 구입하고 온라인/오프라인 역에서 충전하여 사용 가능하다.

Data **요금** 1회권 1.70유로, 1일권 7유로, 2일권 13유로, 7일권 20유로(교통권을 미처 구입하지 못하고 탑승하는 경우 버스에서 2유로 솔로 이멀전시 카드를 구입할 수 있다).

투어 버스

니스 르 그랑 투르Nice le Grand Tour를 타면 효율적으로 니스를 둘러볼 수 있다. 프로므나드 데 장글레, 구시가지, 항구, 기차역 등을 포함하여 12개의 정류장에 정차하며 논스톱으로 달리면 1시간 15분 정도 소요. 영어, 프랑스어 외 7개 국어로 오디오 가이드를 지원한다.

Data **지도** 079p-K
가는 법 니스 기차역에서 T1 탑승, Masséna에서 하차하여 도보 7분
주소 (첫 출발지) 99 Quai des Etats-Unis **운영시간** 11:00~16:00 (마지막 출발 시간)
요금 성인 1일권 24유로, 2일권 28유로, 프렌치 리비에라 패스 소지자 무료

니스 투어리스트 기차 Trains Touristiques de Nice

총 60명을 태울 수 있는 흰색 기차를 타고 해안가와 마세나 대로, 구시가지를 50분간 돌아보자. 알베르 1세 정원 맞은편 프로므나드 데 장글레에서 30분 간격으로 운행한다. 영어, 프랑스어 외 7개 국어로 오디오 가이드를 지원한다.

Data **지도** 079p-K **가는 법** 니스 기차역에서 도보 15분
주소 Promenade des Anglais, 06300 Nice **전화** +33 (0)4 42 72 21 70
운영시간 성수기 09:40~18:00 (배차기간이 더 짧다), 비성수기 10:00~17:00
요금 성인 10유로, 프렌치 리비에라 패스 소지자 무료

자동차

주변에 돌아볼 작은 마을들이 많아 렌터카를 이용할 경우 여행의 만족감을 높일 수 있다. 니스에는 1만 9천여 대가 주차 가능한 공간이 마련되어 있다. 홈페이지 또는 니스 관광청 주차 정보 페이지에서 확인할 수 있다. 실시간으로 주차 정보를 확인하고 휴대폰으로 주차비도 지불할 수 있으며 대중교통, 자전거 대여 등의 정보도 얻을 수 있는 애플리케이션 '니스 시티 패스Nice City Pass(아이폰·안드로이드 지원, 무료)'도 추천한다. 낮 시간 중 주차를 해놓고 대중교통을 이용한 후 사용한 왕복권을 보여주면 주차비를 내지 않고 교통비 3유로만 지불하는 '파카쥐르Parc'Azur' 시스템도 있다. 시내 여러 곳의 파카쥐르 주차장이 이 시스템을 지원한다(하루를 넘기면 안 되니 시간을 엄수하자). 리느 다 쥐르 멤버에게만 지원을 하는 곳도 있으니 홈페이지에서 확인하도록 한다.

TIP 니스 시내 첫 60분 무료 주차장 홈페이지에서 확인 가능.

니스 파카쥐르 주차장

Nice Azur Parking Palais de Justice
주소 19 rue Alexandre Mari- 06300 Nice

Parcazur Port Lympia
주소 Quai Amiral Infernet 06300 Nice

Parking Indigo Masséna
주소 16 av Félix Faure – 06000 Nice
홈페이지 fr.parkindigo.com/parkings/nice-france

Parking Indigo Saleya
주소 36 Cours Saleya – 06300 Nice
홈페이지 fr.parkindigo.com/parkings/nice-france

택시

니스 시내에서는 24시간 운행한다. 공항–니스 시내는 고정 요금으로 32유로. 니스 공항에서 보리우Beaulieu나 빌프랑쉬 수르 메르Villefranche-sur-mer까지는 49~65유로, 상 장 캅 페라Saint-Jean-Cap-Ferrat까지는 53~72유로가 고정 요금이다.

예약 번호 : 성트랄 택시 리비에라CENTRAL TAXI RIVIERA: +33 (0)4 93 13 78 78
전날 미리 예약하는 경우 : + 33 (0) 899 70 08 78
Data 전화 0899-700-878

벨로블뢰 Vélobleu

친환경적으로 니스와 주변 일대를 돌아보고 싶다면 공공 자전거를 렌트하자. 니스에서는 포니와 라임, 두 업체를 이용하면 된다. 앱을 다운받아 가장 가까운 자전거 대여소를 찾아 결제하면 된다. 니스 꼬뜨 다 쥐르 지역에는 125km 남짓한 자전거 도로가 정비되어 있다. 홈페이지에서 사이클링 지도를 확인하면 더욱 유용할 것.

포니 홈페이지

라임 홈페이지

사이클링 지도

TIP 사설 자전거 대여

라임, 포니 외에도 자전거를 대여해주는 사설 업체들이 많이 있다. 홈페이지에서 니스 시내의 모든 자전거 대여 업체 정보를 찾아볼 수 있다.

INFO

니스 관광청 사무소 Acceuil Office du Tourisme

기본적인 관광 안내 외에도 프렌치 리비에라 패스 판매, 호텔, 투어, 액티비티 예약 서비스를 지원하며 개인용 무선 인터넷 핫스팟 Travel Wifi을 대여해준다.

프로므나드 데 장글래 산책로 Promenade des Anglais 지점

Data 지도 078-J
가는 법 니스 기차역에서 T1 탑승, Opéra-Vieille Ville에서 하차하여 도보 2분
주소 5 Promenade des Anglais-BP 4079-06302 NICE **전화** 0492-144-614
운영시간 10~4월 월~토 09:00~18:00, 5월 월~토 09:00~18:00, 일 10:00~17:00,
6~9월 매일 09:00~19:00 (1/1, 5/1, 12/25 10:00~17:00)

니스 기차역 Gare 지점

Data 지도 078p-F
주소 Avenue Thiers, 06000 Nice **전화** 0492-144-614
운영시간 10~5월 월~토 09:00~18:00, 일 10:00~17:00,
6~9월 매일 09:00~19:00 (1/1, 5/1, 12/25 휴무 / 카니발 기간 매일 09:00~18:00)

Nice
TWO FINE DAYS

이틀을 꽉 채워도 니스를 완벽히 볼 수는 없지만, 부지런히 돌아다녀 대표적인 볼거리를 구경하자. 니스 해변에서의 망중한을 꿈꿔왔다면 일정을 넉넉하게 잡을 것을 추천한다. 박물관 휴관일이나 시장 영업일 등 명소들의 운영시간도 미리 체크하여 일정이 어긋나지 않도록 하자.

1 일차

10:00 프로므나드 데 장글레를 걷고 니스 해변에서 일광욕

→ 버스 15분

14:00 마티스 미술관을 찾아 강렬한 색채에 매료되어 보자

→ 버스 7분

16:00 샤갈 미술관에서 몽환적이고 낭만적인 샤갈의 작품 감상

↓ 도보 20분

18:00 구시가지, 니스 생트 레파라트 대성당 관람

← 도보 15~20분

20:00 밤에 더욱 활기를 띠는 해안가 바에서 칵테일 한 잔

2 일차

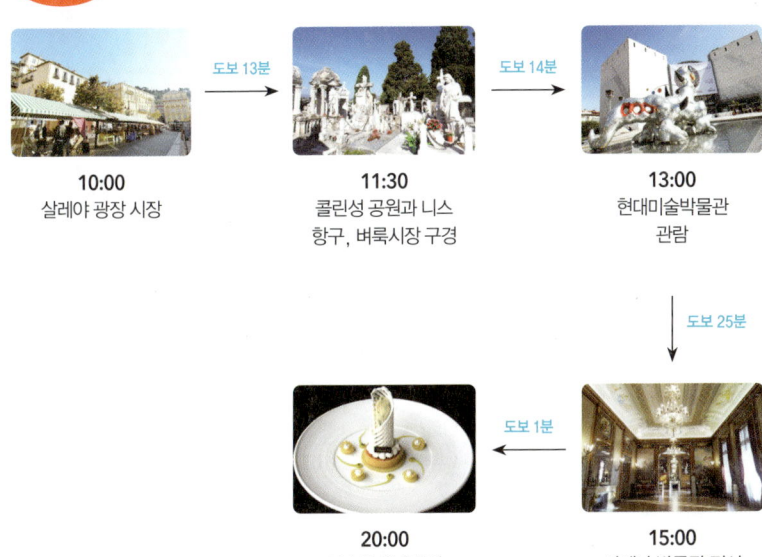

10:00 살레야 광장 시장
→ 도보 13분 →
11:30 콜린성 공원과 니스 항구, 벼룩시장 구경
→ 도보 14분 →
13:00 현대미술박물관 관람
→ 도보 25분 →
15:00 마세나 박물관 전시 감상 후 장 메드생 대로에서 쇼핑
→ 도보 1분 →
20:00 미슐랭 별 2개의 네그레스코 호텔 레스토랑에서 저녁 식사

TIP
- 시장은 6시부터 문을 연다. 점심이 지나면 대부분의 과채 가판은 문을 닫으니 늦지 않게 갈 것.
- 오후에는 근교 쿼르 리비에라에 다녀오는 것도 좋다. 여러 근교 도시 및 마을을 여행하고 싶다면 일정을 늘리는 것을 추천한다.

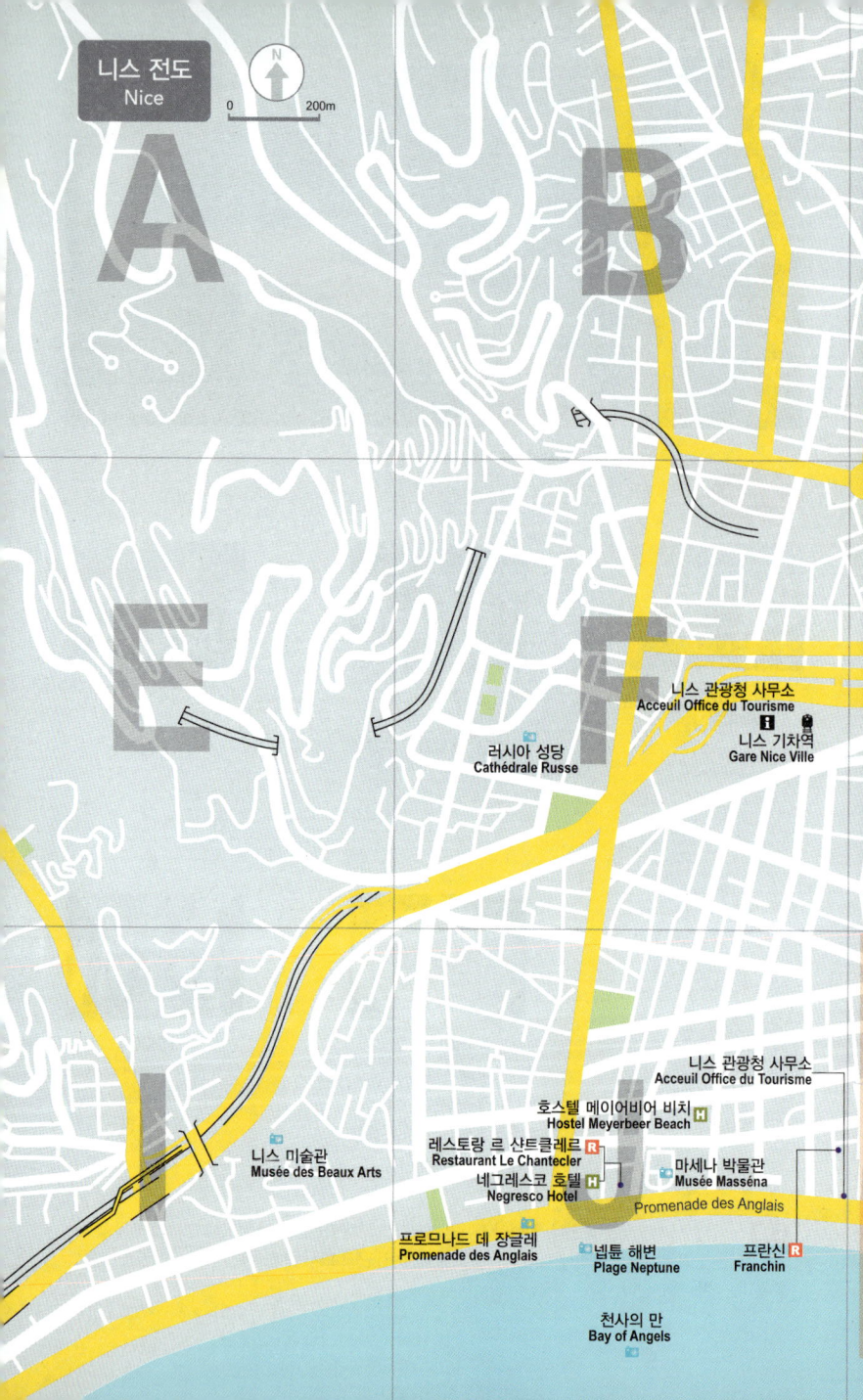

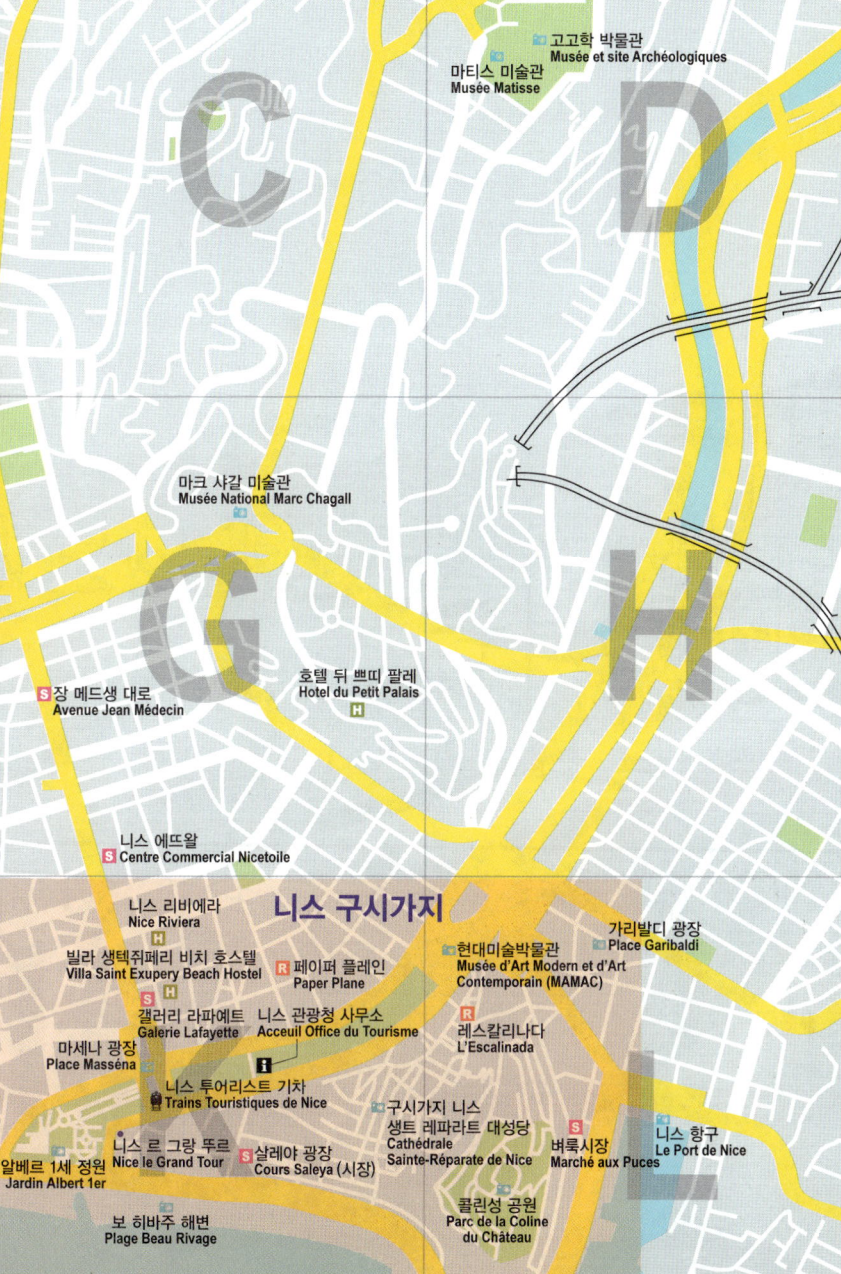

니스 여행을 풍요롭게 만드는 여행 팁 네 가지

1 간단히 알아보는 니스 역사

기원전 500년 마르세유에 정착해 살던 그리스인들이 이곳에 정착하여 '니케Nike'라 불렀던 것이 도시의 시초. 1세기에는 로마인들의 지배를 받았다. 프랑스에는 1973년 합병되었으며 1914년 나폴레옹 전쟁에서 프랑스가 패하며 다시 이탈리아 사르데냐 왕국의 영토가 되었다가, 이탈리아 통일에 힘을 써준 프랑스에게 감사를 표하려 1860년 다시 프랑스로 반환되었다. 니스는 이탈리아 통일의 영웅 주세페 가리발디의 탄생지이기도 하다. 이탈리아와 프랑스 문화가 잘 어우러져 있다.

2 눈여겨볼 니스 '인증 라벨'

❶ 가족 여행에 최적화된 명소/업체 인증
서비스 품질이 뛰어난 여행 업체에게 수여하는 라벨 파밀 플루스Famille Plus가 있다.

❷ 숙소 품질을 보장하는 인증
니스 관광청에서 개인이 운영하는 숙소를 직접 방문하여 기준에 부합하면 '니스 관광청 인증'이라 쓰인 오렌지색 라벨을 준다.

❸ 동성애자 여행자를 위한 명소/업체 인증
니스 관광청은 국제 동성애 여행 연합 IGLTA의 멤버로 니스의 여행 명소와 서비스 업체 중 동성애자들의 편의를 배려한 우수 업체에게 '니스 이리제 내추렐멍Nice Irisée naturellement' 라벨을 수여한다.

3 니스 여행은 그리터와 함께

자발적으로 지원하여 여행객들에게 니스를 가이드해 주는 '그리터Greeter'와 함께 여행해보자. 여행자의 개별 니즈에 맞추어 프로그램을 지원한다. 현지인이 여행 일정에 대해 친절한 조언을 주는 것이 최대 장점. 인기가 많아 식도락, 쇼핑, 역사, 문화 등을 테마로 운영하는 다양한 프로그램이 홈페이지에 소개되어 있다. 홈페이지에서 그리터들의 프로필을 확인하고 본인이 원하는 여행 스타일을 선택하여 예약해보자. 그리터와 여행객 모두 서로에게 금전적인 도움을 주고받는 것은 금지. 니스 관광청에서 추천하는 투어업체와 프로그램도 살펴보자.

4 2월에 놓치지 말아야 할 카니발!

니스 카니발은 세계 3대 카니발로 꼽힌다. 그리스도의 수난을 되새기며 사순절을 앞두고 즐기는 그리스도교의 전통 축제에서 유래. 니스 카니발은 프랑스에서 가장 역사가 오래된 카니발이다. 니스에 관광객이 급증하던 18세기부터 규모가 커져, 1873년 니스 시에서 축제위원회를 결성하고 공식적인 카니발 1회를 진행했다. 매년 카니발 주제를 선정하고, 1월 카니발 여왕 선발대회를 시작으로 분위기가 달아오른다. 카니발 기간 중에는 '꽃의 전쟁'이라 불리는 꽃마차 퍼레이드 등 여러 행사가 밤낮으로 진행된다. 특별 제작한 인형을 '카니발의 왕 화형식'에서 불태우는 것으로 축제의 막이 내린다. 카니발 외의 니스 연간 축제, 행사 일정은 홈페이지(bit.ly/3bmxGpS)에서 확인 가능하다.

Data 시기 2월 중순, 약 2주간 진행
홈페이지 www.nicecarnaval.com

SUD DE FRANCE BY AREA 01
니스

SEE

Writer's Pick! 영국 신사들에게 감사를
프로므나드 데 장글레 Promenade des Anglais

니스의 아름다운 해변가를 따라 만들어진 4km 길이의 산책로. 18세기 후반부터 우기를 피해 니스로 휴양을 왔던 영국인들이 이 산책로를 조성하는데 많은 돈을 기부하여 '영국인 산책로'라는 이름을 갖게 되었다. 수많은 영국인들이 영국의 우울한 날씨를 피해 맑은 니스로 이주해온 후, 직업이 없었다. 생활고에 시달리는 이들에게 일자리를 주기 위해 이 산책로를 건설하는 프로젝트가 추진되었다. 당시에는 니스만의 굴곡을 따라 산책로를 만들었으나, 점차 확장하고 꽃과 야자나무로 구획을 지어 널찍한 대로가 완성되었다. 바다를 향해 놓인 파란색, 흰색 스트라이프 의자들이 프로므나드를 따라 끝없이 늘어선 모습이 장관이다. 자전거와 스케이트 전용 길도 따로 마련되어 있어 바다를 감상하며 빠른 속도로 산책로를 달려볼 수도 있다. 니스 카니발 등 시 주요 행사가 주로 이곳에서 열린다. 니스 아시아 박물관Musée des Beaux-Arts de Nice, 네그레스코Negresco 호텔 등 니스의 여러 명소들이 이곳에 자리한다.

Data 지도 078p-J
가는 법 니스 기차역에서 도보 15분
주소 Promenade des Anglais, 06000 Nice

바다, 바다, 그리고 또 바다
니스의 해변

시원하게 뻗은 약 7km 길이의 니스 해안가에는 25개의 공공 해변이 있다. 니스 바다 바닥에 깔린 갈레Galet라고 불리는 작은 조약돌들이 쨍한 파란 바다 빛깔을 내는 데 한몫한다. 그러나 바다에 들어가 놀 때는 돌 때문에 발바닥이 아플 수 있으니 아쿠아슈즈를 신는 것도 좋겠다. 여느 지중해 바다와 마찬가지로 움직임이 많지 않아 조석 간만의 차가 50cm가 채 되지 않는다. 늦가을부터 봄까지는 바람이 심하게 부는 날이 많아 온도가 높아도 추울 수 있으니 일기예보를 확인하고 옷을 챙겨입자. 물살이 차분하고 바다색이 가장 예쁠 때는 오전 10시이다. 5~9월에는 노란 부표를 띄워 수영 가능한 구역을 표시해준다. 바다에 들어갈 때 소지품을 해변에 두고 가는 여행객을 노리는 소매치기도 있으니, 일행에게 소지품을 맡기도록 하자. 공공 해변 중 보 히바주 Beau Rivage, 포룸Forum, 파브롱Fabron은 소정의 사용료를 지불하고 쓸 수 있는 실내 샤워 시설과 화장실을 갖추고 있다(5~9월에는 매일, 나머지 기간에는 주말에만 연다). 나머지 모든 니스 해변에서는 야외 샤워 시설에서 간단하게 씻을 수 있다. 비누나 샴푸 등은 사용할 수 없다. 여름 성수기 시즌에는 임시 화장실을 설치해주니 큰 불편함이 없다.

Data 지도 078p-J, 079p-K
가는 법 니스 기차역에서 도보 15분
주소 Promenade des Anglais, 06000 Nice

니스 해변 100% 즐기기

영혼까지 시원하게 씻길 것 같이 투명하고 푸른 니스 바다. 여러 해변이 나란히 자리하여 해변 이름이 적힌 푯말을 찾아보아야 구분할 수 있다. 하지만 해수욕하기 좋은 해변, 화려한 밤을 보내기 좋은 파티 해변, 먹거리로 소문난 해변 등 각각의 특색이 분명하다.

니스 최고의 해변은 어디?

니스에서 추천하는 관광 명소임을 입증하는 칼리테 투리즘Qualité Tourisme 라벨을 수여받은 공공 해변으로는 블루Blue, 룰Ruhl, 보 히바주Beau Rivage가 있다. 전망이 가장 예쁘기로는 코코Coco 해변이 소문났고, 각종 시설 대여비가 가장 저렴한 곳은 오페라Opera와 플로리다Floria, 밤부Bambou 해변이 있다. 가장 맛있는 식당을 보유한 해변은 보 히바쥬Beau Rivage, 신나는 나이트 라이프가 있는 곳은 플로리다와 보알리에Voilier. 아동용 풀이 있는 룰과 놀이 공간이 마련되어 있는 넵튠Neptune, 하이Hi 해변은 가족 여행자들에게 추천한다. 프로므나드 데 장글레 끝 쪽에 자리한 카스텔Castel 해변은 조용한 곳으로 한적한 시간을 보내고자 하는 사람들에게 추천. 공항과 가까워 니스 도착/출발이 용이한 곳은 파브롱Fabron이다.

하늘이 선물한 천사의 만 Bay of Angels

물이 유난히 맑고 깨끗한 천사의 만은 프로므나드 데 장글레를 지나 미국 선창(께 데 제타 주니Quai des États-Unis)과 캅 당티브까지 뻗어 있다. 5~9월에는 매주 수질을 검사할 정도로 맑은 물을 보존하여 걱정 없이 니스 앞바다에 뛰어들 수 있다. '천사의 만'이라는 이름을 갖게 된 이유는 사실 아름다움 때문이 아니라 이 지역의 전설 때문. 3세기에 기독교적 믿음을 죄목으로 묶어 참수당했던 한 팔레스타인 여인의 시체가 바다에 버려졌는데 천사들이 그녀의 몸을 니스만으로 인도하였다고 한다. 해안가에 도착한 순교자의 몸이 상처 없이 깨끗한 것을 보고 사람들이 기적이라 하여 이 만의 이름을 천사의 만이라 부르기 시작하였고, 순교자는 성인(성 레파라트St. Reparate)으로 추대하였다.

야자수와 소나무가 우거진 니스의 심장부
마세나 광장과 알베르 1세 정원 Place Masséna&Jardin Albert 1er

자동차가 차단된 보행자 천국 마세나 대로는 넓은 광장으로 이어진다. 이 일대가 니스에서 가장 번화한 곳이다. 여러 상점과 음식점들로 항상 북적인다. 큼직한 동상이 세워진 분수 주변에서는 야외 공연도 종종 열리고 해마다 니스 카니발과 크리스마스 마켓이 열리는 자리다. 밤이 되면 스페인 출신의 아티스트 하우메 플렌사의 야외 설치 미술 작품에 조명이 켜져 색다른 분위기를 연출한다. 긴 폴대 위에 앉아 있는 7명의 사람들은 7개의 대륙을 뜻한다. 광장을 중심으로 양옆에 뻗은 녹지는 니스 시민들의 안식처인 알베르 1세 정원. 니스에서 가장 역사가 오래된 정원 중 하나로 19세기에 조성되었으며, 파라디 정원, 식물원 등 여러 명칭으로 불리다 1914년 지금의 이름을 갖게 되었다. 야자수, 라임 나무, 아카시아 나무, 미모사 나무 등 이국적인 꽃나무가 무성하게 심어져 있어 볕이 따사로운 날에는 나무 그늘에서 낮잠을 취하는 사람들이 많다. 정원을 따라 걷는 길은 프로므나드 뒤 파이용이라 부르며 프로므나드 데 장글레와 함께 니스에서 가장 사랑받는 산책로다. 정원에는 야외 공연을 위한 무대도 1946년 세워졌으며 간단한 스낵을 파는 카페테리아도 있다. 정원의 상징과도 같은 '비극'과 '춤' 조각상은 유명 조각가 빅토르 니콜라의 작품.

Data 지도 079p-K
가는 법 니스 기차역에서 T1 탑승, Masséna에서 하차하여 도보 2분 주소 Place Masséna, 06000 Nice/2-16 Avenue de Verdun, 06000 Nice

SUD DE FRANCE BY AREA 01
니스

18세기의 옛 모습을 간직한
구시가지 Vieux Nice

마세나 광장에서 생 프랑수아 드 폴 거리Rue St François de Paule를 걸어 오페라 극장과 대법원 건물을 지나면 세월의 흔적이 묻은 정겨운 골목들이 나타난다. 좁고 작은 골목들로 구성되어 있는 삼각형 모양의 구시가지 길은 복잡하지만 구시가지 규모가 크지 않아 헤맬 염려는 없다. 살레야 시장과 대성당을 제외하고는 주목할 만한 명소가 있지는 않지만 니스에 터를 잡고 살아온 사람들의 소박한 일상을 엿볼 수 있다는 점에서 그 어떤 웅장한 건축물보다도 사랑받는다. 유명한 레스토랑보다도 가정식을 주로 하는, 니스 사람들이 많이 찾는 식당들이 몰려 있다. 식사 시간에 특히 붐빈다. 생 프랑수아 드 폴 거리에 위치한 1820년부터 성업 중인 초콜릿 제과점 메종 아우어Auer에도 들러보자.

Data 지도 079p
가는 법 니스 기차역에서 T1 탑승, Cathédrale-Vieille Ville에서 하차하여 도보 2분 **주소** 06000, Nice

도시의 수호성인을 위해 세워진
니스 생트 레파라트 대성당 Cathédrale Sainte-Réparate de Nice

구시가지를 대표하는 명소. 구불구불한 골목을 걷다 보면 어느새 니스 교구의 심장부인 생트 레파라트 대성당을 만나게 된다. 생 니콜라 러시아 정교회 대성당Cathédrale Orthodoxe Russe Saint-Nicolas de Nice, 니스 노트르담 바실리크Basilique Notre-Dame de Nice와 더불어 니스를 대표하는 종교 건축물이며, 니스 수호성인 소녀 순교자 생트 레파라트에게 헌정되었다. 1650년부터 49년간 공들여 세운 대성당은 외부와 내부 모두 17·18세기 지중해 바로크 양식의 영향을 받아 화려하고 웅장하게 장식되어 있다. 성당 입구에서 조금 떨어진 곳에 위치한 18세기 사각 종탑은 구시가지의 상징이며, 내부에는 돔으로 덮인 제단, 거대한 파이프 오르간 등이 있다. 1906년에 문화재로 지정되었다.

Data 지도 079-K
주소 3 Rue Sainte Reparate, 06000 Nice
가는 법 니스 기차역에서 T1 탑승, Cathédrale-Vieille Ville에서 하차하여 도보 2분 **전화** 0493-920-135 **운영시간** 화~금 09:00~12:00, 14:00~18:00, 토 09:00~12:00, 14:00~19:30, 일 09:00~13:00, 15:00~18:00 **요금** 무료
홈페이지 cathedrale-nice.fr

니스에 완전히 매료되었던 화가의 흔적
마티스 미술관 Musée Matisse

1917~1954년 니스에 살았던 야수파의 거장 마티스의 공간. '모든 게 거짓말 같고 참지 못할 정도로 매혹적이다'라고 니스를 묘사했던 마티스. 니스를 무척 사랑하여 세상을 떠날 때 작품들을 니스에 기증하였다. 이를 기반으로 한 미술관이 매혹적인 오렌지빛 건물에 1964년 개관하였다. 개관 당시에는 고고학 박물관과 함께 자리하였으나 고고학 박물관이 따로 전시 공간을 얻어 나가고 현재는 증축 공사를 거쳐 1993년 재개관한 모습을 하고 있다. 로마 시대의 유적지가 남아 있는 시미에 지구에 자리하여, 번잡한 시가지와 떨어져 프란시스코 수도원과 이탈리아 정원 옆의 조용한 곳에 위치한다. 마티스 본인이 기증한 회화와 조각, 소묘, 조판 등의 작품들을 비롯하여 그의 사후 마티스의 부인이 기증한, 마티스 생전에 사용하던 소품과 가구 등이 전시되어 있다. 마티스가 마지막으로 남긴 작품 〈꽃과 과일〉도 소장 및 전시하며, 세계에서 가장 큰 규모의 마티스 조각 전시도 이곳에 있다. 마티스를 좋아한다면 니스 북서쪽으로 20km 정도 떨어진 방스Vence의 로제르 교회Chapelle du Rosaire de Vence도 가볼 것. 예배당의 실내 장식은 마티스가 1948년부터 3년간 심혈을 기울여 완성한 그의 최대 걸작이라 일컬어진다.

Data **지도** 079p-D **가는 법** 버스 15, 17, 20, 25번을 타고 Les Arènes/Musée Matisse 정류장 하차 후 도보 3분 **주소** 164 Avenue des Arénes de Cimiez, 06000 Nice **전화** 0493-810-808 **운영시간** 11월 1일~3월 31일 10:00~17:00, 4월 1일~ 10월 31일 10:00~18:00 (매주 화, 1/1, 부활절 주간 일요일, 5/1, 12/25 휴관) **요금** 성인 10유로, 18세 미만과 학생 무료, 프렌치 리비에라 패스 소지자 무료 **홈페이지** www.musee-matisse-nice.org

방대한 샤갈의 작품들이 한 자리에
마크 샤갈 미술관 Musée National Marc Chagall

 Writer's Pick!

마크 샤갈의 작품 중 종교에 관한 작품만을 전시해놓은 미술관. 1966년 샤갈 부부가 프랑스 정부에 기증한 작품들이며 당시 문화부 장관의 전폭적인 지원을 받아 1973년 개관했다. 이곳의 영구 전시는 대중에게 공개된 샤갈 컬렉션 중 가장 규모가 큰 것으로, 약 450여 점의 작품으로 이루어져 있으며 스케치, 회화, 파스텔화 등으로 구성이 다양하다. 대표작은 〈인간의 창조〉, 〈노아의 방주〉 등 구약성서에 관한 연작 유화 17점이다. 회화 외에 샤갈이 직접 만든 스테인드글라스도 유명하다. 전시장에 들어서면 가장 먼저 만나는 전시관에서 구약성서의 창세기와 출애굽기를 테마로 하여 작업한 12점의 대형 작품을 볼 수 있는데, 디테일과 표현력이 가히 압도적이다. 육각형 모양의 두 번째 방에는 아가서를 주제로 한 5개의 작품들이 걸려 있다. 작가가 관여하여 조성한 미술관의 정원이 무척 아름다우니 둘러보고 갈 것. 샤갈은 모든 작품이 전시될 위치를 직접 선정하였으며, 해마다 세계의 종교적, 정신적인 역사에 관련한 주제로 특별전을 열 것을 당부하기도 하였다. 오디오 가이드는 프랑스어, 영어, 독일어, 이탈리아어, 러시아어, 중국어, 일본어로 지원된다. 가이드 투어는 미리 예약해야 하며 영어, 이탈리아어, 프랑스어로 진행된다.

Data 지도 079p-G
가는 법 15번 버스를 타고 Musée Chagall 정류장에서 하차 후 도보 3분 **주소** Avenue Docteur Ménard, 06000 Nice **전화** 0493-538-720 **운영시간** 10:00~13:00, 14:30~17:00, 5~10월 10:00~18:00 (매주 화, 1/1, 5/1, 12/25 휴관) **요금** 성인 10유로, 학생 8유로, 18세 미만 무료, 매달 첫 번째 일요일 무료 **홈페이지** musees-nationaux-alpesmaritimes.fr/chagall

Data 지도 078p-J
가는 법 니스 기차역에서 도보 12분
주소 65 rue de France, 06000 Nice 전화 0493-911-910
운영시간 11~4월 11:00~18:00, 5~10월 10:00~18:00 (매주 화, 1/1, 부활절 주간 일요일, 5/1, 12/25 휴관)
요금 10유로 홈페이지 bit.ly/3OqD6in

니스의 황금기를 그대로 보존
마세나 박물관 Musée Masséna

프로므나드 데 장글레에 위치한 이 박물관은 19세기 니스 역사에 관련한 전시를 주로 다룬다. 프랑스 2제정 정치가로 활약했던 빅토르 마세나의 명으로 1898년 지어진 이탈리아 신고전주의 양식의 마세나궁Palais Masséna에 1921년 개관하였다. 나폴레옹과 그의 연인 조페신이 잠시 거주했던 박물관 내부는 나폴레옹 시대의 가구와 장식품들로 화려하게 꾸며졌다. 정원도 예뻐 전시 관람을 마치고 벤치에서 쉬거나 산책을 하기 좋다. 정원은 모나코의 몬테 카를로 카지노 정원을 설계한 정원사 에두아르드 앙드레의 작품이다. 18세기 후반 처음으로 겨울의 영국 여행자들을 맞이하던 순간부터 20세기에 이르기까지 니스가 가장 번영하였던 황금기를 자세히 알아보고 싶다면 마세나 박물관의 전시가 무척 유익할 것이다. 니스 출신 예술가들의 작품과 15세기 회화, 종교 미술품, 니스 역사 유물 또한 전시한다. 그룹에 한하여 예약을 통해 가이드 투어를 진행한다.

이탈리아 영웅의 이름을 딴 니스의 중심부
가리발디 광장 Place Garibaldi

19세기 이탈리아 통일의 주역 주세페 가리발디는 니스 출신이다. 때문에 프랑스인이 아님에도 불구하고 니스의 심장부 역할을 하는 광장에 그의 이름을 붙였다. 본래 이탈리아 토리노에서 니스를 방문하는 사르디니아 왕족을 환영하는 역할을 했던 곳으로 18세기에는 비토리오 광장이라고 불렸으나, 가리발디 광장으로 이름이 바뀌었다. 마세나 광장에 비해 크기는 작지만 구시가지, 기차역, 바다로 뻗어 있는 길들이 모이는 곳이라 만남의 광장 역할을 톡톡히 한다. 해산물로 유명한 르 카페 뒤 투린Le Café de Turin은 가리발디 광장에서 가장 유명한 맛집. 아름다운 바로크 양식의 건물들이 이 광장을 더욱 세련되게 꾸민다.

Data 지도 079p-L
가는 법 니스 기차역에서 도보 12분
주소 Place Garibaldi, 06300 Nice

유럽과 미국 현대 미술의 집대성
현대미술박물관
Musée d'Art Moderne et d'Art Contemporain(MAMAC)

1960년대부터의 유럽과 미국의 아방가르드 미술을 조명한다. 신현실주의파(세자르, 아르망, 니키 드 생-파엘)와 팝 아트(앤디 워홀, 탐 웨슬만), 플럭서스 전위 운동(벤 보티에), 미국 추상파, 미니멀리즘과 개념 미술, 니스파 미술, 쉬포르/쉬르파스 운동 등 폭 넓은 장르에 걸친 1,200여 점의 작품을 소장, 전시한다. 다양한 테마의 특별전을 자주 열어, 미술에 관심이 많은 여행자들의 경우 니스를 방문할 때마다 꼭 MAMAC를 찾는다. 니스의 도시화를 상징하는 박물관 건물은 이브 바야드와 앙리 비달의 작품으로, 부근의 가리발디 광장과 상응하는 사각형 평면도와 아치로 고전주의를 표방하였다. 총 면적은 4,000m²이며 9개의 전시관이 3개 층에 포진되어 있다. 박물관 테라스는 시내를 내려다볼 수 있는 훌륭한 뷰포인트. 영구 전시에 전시된 대표적인 아티스트로는 키스 해링, 알렉산더 칼더, 산드로 키아 등이 있다.

Data 지도 079p-L
가는 법 니스 기차역에서 T1 탑승, Garibaldi에서 하차하여 도보 2분
주소 Place Yves Klein, 06300 Nice 전화 0497-134-201
운영시간 5~10월 10:00~18:00, 11~4월 11:00~18:00 (매주 월, 1/1, 부활절 주간 일요일, 5/1, 12/25일 휴관)
요금 10유로, 프렌치 리비에라 패스 소지자 무료, 18세 미만, 학생 무료
홈페이지 www.mamac-nice.org/english/

TIP 니스 장기 여행자를 위한 니스 박물관 패스
3년간 유효한 니스 박물관 패스는 신분증과 3개월 이상된 니스 거주 주소가 있으면 만들 수 있다. 니스 시립 박물관을 모두 무료로 이용할 수 있으니 장기 여행자, 거주자라면 꼭 만들어 유용하게 사용하자.

니스 시립 박물관 통합권
4일에 15유로인 이 티켓은 MAMAC을 비롯하여 마티스 박물관, 보자르 미술관, 나이브 미술관, 마세나 박물관, 라스카리스 박물관, 고고학 박물관, 자연사 박물관 등을 포함하는 니스 시립 모든 박물관, 미술관, 갤러리를 이용할 수 있는 무척 경제적인 통합권이다. 해당하는 모든 시립 전시관 매표소에서 구입할 수 있다.

빼어난 니스의 경치를 감상하려면
콜린성 공원 Parc de la Colline du Château

니스에서 가장 높은 지대에 자리하여 아름다운 시내 전망을 조망할 수 있는 뷰포인트. 그리스인들이 니스에 처음 거주했던 비옥한 땅으로, 이곳에 공원이 조성된 것은 1829년이다. 이곳을 '니스성'이라고도 부르는데, 이 자리에 성이 있었으나 1706년 루이 14세에 의해 완전히 해체되었다. 성터는 공원이 되어 여러 번의 확장과 보수를 거쳐 식당, 산책로, 기념품 상점, 놀이터 등을 갖춘 지금의 모습을 하게 되었다. 전체 면적은 19.3 헥타르로 무척 넓다. 자동차가 제한되어 공기도 맑고 한적하다. 유명한 영국 가수 엘튼 존이 공원 부근에 노란 빌라를 구입한 것으로 유명하다. 니스를 여행하는 동안 매일 올라 보고 싶은 환상적인 경치는 낮에도 밤에도 아름답다. 아르데코 풍의 엘리베이터 또는 계단을 이용하여 올라볼 수 있다. 공원으로 오르는 길에 볼 수 있는, 1844년 세워진 낭만주의 양식의 벨란다 탑Tour Bellanda도 둘러보고 가자.

Data 지도 079p-L
가는 법 니스 기차역에서 T1 탑승 Cathédrale-Vieille Ville에서 하차하여 도보 12분
주소 Rue des Ponchettes, 06300 Nice
운영시간 10~3월 08:30~18:00, 4~9월 08:30~20:00
요금 무료

바다를 통해 니스를 찾는 여행자들이 가장 먼저 만나는
니스 항구 Le Port

구시가지에 자리한 7 헥타르의 넓은 니스 항구는 12개의 부두로 구성되어 있으며 그중 6개는 현재까지 사용되어 니스 경제에 일조한다. 이탈리아 르네상스 건축, 특히 토리노 시의 영향을 받아 이탈리아 제노아 양식의 18세기 건물들로 둘러싸여 있다. 공식 명칭은 림피아Lympia 항구지만 '니스 항구'라고 불린다. 크루즈 선박과 작은 보트, 요트가 드나드는 프랑스에서 두 번째로 큰 규모의 바쁜 항구로 연간 50여 만 명이 니스 항구를 이용한다. 프랑스 코르시카섬이나 이탈리아의 사르데냐섬으로도 니스 항구에서 배로 이동할 수 있다.

Data 지도 079p-L
가는 법 니스 기차역에서 T1 탑승, Cathédrale-Vieille Ville에서 하차하여 도보 15분
주소 Quai Amiral Infernet, 06300 Nice **전화** 0493-217-217 **홈페이지** leportdenice.com

EAT

아름다운 호텔 네그레스코에 자리한
레스토랑 르 샨트클레르 Restaurant Le Chantecler

본인의 요리 스타일을 '프로방스의 식재료와 전통에서 영감을 받은 것'이라 말하는 장 드니스 리우블랑드 셰프. 레스토랑의 성공 요인 두 가지를 퀄리티와 창의성으로 꼽는 자신만만한 미슐랭 레스토랑이다. 니스의 네그레스코 호텔에 위치한다. 프랑스 퀴진을 자랑스럽게 여기며 정통 프렌치를 선보이고자 신선한 계절 식재료를 사용하고 역사 깊은 레시피를 창의적으로 해석한다. 디저트 메뉴가 특히 훌륭하고 1751년 목재로 만든 1만 5천여 병의 와인이 보관된 셀러도 유명하다. 냅킨과 식기, 다마스크 커튼, 태피스트리 벽 장식, 실크 덮개를 씌운 램프까지 섬세하게 신경 쓴 고급스러운 인테리어와 예술 작품 못지않은 요리 플레이팅이 훌륭한 조화를 이룬다. 35명만 수용할 수 있어 프라이빗한 분위기를 연출한다.

Data 지도 078p-J
가는 법 니스 기차역에서 도보 13분
주소 37 Promenade des Anglais, 06000 Nice
전화 0493-166-410
운영시간 수~일 19:00~22:00
가격 5코스 메뉴 210유로, 8코스 시그니처 메뉴 270유로
홈페이지 bit.ly/3OqE6De

포근한 지중해 가정식 레스토랑
레스칼리나다 L'Escalinada

속을 채워 구운 채소 쁘띠 파르시petits farcis, 프로방스 지역의 쇠고기 스튜 다우브daube, 홈메이드 뇨끼 등 지난 50여 년간 니스 향취를 담은 정통 니스식 요리에 힘을 쏟아온 식당. 튀긴 빵 베이네beignets를 곁들이는 다양한 요리가 메뉴에 있고, 니스 샐러드, 칼라마리 튀김, 오징어 요리, 병아리콩 샐러드 등 간단한 식사부터 둘이 먹어도 충분할 양의 스테이크까지 준비되어 있다. 메뉴가 많으면 맛집이 아니라는 편견은 레스칼리나다에는 해당되지 않는다. 구시가지의 좁은 골목에 위치한다. 서비스로 아페리티브 한 잔을 제공해 입맛을 돋운 후 따뜻한 가정식을 내온다. 화덕에서 굽는 피자도 맛있고, 니스식으로 요리한 문어, 아이올리 소스, 호박꽃 튀김도 추천한다. 3대에 걸쳐 영업 중인 가족 식당으로, 대대로 전해져온 레시피를 사용한다. 일주일 내내 점심과 저녁 식사 서비스가 있어 단골 손님도 많다. 현금 결제만 가능.

Data 지도 079-L
가는 법 니스 기차역에서 T1 탑승, Cathédrale-Vieille Ville에서 하차하여 도보 3분
주소 22 Rue Pairolière, 06300 Nice **전화** 0493-621-171
운영시간 매일 11:30~14:30, 18:30~22:30
가격 시저 샐러드 14유로, 오늘의 생선구이 28유로
홈페이지 www.escalinada.com

건강하고 배부른 식사를 위한 곳
페이퍼 플레인 Paper Plane

오랫동안 모피 가게였던 자리를 현대적이고 말끔한 카페로 탈바꿈한 페이퍼 플레인은 떠오르는 니스 인기 맛집이다. 채식주의자들을 위한 곳이지만 채식을 하지 않는 손님들도 접시를 말끔히 비울 정도로 맛이 좋다. 배불리 먹어도 죄책감이 들지 않는 메뉴라서 보기만 해도 건강해지는 기분이 든다. 오리엔탈 소스를 곁들인 당근 샐러드, 커리 병아리콩 요리, 다크 피칸 초콜릿 브라우니 등 대부분 유기농 식재료로 만든다. 유제품은 일절 사용하지 않아 치즈가 없는 치즈 케이크 등 독특한 메뉴를 발견할 수 있다. 달걀과 과채는 항상 유기농을 사용하고 식재료는 언제나 계절 재료를 구입하여 신선한 품질을 유지한다. 정제되지 않은 밀가루와 설탕, 곡류를 이용하고 버터 대신 식물성 기름을 쓰는 등 주방에서 일어나는 전 과정이 깨끗하고 건강하다.

Data 지도 079p-K
가는 법 니스 기차역에서 도보 18분
주소 14 Rue Gubernatis, 06000 Nice
전화 0493-621-305
운영시간 화~토 09:30~15:00, 일 10:30~15:00
가격 아보카도 토스트 10유로, 피시 앤 칩스 버거 17유로
홈페이지 www.paperplanenice.com

흠잡을 데 없는 훌륭한 식사

시트뤼스 Citrus

구시가지 살레야 광장과 로세티 광장 사이에 위치한 시트뤼스는 강렬한 빨간 외관과 산뜻한 파스텔톤 컬러로 꾸민 인테리어가 자아내는 아늑하면서도 우아한 분위기가 특징이다. 유쾌하고 편안한 분위기에서 특별하고 훌륭한 식사를 즐길 수 있다. 세비체(15유로), 이베리아 돼지고기(25유로) 등 필립 리모주 셰프가 계절마다 개발하는 독창적인 메뉴는 신선하고 푸짐하다. 육해공을 모두 즐길 수 있도록, 메뉴가 아주 많지는 않지만 모두를 만족시킬 요리들이 준비되어 있다. 특히 오리와 돼지고기가 인기가 많고, 디저트가 하이라이트라는 평이 많으니 꼭 먹어보도록! 와인 메뉴도 가성비가 좋다. 홈페이지에서 예약할 수 있어 저녁에만 오픈하는 인기 많은 요일에도 부지런히 테이블을 잡을 수 있다.

Data 지도 079p-K
가는 법 니스 기차역에서 T1탑승, Cathédrale-Vielle Ville에서 하차하여 도보 2분
주소 7 Rue Sainte-Réparate, 06300 Nice
전화 0493-162-793
영업시간 수~월 19:00~22:00
가격 농어구이 28유로, 폭찹 32유로
홈페이지 www.citrusnice.fr

젊은 셰프가 새로 맡아 이끄는 100년도 더 된 식당

프란신 Franchin

이름난 레스토랑에서 경험을 쌓은 프란신의 셰프 앙트완 강동은 프랑스 요리에 일가견이 있는 젊은 프랑스 요리사다. 간단하지만 맛있는 음식을 만드는 것을 신조로 하는 프란신은 1905년부터 같은 자리에서 영업해 왔다. 개점 당시의 분위기를 그대로 살려 놓은 편안한 브라서리 분위기와 어울리는 생선 수프, 문어와 초리조 샐러드, 유기농 생선구이, 사과 소스를 얹은 양고기 스테이크 등 든든하게 배를 채워줄 요리들이 가득하다. 3대가 요식업에 종사해온 셰프 가문 출신의 강동은 집안 대대로 내려오는 레시피를 사용하여 맛을 낸다. 프란신의 인기 메뉴 중 하나는 할아버지의 레시피를 사용하여 요리한 돼지고기 테린. 어릴 적 즐겨 먹었던 것으로 구성한 디저트 메뉴도 니스 최고의 아이스크림 가게와 페이스트리 전문점에서 공급받은 재료를 사용하여 추천할 만하다.

Data 지도 078p-J
가는 법 니스 기차역에서 도보 13분
주소 10 Rue Massenet, 06000 Nice
전화 0493-871-574
운영시간 수~일 12:00~15:00, 18:00~23:00
가격 문어구이 33유로, 관자요리 36유로
홈페이지 www.franchin.net

SUD DE FRANCE BY AREA 01
니스

 Writer's Pick!

니스 쇼핑의 중심지
장 메드생 대로 Avenue Jean Médecin

니스가 가장 사랑했던 시장 장 메드생의 이름을 딴 대로. 트램과 버스, 보행자들로 항상 붐비는 넓은 대로 양옆으로 상점들이 즐비하다. 갤러리 라파예트와 니스 에뜨왈, 2개의 대형 쇼핑몰도 이곳에 자리하고 있으며, 나이키, 라코스테, 아디다스 등의 국제적인 브랜드 상점들과 코스메틱 전문점 세포라도 큰 매장으로 들어서 있다. 시내 중심부인 마세나 광장과 니스 기차역을 잇는 대로로 일부러 찾지 않아도 여러 번 걷게 되니 이동 시 여유를 두고 걸으며 쇼핑을 즐겨보도록 하자. 중간중간 카페와 스낵 가판이 있어 쇼핑을 하다가 출출할 때 요기를 채우기에도 좋다. 양옆으로 뻗어 있는 작은 골목들에도 맛집과 호텔이 즐비하다.

Data 지도 079p-G
가는 법 니스 기차역에서 도보 8분 **주소** Avenue Jean Médecin, 06000 Nice

 Writer's Pick!
다양한 맛과 향기를 지닌 전통 시장
살레야 광장 시장 Cours Saleya

구시가지에서 거리를 걷다 활기차고 시끌벅적한 분위기를 풍기는 곳으로 고개를 돌려보면 살레야 광장일 것이다. 신선한 채소와 과일, 절인 올리브나 치즈 등 각종 식료품, 꽃과 먹거리로 가득한 시장이다. 온실에서 키워 이곳에서 판매하는 각종 허브의 향이 감돈다. 살레야 광장 시장에서 판매하는 꽃의 80%는 프로방스 지역에서 나는 꽃이며 특히 겨울의 미모사는 니스에서 재배하여 신선하고 아름답다. 과채, 식료품 시장은 점심 시간이 지나면 문을 거의 닫고, 꽃 시장만 늦게까지 문을 연다. 오후 3시가 지나면 떨이로 판매하니, 싱그러운 꽃과 함께 니스 여행을 더욱 낭만적으로 보내고 싶다면 늦은 시간에 와서 꽃을 사자. 월요일에는 각종 골동품을 판매하는 앤티크 시장이 선다. 살레야 광장 외에도 니스에는 생선 시장, 야시장 등이 시내 곳곳에 선다. 홈페이지에서 니스 시내의 모든 시장 정보를 찾아볼 수 있다.

Data 지도 079p-K
가는 법 니스 기차역에서 T1 탑승, Opéra-Vieille Ville에서 하차하여 도보 4분
주소 Cours Saleya, 06300 Nice
운영시간 화~일 06:00~13:30
홈페이지 bit.ly/3NFzXdv

유명 파리 백화점의 니스 지점
갤러리 라파예트 Galerie Lafayette

파리에 본점이 있는 갤러리 라파예트의 니스 지점. 오렌지 빛의 대형 건물로, 마세나 광장 바로 앞에 위치한다. 대형 백화점답게 다양한 품목을 취급한다. 샤넬, 발렌시아가, 불가리, 카르티에, 캘빈 클라인, 알도 등 럭셔리부터 중저가 브랜드까지 모두 만나볼 수 있다. 홈페이지에서 각종 할인 행사나 이벤트 일정을 확인해 볼 수 있다.

Data 지도 079p-K 가는 법 니스 기차역에서 도보 14분 주소 7 Avenue Jean Médecin, 06000 Nice 전화 0492-173-636 운영시간 월~토 10:00~20:00, 일 11:00~20:00 홈페이지 www.galerieslafayette.com/magasin-nice

라파예트와 어깨를 나란히 하는 대형 쇼핑몰
니스 에뚜왈 Centre Commercial Nicetoile

라파예트와 마찬가지로 다양한 품목을 판매하는 대형 쇼핑몰로 판도라, 홀리스터, 아디다스 등 총 100개의 브랜드가 입점되어 있다. 영화관도 있고 스타벅스나 브리오슈 도레 등 간단한 디저트나 커피를 판매하는 카페와 스시, 피자 등 식사를 위한 레스토랑이 들어선 식당가도 마련되어 있다. 홈페이지에서 각종 할인 행사나 이벤트 일정을 확인해 볼 수 있다.

Data 지도 079p-G 가는 법 니스 기차역에서 도보 6분 주소 30 Avenue Jean Médecin, 06000 Nice 전화 0492-173-817 운영시간 월~토 10:00~19:30, 일 11:00~19:00 홈페이지 www.nicetoile.com

누군가에게 쓸모없는 것은 누군가의 보물이 된다
벼룩시장 Marché aux Puces

빛바랜 페인트와 커피 얼룩이 진 엽서, 이 빠진 접시와 백 번은 닦아야 다시 윤이 날 듯한 은수저 세트 등, 누군가 쓰던 허름한 물건의 가치를 알아보고 저렴한 가격에 구입하는 벼룩시장 쇼핑의 재미를 아는 사람들은 안다. 니스 항구 주변은 골동품 상점들로 가득한데 그중 가장 많은 물건을 찾아볼 수 있는 곳이 이곳이다. 열심히 뒤져서 소중히 모셔올 아이템을 하나 장만해보자.

Data 지도 079p-L 가는 법 니스 기차역에서 T1 탑승, Garibaldi에서 하차하여 도보 9분 주소 Place Robilant, 06300 Nice 운영시간 5~10월 화~토 10:00~18:00, 6~9월 10:00~19:00

SLEEP

분홍색 돔 지붕이 상징적인
네그레스코 호텔 Negresco Hotel

1913년 문을 연, 니스에서 가장 유명한 호텔. 루마니아 출신 앙리 네그레스코가 15살에 프랑스로 이민 와 니스 카지노로 크게 성공한 뒤 세운 호텔로, 프로므나드 데 장글레와 니스 해변이 시원하게 보이는 뷰가 환상적이다. 입구 앞에 설치된 니키 드 생팔의 조각상들로 야외 갤러리의 독특한 분위기를 풍기는 정원이 유명하다. 미슐랭 2스타 레스토랑 르 샹트클레어도 갖추고 있다. 외관 못지않게 화려하고 아름답게 꾸민 인테리어의 객실 117개는 니스를 여행하는 유명 인사들이 앞다투어 예약하여 금방 동이 난다. 각 객실의 데코가 모두 다르며 오픈 키친의 라 로통드 La Rotonde 레스토랑에서 조식 뷔페가 제공된다. 유명한 미국의 댄서 이사도라 던컨이 흰 스카프를 길게 두르고 스포츠카를 출발시켰다가 스카프에 목이 감겨 생을 마감한 곳도 이 호텔 앞이다. 투숙객들은 레저 활동이 가능한 프라이빗 해변 넵튠은 약간의 이용료를 내고 이용할 수 있다. 유료로 공항 리무진 픽업 서비스도 운영한다. 피트니스 센터 구비.

Data 지도 078p-J
가는 법 니스 기차역에서 도보 13분
주소 37 Promenade des Anglais, 06000 Nice
전화 0493-166-400
홈페이지 www.hotel-negresco-nice.com

접근성 좋은 깔끔하고 넓은 호텔
니스 리비에라 Nice Riviera

마세나 광장에서 도보 3분 거리에 위치한 4성 호텔. 온수 월풀이 있는 스파, 사우나와 피트니스 센터를 갖추고 있다. 친환경 자재를 사용하여 인테리어한 객실 120개는 차분한 톤으로 숙면을 부른다. 프로방스 지역에서 나는 식재료를 사용한 신선한 요리와 어린이 메뉴까지 마련된 조식은 1층 식당에서 제공된다. 회의실 등 비즈니스를 위한 설비도 있으며 각종 투어 프로그램이나 자동차 렌트 등을 진행한다. 추가 요금을 지불하고 애완동물 반입 가능. 베이비시팅 서비스, 환전 서비스 제공. 24시간 프런트 데스크.

Data 지도 079p-K
가는 법 니스 기차역에서 도보 12분
주소 47 Rue Pastorelli, 06000 Nice
전화 0493-926-960
홈페이지 www.hotel-nice-riviera.com

해안가에 자리한 느긋한 호스텔
호스텔 메이어비어 비치 Hostel Meyerbeer Beach

호스텔 문을 나서서 1분이면 해변에 도착하니 니스 여행자들이 더 이상 바랄 것 없는 위치다. 깔끔하고 밝은색의 인테리어로 꾸민 믹스 도미토리와 프라이빗 객실을 갖추고 있어 혼자 여행하는 사람도, 여럿이 무리를 지어 여행하는 사람들도 모두 수용할 수 있다. 조식도 포함되어 있으며 투숙객들이 사용 가능한 공용 주방도 있다. 공용 라운지 공간도 있어 호스텔 안에서의 시간도 즐겁다.

Data 지도 078p-J
가는 법 니스 기차역에서 도보 10분
주소 15 Rue Meyerbeer, 06000 Nice
전화 0493-889-565
홈페이지 www.hostelmeyerbeer.com

19세기 맨션에 자리한 작은 호텔
호텔 뒤 쁘띠 팔레 Hotel du Petit Palais

마크 샤갈 박물관과 도보 10분 거리에 위치한 조용하고 편안한 호텔. 해변보다 니스의 문화 예술 전시에 관심이 많고 조용한 호텔을 찾는다면 뒤 쁘띠 팔레만 한 곳이 없다. 몇몇 객실에는 전용 테라스가 있다. 야외 풀장과 정원도 아늑하게 따로 마련되어 있다. 조식은 뷔페 또는 컨티넨탈 스타일로 유료로 제공한다. 홈페이지에서 각종 할인 혜택, 이벤트, 패키지를 확인할 수 있다. 주차장은 하루 12유로로 사용 가능하다.

Data 지도 079p-G
가는 법 니스 기차역에서 도보 15분
주소 17 Avenue Emile Bieckert, 06000 Nice
전화 0493-621-911
홈페이지 www.petitpalaisnice.com

활동적인 여행자를 위한 숙소
빌라 생텍쥐페리 비치 호스텔 Villa Saint Exupery Beach Hostel

마세나 트램 정류장에서 도보 2분 거리의 니스 시내 한가운데 자리한 호스텔. 밝고 현대적으로 인테리어한 도미토리와 프라이빗 객실에는 모두 전용 화장실, 개인 라커가 구비되어 있고 호스텔 전 구역에서 무선 인터넷 사용은 무료다. 해피 아워가 있는 호스텔 바에서 친구도 사귀어 보자. 그 외에도 라운지, 탁구대, 컴퓨터실, 운동 공간과 사우나도 있다. 유료로 컨티넨탈 조식을 제공한다. 스쿠버 다이빙이나 사이클링, 스키 등 유료로 액티비티 투어를 예약하여 이용할 수 있다. 무료로 수건을 대여해주며 호스텔 자체적으로 니스 워킹 투어도 진행한다. 자정이 넘은 시각의 레이트 체크인도 가능하다. 체크아웃은 10:00.

Data 지도 079p-K
가는 법 니스 기차역에서 도보 15분
주소 6 Rue Sacha Guitry, 06000 Nice
전화 0493-161-345
홈페이지 www.villahostels.com

Sud de France By Area

02

니스 근교
NICE SUBURBS

'리비에라의 심장(쾨르 리비에라Coeur Riviera)'. 프렌치 리비에라 중심의 캉통에 속한 빌프랑쉬 수르 메르, 생 장 캅 페라, 보리우 수르 메르, 에즈, 캅 다일과 라 투르비를 한데 묶어 부르는 말이다.
예술가들의 마을, 생 폴 드 방스도 함께 소개한다. 각각의 마을은 당일치기 여행지로도 훌륭하다. 서로 이웃하고 있지만 각각 개성이 달라 폭넓은 여행을 할 수 있다. 수많은 예술가들이 오래 머물며 작품 활동을 했던, 작은 마을들의 소박함과 특별함을 보물찾기 하는 기분으로 하나씩 만나보자.

Nice Suburbs
PREVIEW

니스와 가까이 위치하면서도 다른 여행을 선물한다. 각각의 색이 확연한 작은 도시들이 촘촘히 리비에라 해안과 산길, 언덕마다 보석처럼 박혀 있다. 중세에 머물러 있는 듯한 돌길과 소박하고 때 묻지 않은 자연의 정취에 흠뻑 빠지는 경험을 선사하는 니스 주변의 여행지들을 만나보자.

SEE
생 폴 드 방스와 라 투르비를 제외하고는 모든 도시에서 해변을 즐길 수 있다. 한겨울이 아니라면 바다 수영이 가능하니 수영복을 챙겨가자.

EAT
작고 아담한 리비에라의 마을들은 건강하고 깨끗한 식재료만을 사용한다. 소읍이라도 손꼽을 만한 맛집은 갖추고 있다. 포근한 가정식부터 세련된 고급 식당까지 모두 찾아볼 수 있고, 프렌치 식당이 많은 편이다.

BUY
미술품 컬렉션에 조예가 깊다면 남프랑스의 어떤 지역보다 쇼핑이 즐거울 것이다. 크고 작은 아틀리에가 많아 마음에 드는 아티스트를 발견하는 기쁨이 있다. 어쩌면 훗날 가치가 어마어마해질 작품을 골라 손에 넣을 수도 있겠다. 하지만 이외에는 쇼핑할 것은 없다. 미술품을 구입하는 경우 앞으로의 일정과 비행기 수하물을 고려해서 국제 배송 등이 가능한지 알아보고 사도록 한다.

SLEEP
마을 규모가 작다 보니 숙소에도 한계가 있어 인기 있는 호텔은 예약을 한참 전에 해야 할 수도 있다. 까다롭지 않은 여행자라면 숙소 구하는 것이 어렵지 않을 것이나 차가 없어 이동 반경에 제약이 있거나 꼭 묵고 싶은 호텔이 있다면 발 빠르게 예약하도록 한다.

TIP 니스에서 발착하는 버스 편이 가장 많다. 하루에 두 곳 이상 보기를 원하거나 니스가 아닌 근교 마을에서 숙박을 원한다면 차를 렌트하여 다니는 것이 가장 다니기 쉽고 편할 것이다.

니스 근교 도시

생 폴 드 방스
예술적 감성을 자극하는 사랑스럽고 낭만적인 마을. 자연과 예술의 어우러짐이 이보다 훌륭할 수는 없다.

에즈
니스 근교 중 가장 인기가 많은 에즈의 매력 포인트는 고즈넉하고 미로 같은 중세 시가지다. 언덕 위 이국적인 열대 식물원은 화룡점정.

빌프랑쉬 수르 메르
성채 내 4개의 박물관은 꼭 볼 것 매력적인 항구 마을에서 맛보는 해산물은 남다르다.

라 투르비
위엄 있는 유적, 아우구스투스의 트로피가 우뚝 서 있는 곳. 이에 비해 소박한 라 투르비 시가지는 더없이 사랑스럽다.

보리우 수르 메르
그리스 빌라와 때 묻지 않은 해변을 자랑한다. 아름다운 벨 에포크 건축미를 숨김없이 뽐내는 여행지.

생 장 캅 페라
우아하고 화려한 고급 빌라들과 청명한 바다로 이름난 곳. 리비에라에서만 느낄 수 있는 여유와 풍요로움의 집약지라 할 수 있다.

캅 다일
산과 바다 사이에 위치한 천혜의 자연 경관을 누리는 모나코 옆 동네 캅 다일은 세련된 해안가 리조트 타운으로 유명하다.

니스 근교 전도

생 폴 드 방스
Saint Paul de Vence

프렌치 리비에라에서 가장 역사가 긴 마을 중 하나. 이곳에서 20년간 살았던 샤갈을 비롯하여 여러 유명 인사들이 사랑해 마지않았던 이유는 도착하자마자 그 소담스런 모습을 보면 알 수 있다. 프랑수아 1세 때 건축한 도시 방어용 성벽이 당시의 모습과 유사하게 잘 보존되어 있다. 자갈을 깔아놓은 거리에서 천천히 감상해보자. 시가지를 산책하다 중심에 이르면 마을의 이정표 역할을 하는 작은 분수를 만난다. 졸졸 흐르는 이 분수의 물소리를 두고 프랑스 시인 베를랭은 '분수의 은빛 중얼거림이 음악처럼 흐른다'고 표현하기도 했다.

 **어떻게 갈까?**

자동차
A8번 도로를 이용하여 47번 출구(마르세유 방향에서 올 때) 또는 48번 출구(니스 또는 이탈리아에서 올 때)로 빠진다. RD 436번 도로의 La Colle sur Loup/Vence 표시를 따라 이동하면 생 폴 드 방스에 도착한다. 공공 주차장이 생 폴 드 방스 마을 주변에 몇 개 있다(Route des Serres, Chemin des Gardettes, Route de Vence, Montée des Trious). 요금은 50분에 1유로 정도. 반나절은 4유로, 하루 종일 주차는 6유로다. 오후 7시 이후 무료로 사용할 수 있다.

기차
가까운 기차역은 카네스 수르 메르Cagnes sur Mer에 있다. 역에 내려서는 버스 400번을 타고 15분 이동한다.

카네스 수르 메르 기차역 Gare de Cagnes sur Mer

Data 주소 Av. de la Gare, 06800 Cagnes-sur-Mer **홈페이지** www.groupe-sncf.com

버스
니스 시내에서 400번 버스를 타고 1시간 이동(30~45분 간격으로 운행)

생 폴 드 방스 버스정류장

Data 주소 Rond Point Ste Claire, 06570 Saint-Paul-de-Vence

택시
앙티브와 17km, 니스와 20km, 모나코와 40km, 깐느와 27km 거리로, 차를 빌리거나 대중교통을 이용하는 것이 번거롭다면 택시를 타도 요금이 크게 부담스럽지 않다.

택시 생 폴 드 방스

Data 주소 Place du Jeu de Boules, 06570 Saint-Paul-de-Vence, France
전화 +33-6092-855-36
홈페이지 saint-paul-de-vence.taxi/

INFO

생 폴 드 방스 관광청 사무소
자체 진행 투어 프로그램 예약, 생 폴 드 방스 시내와 부근 관광 여행 정보를 얻을 수 있다. 사무소 건물 2층은 작은 갤러리로 꾸며 놓아 무료 전시 관람이 가능하다.

Data 지도 112p
가는 법 생 폴 드 방스 버스정류장에서 도보 5분
주소 2 Rue Grande, 06570 Saint-Paul de Vence **전화** 0493-328-695
운영시간 10:00~18:00(7~9월은 ~19:00), 주말·공휴일 13:00~14:00 점심시간
홈페이지 www.saint-pauldevence.com

> **TIP 1.** 생 폴 드 방스 관광청 사무소에서는 매그 미술관, 샤갈의 발자취, 페탕크 수업, 미술과 유산 등 다양한 테마로 진행하는 여섯 개의 가이드 투어를 진행한다. 그룹 투어는 1인당 7~10유로, 프라이빗 투어는 1인당 14~20유로이며 12세 미만은 무료로 참여할 수 있다. 관광청 홈페이지에서 예약/문의 가능. 전통 놀이 페탕크Pétanque를 배우는 프로그램이 특히 흥미롭다. 페탕크는 두 발을 움직이지 않은 채 목표물로 세워둔 막대에 가장 가까이 공을 굴리는 간단한 게임이다. 개별적으로 페탕크 공을 빌릴 수도 있다.
> **2.** 생 폴 드 방스의 아틀리에는 평일 09:00~19:00, 주말과 공휴일에 10:00~17:00 또는 18:00까지 문을 연다. 비수기인 11월 중순~1월까지는 문을 닫는 곳도 있다.

생 폴 드 방스
Saint Paul de Vence
N
0
50m
버스정류장
Routes des Serres
← 매그 재단 박물관
← 호텔 레 베르제 드 생 폴
르 틸뢰
Le Tilleul
Chemin de la Fontette
생 폴 드 방스
관광청 사무소
Rue de la Pourroune
Rue de la Prison
Place Neuve
Rue des Doriers
Rue des Bauques
Rue Grande
Courtine Saint-Paul
Place de la Courtine
Rue de l'Allée
Rue de la Cassette
Place de l'Eglise
폴롱 예배당
La Chapelle Folon
Rue du Bresc
Rue du Fangas
Courtine Sainte-Claire
Courtine Sainte-Anne
르 생 폴 호텔&레스토랑
Le Saint Paul Hôtel&Restaurant
Rue Grande
Rue de la Petite Sellerie
Place de l'Hospice
Courtine Sainte-Mitre
생 폴 드 방스 공동묘지
Cimetière de Saint Paul de Vence

SEE

작은 예배당을 환한 빛으로 가득 채운 폴롱의 붓놀림

폴롱 예배당 La Chapelle Folon

벨기에 아티스트 폴롱의 작품으로 가득한 예배당. 불을 켜지 않아도 환해 보이게 하는 노란 페인트가 여느 예배당과 확연히 다른 이곳만의 분위기를 만들어낸다. 생 폴 드 방스를 사랑했던 폴롱은 모자이크, 스테인드 글라스, 볼트형 천장 등 구석구석 공을 들여 이렇게 예쁜 예배당을 만들었다. 프렌치 리비에라에 있는 예배당 중 한 아티스트가 장식을 도맡아 한 것으로는 가장 최근의 것이다(폴롱은 2005년 모나코에서 세상을 떠났다). 매일 프랑스어, 영어, 이탈리아어, 독일어로 45분간의 가이드 투어를 진행한다. 전화 또는 이메일로 미리 예약해야 한다. 매표소는 성당 맞은편 지역 역사박물관에 자리한다. 예배당 티켓으로 이 박물관까지 돌아볼 수 있다.

Data 지도 112p
가는 법 생 폴 드 방스 버스정류장에서 도보 6분
주소 Place de l'église, 06570 Saint-Paul de Vence
전화 0493-324-113
운영시간 5~9월 10:00~12:30, 14:00~18:00, 10~4월 10:30~12:30, 14:00~16:00 (1/1, 11/1, 12/25 휴관)
요금 성인 4유로, 16세 미만 학생증 소지자 3유로, 가족(성인 2, 아동 2) 12유로, 6세 미만 무료. 가이드 투어 7유로
홈페이지 bit.ly/3OskbDQ

TIP 생 폴 드 방스 관광청 사무소를 비롯한 니스 부근에서 쉽게 구입 가능한 코트 다쥐르 카드Côte d'Azur Card로 매그 재단 박물관, 폴롱 예배당과 지역 역사박물관, 그리고 관광청에서 진행하는 투어의 무료 혜택을 받을 수 있다.

Data 가격 3개 액티비티 팩 성인 45유로, 5개 액티비티 팩 성인 65유로
홈페이지 www.cotedazur-card.com

자연 한가운데 자리한 현대 미술관

매그 재단 박물관 Fondation Maeght

현대 건축가 호셉 루이스 세르트가 설계한 건물에 위치한 매그 재단 박물관은 훌륭한 현대 회화와 조각 컬렉션을 전시한다. 에메 매그는 예술에 관심이 남달라 파리에 화랑을 열고 수많은 예술가들을 발굴했다. 활발히 수집 활동을 벌이며 본인의 재단을 설립했고 1964년 매그 재단 박물관을 개관하였다. 해마다 15만 명이나 되는 방문객들이 찾는 이유는 사립 미술관으로는 드물게 7천여 점이나 되는 전시품을 보유하고 있기 때문. 소장·전시하는 예술가들로는 친분이 깊었던 지아코메티, 브라크, 마티스, 샤갈, 레제르, 칼더 등이 있다. 현대 미술관이지만 피카소의 작품은 한 점도 없다. 피카소는 유명 작가이기 때문이라는 이유다. 관광청 사무소에 요청 시 약 1시간 남짓 영어와 프랑스어로 진행되는 가이드 투어를 받으며 돌아볼 수 있다.

Data 지도 112p
가는 법 생 폴 드 방스 버스 정류장에서 도보 11분 **주소** 623 Chemin des Gardettes 06570 Saint-Paul-de-Vence **전화** 0493-328-163 **운영시간** 10~6월 10:00~18:00, 7~9월 10:00~19:00(12/24, 12/31 ~16:00) **요금** 성인 18유로, 16~18세와 학생증 소지자 14유로, 16세 미만 무료 **홈페이지** www.fondation-maeght.com

Data 지도 112p
가는 법 생 폴 드 방스 버스정류장에서 도보 10분 주소 Chemin de Saint-Paul, 06570 Saint-Paul-de-Vence
전화 0493-324-100

샤갈이 잠들어 있는
생 폴 드 방스 공동묘지 Cimetière de Saint Paul de Vence

샤갈은 한때 니스에 있던 본인의 미술관을 생 폴 드 방스로 옮기려 했을 정도로 이 마을을 사랑했다. 그래서 이곳에서 생을 마감하여 영면을 취하고 있다. 무덤은 소박하지만 그의 작품을 아끼는 수많은 사람들이 찾아와 남기고 가는 편지와 선물, 꽃다발이 눈에 띈다. 퓌 언덕 위에 위치하여 내려다보는 전망도 아름답다. 16세기에 세워진 작은 예배당도 있다. 샤갈 외에도 매그 박물관을 세운 에메와 마르게리트 매그 부부도 아들 베르나르와 함께 묻혀 있다.

정통 프렌치 음식을 맛깔나게 요리하는
르 틸뤼 Le Tilleul

마을 구경을 마치고 식사해야 할 곳으로 생 폴 드 방스 사람들은 입을 모아 르 틸뤼를 꼽는다. 마을 초입에 자리하여 동네 사람들과 여행자들 모두에게 인기. 꽃이 흐드러지게 피는 나무 그늘 아래의 테라스 자리도 좋고, 고즈넉한 실내 자리도 좋다. 생 폴 드 방스에 일찍 도착했다면 아침을 먹으러 들러도 좋다. 이곳의 와인 리스트는 전부 프렌치 와인이다. 글라스로 주문해도 넉넉히 채워주며 요리와도 무척 잘 어울린다.

Data 지도 112p
가는 법 생 폴 드 방스 버스정류장에서 도보 4분
주소 Place du Tilleul, 06570 Saint-Paul-de-Vence
전화 0493-328-036
운영시간 매일 09:00~22:30
가격 칼라마리 25유로, 크로크무슈 25유로
홈페이지 www.restaurant-letilleul.com

SLEEP

생 폴 드 방스에서 가장 낭만적인 정원을 갖춘
르 생 폴 호텔 & 레스토랑 Le Saint Paul Hôtel & Restaurant

Writer's Pick!

훌륭한 뷰를 자랑하는 클레&샤토 그룹 소속의 5성 호텔. 하루 묵어가면 더욱 고요한 밤의 마을 운치를 감상할 수 있어 좋다. 묵어갈 여건이 되지 않는다면 로맨틱한 정원에서 식사를 즐기는 것을 추천한다. 정원 가득 핀 진한 꽃향기로 후각을 자극한다. 접시까지 섬세함을 신경 쓴 낭만적인 르 생 폴 호텔의 레스토랑에서의 식사는 잊을 수 없을 것이다. 인근에 주차 공간이 있으며 독서 공간과 스파 프로그램도 갖추고 있다. 베이비 시팅, 드라이클리닝과 세탁 서비스도 마련해 두었다. 유료로 공항 픽업 서비스를 신청할 수 있다. 공공 주차 시설을 무료로 이용할 수 있다.

Data 지도 112p 가는 법 생 폴 드 방스 버스 정류장에서 도보 5분
주소 86 Rue Grande, 06570 Saint-Paul de Vence 전화 0493-326-525
홈페이지 www.lesaintpaul.com

생 폴 드 방스의 가장 예쁜 모습을 엿보는 창문
호텔 레 베르제 드 생 폴 Hôtel les Vergers de Saint Paul

예쁜 야외 수영장과 라운지 공간이 포함한 호텔. 시내와 조금 떨어져 있어 밤에 별이 쏟아지는 하늘과 아침에 태양의 민낯을 감상할 수 있는 평온한 분위기가 이 호텔의 가장 큰 장점이다. 아침 저녁, 생 폴 드 방스 관광 전후로 산책하기 좋은 작은 정원도 딸려 있다. 전 객실에는 케이블 TV, 무료 무선 인터넷과 개별 발코니가 마련되어 있으며 스위트룸은 스파 욕실이 갖추어져 있다. 전체 객실 수는 단 17개로 투숙객들에 대한 프라이빗한 서비스가 훌륭하다. 스트라이프 침구와 생화가 담긴 꽃병으로 꾸민 객실은 프랑스 시골의 고급스러운 별장에서 밤을 보내는 듯한 아늑한 분위기를 자아낸다. 수영장은 연중무휴로 개방하며 자전거, 자동차 렌탈 서비스도 이용할 수 있다. 조식은 14유로로 제공한다. 예약 없이 호텔 내 주차장 무료 이용 가능.

Data **지도** 112p **가는 법** 생 폴 드 방스 버스 정류장에서 도보 15분 **주소** 940 Route de la Colle, 06570 Saint-Paul-de-Vence **전화** 0493-329-424 **홈페이지** www.lesvergersdesaintpaul.com

에즈
Èze

비좁은 골목들이 마치 미로 같은 중세 도시 에즈는 니스 근교 마을 중 가장 잘 알려진 명소. 로마 시대의 주요 도시였으며 중세 시대에는 제노아와 모나코의 지배를 받다가 이탈리아 사르데냐 왕국의 속국이 되기도 했다. 1861년에 비로소 프랑스령이 되었다. 마을 자체는 작지만 해변까지 이어지는 산책로와 성인 키를 훌쩍 뛰어 넘는 독특한 모양의 선인장들이 촘촘한 식물원 등 돌아볼 명소들이 많아 하루 종일 보기에도 벅차다.

어떻게 갈까?

자동차
파리, 리옹, 마르세유, 니스에서는 A8번 도로를 이용하며 니스에서는 라 투르비-에즈 57번 출구를 이용하여 D45 도로로 넘어오게 된다. 이탈리아, 모나코 쪽에서 오는 경우 D6007 도로를 이용하여 58번 출구로 나온다. 해안가로 가는 경우 D6098 도로를 이용하면 된다. 니스와는 11km 정도 떨어져 있어 차로 약 25분 소요된다.

버스
에즈 마을로 가는 버스로는 82번이 있다. 모나코를 가는 길에 에즈를 들르는 100번 노선은 에즈 마을이 아니라 해안가에서 내려주기 때문에 마을에서 멀다. 월~토요일에는 1시간 간격으로 운행하고 일요일, 공휴일에는 배차 간격이 늦어지니 시간표를 확인하도록 한다. 니스의 출고지는 Gare Routiere 버스 정류장으로, 노선 상세 정보는 홈페이지에서 찾아볼 수 있다. 이동 시간은 약 30분.

기차
니스역 Nice-Ville 에서 에즈역 Gare d'Eze 까지는 기차로 약 15분. 마을까지는 니체 산책로를 이용하여 도보로 약 1시간 정도 걸린다.

에즈 기차역
Data 지도 120p-A
주소 14 Avenue de la Liberté, 06360 Èze

택시
Data 택시 살바 TAXI SALVA
전화 0681-390-937

택시 안드레 TAXI ANDRÉ
전화 0492-106-060 / 0493-764-690

 INFO

에즈 관광청 사무소
교통편 문의, 산책로 관련 문의 가능.
Data 지도 120p 가는 법 에즈 버스정류장에서 도보 2분 주소 Place du Général de Gaulle, 06360 Eze 전화 0493-412-600 운영시간 11~1월 월~토 09:00~12:00, 14:00~16:00, 2~6월, 10월 월~토 09:00~12:00, 14:00~17:00, 7~9월 매일 09:00~12:00, 14:00~18:00 홈페이지 www.eze-tourisme.com

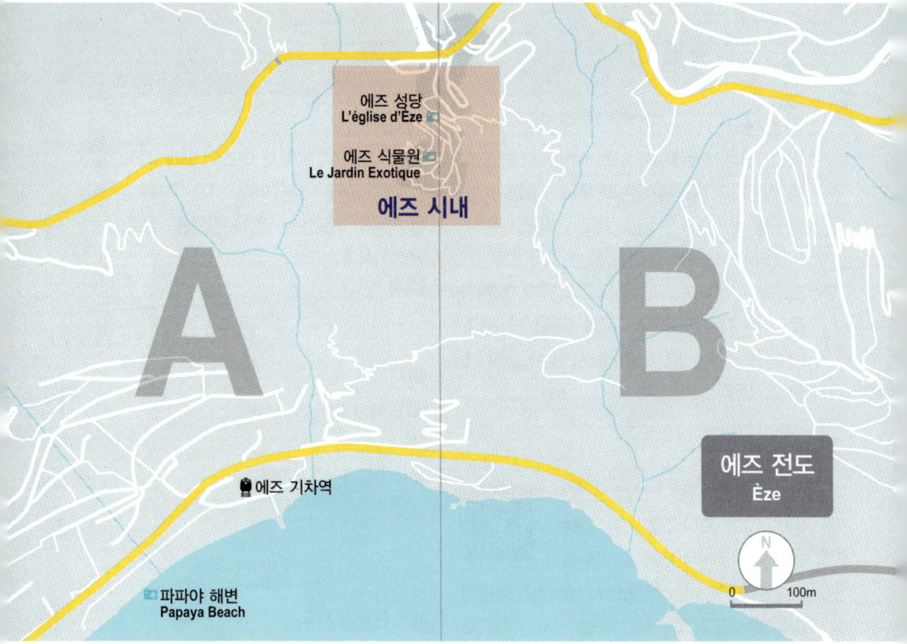
에즈 성당
L'église d'Èze
에즈 식물원
Le Jardin Exotique
에즈 시내
A
B
에즈 기차역
파파야 해변
Papaya Beach
에즈 전도
Èze
N
0
100m

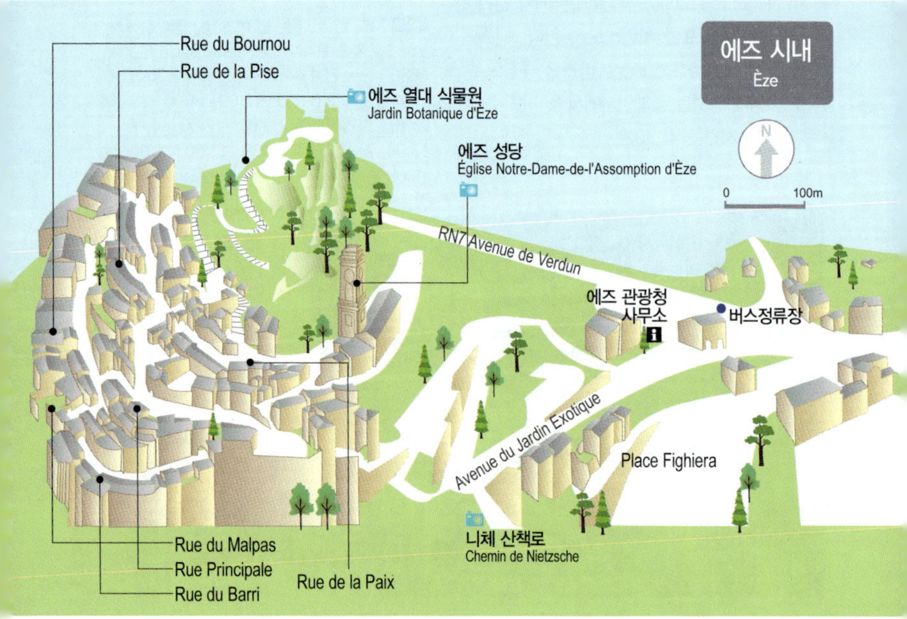
에즈 시내
Èze
N
0
100m
Rue du Bournou
Rue de la Pise
에즈 열대 식물원
Jardin Botanique d'Èze
에즈 성당
Église Notre-Dame-de-l'Assomption d'Èze
RN7 Avenue de Verdun
에즈 관광청 사무소
버스정류장
Avenue du Jardin Exotique
Place Fighiera
니체 산책로
Chemin de Nietzsche
Rue du Malpas
Rue Principale
Rue du Barri
Rue de la Paix

SEE

 이국적인 선인장으로 가득한
에즈 열대 식물원 Jardin Exotique d'Èze

12세기 에즈의 시장이었던 르네 지앙통이 모나코 식물원을 설립한 장 가스타드의 도움을 받아 조성했다. 에즈를 대표하는 명소. 아프리카, 남미, 지중해 등 세계 각지에서 공수해온 수백 종의 희귀한 아가브와 선인장, 알로에로 이루어진 에즈의 식물원은 무너진 중세 성채 자리에 위치한다. 북풍을 뒤로하며 배수가 훌륭한 높은 절벽 위에 있어 더운 기후의 식물들이 잘 자랄 수 있다. 이시스, 클로에 등 여신들의 이름을 한 조각상들이 정원의 독특한 분위기에 일조한다. 단순히 독특한 식물들 구경하는 것이 아니라 예술품과 자연의 하모니를 감상하는 공간으로, 중간중간 쉬어가는 자리와 포토 포인트가 마련되어 있다. 루이 14세의 공격으로부터 에즈를 지켜낸 주민들의 기개를 형상화한 조각도 있다. 해발고도 429m 높이에 자리하여 탁 트인 파노라마 전망도 에즈 열대 식물원의 자랑이다.

Data 지도 120p 가는 법 에즈 버스정류장에서 도보 5분 주소 Rue du Château, 06360 Eze 전화 0493-411-030 운영시간 1~3월, 11, 12월 09:00~16:30, 4~6월, 10월 09:00~18:30, 7~9월 09:00~19:30 요금 성인 5유로, 학생증 소지자 4유로, 12세 미만 무료 홈페이지 www.jardinexotique-eze.fr

깨달음에 이르는 바다로 향한 길
니체 산책로 Chemin de Nietzsche

니체는 1883년 4개월간 에즈에 머물며 그의 대작 〈짜라투르스트라는 말했다〉를 완성했다. 그가 에즈에서 지내는 동안 '잘 자고, 많이 웃고, 환상적인 활기와 인내심을 얻었다'고 말했던 이유를, 철학자의 발자취를 따라 밟으며 알아가보자. 동화 같은 분위기를 자아내는 벨 에포크 시대의 화려한 빌라들과 부겐빌리아 꽃길을 걸으며 철학자는 어떤 영감을 받았을지 짐작해볼 수 있다. 마을 초입에서 시작하여 1시간 남짓 걸으면 에즈 보 드 메르Eze-Bord-de-Mer 해변에 도착한다. 바다에 발도 담가보고, 소나무 그늘에서 낮잠도 청해보자.

Data 지도 120p
가는 법 에즈 버스정류장에서 도보 2분 **주소** Avenue du Jardin Exotique, 06360 Èze

1985년 역사 유산으로 분류된 에즈 대표 성당
에즈 성당 Église Notre-Dame-de-l'Assomption d'Èze

12세기 예배당 자리에 세워진 이 바로크 성당은 페니키아인들이 이시스 여신을 기리기 위해 마을 지붕에 세워놓은 이집트 십자가를 내부에 걸어놓은 것으로 유명하다. 남프랑스에서 종종 볼 수 있는 '눈속임trompe l'oeil' 형식의 회화 작품도 여럿 볼 수 있다. 외관의 고전적인 파사드가 바로크 양식의 실내 장식과 대조를 이루는 것이 특징이다. 현재의 건물은 1764~1778년 이탈리아 건축가 스피넬리의 설계로 건축한 후, 1887년 보수 공사를 한 모습이다. 종탑은 19세기에 지었으며 계속해서 번개를 맞는 불운이 따라 본래 있던 돔은 사라지고 말았다.

Data **지도** 120p
가는 법 에즈 버스정류장에서 도보 5분 **주소** Rue de l'Église, 06360 Èze

TIP 꼭 발 편한 신발을!
환상적인 자연 경관을 최대한으로 누릴 수 있는 니체 산책로 외에도 에즈에는 사바리크 Savaric 산책로와 세레 드 푸르크 산책로Serre de Fourque가 조성되어 있다. 길이 잘 닦여 있는 것은 아니니 편안한 신발을 준비하자.

빌프랑쉬 수르 메르
Villefranche-sur-Mer

니스에서 가장 가까운 쾨르 리비에라 마을로, 평화로운 어촌 같지만 골목골목 다녀보면 재미난 이야기가 많이 얽혀 있어 여행하는 기분이 나는 곳이다. 장 콕토가 장식을 맡은 예배당이나 시원한 바다 전경이 상쾌한 항구, 5세기가 다 되어 가도록 끄떡없는 성채와 그 안에 자리한 4개의 특별한 박물관들이 이 작은 마을에 모두 모여 있다는 것이 믿기지 않는다.

어떻게 갈까?

자동차
니스와 8km 거리로, 차로는 15분 남짓 걸린다. 구항구와 보롱 산 공원을 지나면 도착. 마을이 무척 작아 어떤 교통편도 필요 없이 도보로만 돌아보기 좋다.

기차
니스의 Nice Riquier역에서 2분이면 도착한다. 하루 약 45편 이상의 기차가 니스와 빌프랑쉬 수르 메르를 잇는다.

빌프랑쉬 수르 메르 기차역
Data 지도 126p-B
주소 Avenue Georges Clemenceau, 06230 Villefranche-sur-Mer

버스
니스에서 15번, 100번을 타고 찾아올 수 있다. 구글지도에서 출발지와 목적지를 써넣으면 교통편과 시간, 정류장 정보를 확인할 수 있다.

Data 홈페이지 www.tourisme-villefranche-sur-mer.com/en/by-bus

INFO

빌프랑쉬 수르 메르 관광청 사무소
Office de Tourisme

관광청 사무소에서는 4~10월 동안 매주 금요일 오전 10시에 구시가지와 성채 가이드 투어를 진행한다. 직접 방문하거나 전화로 예약해야 한다 (1인 5유로).

Jardin François Binon 지점
Data 지도 126p-C
가는 법 빌프랑쉬 수르 메르 기차역에서 도보 15분
주소 Jardin François Binon 06230 Villefranche-sur-Mer
전화 0493-017-368
운영시간 11~4월 09:00~12:00, 13:00~17:00, 5~10월 월~토 10:00~13:00, 14:00~18:00, 7~8월 매일 10:00~13:00, 14:00~18:00
홈페이지 www.explorenicecotedazur.com/villefranche-sur-mer/

빌프랑쉬 수르 메르
Villefranche-sur-Mer

0 100m

N

A B

🚉 빌프랑쉬 수르 메르 기차역

마리니에르 해변
Plage des Marinières

C D

생 피에르 성당
Chapelle de Saint-Pierre des Pecheurs

ℹ 관광청 사무소
Office de Tourisme

성채와 4개의 박물관
La Citadel

라 다스 항구
Port Royal de La Darse

E F

SEE

파랗고 파란 바다가 끝없이 펼쳐지는
라 다스 항구 Port Royal de La Darse

16세기에 성채와 함께 만들어진 항구는 빌프랑쉬 수르 메르의 예쁜 해안가 전망을 책임진다. 18세기가 되어서야 등대, 밧줄 공장 등 아직까지 그 흔적이 남아 있는 항구의 주요 시설들이 생겨났다. 항구를 따라 식당과 카페도 많다.

Data 지도 126p-C
가는 법 빌프랑쉬 수르 메르 기차역에서 도보 15분
주소 Port Royal de La Darse, 06230 Villefranche-sur-Mer

Writer's Pick! 이제껏 본 적 없는 특별한 전시
성채와 4개의 박물관 La Citadel

앙주의 샤를 2세에 의해 조성된 빌프랑쉬 수르 메르는 16세기에 지어진 웅장한 생 엘므 성채로 견고히 보호되어 있다. 항구와 도시를 지켜내 온 성채는 오늘날에도 비바람에 끄떡없이 튼튼한 모습을 자랑한다. 현재 성벽 안에는 특별한 박물관 네 곳이 있다. 야외 공연장과 넓은 정원도 돌아볼 만하다. 볼티 박물관Musée Volti에는 동, 구리, 테라코타로 만든 예술품들이 실내외 전시되어 있어 산책하며 박물관을 감상할 수 있고, 괴츠 바우미스터 박물관Collection Goetz-Boumeester은 앙리 괴츠 본인이 기증한 작품과 크리스틴 바우미스터의 현대 미술품들이 전시되어 있다. 컬렉션 루La Collection Roux는 수백만 개의 작은 인형들이 중세와 르네상스 시대상을 보여주며, 24TH BCA는 도시의 역사를 보여주는 군사 물품 전시관이다.

Data 지도 126p-C
가는 법 빌프랑쉬 수르 메르 기차역에서 도보 12분 주소 La Citadelle, 06230 Villefranche-sur-Mer 운영시간 10~5월 월~토 10:00~12:00, 14:00~17:30, 일 14:00~17:30, 6~9월 월~토 10:00~12:00, 15:00~18:30, 일 15:00~18:30 요금 무료

기이한 천재 아티스트의 혼이 담긴
장 콕토와 빌프랑쉬 수르 메르

파리 출생으로 소설, 시, 극, 문학 비평, 영화, 조각 등 다양한 방면에서 뛰어난 재능을 보였던 유명 예술가 장 콕토의 흔적이, 빌프랑쉬 수르 메르의 한 작은 예배당에 진하게 묻어 있다. 14세기에 닦인 옵스큐르 거리는 130m 길이의 지하 도로에 그가 칠한 벽화가 남아 있다. 도로 초입에 그가 어디에 앉아서 어떻게 그림을 그렸는지를 안내해주는 작은 표지판이 있어 찾기 쉽다. 이 거리를 지나 조금만 더 걸으면 작은 예배당 생 피에르 성당Chapelle de Saint-Pierre des Pecheurs이 나타난다. 이 성당은 별칭으로 콕토의 성당이라고 불릴 정도로 그가 예배당의 모든 부분을 장식한 것으로 유명하다. 어부들의 수호 성인인 피에르 성인에게 헌정된 이 예배당은 무척 낡았었다. 그래서 마을에 애착이 크던 콕토가 자진하여 1956년 외관과 실내 인테리어를 전부 장식하여 지금의 모습을 하게 되었다. 옵스큐르가와 생 피에르 성당 두 곳 모두 역사 유적으로 등록되어 있다.

생 피에르 성당
Data **지도** 126p-C
가는 법 빌프랑쉬 수르 메르 기차역에서 도보 8분
주소 4 Quai de l'Amiral Courbet, 06230 Villefranche-sur-Mer
운영시간 동절기 10:00~12:00, 14:00~18:00(11/15~12/15 휴관), 하절기 10:00~12:00, 15:00~19:00 **요금** 3유로

라 투르비
La Turbie

모나코 바로 위에 위치한 언덕 위의 작은 동네 라 투르비. 바다와는 조금 멀지만 싱그러운 나무 향기와 숲의 정기가 찾는 이들을 기분 좋게 감싸 안는다. 소박한 시가지에 큰 명소는 없지만 바다와 모나코를 내려다보는 풍경이 아름다워 카메라에 자꾸만 손이 간다. 라 투르비에서 보내는 두어 시간은 남프랑스의 색다른 면을 발견할 수 있는 짧고 즐거운 여행을 선사한다.

라 투르비

 어떻게 갈까?

버스
구항구 Le Port 버스정류장에서 멍통 Menton 행 100번 버스를 타고 모나코 Monaco Monte Carlo(Casino) 정류장에서 라 투르비 La Turbie Mairie행 11번 버스로 환승한다. 이동 시간은 니스-모나코 50분, 모나코-라 투르비 30분.

버스정류장
Data 지도 130p-A 주소 Avenue de la Victoire, 06320 La Turbie

자동차
니스와는 약 15km 떨어져 있어 자동차로는 약 30분 소요. A8 도로를 이용한다.

INFO

라 투르비 관광청 사무소
라 투르비 시가지와 트로피 관광을 도와줄 오디오 가이드를 대여해준다.
Data 지도 130p-A
가는 법 라 투르비 버스정류장에서 도보 1분
주소 2 Place Detras, 06320 La Turbie
전화 0493-412-115
홈페이지 www.ville-la-turbie.fr

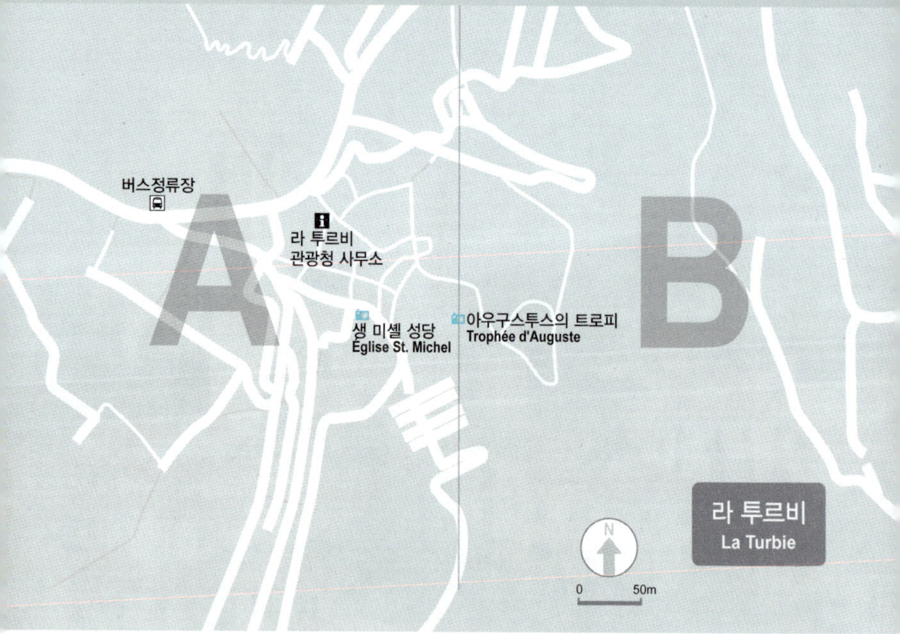

버스정류장

라 투르비 관광청 사무소

생 미셸 성당
Église St. Michel

아우구스투스의 트로피
Trophée d'Auguste

라 투르비
La Turbie

0 50m

SEE

시가지 한가운데 자리한 바로크 예배당
생 미셸 성당 Église St. Michel

중세풍 마을의 좁은 골목길을 요리조리 돌다 보면 만나게 되는 18세기 건축물. 트로피가 크게 무너졌을 때 깨지고 부수어진 돌들을 모아 시내에 세운, 라 투르비를 대표하는 성당이다. 생 미셸 성당은 알츠-마리팀 지역을 대표하는 바로크 건축물 중 하나로 선정되었다. 옅은 노란색의 소박한 외관, 심플한 선과 아름다운 회화 작품들로 수려하게 꾸며진 실내가 인상적이다. 몇몇 작품들은 15세기에 그려진 것으로 그 역사가 깊다. 상감 무늬의 대리석 제단과 마노와 오닉스로 만든 제단 역시 생 미셸 성당의 소중한 보물이다. 이 성당은 1938년 국가 유적으로 지정되었다. 건축 당시 주교 신부였던 돈 로세토가 진두지휘하여 건축되었으며, 대천사 미카엘에게 헌정되었다. 로세토는 그 후 이 성당에 묻혔다. 작고 조용한 라 투르비 마을에서도 가장 고요한 공간으로, 아름다운 마을을 찾았음에 감사 기도를 올리는 여행자들을 종종 볼 수 있다.

Data 지도 130p-A
가는 법 라 투르비 버스정류장에서 도보 2분 주소 Place de l'Église, 06320 La Turbie
전화 0493-784-063
운영시간 매일 07:00~18:00, 미사 일요일 09:30

라 투르비

Writer's Pick!
황제의 영광을 위해 높게 쌓아 올린
아우구스투스의 트로피 Trophée d'Auguste

라 투르비의 트로피는 알프스 지역을 굴복시키고 지배했던 카이저 황제의 입양한 아들 아우구스투스 황제를 기리기 위해 로마인들이 세운 높은 탑이다. 기원후 6~7년경 세워졌으니 무려 2천년이 넘은 셈이다. 현재는 프랑스 국가 유적 센터에서 관리하고 있는 건축 보물로, 트로피라는 이름에 걸맞게 웅장하고 위엄 있다. 훗날 이 지역을 침입했던 바바리아인들에 의해 심각하게 손상되어 중세에는 성채로 재건축되었고 20세기에도 보수 공사를 거쳤다. 트로피에 올라가 이탈리아부터 생 트로페까지 탁 트인 바다 전망을 보면 기분이 짜릿하다. 트로피 바로 앞에는 그 역사와 특징을 설명해 놓은 작은 전시관이 있다. 작지만 최첨단 기술을 이용하여 방문객들이 보다 쉽게 라 투르비의 역사를 이해할 수 있도록 돕는다.

Data **지도** 130p-B
가는 법 라 투르비 버스정류장에서 도보 5분 **주소** Avenue Prince Albert Ier de Monaco, 06320 La Turbie
전화 0493-412-084
운영시간 9월 21일~5월 18일 화~일 10:00~13:30, 14:30~17:00, 5월 19일~9월 20일 09:30~13:00, 14:30~18:30(1/1, 5/1, 11/1, 11/11, 12/25 휴관)
요금 성인 7유로, 18세 이하 무료
홈페이지 www.trophee-auguste.fr

TIP 트로피에 올라가는 것은 관광청 사무소에 문의하여 직원과 동행하는 경우에만 가능하니 관광청 사무소에 먼저 들르도록 한다. 가이드를 포함하여 한 번에 19명 이상이 올라가지 못하게 금지되어 있으며, 보수나 기타 이유로 개관일에도 문을 닫을 수 있으니 방문 전에 알아보는 것을 추천한다.

보리우 수르 메르
Beaulieu-sur-Mer

'바닷가의 아름다운 장소'라는 뜻의 이름처럼 두 개의 큰 항구와 해변으로 이루어져 아름답다. '꽃의 도시'라는 애칭이 있을 정도로 유난히 꽃과 나무가 무성하여 봄, 여름에 그 싱그러움이 최고조에 달한다. 프랑스 사람들이 은퇴 후 살고 싶은 곳으로 손꼽는 작은 마을로, 관광객이 많지 않다. 크기는 작아도, 보리우 수르 메르를 대표하는 그리스풍 빌라와 예쁜 해변은 그냥 지나치기에는 너무나 특별하다.

보리우 수르 메르

 ## 어떻게 갈까?

자동차
M6007 도로를 이용하여 니스에서 20분이면 도착한다. 니스와의 거리는 약 10km.

버스
니스에서 15, 83, 84, 600, 601번 노선이 보리우 수르 메르를 지난다. 약 30분 소요. Riquier역에서 탑승하는 84번도 있다. 버스 편이 많아 대중교통으로는 버스를 이용하는 것이 가장 쉽고 빠르다.
보리우 수르 메르 버스정류장
Data 주소 Place Georges Clémenceau, 06310 Beaulieu sur Mer
가는 법 보리우 수르 메르 기차역 앞

택시
보리우 수르 메르 택시 정류장
Data 가는 법 보리우 수르 메르 기차역 앞
주소 Place Georges Clémenceau, 06310 Beaulieu sur Mer 전화 0493-010-346

기차
니스에서 기차로는 약 45분 소요된다.
보리우 수르 메르 기차역
Data 지도 135p-E 주소 Place Georges Clémenceau, 06310 Beaulieu sur Mer 전화 0800-114-023
월·수·금 08:00~12:30, 14:00~16:15

INFO

보리우 수르 메르 관광청 사무소
Data 지도 135p-E
주소 Place Georges Clémenceau, 06310 Beaulieu-sur-Mer
전화 0493-010-221
운영시간 5, 6, 9월 월~토 09:30~13:00, 14:00~17:30, 9월 1~3주 일요일과 공휴일 09:30~13:00 / 7~8월 월~토 09:00~13:00, 14:00~18:00, 일요일과 공휴일 09:00~13:00 / 10~4월 월~금 09:00~12:15, 14:00~17:00, 토 09:00~13:00
홈페이지 destination.beaulieusurmer.fr/en/

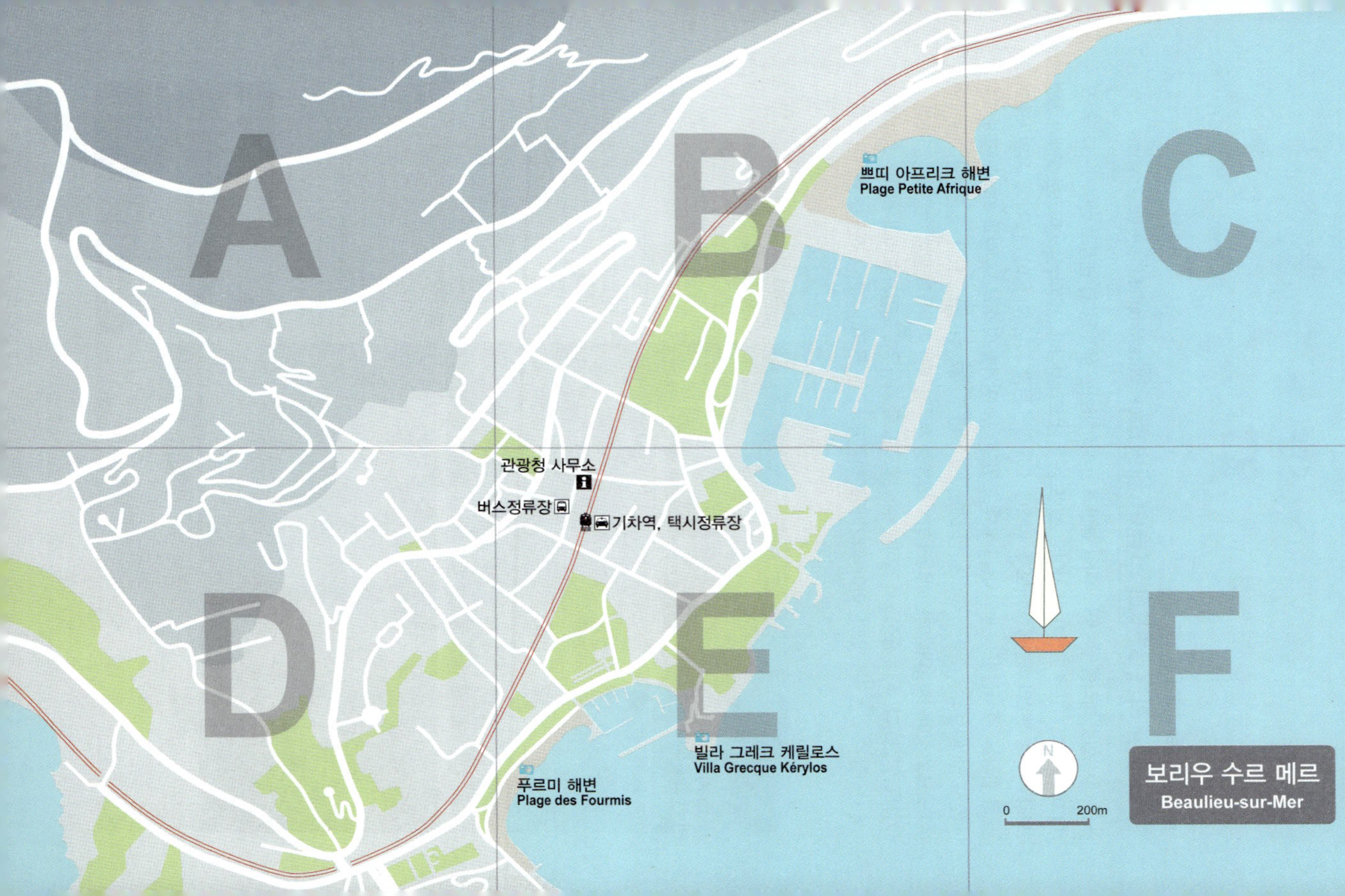
A
B
C
D
E
F
쁘띠 아프리크 해변
Plage Petite Afrique
관광청 사무소
버스정류장
기차역, 택시정류장
빌라 그레크 케릴로스
Villa Grecque Kérylos
푸르미 해변
Plage des Fourmis
N
0
200m
보리우 수르 메르
Beaulieu-sur-Mer

보리우 수르 메르

SEE

보드라운 모래사장의 황금빛 해변
쁘띠 아프리크 해변과 푸르미 해변 Plage Petite Afrique&Plage des Fourmis

니스에서 실컷 바다를 즐겼어도 자갈 해변의 한계로 아쉬운 점이 많다. 맨발로 신나게 뛰어다녀도 발 아프지 않고 고운 모래가 발 사이로 스며드는 듯한 모래사장이 그립다면, 곱디고운 모래가 깔린 보리우 수르 메르의 해변을 찾아보자. 니스에 비해 훨씬 관광객이 적어 물이 깨끗하다. 샤워 시설과 공용 화장실, 주차장 등의 편의시설도 갖추고 있으며, 해안가를 따라 레스토랑과 카페도 많아 식사 걱정도 없다. 보리우 수르 메르 마을 양 끝에 대표 해변 두 개가 위치하고 있다. 접근성을 고려해 편한 곳으로 찾아가자. 여름에는 해파리 방지 그물을 쳐두어 어린 아이들과 함께 여행하는 가족이 찾기에도 안전하다. 시내 중심에서 걸어올 수 있을 정도로 가까우며 해안가를 따라 소나무 그늘 아래서 산책할 수 있는 길도 있다. 다이빙대가 따로 마련되어 있는 푸르미 해변이 조금 더 인기가 많다.

쁘띠 아프리크 해변
Data 지도 135p-B
가는 법 보리우 수르 메르 기차역에서 도보 15분 **주소** Port de Beaulieu, 06310 Beaulieu-sur-Mer

푸르미 해변
Data 지도 135p-E
가는 법 보리우 수르 메르 기차역에서 도보 5분 **주소** Avenue Fernand Dunan, 06310 Beaulieu-sur-Mer

고대 그리스 빌라를 그대로 재현한
빌라 그레크 케릴로스 Villa Grecque Kérylos

역사 유적으로 등록된 이 건축물은 1902~1908년 프랑스 고고학자 테오도어 레이나흐가 세운 것이다. 레이나흐의 부인은 패니 칸으로, 생 장 캅 페라에 위치한 빌라 에프루시 드 로스차일드의 소유주인 에프루시 가문의 후손이다. 빌라 에프루시 드 로스차일드는 이 건물을 보고 영감을 받았다고 하니, 이 빌라가 아니었다면 쾨르 리비에라를 대표하는 두 건축물이 현존하지 않았을 것. '케릴로스'는 행운을 가져다주는 물총새를 뜻하는 그리스어. 그리스 건축 양식을 무척이나 흠모하던 레이나흐는 해안가 고대 그리스의 신전과 유사하도록 베이 드 푸르미 해안가의 땅을 구입하여 건축하는 치밀함을 보였다. 기둥이 여러 개 세워져 있는 안뜰과 로마, 폼페이, 이집트의 영향을 받은 실내 장식 등 각 분야의 전문가들이 구석구석 섬세하게 장식하였다. 나폴리의 국립 고고학 박물관에 보존된 고대 그리스 시대에 사용하던 의자와 가구 등을 똑같이 재현하였다.

Data 지도 135p-E
가는 법 보리우 수르 메르 기차역에서 도보 6분 주소 Rue Gustave Eiffel, 06310 Beaulieu-sur-Mer 전화 0493-014-729
운영시간 5~8월 10:00~18:00, 9~4월 10:00~17:00, 1/1, 5/1, 11/1, 11/11, 12/25 휴관 요금 요금 성인 13유로, 18세 미만 무료, 18세 미만 무료 홈페이지 villakerylos.fr

생 장 캅 페라
Saint Jean Cap Ferrat

니스 항구와 9km 떨어져 있는 생 장 캅 페라는 오래전부터 부호들의 별장이 있는 럭셔리한 동네로 이름이 널리 알려져 있다. 박물관, 미술관이라 해도 무방할 정도로 훌륭한 예술품을 보관, 전시하고 있는 두 채의 화려한 빌라가 있으며 하루 종일 몸을 눕혀 쉬고 싶은 맑고 파란 해변도 있다. 자연미와 인공미, 온갖 종류의 아름다움에 안겨 하루를 보내고자 하는 사람이라면 생 장 캅 페라로!

어떻게 갈까?

자동차
A8번 도로를 이용해 니스에서 15분이면 도착한다. 이탈리아에서 오는 경우 58번 Monaco-Eze 출구를, 깐느 방향에서 오는 경우 50번 Promenade des Anglais 출구를 이용한다.

기차
가장 가까운 기차역은 보리우 수르 메르 기차역. 하지만 이곳에 하차하여 니스에서 오는 버스 15번을 타야 하니 버스를 이용하여 한 번에 오는 편이 덜 번거롭다.

버스
니스의 Promenade des Arts 정류장에서 15번 버스에 탑승한다.
생 장 캅 페라 버스정류장
Data 주소 Avenue Denis Semeria, 06230 Saint-Jean-Cap-Ferrat

INFO
생 장 캅 페라 관광청 사무소
Data 지도 139p
가는 법 생 장 캅 페라 버스정류장에서 도보 1분
주소 Quai Virgile Allari 06230 Saint-Jean-Cap-Ferrat **전화** 0493-760-890
인스타그램 @saintjeancapferratofficiel
운영시간 월~금 09:00~17:00, 토 10:00~17:00 **홈페이지** www.explorenicecotedazur.com/saint-jean-cap-ferrat/

생 장 캅 페라 / Saint Jean Cap Ferrat

- Avenue Denis Semeria
- 빌라 에프루시 드 로스차일드 / Villa Ephrussi de Rothschild
- 버스정류장
- 파사블 해변 / Plage Passable
- 관광청 사무소
- Avenue Albert 1er
- Chemin du Roy
- Avenue Jean Mermoz
- 팔로마 해변 / Plage Paloma
- Boulevard du Général de Gaulle
- 빌라 산토 소스피르 / Villa Santo Sospir

0 — 500m

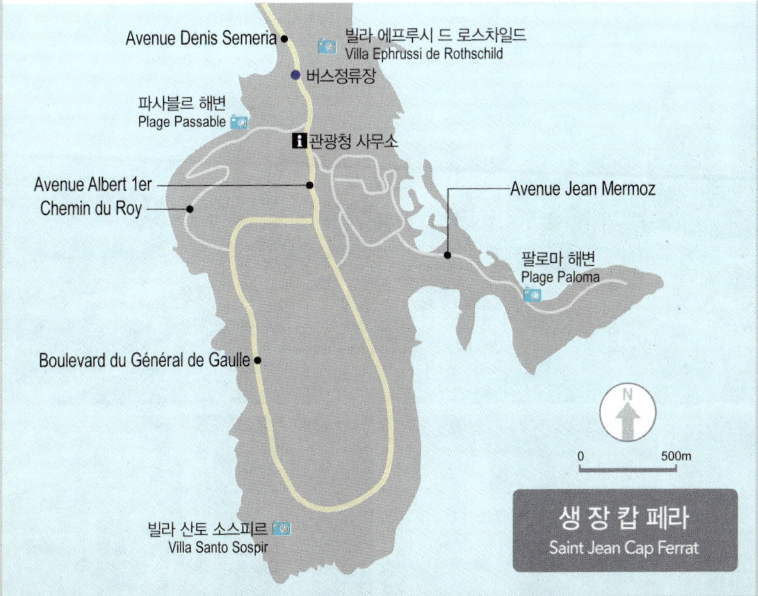

예술품과 꽃으로 가득 채운 아름다운 빌라
Writer's Pick! **빌라 에프루시 드 로스차일드** Villa Ephrussi de Rothschild

러시아계 유대인 은행가 에프루시 남작의 부인이자, 세계 금융을 좌지우지한다는 베아트리스 로스차일드의 겨울 별장. 후일담에 의하면 별장을 짓는 동안 공교롭게도 그녀의 결혼 생활이 불행해져 이혼을 하고 이곳에서 겨울뿐 아니라 오랜 시간을 보냈다고 한다. 예술품 수집에 관심이 많아 별장을 미술관처럼 꾸몄던 그녀는 1934년 세상을 떠나며 유언으로 이 멋진 별장을 생 장 캅 페라에 기증하여 대중에게 개방하였다. 앤티크 가구, 대가들의 회화품과 조각상, 희귀 도자기 등이 전시되어 있다. 빌라에는 피렌체, 스페인, 프랑스, 일본, 프로방스, 세브르식 정원과 이국적인 식물원, 석조 정원, 장미 정원 등 정원만 무려 9개나 있다. 그중 특히 아름다운 장미 정원에서 5월에 장미 축제를 열기도 한다. 정원은 전부 유명 프랑스 건축 조경사 아쉴 뒤쉔이 설계한 것.

Data **지도** 139p **가는 법** 생 장 캅 페라 버스정류장에서 도보 3분
주소 1 Avenue Ephrussi de Rothschild, 06230 Saint-Jean-Cap-Ferrat **전화** 0493-013-309
운영시간 2~6월, 9·10월 10:00~18:00, 7·8월 10:00~19:00, 11~1월 월~금 14:00~18:00,
토·일·공휴일 10:00~18:00 **요금** 일반 18유로, 7~17세 12유로, 7세 이하 무료
홈페이지 www.villa-ephrussi.com

눈을 깜빡이는 순간도 아쉬울 정도로 아름다운 바다
팔로마&파사블르 해변 Plage Paloma&Passable

생 장 캅 페라를 대표하는 두 해변은 각각 빌라 에프루시 드 로스차일드를 가운데 두고 양옆에 자리하고 있다. 니스 해변에 비해 비치 타월을 펼쳐 놓고 누운 사람들도 훨씬 적고, 물도 더 맑아 방해받지 않고 일광욕을 즐기고 싶다면 일부러 여기까지 오는 수고를 해도 좋다.

팔로마 해변
Data 지도 139p
가는 법 생 장 캅 페라 버스정류장에서 도보 8분 **주소** 06230 Saint-Jean-Cap-Ferrat

파사블르 해변
Data 지도 139p
가는 법 생 장 캅 페라 버스정류장에서 도보 25분 **주소** 06230 Saint-Jean-Cap-Ferrat

장 콕토가 머물렀던 해안가 별장
빌라 산토 소스피르 Villa Santo Sospir

1950년, 영화 〈앙팡 테리블〉을 마친 장 콕토와 양아들이 거주했던 친구의 별장으로, 콕토는 즉흥적으로 빌라를 꾸몄다고 한다. 떠오르는 색감에 이끌려 화려하게 빌라를 장식하고 이곳을 '문신을 한 빌라'라 불렀다. 그는 이곳에서 머물렀던 경험에 대해 '그곳에서 일하는 동안에 나는 더욱더 나 자신이 될 수 있었다. 그 빌라의 벽들은 나 대신 글을 쏟아냈다'라고 말했다. 현관과 천장, 식당 등 빌라 곳곳을 프레스코화, 벽화, 직물 등 다양한 예술품으로 꾸며 장 콕토의 독특한 예술 세계를 좋아하는 사람이라면 방문해야 할 곳이다. 그가 살던 집이지만 박물관이라 해도 될 정도로 미술품이 많다. 프레스코화의 대부분은 그리스 신화에서 영감을 받은 것이라고. 빌프랑쉬 수르 메르의 어부들이나 일상에서도 작품의 소재를 얻기도 하였다. 빌프랑쉬 수르 메르의 생 미셸 성당을 장식하기 전에 먼저 완성한 곳이 바로 빌라 산토 소스피르다. 현재는 방문객을 받지 않고 레노베이션 공사 중이다. 곧 재개관 예정.

Data 지도 139p **가는 법** 생 장 캅 페라 버스 정류장에서 도보 35분, 차로 7분
주소 14 Avenue Jean Cocteau, 06230 Saint-Jean-Cap-Ferrat **인스타그램** @villasantosospir
전화 0493-760-016 **홈페이지** www.villasantosospir.fr

캅 다일
Cap d'Ail

럭셔리의 대명사, 모나코의 이웃이라 그런지 쇼핑 문화가 활발하고 리조트들도 여럿 들어서 있다. 모나코에서 일을 하는 사람들이 거주하는 곳으로 유명하고 니스의 해변보다 예쁘다는 말라 해변 덕분에 모나코에서 찾아오는 관광객들도 상당하다. 조용하고 소박한 중세 마을들을 지나 만나게 되는 세련된 캅 다일의 매력에 빠져들어보자.

 **어떻게 갈까?**

자동차
A8번 도로를 이용한다. 이탈리아에서 오는 경우 58번 출구 Roquebrune-Monaco-Beausoleil를, 니스에서 오는 경우 57번 출구 Monaco-Cap d'Ail로 빠져 나온다. RD 6007, RD 6098 도로도 이용 가능하다. 니스에서 약 30분 소요.

기차
니스의 Riqiuer역에서 탑승하여 15분 정도 이동. 빌프랑쉬 수르 메르, 보리우 수르 메르, 에즈 세 역을 거쳐 캅 다일에 도착한다.
캅 다일 기차역
Data 지도 143p-A
주소 Avenue de la Gare, 06320 Cap-d'Ail

버스
니스 항구에서 607번 버스로 캅 다일을 찾을 수 있다. 캅 다일 내에서는 79번 버스가 시내 곳곳에 정차한다.
캅 다일 버스정류장
Data 주소 Avenue de la Gare, 06320 Cap-d'Ail 홈페이지 www.lignesdazur.com

INFO

캅 다일 관광청 사무소
Data 지도 143p-A 가는 법 캅 다일 기차역에서 도보 15분 주소 87 Bis Avenue du 3 Septembre, 06320 Cap d'Ail 전화 0493-780-233
홈페이지 www.explorenicecotedazur.com/en/cap-dail/

캅 다일
Cap d'Ail

캅 다일과 한 화가의 역사가 한 자리에
빌라 레 카멜리아스 Villa les Camélias

Writer's Pick!

벨 에포크 시대의 건물에 자리한 캅 다일의 역사를 보여주는 박물관. 바스크 지역의 화가 라미로 아루에의 작품이 전시되어 있다. 다작을 했던 아루에의 스케치, 회화, 에나멜, 문서 등 다양한 장르의 작품들을 정교하고 체계적으로 볼 수 있으며, 캅 다일의 역사를 보여주는 사진들도 함께 전시되어 있다. 조용한 정원에는 그늘이 많아 천천히 쉬어가기 좋다. 다양한 종류의 꽃과 나무가 무성하게 어우러져 신비로움을 발산한다.

Data 지도 143p-A
가는 법 캅 다일 기차역에서 도보 3분 **주소** 17 Avenue Raymond Gramaglia, 06320 Cap d'Ail
전화 0493-983-657 **운영시간** 4~10월 화~금 09:30~12:30, 14:00~18:00,
일 11:00~18:00 / 11~3월 화~금 09:30~12:00, 13:30~16:30, 일 10:0~16:00
요금 성인 9유로 **홈페이지** www.villalescamelias.com

프렌치 리비에라에서 가장 예쁜 바다
말라 해변 Plage Mala

남프랑스에서 예쁘기로 소문난 말라 해변. 1933년, 유명한 댄서 말라의 이름을 따서 지었다. 3.6km에 달하는 바닷가는 지중해 꽃나무로 뒤덮여 운치가 대단하다. 높은 절벽 위 빌라들의 멋스런 외관이 바닷가의 분위기를 더한다. 모나코에서 캅 다일의 말라 해변까지 걷는 하이킹 루트의 경치가 좋아 일부러 걸어서 찾아오기도 한다. 더위를 이겨내고 걷다가 시원한 바다에 뛰어드는 희열은 이루 말할 수 없을 것. 해안가의 두 레스토랑 레덴L'Eden과 라 레제르브La Réeserve에 각각 프라이빗 해변이 딸려 있다.

Data 지도 143p-A
가는 법 캅 다일 기차역에서 도보 20분
주소 Plage de la Mala, 06320 Cap-d'Ail

말라 해변에서 가장 예쁜 곳을 독점한

라 레제르브 La Réserve

세계 각국의 요리를 선보이는 레스토랑 겸 칵테일 바. 눈부시게 하얀 커튼이 럭셔리한 레제르브의 분위기를 조성한다. 지역에서 나는 신선한 식재료를 주로 사용하여 지중해 특별 메뉴 또는 아시아 풍의 조리법 등 모두를 만족시킬 수 있는 여러 종류의 요리들을 맛볼 수 있다. 태닝을 하며 입을 심심치 않게 해줄 비치 푸드 메뉴도 인기다. 말라 해변에서 아름다운 새하얀 모래사장을 레제르브 손님들만을 위해 맡아두어 뷰에 대한 평이 무척 좋다. 밤에는 촛불을 켜 일렁이는 불빛이 바닷가 경관과 환상적으로 어우러진다. 요트를 타고 여행하는 사람들을 위해 프라이빗 택시 보트 서비스도 마련해 두었다.

Data 지도 143p-A
가는 법 캅 다일 기차역에서 도보 20분
주소 Plage de la Mala, 06320 Cap-d'Ail
전화 0493-782-156
운영시간 3월 말~10월 매일 09:00~
홈페이지 www.capresort.com/la-reserve-de-la-mala

말라 해변가의 에덴 동산

레덴 L'Eden

캅 다일의 숨은 보석, 말라 해변의 인기 식당. 아침 일찍 문을 열어 한적한 해변을 욕심내는 사람들이 일찍 일어나 오렌지색 차양이 드리운 레덴에서 조식을 먹고 바닷물에 뛰어든다. 매일 신선한 해산물을 공급받아 생선 요리가 인기. 당일 가장 맛있는 생선으로 요리하는 '오늘의 요리'가 언제나 최선의 선택이라 자랑한다. 별 다른 소스 없이 바로 굽고 튀겨내는 오징어 요리와 시원한 맥주 한 잔이 바닷가에서의 신선놀음 재미를 배가시킨다. 주말에는 라이브 음악 공연이 있어, 수평선 너머로 지는 태양을 바라보며 식사하는 시간이 더욱 즐겁다. 여름에는 락, 팝, 레게, 재즈 등 더욱 다양한 공연 프로그램을 운영한다.

Data **지도** 143p-A **가는 법** 캅 다일 기차역에서 도보 20분 **주소** Plage de la Mala, 06320 Cap-d'Ail **전화** 0493-781-706 **운영시간** 조식 09:00~12:00, 점심·저녁 12:00~23:00 (저녁 식사는 5월 말~9월까지만 서비스) **홈페이지** www.edenplagelamala.com

Sud de France By Area

03

깐느
Cannes

고급 호텔, 수많은 명품 상점과 카지노로 수놓아진 휴양 도시. 매년 봄 영화계 최대 축제가 열리는 깐느는 영화제 기간 외에도 일 년 내내 볼 것이 많은 여행지다. 기원전 2세기부터 그리스인들이 거주하던 지역으로, 레린섬에 살았던 수도사들에게 속해 있다가 1530년 분리되었다. 깐느와 떼어놓을 수 없는 수식어 '시네마'를 위한 공간으로 가득하다. 그림 같은 배경 속에서 명작을 찍는 마음으로 여행해보자.

Cannes
PREVIEW

영화 주인공이 된 것 같은 착각에 빠져 화려하고 반짝이는 항구와 카지노, 명품 쇼핑 거리를 누빌 수 있는 도시. 바다를 뒤로 하고 수백 년 된 구시가지를 돌아다니며 맛집 탐방을 하는 것도 가능하다. 언제 방문하느냐에 따라 도시의 분위기가 확연히 다르기 때문에 여러 번 찾고 싶은 프랑스 시네마의 도시를 여행하자.

SEE

깐느는 화창할 때와 흐릴 때 여행의 질이 크게 다르다. 니스나 마르세유에 비해 박물관이나 관광 명소의 수가 적어, 행사를 보러 오는 것이 아니라면 자연 환경을 마음껏 누릴 수 있도록 맑은 날에 찾도록 한다. 영화를 좋아한다면 깐느 시내 곳곳에 포진한 시네마 관련 관광지들을 하나씩 찾아가는 것도 즐거울 것이다. 영화제 기간에 오고 싶다면 숙소는 한참 전에 예약하도록. 연중 가장 큰 행사인 만큼 전반적으로 물가가 크게 오른다.

EAT

지역 고유 요리는 따로 없지만 해안가 도시인 만큼 해산물이 신선하고 맛이 있다. 또 국제 행사가 자주 열리는 프랑스의 대표적인 비즈니스 도시로서 세계 각지의 음식이 집합해 있다. 입맛이 까다로운 여행자라도 깐느에서 입에 맞는 식당을 찾는 것이 어렵지 않을 것이다. 해안가보다 구시가지가 식당의 퀄리티가 뛰어나고 가격대도 저렴하다.

BUY

포빌 시장을 비롯하여 깐느 사람들이 매일 애용하는 시장이 있지만, 아무래도 깐느의 쇼핑은 명품에 집중되어 있다. 크루아제트 대로를 따라 걸으며 한편에는 눈이 휘둥그레질 가격대의 쇼윈도 속 컬렉션을, 한편에는 넘실대는 푸른 깐느 바다를 두고 특별한 쇼핑을 경험해보자. 열대 나무 사이에 자리한 번쩍이는 럭셔리 브랜드 상점들은 언제나 호황을 누린다.

Cannes
GET AROUND

 어떻게 갈까?

비행기

국제적인 행사가 많아 비즈니스 공항으로 주로 쓰이는 깐느-만델리우 공항은 해마다 7만 명 이상의 승객들이 이용한다. 여행자들은 보통 니스와 함께 깐느를 여행하여 니스 공항을 이용하는 경우가 많지만, 깐느 공항을 이용하면 깐느 시내와 불과 5분 거리에 위치하여 편하다. 니스 공항도 25km 거리로 깐느로 이동하는 것이 오래 걸리지 않고 교통편도 잘 되어 있다.

깐느 만델리우 공항
Cannes-Mandelieu Airport
Data 주소 Avenue Francis Tonner, 06150 Cannes La Bocca
전화 0820-426-666
홈페이지 www.cannes.aeroport.fr

니스 공항에서 깐느 시내 가기

공항과 깐느 시내를 오가는 셔틀이 있다. 약 45분 소요된다.

TIP 니스 공항을 이용한다면
버스 81번으로 깐느를 찾을 수 있다. 30~45분 간격으로 운행하며 티켓은 탑승 시 구매할 경우 20.90유로

기차

그라스에서 깐느까지는 자주 기차가 오가고 파리-깐느 기차도 매일 운행한다(약 5시간 소요). TGV 고속 열차로 프랑스 주요 도시들과 연결이 잘 되어 있다. 툴롱에서는 1시간 15분, 마르세유에서는 2시간, 엑상 프로방스에서는 3시간 15분, 리옹에서는 4시간이 소요. 지역 열차 TER는 앙티브, 모나코, 니스, 빌프랑쉬 수르 메르 등과 연결되어 있다. 테요Thello를 이용하여 이탈리아 북부에서도 기차로 깐느를 찾을 수 있다.

깐느 기차역
Gare de Cannes Data
Data 지도 154p-B
주소 1 Rue Jean Jaurès, 06400 Cannes
홈페이지 www.groupe-sncf.com

버스
60개의 노선이 있는 리뉴 다쥐르Lignes d'Azure를 이용하여 인근 도시에서 쉽게 깐느로 여행할 수 있다. 200번 버스가 니스와 깐느를 오가고 610번을 타고 그라스에서 깐느로 이동할 수 있다.

자동차
액상프로방스에서 A8번 도로(라 프로벤샬La Provençale)를 타고 깐느 라 보카Cannes La Bocca 또는 무장Mougins/깐느Cannes 출구로 빠진다. 골프 주앙에서 그르노블로 이어진 나폴레옹 길(N85)를 이용해서도 올 수 있다. 니스–깐느 구간은 35km(A8, 약 50분 소요), 파리–깐느 구간은 900km(A6-A7-A8 도로, 약 9시간 소요)이다. 밀라노–깐느 사이의 거리는 320km, 제네바–깐느는 630km, 바르셀로나–깐느는 670km이다.

TIP 깐느 주차장 안내
주차장에 구비된 기계에서 주차권을 뽑아 사용한다. 기차역 주변의 주차장 외에도 여러 곳의 대형 주차장이 있으며 깐느 관광청 홈페이지에서 자세한 정보를 찾아볼 수 있다.

Parking Gare SNCF (EFFIA)
주소 1 Rue Jean Jaurès, 06400 Cannes 전화 0493-38 76-02

INFO

깐느 관광청 사무소 Tourist Office - Palais des Festivals and congress
관광에 대한 정보를 얻을 수 있으며 각종 공연 예매 문의, 교통편, 호텔, 투어 예약도 가능하다. 기념품을 판매하는 코너도 따로 마련되어 있다.

크루아제트 대로 지점
Data 지도 154p-B
가는 법 깐느 기차역에서 도보 6분
주소 1 Boulevard de la Croisette, 06400 Cannes
전화 0492-998-422
홈페이지 www.cannes-france.com/
운영시간 매일 09:00~19:00

라 보카La Bocca 지점
Data 가는 법 깐느 기차역에서 자동차로 15분
주소 1 Rue Pierre Semard, 06150 Cannes
운영시간 화~토 09:00~12:30, 14:30~18:00, 공휴일 휴무

어떻게 다닐까?

깐느 시내는 그리 크지 않아 도보로 돌아볼 수 있다. 팔레 데 페스티발, 해변가 등을 돌아보는 작은 쁘띠 트레인Le Petit Train을 타보자. 깐느를 모두 돌아보는 빅 투어와 약식 투어 두 가지(구시가지/크루아제트)가 있으니 확인하고 탈 것. 탑승 시간도 길지 않아 걷다 지친 다리를 쉬어가며 시내를 돌아보기에 적합하다. 프랑스어, 영어 외 6가지 언어로 오디오 가이드가 지원된다.

Data 지도 154p-B
가는 법 깐느 기차역에서 도보 6분
주소 1 Boulevard de la Croisette, 06400 Cannes
운영시간 하절기 10:00~23:00(매 시간 정각에 출발)
요금 (빅 투어) 성인 10유로, 아동(3~10세) 5유로
홈페이지 www.cannes-petit-train.com/

Cannes
ONE FINE DAY

천혜의 자연 환경과 럭셔리 쇼핑, 문화생활까지 알차게 누리는 깐느에서의 하루. 행사와 공연 일정 등을 미리 알고 예매해 두면 더욱 알찬 시간을 보낼 수 있을 것이다. 고가 브랜드 쇼핑이 주를 이루니 한국에서 쇼핑 목록과 비교 가격을 미리 적어오는 것을 추천한다.

10:00 팔레 데 페스티발 에 데 콩그레와 앞 정원 산책

→ 도보 11분

12:00 점심 식사 후 구시가지와 노트르담 데스퍼란스 성당 구경

→ 도보 10분

14:00 크루아제트와 당티브 대로를 거닐며 신나는 쇼핑 타임

↓ 도보 6분

16:00 말메종에서 현대 미술 전시를 감상하고 거리를 누비며 깐느 시내 벽화 감상

← 도보 15분

19:00 저녁 식사 후 구항구의 야경 감상

← 도보 7분

22:00 깐느의 카지노에서 운을 시험해보자

TIP 레린섬 중 한 곳을 찾아보고 싶다면 일찍 일어나 오전에 팔레 데 페스티발 에 데 콩그레 구경을 마치고 점심 후 배를 타도록 하자. 오가는 것이 오래 걸리지는 않지만 성수기에는 표가 일찍 동이 날 수도 있다. 동절기에는 해가 일찍 진다.

 **Theme**

깐느 연중 행사

4월의 쇼핑 페스티벌과 5월의 국제 영화제 외에도 깐느는 항상 행사를 기획, 준비하고 즐긴다. 깐느 사람들은 '다채로운 행사를 겪고 나면 금방 일 년이 지나가 있다'고 말할 정도로 지루할 틈이 없다.

깐느 무용 축제
Festival de Danse - Cannes

11월에 열리는 깐느의 무용 축제 기간에는 세계 각지의 훌륭한 무용단들이 초대되어 공연을 펼친다. 2015년에 20주년을 맞아서는 한국 무용팀이 공연을 올리기도 하였다.
홈페이지 www.festivaldedanse-cannes.com

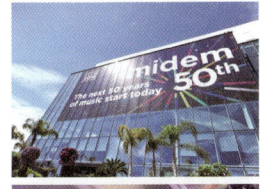

미뎀 MIDEM
(Marché International du Disque et de l'Edition Musicale)

세계 음반시장에 종사하는 모든 이들이 참가하는 음악 산업 최대의 행사이자 축제. 매년 6월 팔레 데 페스티발 에 데 콩그레에서 열리며 여러 나라의 음악 사업가들과 아티스트들이 모여 공연, 세미나 등 다양한 행사를 주최하고 참여한다.
홈페이지 www.midem.com

깐느 일렉트로닉 해변 페스티벌
Les Plages Électroniques à Cannes

여름 중 매주 화요일 각기 다른 테마로 열리는 EDM 파티.
홈페이지 www.plages-electroniques.com

해마다 레드 카펫이 깔리는 영화제의 무대
팔레 데 페스티발 에 데 콩그레 Palais des Festivals et des Congrès

크루아제트 산책로 끝에 건축가 듀오 베넷과 드루엣이 설계하여 1982년 개관한 대규모 건물에 자리한 깐느 영화제의 무대. 1946년부터 깔리기 시작한 이 건물 계단의 강렬한 레드 카펫은 영화를 만드는 사람이라면 누구나 한 번쯤 꼭 밟아보고 싶어한다. 매년 8만 명 넘는 사람들이 바로 이 24개 계단 위의 레드 카펫을 밟기 위해 모든 것을 쏟아부어 영화를 만든다. 영화제 외에도 깐느 댄스 페스티벌, MIDEM, G20 정상 회의 등 다양한 국제적인 행사가 이곳에서 개최된다. 2009년에는 더 넓은 공연 공간을 위해 레린 로툰다Lérins Rotunda 건물이 증축되었다. 유럽 내 공연장 중에서는 처음으로 트리플 QSE 인증받을 만큼 훌륭한 시설을 갖추고 있다. 팔레 데 페스티발 앞의 정원에는 스타워즈의 한 솔로, 라라 크로프트, 슈퍼맨, 캐리비안의 해적 등 얼굴에 구멍이 난 실루엣들이 세워져 있으니 기념사진을 찍어보자. 또 LA의 스타들의 거리를 본뜬 300여 명의 영화계 스타들의 핸드 프린팅이 놓인 스타들의 거리Chemin des étoiles도 천천히 걸으며 구경해보자.

Data 지도 154p-B
가는 법 깐느 기차역에서 도보 6분 **주소** 1 Boulevard de la Croisette, 06400 Cannes
전화 0492 998 400 **홈페이지** www.palaisdesfestivals.com

TALK
깐느 영화제 이야기

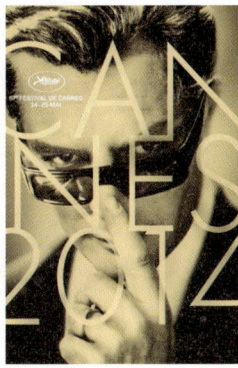

베니스 국제 영화제, 베를린 국제 영화제와 더불어 세계 3대 영화제로 꼽히는 깐느 국제 영화제는 매년 5월에 열리는 깐느 최대의 행사이다. 영화제 심볼은 깐느를 상징하는 종려나무 잎사귀로 프랑스 영화감독이자 시인 장 콕토가 디자인하였다. 대상은 '황금종려상'이라 불린다. 1946년 1회가 열렸으며 5월에 약 2주간 개최된다. 영화제를 통해 세계적인 감독, 배우들이 조명받게 된다. 깐느 영화제는 영화계에서 최고의 권위를 누리고 있다. 영화 상영과 회고전, 토론회 등 다양한 문화예술 이벤트가 진행된다. 전 세계에서 모이는 영화 관계자들이 수백 개의 새로운 프로젝트를 논의, 거래하는 장이기도 하다. 영화 산업 종사자들과 영화를 즐겨보는 관객들 모두가 주목하는 수상 부문은 황금종려상, 심사위원상, 감독상 등의 경쟁 부문과 주목할 만한 시선, 황금카메라상 등의 비경쟁부문으로 나뉘어 있다. 한국 영화의 경우 임권택 감독의 〈춘향뎐〉이 처음으로 1999년 52회 영화제 경쟁 부문에 진출하였다. 2002년 55회에서는 임권택 감독의 〈취화선〉이 감독상을 받았고, 2004년에는 박찬욱 감독의 〈올드보이〉가 심사위원 대상을 수상하는 쾌거를 누렸다. 배우 전도연은 2007년 이창동 감독의 〈밀양〉으로 여우주연상을 수상하여 '깐느의 여왕'이라는 별명을 갖게 되었다. 2022년에는 배우 송강호가 〈브로커〉로 남우주연상을, 박찬욱 감독이 〈헤어질 결심〉으로 감독상을 타는 쾌거를 이루었다.

홈페이지 www.festival-cannes.com

밤에 보면 더욱 아름다운
구항구와 구시가지 Vieux Port&Le Suquet

경치가 훌륭해 관광객들로 늘 북적이는 구항구. 선박의 출항과 요트 정박 등의 일반적인 항구 업무 외에도 항구와 부근의 에스플라나드 판티에로Esplanade Pantiero에서는 시의 주요 행사들을 치르기도 한다. 야경이 특히 예뻐, 항구가 보이는 호텔에 묵는다면 밤에 테라스를 활짝 열어 감상해보자. 구항구와 바로 옆, 1838년 문을 연 생 피에르 부두Quai Saint-Pierre가 있는 슈발리에 산자락 지대를 '르 수케'라 부른다. 기원전 154년 로마인들이 처음 발을 디뎠다고 알려진, 깐느에서 가장 역사가 깊은 지역인 구시가지는 르 수케Le Suquet라 불린다. 카스트르 박물관과 노트르담 데스페랑스 성당이 자리한다. 항구 부근에 카지노와 영화제, 5성급 호텔과 명품 쇼핑 대로가 들어섰지만, 이 구역만큼은 황토빛 낡고 작은 건물들이 나란히 서 있는 편안한 분위기를 그대로 간직하고 있다. 1830년대부터 시작된 영국과 여러 유럽 귀족들의 깐느 휴양 붐이 일기 전 모습은 평범하고 고즈넉하다. 언덕 위 지대이기 때문에 오르막길을 걸으며 구경하다 이따금씩 뒤를 돌아보면 가슴이 탁 트이는 바다와 항구, 시가지 전망이 눈에 들어온다.

Data 지도 154p-B
가는 법 깐느 기차역에서 도보 8분
주소 Jetée Albert Édouard, 06400 Cannes
홈페이지 bit.ly/3OKQP39

시내의 전경을 내려다보는 구시가지 언덕 위 성당
노트르담 데스퍼란스 성당 Notre-Dame d'Espérance

'희망의 성모 성당'이라는 아름다운 이름의 예배당으로, 구시가지 한복판에 위치한다. 조금 떨어진 곳에는 매시간 종을 울리는 중세 로마네스크 양식의 종탑이 있다. 당시 이미 깐느에 있던 예배당인 노트르담 뒤 푸이가 증가하는 인구로 모든 신자들을 수용하기 어려워져 개축하게 되었다. 1521년 프로방스 고딕 양식으로 처음 세워졌으나 17세기가 되어서야 대중들이 예배를 보기 시작하였다. 성당 앞에는 성모상이 세워져 있고 전체적으로 건물의 외관과 내관은 소박하고 심플하다. 르네상스풍의 정문이 특징적이며 6개의 작은 예배 공간으로 구성되어 있다. 5세기 이 지역에 살았던 성인 오노라의 유물들도 보관한다. 깐느와 무척 가까운 레린섬 중 하나가 성인의 이름을 딴 것이다.

Data 지도 154p-A 가는 법 깐느 기차역에서 도보 12분 주소 1 Place de la Castre, 06400 Cannes 전화 0493-995-507 운영시간 매일 09:00~12:00, 14:00~19:00(미사 목요일 18:00, 일요일 11:00) 홈페이지 bit.ly/3yqf15G

깐느의 현대 미술은 이곳에서 감상하자
말메종 La Malmaison

1863년 문을 열었던 그랑 호텔의 게임룸으로 사용되었던 공간. 유명 건축가 비아니와 블론델이 설계하였다. 1970년 깐느 시에서 사들여 전시 공간으로 이를 개조하였다. 이후 2번의 리노베이션을 거쳐 깐느를 대표하는 현대 미술 전시관으로 거듭났다. 갤러리는 100여 점의 20, 21세기 미술 작품을 전시한다. 주로 한 아티스트에게 집중하여 개인의 작품 세계를 심도 있게 탐구하는 전시를 주최한다. 가장 유명했던 전시로는 1907년 피카소와 함께 큐비즘을 창시하였던 조르주 브라크의 작품 250여 점을 선보였던 특별전. 여름에는 정원에서 야외 전시를 열기도 한다.

Data 지도 155p-C 가는 법 깐느 기차역에서 도보 9분 주소 47 Boulevard de la Croisette, 06400 Cannes 전화 0497-064-521 운영시간 7~9월 중순 11:00~20:00, 9월 중순~4월 중순 10:00~13:00, 14:00~18:00 요금 전시마다 다름 홈페이지 bit.ly/3R5U0Vp

여러 장르에 걸친 방대한 컬렉션
탐험 박물관 Musée des exploration du monde

고고학, 인류학, 회화 등 여러 전시가 한 건물에 자리하여 다양한 전시를 경험한다. 레린섬의 수도사들이 세운 중세 성채에 자리한다. 정원으로 둘러싸인 여러 개의 전시관들에는 1877년 뤼클라마 남작이 기증하여 깐느시 소유가 된 원시 시대 예술품, 오세아니아·히말라야·극지방·지중해 등의 이국적인 곳에서 가져온 앤티크와 도자기 컬렉션을 볼 수 있다. 19세기 프로방스와 인근 지역의 회화, 깐느와 리비에라의 풍경화도 전시되어 있다. 코스모폴리탄적이며 예술과 여행, 원시 미술에 대한 컬렉터의 열정을 반영하는 방대한 전시에 감동받을 것이다. 세계 각지에서 모은 악기 컬렉션 또한 유명하다. 관람을 마치면 109개의 계단을 올라가 파노라마 뷰가 인상적인 12세기 탑의 전망도 구경해보자. 해가 좋은 날에는 해변가까지 내다보인다.

Data 지도 154p-E
가는 법 깐느 기차역에서 도보 12분 주소 6 Rue de la Castre, 06400 Cannes 전화 0489-822-626
운영시간 4~6월·9월 화~일 10:00~13:00, 14:00~18:00 (수요일 ~21:00), 7·8월 10:00~19:00, 6~9월(1/1, 5/1, 11/1, 11/11, 12/25 휴관) 요금 성인 6.50유로, 18~25세 3.50유로

깐느를 더욱 그림같이 만들어 주는
벽화 Les Murs Peints

깐느 시내 곳곳에는 총 14점의 벽화가 있어, 시가지를 산책하며 그림을 발견하는 재미가 쏠쏠하다. 2002년 깐느 시에서 주도하여 그리게 된 프레스코 벽화는 깐느와 시네마에 관한 것으로, 유명한 영화배우와 작품의 포스터 등이 있다. 각기 다른 건물에, 배경과 어우러지는 것도 매력적이다. 장 폴 벨몽도, 존 웨인, 비비안 리, 제임스 딘, 알프레드 히치콕 등의 인물들이 그림으로 그려져 있다. 영화를 좋아하는 사람이라면 단박에 알아볼 수 있을 정도로 똑같이 묘사해 놓은 것이 재미나다. 창문이 없는 벽에 창틀에 기대어 바깥 거리를 구경하고 있는 사람들 그려 놓는 눈속임 그림들이 특히나 재미있는데, 이를 '눈속임'이라는 뜻의 '트롬프 뢰이 trompe l'oeil'라 부른다. 영화의 도시에 왔음을 실감하게 하는 멋진 사진 한 장을 벽화 앞에서 남겨보자.

깐느에서 겟 럭키!
카지노 Casino

프랑스 전역에 여러 카지노를 운영하는 바리에 그룹의 깐느 카지노, 바리에 크로와제트에서 운을 시험해보자. 이곳은 해마다 깐느 시에 어마어마한 세금을 낼 정도로 바쁘게 돌아간다. 카지노는 성인만 입장이 가능하다. 레스토랑과 바도 갖추고 있어 게임을 하지 않더라도 화려한 분위기를 즐길 수 있다. 반바지나 티셔츠 차림으로는 입장이 제한된다. 지역 일간지 〈니스 마탕〉에 따르면 깐느 시민들에게 가장 인기 있는 게임은 텍사스 홀덤 포커라고. 깐느의 밤이 길다면 한 번 들러 운을 시험해보자. 신분증을 지참하는 것을 잊지 말 것.

크로와제트 Croisette
Data 지도 154p-B 가는 법 깐느 기차역에서 도보 7분
주소 1 Espace Lucien Barrière, 06406 Cannes 전화 0492-987-800
운영시간 슬롯 머신: 일~목 10:00~03:00, 금·토 10:00~04:00(여름시즌 ~05:00)
라운지 게임테이블: 일~목 20:00~03:00, 금·토 20:00~04:00(여름시즌 ~05:00)
홈페이지 www.casinosbarriere.com/fr/cannes-le-croisette.html

SUD DE FRANCE BY AREA 03
깐느

배타고 금방 찾아갈 수 있는 고즈넉한 해변과 숲
레린섬 Les îles de Lérins

깐느에도 섬이 있다는 사실을 알고 있는지? 생 토노라와 생 마게리트섬을 묶어 레린섬이라 부른다. 숨 가쁜 도시에서 벗어나고 싶거나, 근교의 다른 도시로 이동할 시간적 여유가 없으나 깐느 외 다른 곳을 가보고 싶다면 추천한다.

| 생 토노라섬 Île Saint-Honorat |

생 마게리트섬과는 600m 떨어져 있다. 면적이 좀 더 작아 상대적으로 관광객의 수도 적다. 북적이는 깐느와 최대한 동떨어진 분위기를 찾는다면 이 섬을 추천. 깐느보다 앞서 발달된 섬으로 18세기에는 스페인, 영국이 탐을 냈던 지리적 요충지이다. 프랑스가 사수하여 지켜낸 이 작은 섬은, 19세기에는 크림 전쟁 부상자들을 위한 병원으로 쓰이고 유럽의 부유한 귀족들의 별장터가 되기도 하였다. 섬에 위치한 수도원과 관련 유적, 유물들도 여전히 남아 있어 가톨릭 신자들이 특히 많이 온다. 많은 사람들은 이 섬을 명상을 하기 위한 곳이라고 추천할 정도로 조용하고 평온하다.

Data 지도 154p-J
가는 법 (깐느발) 09:00~17:00 매시 정각 출발
(일요일과 공휴일에는 08:00~) / (생 토노라발) 09:30~17:30
한 시간 간격 출발 (일요일, 공휴일에는 08:30~)
주소 Île Saint-Honorat, 06400 Cannes
요금 홈페이지 구매 시 성인 20.30유로, 13~18세 18유로로
홈페이지 cannes-ilesdelerins.com

생 마게리트섬 Île Sainte-Marguerite

레린섬 2개 중 더 큰 것으로, 깐느에서 보트로 15분이면 도착한다. 소나무와 유칼리투스 나무로 우거져 푸른 섬이다. 여름에는 워터 스키와 패러글라이딩 등 다양한 레저 액티비티를 즐길 수 있다. 레로라는 이름으로 불렸던 로마 시대에 처음 사람이 살기 시작했다. 중세 시대 십자군이 섬에 성당을 세우며 성당과 같은 이름을 붙여 지금까지 생 마게리트라 불리고 있다. 1635년 스페인령이 되었다가 2년 만에 프랑스가 되찾아왔다. 18세기부터 이 섬에 거주하는 군사들과 그들의 가족을 중심으로 주거지가 형성되기 시작하였다. 현재는 이 섬에 거주하는 사람들은 20가구 남짓으로 주로 어부들이다. 섬의 주요 볼거리는 17세기에 세워져 감옥으로 사용되었던 포트 로열Fort Royal 성채. 알렉상드르 뒤마 소설의 모티브이기도 한 '아이언 마스크'라고 알려진 신비로운 죄수가 11년간 갇혀 있던 감옥이 바로 이곳이다. 그가 포트 로열에서 썼던 편지 등이 전시되어 있다. 현재 포트 로열에는 레린섬 부근에서 발견된 대형 선박들의 잔해, 복구 과정에 대한 전시와 장 르 가크의 벽화 등을 볼 수 있는 해양 박물관이 있고, 깐느의 중·고등학생들이 수련회로 종종 섬을 찾을 때 사용하는 호스텔도 바로 옆에 있다.

Data 지도 154p-J
가는 법 (깐느발) 07:30~17:30, (생 마게리트발) 07:45~18:00.
계절, 공휴일 여부에 따라 시간표 달라지니 홈페이지 확인
주소 Île Sainte-Marguerite, 06400 Cannes
요금 성인 18.50유로 **홈페이지** bit.ly/2XKMVNr

구시가지 언덕에 자리한 최고의 맛집
레스토랑 만텔 Restaurant Mantel

구시가지에서 가장 예쁜 거리라 소문난 생 앙트완 대로는 깐느에서 맛있는 식당들이 밀집해 있는 곳이다. 그중에서도 일등으로 꼽히는 레스토랑 만텔. 셰프 만텔은 프렌치 리비에라의 소문난 일류 식당들에서 경험을 쌓고 2002년 깐느에 본인의 이름을 건 레스토랑을 열었다. 트러플 시즌에는 트러플을 이용한 요리로 메뉴판을 가득 채워 향긋한 고급 요리에 매혹된 사람들이 만텔에 매일 드나들다시피 한다고. 부드럽고 고소한 양고기구이와 스페인 하몽 등 육류 메뉴가 특히 훌륭하다. 채식주의자와 아이들을 위한 메뉴도 따로 마련되어 있다. 100개 이상의 라벨을 보유한 와인 무엇보다 요리와 와인을 친절하게 설명하고 추천하는 웨이터들 덕분에 만족스러운 식사를 보장한다.

Data 지도 154p-A 가는 법 깐느 기차역에서 도보 10분
주소 22 Rue Saint-Antoine, 06400 Cannes 전화 0493-391-310
홈페이지 www.restaurantmantel.com

째깍대는 시계 소리를 음악처럼 감상하며 커피 한 잔
카페 드 롤로주 Café de l'Horloge

포빌 시장 바로 앞에 위치하여 시장이 여는 시간부터 영업을 개시한다. '시계 카페'라는 이름과 어울리게 크고 작은 벽시계들로 인테리어를 해놓은 것이 독특하다. 실내 30석, 테라스 60석으로 시장을 오고 가는 사람들을 구경하면서 커피를 마시고 싶다면 바깥 자리를, 시계 구경을 하고 싶은 사람들은 실내를 선호한다. 수많은 시계들이 모두 제각각인 시간을 가리키고 있어 지금이 몇 시인지 알 수 없다는 것도 재미나다. 아침 일찍부터 포빌 시장을 구경하러 나왔다면 이곳의 따뜻한 카페 라테 한 잔으로 잠을 깨워보자. 늦은 오후부터는 칵테일을 마시러 오는 사람들이 많다.

Data 지도 154p-A
가는 법 깐느 기차역에서 도보 8분 **주소** 7 Rue du Marché Forville, 06400 Cannes
전화 0660-802-898 **운영시간** 화~토 06:00~19:30, 일 06:00~15:30 **가격** 에스프레소 1.50유로

정직한 이름답게 딱 두 가지 메뉴로 선택과 집중
스테이크 앤 셰이크 Steak 'n Shake

잘 구워 육즙이 가득한 스테이크 패티의 햄버거와 시원하고 달콤한 밀크셰이크를 전문으로 하는 미국 체인 레스토랑의 깐느 지점. 1934년 미국 일리노이에 처음 생긴 이 브랜드는 일찌감치 프리미엄 버거와 셰이크 식당의 콘셉트를 고안하였다. 여느 체인점 햄버거보다 건강하고 든든하며, 수제 버거보다는 빠르고 저렴하여 음식을 찾는 식객들을 사로잡았다. 광장 한복판에 자리하여 접근성도 훌륭하고 바쁜 일정 중 들러 금방 점심을 해결하기에도 좋다. 60년대 미국 다이너 같은 빈티지한 인테리어가 특징. 내부가 무척 커 많은 손님들을 수용할 수 있으며 서비스가 빠르고 친절하다.

Data 지도 154p-B
가는 법 깐느 기차역에서 도보 5분 **주소** 3 Place du Général de Gaulle, 06400 Cannes
전화 0493-383-946 **운영시간** 일~목 11:00~22:30, 금~토 11:00~23:00
가격 오리지널 더블 앤 치즈 7.25유로 **홈페이지** steaknshake.fr

BUY

깐느의 럭셔리 쇼핑가
크루아제트 산책로 Promenade de la Croisette

Writer's Pick!

깐느의 주 대로라 할 수 있는 크루아제트는 약 2km에 달하는 거리이다. 1853년 당시 깐느의 시장이었던 바브가 5m 폭의 대로를 조성하였다. 관광 산업을 더욱 활성화시키고 대중교통의 편의를 드높이기 위한 목적이었다. 레린섬으로 향하는 순례자들을 위한 자그마한 십자가가 이 거리에 있었다. 대로의 이름은 '작은 십자가'라는 뜻의 프로방스 사투리 '크루세토'에서 유래하였다. 2차선 도로와 보행자 공간을 확보할 수 있도록 거리를 확장하되 해변, 공원과 공존할 수 있도록 깐느 시에서는 인공 해변을 조성하였다. 현재는 여러 개의 크고 작은 정원과 깐느의 랜드마크인 칼튼 등의 4~5성급 호텔과 샤넬, 디올, 랑방 등의 고가의 명품 브랜드 상점과 고급 레스토랑들이 포진해 있다. 대로의 끝과 끝에는 영화제가 열리는 팔레 데 페스티발 에 데 콩그레와 작지만 아름다운 팜 비치가 있다. 매일 아침 꽃 시장도 선다.

Data 지도 154p-B
가는 법 깐느 기차역에서 도보 5분
주소 Boulevard de la Croisette, 06400 Cannes

크루아제트 옆 이 거리도 지나치지 마세요
당티브 대로 Rue d'Antibes

깐느와 앙티브를 잇는 길로 현재 수많은 중저가 상점들의 주소다. 크루아제트의 명품 상점들이 비교적 한적한 것에 비해, 당티브 대로에서는 물건을 구입하는 사람들로 붐빈다. 조셉, 자카디, 망고, 쿠플스, 레페토 등 눈에 익은 브랜드들이 대다수다. 상점 사이사이 카페와 바, 식당도 많아 쇼핑을 하다 쉬어갈 곳도 있다. 크루아제트 산책로와 인접한데, 당티브와 크루아제트 사이의 지역에는 주얼리 상점과 시크한 바가 많아 이곳을 '황금 대로'라 부른다.

Data 지도 154p-B
가는 법 깐느 기차역에서 도보 5분
주소 Rue d'Antibes, 06400 Cannes

깐느에서 제일가는 치즈 가게
프로마주 세네리-라 페름 사보야드 Fromagerie Ceneri-La Ferme Savoyarde

동네 사람들이 추천하는 치즈 가게로 1968년부터 깐느 사람들의 단골 치즈 가게로 성업 중이다. 꼬리꼬리한 냄새에 처음에는 쉽지 않을 수 있지만, 프랑스 각지에서 공수해오는 품질 좋은 여러 종류의 치즈에 대한 친절한 설명을 들으면 호기심이 동할 것이다. 무려 350여 종의 치즈를 취급한다. 직원들이 어떻게 요리를 하는지, 어떤 와인과 잘 어울리는지도 친절히 알려줘 취향에 맞는 치즈를 구입할 수 있다. 치즈가 맛있는 프랑스에서도 신선도와 품질에서 격이 다른 치즈만을 엄선하여 판매하는 이곳은 가볼 만하다. 대표 상품으로는 트러플을 곁들인 브리 드 미우, 여러 종류의 염소 치즈, 칼바도스와 까망베르 등이 있다.

Data 지도 154p-B 가는 법 깐느 기차역에서 도보 5분
주소 22 Rue Meynadier, 06400 Cannes 전화 0493-396-368
운영시간 10~5월 10:00~18:00, 화~토 08:00~19:00,
일 08:30~12:30, 6~9월 08:00~19:00, 화~토 08:00~19:30,
일 08:00~13:00, 공휴일 휴무 홈페이지 fromagerie-ceneri.com

깐느를 대표하는 시장
포빌 시장 Marché Forville

Data 지도 154p-A
가는 법 깐느 기차역에서 도보 8분
주소 5-11 Rue du Marché Forville, 06400 Cannes
운영시간 화~일 07:30~13:00

자연스러운 도시의 모습을 볼 수 있기 때문에 시장 구경하는 것을 추천한다. 화려하고 글래머러스한 도시의 이면을 볼 수 있다. 1934년 처음 문을 연 포빌 시장은 깐느에서 가장 큰 규모로 운영하는 실내 시장이다. 신선한 계절 과일, 채소를 사는 깐느 시민들의 일상을 엿보자. 깐느에 오래 머물며 취사가 되는 숙소를 예약했다면 식재료를 구입하기 좋은 곳이다. 꽃, 해산물, 치즈 등도 판매한다. 간단한 간식으로 먹기 좋은 쏘카를 바로 만들어 판매하니 기회가 된다면 먹어보자. 시장 주변에 카페, 식당 등이 여럿 있으니 미리 알아보고 가면 좋을 것이다.

훌륭한 바다 뷰의 호텔
호텔 스플렁디드 Hôtel Splendid

팔레 데 페스티발 에 데 콩그레에서 걸어서 3분 거리, 해변과는 도보 8분 거리에 위치한 스플렁디드는 깐느에서 가장 인기 있는 호텔 중 하나이다. 바다가 보이는 객실을 요청하도록 하자. 깐느에서 최고로 아름다운 항구의 전망을 낮과 밤으로 만끽할 수 있다. 객실 내 마사지 프로그램도 운영하고 있으며 간단한 취사 시설이 딸린 객실도 있다. 유료 조식은 테라스 또는 레스토랑에서 뷔페로 제공하며 프라이빗 해변도 딸려 있다. 부근의 공공 주차장은 하루 24유로를 지불하고 이용 가능하다. 추가 요금 없이 애완동물 반입이 가능하며 12세 미만의 아동은 추가 침대를 신청하지 않으면 무료로 함께 묵을 수 있다.

Data 지도 154p-B
가는 법 깐느 기차역에서 도보 5분
주소 4-6 Rue Félix Faure, 06400 Cannes
전화 0497-062-222
홈페이지 www.splendid-hotel-cannes.com

깐느를 대표하는 쇼핑 대로에 위치한
호텔 르 캔버라 깐느 Hotel le Canberra Cannes

당티브 대로에 위치한 4성 부티크 호텔로 해변과 5분 거리의 환상적인 접근성을 자랑한다. 객실은 1950년대를 테마로 인테리어 하였으며 모노톤에 핑크색으로 포인트를 주어 세련됨을 더했다. 폭신한 침구가 아늑한 숙면을 보장한다. 소음 차단 창문, LCD 플랫 스크린 TV와 미니바를 갖추고 있다. 스위트룸에는 개별 살롱과 소파베드가 있다. 테라스가 딸린 지중해 파인 다이닝 레스토랑 르 카페 블랑Le Café Blanc이 있고 라운지와 바는 24시간 운영한다. 뷔페 조식은 유료. 온수 야외 풀장과(4~10월 운영) 피트니스 센터, 사우나가 완비되어 있고 드라이클리닝, 세탁 서비스도 이용할 수 있다. 12세 미만의 아동은 추가 침대를 신청하지 않으면 무료로 함께 묵을 수 있다. 애완동물 반입 금지.

Data 지도 155p-C
가는 법 깐느 기차역에서 도보 8분
주소 120 Rue d'Antibes, 06400 Cannes
전화 0497-069-500
홈페이지 www.hotel-cannes-canberra.com

더욱 즐거운 여행을 위한 휴식을 취하려면
에덴 호텔&스파 Eden Hotel&Spa

크루아제트 대로에서 5분 거리의 호텔 겸 스파. 자고로 여행은 몸이 편안해야 한다는 사람들에게 스파 시설이 특출난 이곳은 안성맞춤. 조화로운 인테리어로 아늑하다. 열대 나무를 사용한 바닥, 질 좋은 천과 조명 등이 세심하고 과하지 않게 조화를 이루어 편안한 밤을 보낼 수 있다. 유기농 베딩과 침대 커버, 화가 오메의 벽화 등도 에덴의 자랑거리. 독특하게도 아프리카를 테마로 한 레스토랑과 바를 운영한다. 실내 풀장과 월풀, 사우나가 딸린 스파도 유료로 운영된다. 야외 풀장이 있는 옥상 테라스도 추천. 호텔 전 구역 무선 인터넷과 각종 차와 커피, 생수로 구성된 웰컴 트레이를 무료로 제공한다.

Data 지도 155p-C
가는 법 깐느 기차역에서 도보 10분
주소 133 Rue d'Antibes, 06400 Cannes
전화 0493-687-800
홈페이지 www.eden-hotel-cannes.com

크루아제트 대로 위 럭셔리한 호텔
JW 메리어트 JW Marriott

영화를 테마로 꾸며진 클래식한 인테리어의 객실은 깐느와 잘 어울린다. 벽 전체가 통유리로 멋진 해안가 전망이 품으로 안겨오는 듯하다. 플랫 스크린 TV, 미니바, 커피 메이커가 비치된 객실에서는 24시간 룸서비스가 가능하다. 스위트룸에는 개별 살롱과 소파 베드가 갖추어져 있고 일부 객실은 발코니가 따로 있다. 유료 조식은 뷔페로 제공되며 호텔 내 카지노, 스테이크하우스 레스토랑, 옥상 수영장, 칵테일 라운지, 피트니스 센터도 있어 만족하지 않을 수 없을 것이다. 해산물이 맛있는 식당이 특히 인기가 좋다. 비즈니스 여행객을 위한 16개의 회의실도 있다. 지하에 전용 주차 공간이 있어 자동차로 여행자의 편의도 고려하였다(1일 40유로).

Data 지도 155p-C
가는 법 깐느 기차역에서 도보 10분
주소 50 Boulevard de la Croisette, 06414 Cannes
전화 0492-997-000
홈페이지 www.marriott.com/hotels/travel/ncejw-jw-marriott-cannes

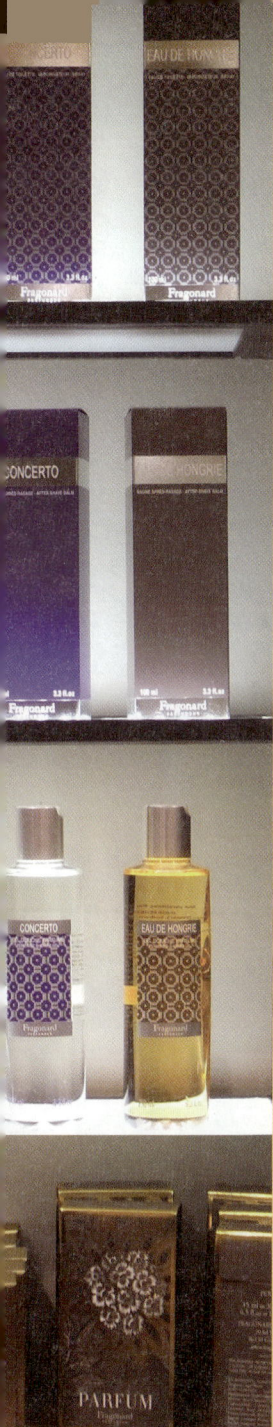

Sud de France By Area

04

그라스
Grasse

향기로운 도시 그라스는 '리비에라의 발코니'라 불린다. 맑은 날에는 깐느까지 내다보이는 높이 325m 분지 위의 향수 도시. 프랑스 문화의 중요한 부분 중 하나인 향수에 관심이 있다면 찾아봐야 할 여행지다.

달이 바뀔 때마다 장미, 재스민 등 새로운 꽃이 만발하고 크고 작은 향수 가게들이 성업 중이며, 관련된 축제와 박물관 등이 많다. 향기에 취해 꿈같은 시간을 보내다가 선물처럼 예쁜 향수병 여러 개를 안고 돌아서게 된다.

Grasse
PREVIEW

사계절 내내 꽃이 만발한 세계 최고最高, 최고最古의 향수 도시. 향수 애호가가 아니더라도 일 년 내내 향기가 풍기는 향수의 도시를 탐방하는 것은 색다른 경험일 것이다. 차로 이동하는 여행자들의 경우 그라스 곳곳에 있는, 경치 감상하기 좋은 고지대의 공원이나 외딴 곳에 자리한 맛집들을 찾아가보자.

SEE

비슷한 듯 보여도 역사와 특징이 모두 다른 그라스의 3대 향수 하우스와 국제 향수 박물관을 방문해보자. 나만의 향수를 만들어보는 특별한 액티비티도 추천한다. 그라스 최대 축제인 5월의 장미 엑스포 기간에 맞추어 여행하면 가장 예쁜 그라스의 모습을 볼 수 있다. 그라스 주변 마을을 돌아보는 길도 시가지 못지않게 아름답다. 특히 렌터카로 여행하면 그라스의 매력을 십분 느낄 수 있다.

EAT

그라스를 대표하는 음식은 잘게 다진 고기를 양배추 쌈에 싸서 국물이 우러나게 오랜 시간 푹 끓여 익혀 만드는 파숨과 오렌지꽃 향과 맛이 풍기는 보드라운 빵 푸가 세트가 있다. 파숨은 음식 이름과 같은 '파숨' 레스토랑에서, 푸가 세트는 그라스에서 맛있기로 소문난 베이커리 벤투리니Venturini Fougassettes (1 Rue Marcel Journet, 06130 Grasse)에서 먹어보자. 1923년부터 4대째 가업을 이어 매일 그라스를 대표하는 빵을 굽는다. 레몬과 다크 누가, 비스킷과 초콜렛도 맛있기로 유명하다.

BUY

그라스에는 향수 외에 크게 쇼핑할 만한 것이 없다. 마을을 대표하는 큰 상점은 따로 없고 실력 있는 동네 조향사들이 하는 작은 향수 상점이 많다. 누구나 다 쓰는 브랜드 향수를 피해 나만의 향을 찾아보는 것이 큰 재미라 할 수 있다. 향수 외에도 비누와 올리브유 제조로도 유명하니 참고하자.

Grasse
GET AROUND

 어떻게 갈까?

비행기
그라스에서 가장 가까운 공항은 니스 공항이다. 비행기를 이용하는 경우 니스 공항에서 대중교통 또는 택시, 렌터카를 이용하여 그라스를 찾을 수 있다.

자동차
A8 고속도로에서 깐느, 그라스 방향 42번 출구로 빠져나와 RN 85 고속도로를 타면 그라스에 도착한다. 니스에서 D 2085 도로 이용, 깐느에서 RN 85 도로 이용하자.

버스
니스, 깐느 등 주변 대도시와 그라스를 잇는 버스가 매일 운행한다. 니스에서는 500번 버스를, 깐느에서는 600번과 610번 버스를 이용한다. 버스 정류장은 관광청 사무소 바로 앞에 위치한다.

Data 주소 Place de la Buanderie, 06130 Grasse

기차
깐느에서 출발하여 보스케, 프라에흐, 항권, 무앙 사르투 역을 지나 그라스에 도착하는 약 26분 여정의 기차 노선이 있다. 배차 간격은 약 1시간. 기차역과 그라스 시내도 가깝다. 니스에서 탑승하면 그라스 기차역까지 약 70분 소요된다.

그라스 기차역 Gare de Grasse
Data 지도 181p-F
주소 Place de la Gare 06130 Grasse
운영시간 매표소: 월~토 06:15~20:55, 일·공휴일 09:30~12:00, 13:00~17:40
(매표 기계가 역 앞에 있다)

어떻게 다닐까?

그라스 자체는 크지 않아 걸어서 돌아보기 충분하지만 3대 향수 하우스를 가려면 차가 있는 것이 편하다. 대중교통으로는 갈 수 없어 택시 또는 렌터카를 이용하는 것을 추천한다.

그라스 렌터카 업체
ADA
Data 주소 141 Avenue Sidi Brahim, 06130 Grasse 전화 0493-703-120

CARLOC
Data 주소 87 Rte de Cannes, 06130 Grasse 전화 0493-600-530

EUROPCAR
Data 주소 Rond Point des 4 Chemins, Chemin des Mas, 06130 Grasse 전화 0493-708-989

HERTZ
Data 주소 13 Rte de Draguignan, 06130 Grasse 전화 0492-423-444

그라스 주차장 정보
Le Parking du Pôle Intermodal
(Rte de la Marigarde, 06130 Grasse)

Data 전화 0497-011-298
224대 가능
운영시간 매일 06:00~21:00

*이 외의 시내 주차장 정보는 그라스 관광청 홈페이지에서 확인할 수 있다.

버스
그라스 시내와 근교를 잇는 모든 버스 노선과 시간표는 홈페이지에서 확인할 수 있다. 투롱, 카브리스는 B노선, 프린세스 폴린 정원은 8호선을 이용하면 찾을 수 있다. 대부분의 노선이 기차역과 시내를 잇는다.

Data 요금 1일권 1.50유로, 10회권 12유로, 1일권 3유로

택시
길에서 잡아도 되고 숙소 등을 통해 전화로 부르면 편하다.

프라이빗 미니캡 렌트

최대 8명 탑승 가능한 미니캡 서비스를 이용해도 좋다. 운전면허가 없으나 그라스를 구석구석 돌아보고 싶은 여행자에게 추천한다. 공항, 기차역, 숙소, 스키 리조트 등으로 픽업 서비스도 이용 가능하며 반나절, 하루, 몇 시간 단위로도 예약이 가능하다.

Data 전화 0610-917-899

르 쁘띠 트랑 Le Petit Train

프랑스어, 영어, 독일어, 이탈리아어로 나오는 안내 방송을 들으며 시가지를 돌아볼 수 있는 작은 기차. 구시가지, 대성당, 전망 좋은 뷰포인트 등을 포함하는 약 40분 간의 여정으로 그라스의 지형과 분위기를 파악하고 개별 관광을 시작하기에 좋다. 최대 60명까지 탑승 가능.

Data 지도 181p-C
주소 (출도착지) Place Cours Honoré Cresp, 06130 Grasse
운영시간 4~6월, 9월 월~토 12:00, 14:00, 15:00, 16:00, 17:00, 7~8월 매일 11:00, 12:00, 14:00, 15:00, 16:00, 17:00, 18:00, 10월 월~토 12:00, 14:00, 15:00, 16:00
요금 성인 7유로, 3~12세 4유로 **전화** 0625-471-168

TIP 알아두면 좋을 번호

응급시 112
소방서 18
응급 경찰 신고 17 또는 0493-403-160
구급차 15
군 경찰(Gendarmerie) 0493-703-333
지역 경찰 0493-401-717
병원 0493-095-555
응급 수의사 0493-834-664
전기 관련 응급 상황 0810-333-006

그라스 관광청 사무소
Office de Tourisme de Grasse

Data 지도 181p-A
가는 법 그라스 버스 정류장 앞
주소 24, Cours Honoré Cresp, 06130 GRASSE
운영시간 월~토 10:00~13:00, 14:00~17:00
전화 +33-(0)-493-366-666

Grasse
ONE FINE DAY

꽃향기와 지역색이 강한 음식 냄새로 코가 가장 즐거운 그라스에서의 하루! 최고급 향수 재료가 되는 꽃과 나무에 둘러싸여 유서 깊은 파퓨머리의 역사와 특징을 알아보고 조향사가 되어 나만의 향수도 만들어보자. 이곳에서만 맛볼 수 있는 먹거리도 그라스 여행을 더욱 특별하게 만들어준다.

11:00 향수 박물관에서 향수의 역사와 그라스 향수 감상

→ 도보 5분

13:00 구시가지에서 점심 식사

→ 도보 10분

14:00 프라고나르에서 전시보고 향수 쇼핑

↓ 도보 3분

15:00 프로방스 의복&보석 박물관, 예술&역사박물관, 프라고나르 박물관 관람

← 자동차로 10분

16:00 갈리마르를 돌아보고 나만의 향수 만들어보기

← 자동차로 15분

19:00 오베르지 뒤 베이유 샤토에서 저녁 식사

↓ 자동차로 15분

20:30 그라스로 돌아와 프린세스 폴린 정원에서 야경 감상

TIP 추천 식당 오베르지 뒤 베이유 샤토는 차량을 이용하거나 택시로 이동해야 한다. 차 없이 가려면 이동 시간이 너무 기니, 차라리 시내 맛집에서 식사를 하는 것이 좋겠다. 그라스에서 1박 예정이라면 야경 감상 후 몽 다주르로 이동하여 자고 다음날 아침에 마차 사파리를 체험한 후 인근 마을들을 돌아보고 떠나는 것을 추천한다.

더욱 알찬 그라스 여행을 만들어줄 이야기

페이 드 그라스 Pays de Grasse 란?

구르동

그라스 주변에는 10세기 성채 자리에 조성된, 해발고도 760m에 위치한 구르동Gourdon, 피카소가 살았던 갤러리, 박물관과 미술관이 가득한 무쟁Mougins, 고급 호텔과 레스토랑으로 꾸며 놓은 고성이 있는 카브리스Cabris 등 개성 넘치는 이웃 동네와 스키장, 해변, 골프장도 많아 오래 머물며 여행하기에도 적합하다. 그라스와 18개의 주변 동네들을 한데 묶어 페이 드 그라스Pays de Grasse라 한다. 그라스를 베이스 삼아 며칠 묵으며 주변 동네들을 당일치기 여행으로 돌아보면 좋다.

나폴레옹의 길 Route NapoLéon

1815년 3월 1~7일, 일주일 동안 나폴레옹은 왕좌를 되찾기 위해 엘바섬에서 탈출하여 천 명의 병사들과 함께 골프 주앙Golfe-Juan에서 그르노블Grenoble까지 약 150km를 도보로 이동했다. 파리까지 이동하여 백일천하를 누리고 세인트 헬레나에 유배되어 죽음을 맞았지만 그가 그라스를 지나 프로방스를 이동했던 그라스 주변의 길은 현재 유명 관광 명소로 남았다. 1932년 '후트 나폴레옹 또는 나폴레옹 로드'라는 이름을 달고 개방된 이 길은 역사에 관심이 많은 사람들이 일부러 찾아 걷는 경로다. 역사적인 의미도 있지만 경치가 훌륭하여 남프랑스 베스트 드라이브 코스 중 하나로 꼽힌다. 경치 좋은 구르동Gordon 마을에 가는 길로 선택하여 운전해가도 좋다. 차도 N85, D1085, D4085, D6085를 지난다.

보랏빛 진한 향이 하루 종일 맴도는
몰리나르 Molinard

1849년부터 다섯 세대에 걸쳐 프랑스와 그라스를 대표하는 향수를 제조해온 향수 브랜드로, '살아 있는 유산의 회사'라 불린다. 방문 시 추가 금액 없이 몰리나르 공장 투어를 받을 수 있다. 실제로 운영하는 공장이 아닌, 방문객들이 향수가 만들어지는 과정과 몰리나르에서 사용하는 재료 등을 쉽게 이해할 수 있도록 꾸며놓은 공간이다. 투어 중 '바 아 파르펑Bar a Parfums'에서는 탑, 미들, 베이스 노트를 각각 대여섯 개의 향 중 선택하여 향수를 쉽게 만들어보는 약식 체험도 해볼 수 있다(30ml, 30유로). 좀 더 디테일하게 향수를 만들어보는 과정을 원한다면 '라뜰리에 데 파르펑L'Atelier des Parfums'를 추천한다. 90종의 향을 맡아보고 향수를 만들 수 있다(1시간, 50ml, 76유로). 공식적인 인증서는 아니지만 조향사 자격증도 받을 수 있어, 뿌듯함과 함께 그라스에 방문한 목적을 달성했다는 성취감도 높아진다. 라뜰리에 체험은 예약이 필요하다. 무료 주차 공간도 마련되어 있다.

Data 지도 181p-E 가는 법 그라스 버스 정류장에서 도보 15분
주소 60 Boulevard Victor Hugo, 06130 Grasse 전화 예약 문의 0492-423-321
운영시간 월~토 10:00~18:00 요금 무료 홈페이지 www.molinard.com

Writer's Pick! 질 좋은 초콜릿과 캔디의 제작과정부터 시식까지

콘피세리 플로리앙 Confiserie Florian

루프 협곡 다리에 위치한 플로리앙 제과점의 공장과 상점을 찾아보자. 1949년부터 그라스 지방에서 유명한 캔디와 잼, 초콜릿을 판매해 왔다. 17, 18세기의 남프랑스 앤티크 가구로 꾸며진 공장은 산장 같은 분위기를 풍긴다. 가장 유명한 것은 감귤을 캔디화한 오랑제트. 공들여 만드는 과정을 보면 입안에서 오래 천천히 즐기고 싶게 되는 달콤새콤한 사탕이다. 꽃잎에 설탕을 묻혀 캐러멜화한 캔디 페탈로도 유명하다. 이곳에서 실제로 플로리앙 제품들이 만들어지는데, 그 과정을 설명과 함께 살펴볼 수 있는 가이드 투어를 받아보자. 연중무휴로 1시간마다 진행되는 무료 가이드 투어를 통해 그라스의 신선한 과일과 아름다운 꽃이 어떻게 달콤한 캔디로 바뀌는지 그 과정을 생생하고 자세히 볼 수 있다. 투어 중 시식을 권하여 입이 달달해진다. 투어를 마치고 나면 공장가로 플로리앙 상품들을 구입할 수 있는 상점도 들러보자. 본점과 20m 떨어진 자리에 초콜릿을 판매하는 '부티크 뒤 쇼콜라Boutique du Chocolat'도 문을 열었다. 초콜릿의 역사에 관한 간단한 전시와 색다른 재료로 만든 다양한 종류의 초콜릿을 구입할 수 있다.

Data **지도** 181p-A **가는 법** 그라스 버스 정류장에서 차로 17분
주소 Le Pont du Loup, 06140 Tourrettes Sur Loup **전화** 0493-593-291
운영시간 (워크숍) 월~금 09:00~12:00, 14:00~18:00/(상점) 7·8월 09:00~19:00,
9~6월 09:00~18:30 *니스(14 Papacino wharf, 06300 Nice)에도 지점이 있다
홈페이지 www.confiseriefforian.com

Since 1926, 프랑스를 대표하는 유서 깊은 파퓨머리
프라고나르 Fragonard

Writer's Pick!

1782년부터 그라스에서 향수를 만들어온, 가장 역사가 오래되었으며 가장 널리 알려진 향수 브랜드. 향수 박물관과 공장으로 구성되어 있다. 브랜드 이름은 유명 궁중 화가 프라고나르의 이름을 따왔다. '모멍 볼레Moment volé(1929)'와 같은 초기 향수들은 실제로 화가의 작품에서 영감을 받아 만들기도 하였다. 창립자 유진 푸크의 손자인 장 프랑수아 코스타는 60년간 회사를 운영하며 그가 모은 향수와 관련한 모든 것을 이곳에 전시했다. 모든 유럽 국가 언어로 무료 가이드 투어를 진행한다. 3천 년의 향수 역사를 볼 수 있는 수많은 전시품은 앤티크 향수병부터 프라고나르의 원재료와 공장, 향수 제조 기술에 관한 것이다. 세 향수 하우스 중 한 곳만 본다면 프라고나르를 추천할 정도로 전시가 알차다. 대형 상점도 갖추고 있으니 관람을 끝내고 들러보자. 프랑스 전역에 프라고나르 매장들이 있지만 박물관에 딸린 그라스 지점이 가장 규모가 크다. 다른 두 향수 브랜드와 차별되는 또 다른 점은 프라고나르는 해마다 향수 재료 하나를 선정하여 이를 테마로 한 상품 라인을 홍보한다는 것이다.

Data
공장 지점
지도 181p-C
가는 법 그라스 버스 정류장에서 도보 7분
주소 20 Boulevard Fragonard, 06130 Grasse
전화 0493-364-465
운영시간 9~6월 09:00~18:00, 7·8월 09:00~19:00
요금 무료 **홈페이지** www.fragonard.com

라 파브리크 데 플뢰르
La Fabrique des Fleurs **지점**
가는 법 그라스 버스 정류장에서 차로 15분 **주소** Route de Cannes-Les Quatre Chemins, 06130 Grasse
전화 0493-779-430
운영시간 9~6월 09:00~18:00, 7·8월 09:00~19:00
요금 무료
홈페이지 www.fragonard.com

TALK

그라스 풍성하게 즐기기

그라스와 향수

이탈리아의 카트린느 드 메디치가 향수를 뿌린 가죽장갑을 프랑스에 처음 들여오며 그라스에 가죽 산업이 발달했다. 곧이어 가죽 냄새를 가리기 위해 향수가 발달하였다. 향수 산업이 전 세계적으로 폭발적인 성공을 거두면서 가죽 산업은 중단되고 향수에 집중하였다. 18세기부터 그라스의 향수 산업은 최전성기를 누리기 시작했다. 그라스 지방의 기후가 꽃을 재배하는 데 더없이 좋기 때문. 특히 향수에 많이 사용되는 꽃들이 이곳에서 자란다. 흔히들 그라스에 오면 라벤더 꽃 들판을 볼 수 있을 거라 생각하는데 그라스를 대표하는 꽃은 라벤더가 아니라 장미. 사진으로 보아온 라벤더 밭은 차를 타고 꽤 나가야 볼 수 있으며 계절이 맞지 않으면 이마저도 구경할 수 없다. 그라스를 대표하는 장미는 샤넬 no.5의 주재료로, '샤넬 로즈'라고도 불리는 100개의 꽃잎을 가진 센트폴리아다. 향이 진해 수많은 향수 하우스들이 찾는다. 5월에 피는 센트폴리아 장미와 함께 그라스를 상징하는 꽃으로는 바이올렛(2월)과 미모사(겨울)가 있고, 6~9월에는 튜베로즈와 라벤더, 8~10월에는 재스민이 있어 1년 내내 꽃향기로 진동한다. 장미 축제가 5월에 열리니 일정이 맞으면 꼭 즐겨보자.

라벤더 밭이 보고 싶다면

눈이 시릴 정도로 쨍한 보라색 라벤더가 흐드러지게 피는 사울트, 바농과 세데홍 지역을 '라벤더 트라이앵글'이라 부른다. 라벤더 꽃들이 만개한 모습을 보고 싶다면 라벤더 박물관 Musée de la Lavande도 좋다. 박물관 인근의 라벤더 밭이 사진으로 만나던 그라스의 보랏빛 들판이다. 전시를 보지 않고 밭에만 가볼 수도 있으나 그라스에서는 차로 약 2시간 이동해야 한다. 라벤더가 피는 시기는 6월 말~8월 말이다.

Data 주소 276 Route de Gordes, 84220
전화 +33-426-853-733
운영시간 5~6월, 9~10월 10:00~13:00, 14:00~18:00, 7~8월 10:00~19:00
요금 성인 8유로, 학생·65세 이상 7유로,
홈페이지 www.museedelalavande.com

나만의 향수를 만들어보고 싶다면
갈리마르 Galimard

1747년 갈리마르를 세운 존 갈리마르는 그라스 장갑 제조자 길드의 창시자였으며 프랑스 왕가에 올리브 오일, 미용용품과 향수를 납품했다. 지금까지도 갈리마르는 대를 이어 운영되고 있으며 존 갈리마르가 고안한 향수 제조법을 따르고 있다. 갈리마르에서도 향수 만드는 과정과 갈리마르의 역사에 대한 간단한 소개를 해주는 가이드를 무료로 받을 수 있다. 향수 원자재를 가져오는 곳과 재료별 특징, 향수를 만드는 과정을 살펴보고 '코(nez)'라 부르는 조향사가 일하는 과정을 볼 수 있다. 수많은 향을 올려 놓은 오르간도 볼 수 있다. 투어를 마친 후에는 갈리마르 전 제품을 구입할 수 있는 상점에 들러 구경할 수 있다. 오 드 뚜왈렛, 오드 콜론, 화장품, 비누, 향초 등 선물하기 좋은 아이템들이 많다.

Data
파퓨머리
지도 181p-E
가는 법 그라스 버스정류장에서 차로 13분 **주소** 73 Route de Cannes, 06131 Grasse
전화 0493-092-000
운영시간 동절기 매일 09:00~12:30, 14:00~18:00, 하절기 매일 09:00~18:30
요금 무료 **홈페이지** www.galimard.com

스튜디오
지도 181p-E
가는 법 그리스 기차역에서 차로 15분 **주소** 5 Route de Pégomas, 06131 Grasse
전화 0493-092-000
운영시간 워크숍 시간: 10:00, 14:00, 16:00(약 2시간 소요)
요금 62유로
홈페이지 www.galimard.com

TALK

나만의 향수 만들어 보기

그라스의 3대 향수사에서는 나만의 향수를 만드는 워크숍을 진행하고 있다. 그중 갈리마르의 워크숍이 가장 디테일하고 완성도가 높다. 최대 30명까지 수용 가능한 갈리마르 '향의 스튜디오 Le Studio des Fragrances'에서 진행되며, 전담 조향사가 개별적으로 조언을 해주고 향수를 만드는 전 과정을 함께한다. 127개의 향이 있는 오르간 앞에 앉아 모두 냄새를 맡아보고 내 취향의 향수를 배합하여 만들 수 있는데, 어울리지 않는 향이나 적절한 비율에 대한 조언을 받을 수 있어 성공적인 결과물을 만들 수 있다. 본인이 고른 향수병에 완성된 100ml 향수를 넣어, 이름을 라벨에 만들어 붙여준다.

스튜디오에서 배합한 레시피는 갈리마르에서 보존하여 향수를 다 썼을 때 갈리마르에 연락을 취해 같은 향수를 보내달라 요청할 수 있다. 스튜디오 체험은 예약자에 한한 것으로 매일 10:00, 14:00, 16:00시에 2시간 동안 진행된다. 영어, 프랑스어, 일본어 외 5개 국어를 지원한다.

단 한 번의 방문으로 향수의 모든 것을 깨칠 수 있다
국제 향수 박물관 Musée International de la Parfumerie

1989년 개관한 국제 향수 박물관은 세계에서 유일한 향수 박물관으로, 향수와 파퓨머리의 역사를 한눈에 볼 수 있다. 1918년 프랑스와 카르노가 개관한 박물관으로 개인 수집품과 기증받은 향수 자료로 방대한 컬렉션을 만들어갔다. 2006년 대대적인 확장 공사를 거쳐 2008년 재개관하여 현재 3,500 제곱미터의 넓고 효율적인 공간을 갖게 되었다. 특히 인상적인 공간은 향수를 만드는 데 필요한 원재료를 보관, 전시하는 2 헥타르에 달하는 넓은 정원과 온실이다. 향수의 발전 역사 또한 최첨단 시설의 전시관에서 볼 수 있다. 피베르, 피노 등 파리와 그라스의 유명 조향사들에 대한 정보와 르네 랄리끄의 유리 향수병을 포함하는 향수병 디자인의 역사 등을 상세히 보여준다. 무료로 진행하는 90분간의 가이드 투어를 통해 향수 문외한도 박물관 관람을 마치고 나설 때쯤에는 향수에 꽤나 해박해져 있을 것이다. 계속해서 앞서 본 전시에 대한 질문을 던지고 방문자와 소통하려는 전시의 형태 덕분에 몰입하여 향수에 대한 지식을 많이 얻어갈 수 있다.

7~8월 동안 그라스를 찾는다면 놓쳐서는 안 되는 것이 바로 '향기로운 시에스타Sieste Parfumeé'. 말 그대로 향수로 가득한 공기 속에서 낮잠을 자는 것이다. 해마다 가장 더운 여름에 진행하는 야외 행사로 향수 박물관의 정원, 8월 24일 광장Place du 24 Août, 빌라 프라고나르 등 그라스 시내의 잔디밭 곳곳에 설치한 향수 스프레이가 주기적으로 향수를 내뿜어, 사람들은 행복하게 꽃향기와 잠에 취한다. 특정 날짜에는 오후 7시 이후에도 향수나 음악회와 같은 정원 행사를 진행하니 박물관 홈페이지에서 일정을 참조할 것.

Data 지도 181p-C
가는 법 그라스 버스 정류장에서 도보 5분
주소 2 Boulevard Jeu de Ballon, 06130 Grasse
전화 0497-055-800
운영시간 5~9월 10:00~19:00, 10~4월 10:00~17:30(1/1, 5/1, 12/25 휴관)
가이드 투어 9~6월 토·일 15:00, 7·8월 11:00, 14:00,
정원 4·5·9·11월 토요일 15:00, 6~8월 토요일 17:00
요금 박물관 6유로, 10~3월 매달 첫 번째 일요일 무료
홈페이지 www.museesdegrasse.com/

프로방스의 아름다운 의복 문화
프로방스 의복과 보석 박물관
Musée Provençal du Costume et du Bijou

그라스에 1769년 정착한 카브리스 마을 백작의 집을 찾아보자. 프라고나르 3대 CEO의 안주인 헬렌 코스타가 평생에 걸쳐 수집한 18, 19세기 프로방스 의복 컬렉션이 응접실에 전시되어 있다. 방대한 의상과 장신구 전시를 통해 농부, 공예, 주부 등 당시 프로방스 여성들의 다양한 삶을 엿볼 수 있다. 화려한 레이스의 패티코트와 소박한 패턴의 일상복 등 의상의 종류가 상당하고 독특한 프로방스 지역만의 패션을 엿볼 수 있는 흥미로운 박물관이다. 전시관의 가구들도 당시에 사용하던 것으로 고풍스러운 분위기를 더한다. 가이드 투어를 원하는 경우 미리 예약을 해야 한다.

Data 지도 181p-C
가는 법 그라스 버스 정류장에서 도보 7분 주소 2 Rue Jean Ossola, 06130 Grasse
전화 0493-364-465
운영시간 10:00~13:00, 14:00~18:30 요금 무료
홈페이지 www.fragonard.com

선사시대부터 현재까지의 프로방스를 한눈에
프로방스 예술과 역사 박물관
Musée d'Art et d'Histoire de Provence

싱그러운 정원이 인상적인 우아한 18세기 건물에 자리하고 있는 박물관이다. 17세기부터 20세기 초까지의 순수, 장식 미술품 전시도 함께 마련해 두어 눈이 즐겁다. 전시품은 그라스 향수 산업가의 딸과 결혼한 전 프랑스 대통령의 아들 프랑수와 카르노이가 수집한 것으로, 개관 당시부터 인근 엘리트와 국내외 인사들의 주목을 받아 기증이 늘어나며 컬렉션의 몸집이 점점 커지고 있다. 덕분에 유리 공예품, 세라믹, 주얼리, 무기, 가구 등 프로방스 동부의 역사와 관련한 다양한 물건들을 볼 수 있다. 1952년부터는 그라스시의 소유로 직접 관리한다. 예약하지 않아도 가이드 투어를 받을 수 있다.

Data 지도 181p-C
가는 법 그라스 버스 정류장에서 도보 8분 주소 2 Rue Mirabeau, 06130 Grasse
전화 0493-368-020
운영시간 5~9월 10:00~19:00, 10~4월 10:00~17:30 (1/1, 5/1, 12/25 휴관)
요금 (빌라 프라고나르 입장 겸용) 성인 2유로, 18세 미만, 학생증 소지자, 장애인 무료 홈페이지 www.museesdegrasse.com

그라스가 낳은 가장 유명한 화가를 기리는
프라고나르 박물관 Musée Fragonard

18세기 그라스 맨션의 스타일에 맞추어 복원된 호텔 빌뇌브Hôtel de Villeneuve에 위치한 프라고나르 박물관은 프랑스에 있는 프라고나르 회화 박물관 중 루브르 다음으로 규모가 크다. 프라고나르 3대 CEO 장 프랑수와 코스타와 그의 부인 헬렌의 컬렉션으로 만들어졌다. 해마다 특별전과 사진 전시를 개최하며 영구 전시는 프라고나르의 대표 작품들로 이루어져 있다. 또 다른 그라스 출신 화가 마르게리트 제라르와 장 밥티스트 말레의 작품과 프라고나르를 모델로 한 스케치, 화가의 개인 소유품도 전시되어 있다.

Data 지도 181p-C 가는 법 그라스 버스정류장에서 도보 6분 주소 14 Rue Jean Ossola, 06130 Grasse 전화 0493-360-207 운영시간 매일 10:00~18:30 요금 무료

프라고나르의 자취를 되짚어볼 수 있는 소박한 저택
빌라 프라고나르 Villa- Musée Jean-Honoré Fragonard

그라스 성벽 바깥에 자리한 17세기 프라고나르 저택. 아름다운 정원과 채소밭도 있다. 지역 유지이자 음악가였던 알렉상드르 모베르는 프라고나르가 20년간 이 집에서 살며 작품 활동을 할 수 있도록 지원하였다. 프라고나르 사후에는 그라스시가 1977년 이 저택을 구입하여 프라고나르에게 헌정하는 박물관으로 탈바꿈시켰다. 프라고나르의 15개 주요 회화 작품과 함께 그를 모델로 하여 만들어진 조각상 등이 전시되어 있다.

Data 지도 181p-C
가는 법 그라스 버스정류장에서 도보 8분 주소 23 Boulevard Fragonard, 06130 Grasse
전화 0493-365-298 운영시간 7~9월 13:00~18:30, 봄방학 B기간 (4월 21일~5월 6일) 13:00~17:30
요금 성인 2유로, 18세 미만·학생증 소지자·장애인 무료(프로방스 예술과 역사 박물관 입장을 겸함)
홈페이지 www.museesdegrasse.com/vmjhf/presentation

루벤스가 걸려 있는 그라스의 대표 성당
노트르담 뒤 푸이 성당(그라스 대성당)
Cathédrale Notre-Dame-du-Puy de Grasse

12세기에 세워진 그라스 교구 성당. 그라스 시청 옆에 위치한다. 시간이 지나며 보수·확장 공사를 거쳐 지금의 모습이 되었다. 정문으로 향하는 이중 계단이 눈에 띈다. 프로방스에서 최초로 고딕 양식의 영향을 받은 건축물 중 하나로, 아치에서 이탈리아 건축의 영향을 엿볼 수 있다. 1740년 추가된 바로크풍의 대형 원형 기둥과 측면의 예배당도 이곳의 특징이다. 중앙 회중석에는 루벤스의 작품과 프라고나르의 작품이 걸려 있다.

Data 지도 181p-D **가는 법** 그라스 버스정류장에서 도보 7분
주소 8 Place du Petit Puy, 06130 Grasse
전화 0493-361-103

사랑하는 사람과 함께 보고 싶은 전망
프린세스 폴린 정원 Jardins de la Princesse Pauline

나폴레옹의 누이 폴린의 이름을 딴 이 정원은 그라스에서 전망이 가장 좋기로 유명하여 연인들에게 인기가 좋다. 실제로 그라스를 무척 좋아했던 폴린이 거닐던 곳을 작은 정원으로 조성한 것이다. 구시가지가 내려다보이는 뷰가 환상적이며 야경이 특히 예쁘다.

Data 지도 181p-C **가는 법** 그라스 버스정류장에서 도보 8분 **주소** 2 Rue Mirabeau 06130 Grasse

SUD DE FRANCE BY AREA 04
그라스

그라스 연중 행사

장미 축제 Expo Rose (5월 초)

우아한 장미 향기가 그라스 골목골목을 메우는 그라스 최대 축제. 시내 곳곳의 정원이 문을 열고, 음악 공연 등 다채로운 행사가 열린다. 2만 5천여 송이의 장미가 꽃잎을 활짝 열고 손님들을 맞이한다. 관광청 홈페이지에서 엑스포 티켓 구매와 프로그램 등 다양한 정보를 찾아볼 수 있다. 가격은 성인 3유로, 12세 미만 무료.

재스민 축제 La Fête du Jasmin (8월 초)

전통 포크 퍼레이드와 재스민 따기 행사 등의 이벤트로 구성되는 재스민 축제는 여름 여행자들이 놓칠 수 없는 그라스 관광의 백미. 1946년부터 해마다 콘서트와 불꽃놀이, 시내 거리마다 다양한 이벤트가 열린다. 향긋한 재스민 내음 가득한 연례 행사다. 구시가지에서 음악 행사가 열리고 아이들을 위한 워크숍, 댄스 축제도 진행된다. 축제의 하이라이트는 재스민으로 치장한 여자 아이들의 퍼레이드! 관광청 홈페이지에서 프로그램 등 다양한 정보를 찾아볼 수 있다. 가격은 무료.

EAT

 특별한 날을 위한 훌륭한 뷰의 레스토랑
오베르지 뒤 비에이유 샤토 Auberge du Vieux Château

해발고도 550m에 있는 작은 마을 카브리스를 대표하는 지중해식 레스토랑. 미슐랭 가이드에서 극찬한 것으로 유명하다. 캅 페라부터 툴롱까지의 파노라마 뷰가 시원하게 펼쳐지는 언덕 위에 위치하여 풍광만 바라봐도 배부른 느낌. 여름에는 테라스 자리가, 밤에는 난롯가 옆 자리가 명당이다. 여름 낮에도, 쏟아질 듯한 별들이 박혀 있는 맑은 겨울밤에도 좋다. 수~토요일 점심에만 제공되는 '오늘의 메뉴'가 가격 대비 알차다. 채식 메뉴와 아동 메뉴도 따로 마련되어 있다. 딸기 마멀레이드 소스를 곁들인 푸아그라가 대표 메뉴. 신선하고 느끼하지 않은 부드러운 별식이다. 농장에서 건강하게 키워 자연사한 오리만 사용하는 것에 자부심을 가지고 있어 마음 편히 즐겨도 좋다. 낭만적인 주말을 보내기 완벽한 이 고성 건물은 4개의 객실을 갖춘 호텔이기도 하다.

Data **지도** 181p-E **가는 법** 그라스 시내에서 차로 10분(D4 도로 이용)
주소 Place du Panorama, 06530 Cabris **전화** 0493-605-012
가격 오늘의 메뉴 63유로 **홈페이지** www.aubergeduvieuxchateau.com

와인 한 잔과 모둠 안주 플레이트
레 델리카테스 드 그라스 Les Delicatesses De Grasse

동네 사람들이 매일 같이 찾는 그라스 시내의 작고 맛있는 델리. 가게에서 먹고 가도 되지만 주로 판매하는 것이 소시지, 치즈, 햄, 타프나드, 올리브 등 와인 안주로 좋은 간단한 메뉴라 포장하여 숙소에서 먹고 마시는 편을 추천한다. 치즈나 와인을 잘 모르더라도 어떤 와인과 먹을지, 얼마나 많은 사람들이 먹을지 등을 상의하면 딱 맞는 것들을 친절히 골라 준다. 판매하는 식료품 모두 프랑스 여러 지역에서 선별하여 골라온 신선하고 품질이 뛰어난 것으로, 매장 식사는 보통 치즈와 햄들을 조금씩 담은 모둠이다. 칠링한 화이트 와인 한 잔과 함께 하면 더없이 좋다. 시내에서 멀리 나가지 않고 짧은 점심 식사 시간동안 가성비 좋은 호사를 누리기 좋은 곳.

Data 지도 181p-A 가는 법 그라스 기차역에서 차로 8분, 도보 24분
주소 7 rue Marcel Journet, 06130 Grasse 전화 0616-024-426 운영시간 매일 11:00~22:00
가격 모둠 접시 18유로/1인 홈페이지 lesdelicatessesdeg.wixsite.com/monsite

맛으로 승부하는 담백한 동네 식당
루 피나툰 Lou Pignatoun

퇴직한 셰프 부부가 본인들의 요리하는 즐거움을 위해 2008년 개업한 곳이다. 그라스 시가지 한가운데 위치하여 접근성이 좋다. 신선한 식재료를 사용하고 매일 메뉴가 바뀌는 3코스 '오늘의 메뉴'로 어제 온 손님들을 오늘 또 방문하게 만드는 인기 식당이다. 파슘, 아이올리와 같은 프로방스 음식 전문 식당. 부담 없는 가격으로 든든하고 맛있는 한 끼 식사를 약속한다. 2012년에는 그라스 시의 아이올리 협회에서 수여하는 '아이올리&파슘' 인증을 받은 바 있어 두 메뉴를 가장 자신 있게 추천한다. 금요일 점심에는 항상 아이올리 소스 요리를 하고, 동절기 수요일에는 따끈한 파슘을 만드니 기억하자. 몇몇 메뉴에 한하여 포장도 가능. 단체가 아니라면 평일 점심 식사만 할 수 있다.

Data 지도 181p-A 가는 법 그라스 버스 정류장에서 도보 3분
주소 13 Rue de l'Oratoire, 06130 Grasse 전화 0493-361-180 운영시간 월~금 12:00~14:00
가격 오늘의 요리 12유로, 메인 & 디저트 16.50유로, 파슘 12유로 홈페이지 lou-pignatoun.com

향수를 즐겨 뿌리지 않는 사람이라면
프라고나르 메종 Fragonard Maison

그라스에 향수만 있는 것은 아니다. 프라고나르에서 갓 론칭한 '메종' 브랜드의 판매처이다. 인테리어 소품을 판매하는 프라고나르 메종에서는 유색 주얼리, 실크와 면으로 만든 의류와 프로방스 고유의 문양이 들어간 퀼팅과 린넨 천 상품들을 판매한다. 남프랑스와 잘 어울리는 밝은 컬러와 화려한 패턴을 사용한 제품은 작은 것이라도 집안을 환히 밝혀줄 것만 같아 구매욕을 자극한다. 일상에서 사용하며 여행의 추억을 되새기기에 더없이 좋은 아이템들로 가득하다.

Data 지도 181p-C
가는 법 그라스 버스 정류장에서 도보 6분 주소 2 Rue Amiral de Grasse, 06130 Grasse 전화 0493-401-204 운영시간 10:00~19:00 홈페이지 www.fragonard.com/fr/boutique/maison

그라스에서 나고 자란 조향사의 로컬 향수 컬렉션
파펌 가글류스키 Parfums Gaglewski

그라스에는 대표적인 파퓨머리 세 곳 외에도 지역적으로 활동하는 소규모 퍼퓨머들의 가게가 많다. 백화점에서 살 수 있는 흔한 브랜드 향수가 아닌, 여행 중 발견하는 나만의 특별한 향수를 갖고 싶다면 작은 향수 가게들을 찾아보자. 작은 향수 가게들 중에서도 유명한 대표 주자는 그라스 시가지 한복판에 위치한 파펌 가글류스키. 그라스 출신의 조향사 디디에르 가글류스키의 오리지널 향수를 판매한다. 프로방스와 파리, 독일과 스위스에서 활발히 활동하다가 고향으로 돌아와 본인의 향수를 론칭하였다. 즐거움을 더하고 기분이 좋아지는 향수를 지향하는 브랜드로, 각각의 향수에는 수개월의 연구와 개발 과정이 담겼다. 지역에서 나는 꽃을 이용하여 품질도 뛰어나다. 가글류스키는 방문하는 손님들에게 각 상품에 담긴 이야기를 들려주고 손님과 어울릴 만한 향을 추천해준다.

Data 지도 181p-A
가는 법 그라스 버스 정류장에서 도보 3분 주소 12 Rue de l'Oratoire, 06130 Grasse 전화 0682-660-122 운영시간 화~토 10:30~12:30, 14:30~18:00 홈페이지 www.gaglewski.com

SLEEP

아늑함과 럭셔리를 모두 갖춘
라 바스티드 생 안투앙 – 자끄 시보아 La Bastide Saint-Antoine · Jacques Chibois

17세기 프로방스 컨트리 하우스 건물에 자리한 5성급 호텔. 객실은 총 열여섯 개로, 전통적인 객실과 모던한 객실을 선택할 수 있다. 특히 앤티크 가구를 들여 놓은 전통 객실은 프로방스적 우아함이 깃들어 있어 특별하다. 스위트룸에는 화로와 테라스 등이 구비되어 있고 와인 셀러와 도서관, 이벤트 공간 등 어메니티까지 완벽하다. 레스토랑도 격식있고 맛있기로 유명하다.

Data 주소 48 Av. Henri Dunant, 06130 Grasse 전화 +33-493-709-494
홈페이지 www.jacques-chibois.com/en/

접근성과 편안함을 모두 갖춘
호텔 베스트 웨스턴 엘릭시르 그라스
Hotel Best Western Elixir Grasse

그라스 중심부와 2.3km 떨어진 곳에 자리한 숙소. 신뢰감 있는 베스트 웨스턴 계열로, 친절한 스태프가 투어 프로그램이나 교통 예약을 돕는다. 방음이 잘 되어 있고, 플랫 스크린 TV와 미니바가 있는 63개의 객실을 갖추고 있다. 푸른 정원 또는 언덕 뷰가 고즈넉한 그라스의 분위기와 잘 어울린다. 아메리칸 뷔페 스타일의 조식도 든든하고 호텔 레스토랑에서는 지역 전통 요리를 선보인다. 레스토랑과 바를 갖추고 있다. 야외 수영장, 피트니스 센터, 마사지 프로그램을 운영하는 스파, 회의실 등이 있다. 24시간 프런트 데스크, 무선 인터넷과 주차 공간 무료 제공.

Data 지도 181p-F
가는 법 그라스 시내에서 차로 10분
주소 Rue Martine Carol, 06130 Grasse
전화 0493-707-070
홈페이지 bit.ly/3Ox4uLJ

Sud de France By Area

05

앙티브
Antibes

기원전 5세기, 마르세유(당시 마살리아)를 세운 그리스인들이 안티폴리스라 명명한 오랜 역사의 땅. 아직도 그리스 식민지 시절의 유적이 남아 있다. 피츠제럴드가 소설 <밤은 부드러워>를 쓰도록, 피카소가 수많은 작품들을 남기도록 영감을 준 곳. 앙티브는 1920년대 후반부터 트렌디한 리조트 타운으로 급부상하여 일 년 내내 인기 휴양지다.

원예로 유명한 캅 당티브와 해안가 리조트 타운 주앙 레 팡은 앙티브와 나란히 붙어 있다. 녹음과 바다, 문화 예술이 한데 모여 있어 여행자의 모든 욕구를 충족시킨다.

앙티브

Antibes
PREVIEW

아는 사람들은 이미 다 알고 있는 남프랑스의 리조트 도시! 재즈와 피카소, 한적한 해변과 길게 뻗은 해안가가 있으니 무얼 더 바랄까. 없던 예술혼도 불타오르게 만드는 곳. 누구에게나 영감을 불러일으키는 앙티브에 들러보자. 동틀 때와 깊은 밤의 흥취가 남다르다.

SEE

피카소 미술관은 바르셀로나와 파리에도 있지만 앙티브가 단연 뛰어나다. 이미 본 작품들일 것이라 예상하고 건너뛰지 말 것. 전시물의 방대한 수뿐만 아니라 박물관이 자리한 성채 자체도 건축미가 뛰어나며 이곳에서 보는 앙티브 해안가의 전망도 훌륭하다. 미술관과 함께 시가지와 해안가를 돌아본 후 부지런히 움직여 캅 당티브 해변에서 주변의 다양한 액티비티를 즐겨보자.

EAT

니스에서도 볼 수 있는 짭짤하고 고소한 소카는 앙티브의 대표적인 먹거리. 크고 작은 해변마다 레스토랑이나 바가 있어 진정한 먹방을 가능케 하니 배꼽시계에 맞추어 해안가로 뛰어나갈 것.

BUY

앙티브는 규모는 작지만 건물과 해변 사이마다 상점들로 가득하다. 여행 중 옷과 액세서리를 사고 싶다면 큰 도시인 니스와 깐느보다 앙티브의 상점에서 쇼핑하는 것이 알뜰하다.

SLEEP

문을 열고 열 걸음만 걸으면 바다에 풍덩 빠질 수 있는 리조트부터 차를 타고 구불거리는 길을 돌고 돌아야 나타나는 으리으리한 저택 같은 호텔까지, 절제된 세련미가 짙게 풍기는 앙티브의 숙소들. 생각보다 일찍 예약이 마감된다.

Antibes
ONE FINE DAY

하루 일정이지만 가능하면 밤을 보내고 그다음 날 아침에 출발하는 것을 추천한다. 앙티브는 천천히 도시를 거닐며 산책하는 것만으로도 잊을 수 없는 추억을 만들어주는 아름다운 여행지기 때문. 세계 각지의 피카소 미술관 중 훌륭한 퀄리티로 손꼽히는 피카소 미술관과 프라이빗한 바캉스 기분을 낼 수 있는 캅 당티브와 주앙 레 팡도 방문해보자.

10:00
피카소 미술관과
카레 성채 등
구시가지 돌아보기

→ 도보 10분

12:00
카페 로열에서
해안가를 바라보며
점심 식사

→ 자동차 10분

13:00
캅 당티브의 빌라 투레
정원, 노트르담 가루프
성당 등 돌아보고 르 호세,
가루프 해변에서 해수욕

↓ 자동차 17분

15:00
마린랜드에서 오후를
보내거나 주앙 레 팡을
드라이브

← 자동차 10분

19:00
앙티브 시내에서
저녁 식사 후
야경 감상

TIP 피카소 박물관은 규모가 크고 전시가 무척 훌륭하니 일찍 가서 천천히 관람하자. 미술관 주변의 해안가 뷰도 멋진 포토 포인트이니 카메라를 챙길 것.

SUD DE FRANCE BY AREA 05
앙티브

Antibes
GET AROUND

 어떻게 갈까?

비행기
앙티브에서 가장 가까운 공항은 니스 공항이다. 공항에서는 82 익스프레스 버스 (편도 11유로, 왕복 16.50유로)를 타고 앙티브 시내로 한번에 갈 수 있다.

기차
남프랑스의 여러 도시들과 기차로 잘 이어져 있는 앙티브-주앙 레 팡에는 비오Gare de Biot(캠프장), 앙티브 도심Gare d'Antibes centre, 주앙 레 팡Gare de Juan-les-Pins 3개의 기차역이 있으니 숙소와 여행 경로를 참고하여 가까운 역에 내리자. 만델류 라 나풀 또는 그라스에서 벵티밀리아, 마르세유, 니스 방향으로 가는 기차가 앙티브에서 20, 30분 간격으로 있다.

Data 앙티브 기차역 **지도** 210p-A **주소** Place Pierre Semard, 06600 Antibes
주앙 레 팡 기차역 **지도** 211p-A **주소** 2 Avenue l'Estérel, 06160 Antibes

버스
니스와 깐느를 잇는 아주르 라인Ligne d'Azur의 200번 노선을 타면 앙티브 시내 곳곳에 정차한다. 노선 정류장과 시간표는 홈페이지에서 확인.

Data 전화 0800-060-106
홈페이지 www.lignesdazur.com

자동차
A8번 도로를 이용, 44번 출구 라 프로방샬La Provençale로 빠진다. 6007, 6098번 도로도 앙티브로 이어진다.

TIP 앙티브 주차

앙티브에는 3000여 대를 수용 가능한 무료 주차 공간이 마련되어 있다. 1시간 동안 무료로 사용할 수 있으며 각 주차장의 규모와 가격, 위치는 홈페이지에서 확인할 수 있다.

TIP 앙티브 렌터카 센터

Midi Location
Data 주소 Rue Lacan, 06600 Antibes
전화 0493-344-800
홈페이지 www.midi-location.fr

SIXT
Data 주소 앙티브 기차역 Place Pierre Semard, 06600 Antibes&22 Boulevard Albert 1er, 06600 Antibes
전화 0144-385-555
홈페이지 www.sixt.com/car-rental/france/antibes

HERTZ
Data 주소 31 Avenue Robert Soleau, 06600 Antibes
홈페이지 www.hertz.co.uk/p/car-hire/france/antibes

 어떻게 다닐까?

앙티브 시가지는 도보로 돌아보기 충분하다. 근교 도시나 시내와 조금 떨어진 명소들은 버스를 이용하면 어렵지 않다.

버스

앙티브 인근을 다니는 노선은 엉비버스 Envibus에서 운행한다. 도보로만 여행하지 않을 거라면 1회권보다 다회권이 유용하다. 무료로 다운타운을 이동하는 셔틀 14, 15, 16번 버스가 있으니 참고하자.

Data 전화 0489-877-200
요금 1회권 1.50유로 (승차 시 구입 가격) / 1유로 (기계 또는 envibus 앱으로 미리 구입 시), 1일권 3.50유로, 6세 미만 아동 무료 홈페이지 www.envibus.fr

앙티브 버스정류장 Gare routière d'Antibes
Data 주소 1 Place Guynemer, 06600 Antibes 운영시간 월~토 09:00~12:30, 14:00~17:00

택시

앙티브의 대표적인 택시 회사는 알로 택시 Allo Taxi. 관광청 사무소와도 연계되어 있어 관광청 사무소에서 택시 예약/호출도 가능하다.
Data 전화 0493-676-767 홈페이지 www.taxiantibes.com/

앙티브 관광청 사무소 Office de Tourisme d'Antibes
각종 여행, 교통 정보를 얻고 투어나 교통편을 예약할 수 있다.

Data 지도 210p-A, 211p-A
가는 법 앙티브 버스정류장에서 도보 20분
주소 60 Chemin des Sables, 06160 Juan-les-Pins
전화 0422-106-001
운영시간 9~6월 월~토 09:00~12:00, 14:00~18:00, 일·공휴일 09:00~13:00/
7·8월 09:00~19:00 **홈페이지** www.antibesjuanlespins.com

TIP 앙티브 시에서 진행하는 가이드 투어
앙티브를 좀 더 꼼꼼히 돌아보고 싶다면 앙티브 관광청 투어에 참여해보자. 보트 투어, 구시가지 투어, 피카소를 비롯하여 많은 화가들의 작품을 테마로 진행하는 투어, 음식 투어 등 다양한 주제의 투어가 진행된다. 일정과 비용, 예약은 관광청 사무소 또는 홈페이지를 통해 알아볼 수 있다
홈페이지 bit.ly/3uacBFG

TIP 르 쁘띠 트랑 Le Petit Train
앙티브의 주요 명소들을 돌아볼 수 있는 작은 기차와 버스. 오디오 안내는 프랑스어, 영어 외 9개 국어로 제공된다. 기차의 루트는 두 종류다. 쁘띠 트랑 쿨튀르Petit Train Culture는 마세나 대로, 피카소 박물관, 페이네 박물관, 보방 항구 등을 지나고, 쁘띠 트랑 쇼핑&태닝Petit Train Shopping&Tanning은 주앙 레 팡과 해변가, 상점을 지난다. 정류장이 좀 더 많아, 가루프 등대를 포함하여 주앙 레 팡과 앙티브의 주요 해변가 도로를 따라 달린다(모든 정류장은 홈페이지에 안내).

르 쁘띠 트랑&버스
Data 지도 210p-C, 211p-A **가는 법** 앙티브 버스정류장에서 도보 2분/25분
주소 앙티브 출발지: Place de Gaulle, 06600 Antibes
주앙 레 팡 출발지: Boulevard Edouard Baudoin, 06160 Antibes
운영시간 3~11월 매일
주앙레팡에서: 10:30, 11:30, 12:30, 14:30, 15:30, 16:30, 17:30
앙티브에서: 10:00, 11:00, 12:00, 14:00, 15:00, 16:00, 17:00
가격 성인 10유로, 3~9세 6유로
홈페이지 petit-train-antibes.com/

| D35 | 무쟁 Mougins |
| D135 | |

A8
D135 D435
D35
D35BIS
D6007
비오 기차역
양티브 기차역
양티브

르카네 Le Cannet
발라우리 Vallauris
D6107
D6285
D803
D135
주앙 레 팡 기차역
D6007
깐느 Cannes

주앙 레 팡&캅 당티브

앙티브 전도
Antibes
0 1km

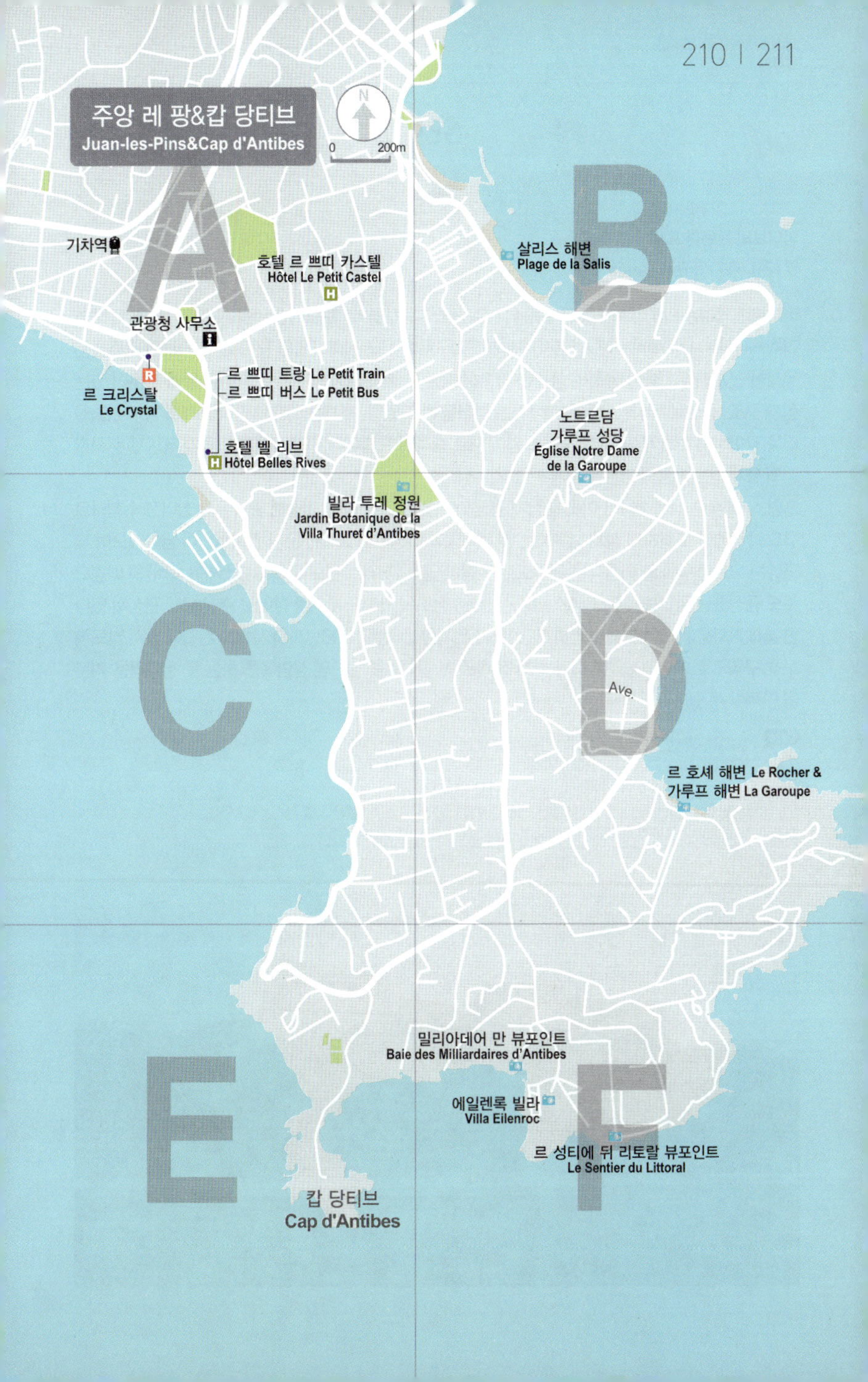

주앙 레 팡&캅 당티브
Juan-les-Pins&Cap d'Antibes

0   200m

A

기차역

호텔 르 쁘띠 카스텔
Hôtel Le Petit Castel

관광청 사무소

르 크리스탈
Le Crystal

르 쁘띠 트랑 Le Petit Train
르 쁘띠 버스 Le Petit Bus

호텔 벨 리브
Hôtel Belles Rives

B

살리스 해변
Plage de la Salis

노트르담
가루프 성당
Église Notre Dame
de la Garoupe

빌라 투레 정원
Jardin Botanique de la
Villa Thuret d'Antibes

C

D

Ave.

르 호셰 해변 Le Rocher &
가루프 해변 La Garoupe

E

밀리아데어 만 뷰포인트
Baie des Milliardaires d'Antibes

에일렌록 빌라
Villa Eilenroc

르 성티에 뒤 리토랄 뷰포인트
Le Sentier du Littoral

F

캅 당티브
Cap d'Antibes

SEE

앙티브의 든든한 요새
카레 성채 Fort Carrée

바다로 침입하는 외부의 적들을 감시하는 데 유리한, 지중해를 바라보고 있는 동쪽 구항구, 11월 11일 거리Avenue du 11 novembre에 자리한 16세기 요새. 로마 시대 성벽이 있던 곳으로, 앙티브의 군주들은 유리한 군사적 위치를 이용하여 성채를 견고히 해왔다. 카레 성채의 특징은 삼각형 날개 부분이 있는 십자 구조. 중앙에서 사방으로 뻗어나가는 형태를 하고 있다. 현재는 화재와 공격에 대한 방어 기능을 더욱 강화하기 위해 루이 14세 프랑스 왕이 새로 증축한 모습이다. 이때 4개의 보루가 더해지며 '사각형의 요새'라는 지금의 이름을 갖게 되었다.

프랑스 혁명 중 나폴레옹이 이곳에 잠시 감금되어 있기도 하였다. 지중해 꽃나무가 심어진 4 헥타르 규모의 정원을 포함하여 성채 내부에는 옛 예배당과 야영지로 쓰이던 군사 건축물들이 남아있으며 부근에는 요트 정박소와 아름다운 해안도로가 뻗어 있다. 제임스 본드 영화 〈네버 세이 네버〉의 배경으로도 등장했던 앙티브의 대표 명소. 1시간 30분 정도의 가이드 투어를 받아볼 수 있으니 관심이 있다면 홈페이지를 통하여 미리 예약하자. 성채가 위치한 언덕은 1990년까지 사람의 손길이 닿지 않도록 보호 구역으로 지정해놓았던 터라 카레 성채 주변 산책로를 걸으면 삼림욕을 하는 듯 싱그러운 기분을 만끽할 수 있다.

Data **지도** 210p-D **가는 법** 앙티브 버스정류장에서 도보 14분
주소 Avenue du 11 Novembre, 06600 Antibes **전화** 0492-905-213
운영시간 11~1월 화~토 10:00~12:30, 13:30~16:30, 2~5월 화~일 10:00~12:30, 13:30~17:00, 6~10월 화~일 10:00~13:00, 14:00~18:00(1/1, 5/1, 11/1, 12/25 휴관)
요금 일반 5유로, 학생과 65세 이상 3유로 **홈페이지** bit.ly/3P6KMq7

 Writer's Pick! 바다와 요새에 전시되어 있는 피카소를 감상하자
앙티브 피카소 미술관 Musée Picasso d'Antibes

1385년부터 제노바 가문의 소유였던 그리말디 성Château Grimaldi d'Antibes에 자리한, 앙티브 대표 문화의 장. 성채 건물을 그대로 쓰기 때문에 비밀스러운 구조의 전시 공간이 매력적이다. 1925년 성의 이름을 따 '그리말디 박물관'이라는 이름으로 개관하였으나 1946년 피카소가 이곳에 아틀리에를 만들어 23점의 회화와 44점의 드로잉, 여러 세라믹 작품 등을 남긴 것을 계기로 1966년 피카소 미술관으로 바뀌었다. 1957년 앙티브 시로부터 명예시민 작위를 받은 피카소의 작품 245점이 소장·전시되어 있다. 스케치, 판화나 도자기 등 회화 외 작품들도 많으며 1991년 피카소의 부인 자클린이 기증한 것도 있다. 니콜라 드 스타엘, 한스 하르퉁 등 저명한 20세기 미술가들의 작품들도 걸려 있다. 해안가 경치가 아름다운 미술관 테라스로 나서면 호안 미로, 앤 포와히에와 패트릭 포와히에의 야외 조각 전시가 마련되어 있다.

Data 지도 210p-D
주소 Place Mariejol, 06600 Antibes **가는 법** 앙티브 버스정류장에서 도보 7분
전화 0492-905-428 **운영시간** 9월 중순~6월 중순 화~일 10:00~13:00, 14:00~18:00, 6월 중순~9월 중순 화~일 10:00~18:00(1/1, 5/1, 11/1, 12/25 휴관) **요금** 12유로
홈페이지 www.antibes-juanlespins.com/culture/musee-picasso

앙티브의 오랜 역사를 그 흔적으로 살펴보다
앙티브 고고학 박물관 Musée d'Archéologie d'Antibes

그리스인들이 세운 안티폴리스 자리에 지어진 생 앙드레 성채에 위치한 고고학 박물관은 이 근방에서 발굴한 수많은 유적을 보관·전시한다. 화려하거나 세계적으로 널리 알려진 유물은 없지만 앙티브의 긴 역사를 보존하기 위해 없어서는 안 될 존재로, 앙티브 사람들이 자랑스레 여기는 박물관이다. 폭풍으로 앙티브까지 떠밀려 온 그리스, 페니키아, 로마 시대의 선박의 잔해와 실려 있던 도자기, 모자이크화, 동전, 일상 생활용품들로 시대별 생활상을 짐작해볼 수 있다.

Data **지도** 210p-F **가는 법** 앙티브 버스정류장에서 도보 6분 **주소** 1 Avenue Général Maizière, 06600 Antibes **전화** 0492-905-336 **운영시간** 6~9월 10:00~12:00, 14:00~18:00, 7·8월 수·금~20:00, 10~5월 화~일 10:00~13:00, 14:00~17:00(1/1, 5/1, 11/1, 12/25 휴관)
요금 성인 5유로, 학생증 소지자, 65세 이상 3유로 **홈페이지** bit.ly/3No6dl2

아이들보다 어른들이 더욱 즐거워하는 전시
페이네 박물관 Musée Peynet

앙티브의 유명 명소들을 작품의 모티브로 삼았던 만화가 레몽 페이네(1908~1999)에게 헌정된 박물관. 1989년 앙티브시에서 개관하였다. 판화, 수채화, 도자기, 에칭화 등 다양한 장르의 작품 300여 점이 있다. 서정적인 화풍이 특징인 페이네의 그림을 보면 동심으로 돌아가게 된다고. 부활절이나 크리스마스 등 앙티브에 큰 행사가 있을 때 그림 대회나 축제를 열기도 하며 매년 발렌타인데이가 되면 페이네의 작품 중 잘 알려지지 않은 것들을 조명하는 행사를 주최한다. 플랑튀, 뒤부, 세네, 블랑숑, 모이장 등 다른 유명 만화가들을 소개하는 특별전도 종종 열린다.

Data **지도** 210p-D **가는 법** 앙티브 버스정류장에서 도보 12분
주소 Place Nationale, 06600 Antibes **전화** 0492-905-430
운영시간 화~일 10:00~12:00, 14:00~18:00(1/1, 5/1, 11/1, 12/25 휴관)
요금 성인 5유로, 학생&65세 이상 3유로, 18세 미만 무료
홈페이지 bit.ly/3QYb7Z6

> **TIP** 앙티브시의 박물관 통합권 Le Pass'Musées d'Antibes Juan-les-Pins
> 7일간 유효한 15유로짜리 박물관 통합권을 구입하면 피카소, 고고학, 페이네를 비롯하여 앙티브의 모든 시립 박물관을 이용할 수 있다.

재즈 선율이 흐르는 축제의 동네
주앙 레 팡 Juan-les-Pins
 Writer's Pick!

1930년대 벨 에포크 분위기를 고스란히 간직한 벨 리브Belles Rives 호텔, 파사드가 아름답기로 유명한 주아나 호텔Juana Hotel을 비롯한 수많은 럭셔리 호텔과 르 빌라쥬Le Village(1 Boulevard de la Pinède, 06160 Juan-les-Pins), 르 밀크Le Milk(3 Avenue Georges Gallice, 06160 Antibes)와 같은 클럽 중심의 신나는 나이트라이프로 유명한 곳. 앙티브의 활력을 담당하는 지역이다. 앙티브 구시가지보다 점점 더 관광객이 늘어나, 나날이 발전한다. 주앙 레 팡의 주요 볼거리는 갈리스 항구Port Gallice, 헐리우드 배우 루돌프 발렌티노Rudolph Valentino 소유였던 주앙 레 팡의 성Château de Juan-les-Pins, 재즈 뮤지션 레이 찰스와 마일스 데이비스가 유럽 데뷔 무대를 가졌던 굴드Gould 정원, 수상 스키를 즐길 수 있는 해변이 있다.

Data 지도 211p
가는 법 앙티브 시내에서 도보로 30분, 차로 10분

> **TIP 주앙 레 팡을 7월에 여행한다면 놓치지 말아야 할 재즈 축제**
> 매년 7월 중순 약 열흘간 진행되는 주앙 레 팡 최대 축제인 재즈 아 주앙Jazz à Juan은 재즈 음악에 일가견이 있는 사람이라면 한 번쯤은 들어보았을 세계적인 행사다. 앞서 소개한 레이 찰스와 마일스 데이비스가 유럽 첫 공연을 이 지역에서 한 것으로 알 수 있듯 재즈 뮤지션들에게 주앙 레 팡은 유럽 재즈 씬의 심장부와 같은 곳이다. 앙티브를 사랑했던 재즈 음악가 시드니 베체크Sidney Bechet에게 헌정하기 위해 60년대부터 시작된 이 축제는 유명한 몽트뢰 재즈 페스티벌의 시초라 일컬어진다. 찰스와 데이비스가 그랬던 것처럼 여름마다 주앙 레 팡의 소나무 숲에서는 멋들어진 재즈 선율이 울려 퍼진다. 역대 라인업은 찰스 밍구스, 엘라 피츠제럴드, 치크 코리아, 키스 자렛, 카를로스 산타나, 스탠 겟츠, 소니 롤린스 등이 있다.
> **Data** 홈페이지 www.jazzajuan.com

호화로운 휴양지의 정석
칸 당티브 Cap d'Antibes

Writer's Pick!

주앙 레 팡 못지않게 화려한 캅 당티브는 고급 빌라와 호텔, 해변으로 수놓아져 있다. 앙티브의 끄트머리에 위치한 캅 당티브는 앙티브 시내와 4km 떨어져 있다. 앙티브 시내만큼 꼭 들러봐야 할 명소이다. 깐느 영화제 기간에는 헐리우드 영화 배우들이 앞다투어 예약하는 에덴 록Eden Roc 호텔이 특히 휘황찬란한 자태를 뽐낸다. 대표 항구인 라 살리스 항구Port de la Salis와 가루프Garoupe 만과 주변의 산책로, 정원과 공원이 주요 관광 포인트이다.

Data 지도 211p
가는 법 앙티브 시내에서 도보 1시간, 차로 15분

보그레니에 공원 Le Parc de Vaugrenier

넓은 보그레니에는 여우, 야생 토끼, 다람쥐, 박쥐 등 수많은 지중해 동식물의 서식지다. 생물군집 서식공간을 지칭하는 비오톱Biotope이 있어 여러 종의 새들이 노니는 맑은 민물 호수로도 유명하다. 기원전 7세기부터 고대 로마인들이 거주했던 비옥한 땅으로 수많은 유적이 발견되기도 하였다. 헤르메스 신전의 흔적도 남아있다. 6km에 달하는 길이의 산책로는 오후의 뜨거운 태양을 피하기에 더없이 좋다. 20개의 운동 기구가 설치되어 있는 1.5km 조깅 코스와 새를 구경하는 관측대, 아이들을 위한 놀이터도 있다.

Data 지도 210p-B
가는 법 A8 고속도로에서 Bouches-du-Loup, Villeneuve-Loubet 출구로, 6007번 도로에서 Villeneuve-Loubet 출구 이용, 기차는 Villeneuve-Loubet 역에서 하차
주소 06270 Villeneuve-Loube

르 호셰 해변&가루프 해변 Plages Le Rocher&La Garoupe

나란히 위치한 호셰와 가루프 해변은 고운 모래사장이 있어 아이들도 걱정 없이 뛰노는 곳. 파라솔과 선베드를 대여할 수 있다. 샤워 시설과 화장실도 마련되어 있다. 작지만 알차고 저렴한 식당들이 해변 부근에 많다. 여름이면 무척 붐비니 피크 시간대는 피하는 게 좋다. 해수욕과 선탠을 할 수 있도록 비치타월을 챙겨가자.

Data 지도 211p-D
가는 법 앙티브 버스정류장에서 도보 45분, 차로 15분
주소 Chemin de la Garoupe, 06160 Cap D'Antibes
운영시간 1/1, 5/1, 11/1, 12/25 휴무

빌라 투레 정원 Jardin Botanique de la Villa Thuret d'Antibes

프랑스의 원예가 구스타브 투레가 1857년 캅 당티브를 발견하고 땅을 사들여 아름다운 저택과 정원으로 꾸몄다. 대를 이어 관리하다가 현재는 프랑스 국립 원예 연구단 INRA의 관리하에 있다. 1,600여 종의 나무가 심어져 있으며 1980년부터는 해마다 200여 종을 선정 후 특별 보존하여 생태학적 다양성에도 이바지하고 있다. 프랑스 여류 문학가 조르주 상드는 빌라 투레 정원을 여행하고 쓴 〈여행가의 편지〉에서 '평생 본 중 가장 아름다운 정원'이라 말한 바 있다. 열대림과 지중해 일대의 나무와 수풀로 그 가치가 뛰어난 정원에만 수여하는 자르덩 헤마쿠아블jardin remarquable 라벨을 2007년 문화부로부터 수여받았다.

Data 지도 211p-C 가는 법 앙티브 기차역에서 Cannes-la-Bocca행 지역 열차 TER 탑승 후 Juan Les Pins에서 하차하여 도보 13분 주소 90 Chemin Raymond, Cap d'Antibes 전화 0497-212-500 운영시간 동절기 월~금 08:30~17:30, 하절기 월~금 08:00~18:00 요금 무료(8명 이상의 그룹 1인당 3유로, 가이드 동반 그룹 2유로) 홈페이지 www6.sophia.inra.fr/jardin_thuret

노트르담 가루프 성당 Eglise Notre Dame de la Garoupe

1837년에 세워지고 1948년에 재건된, 해발고도 73m의 언덕에 자리한 소박한 예배당이다. 가장 멀리까지 비춘다는 가루프 등대Phare de La Garoupe를 지나면 마주하게 된다. 고대 그리스 달의 여신 셀레나 또는 안티폴리스의 수호신 아르테미스를 섬기는 신전이 이곳에 자리했었다는 이야기도 있다. 노트르담 가루프는 캅 당티브 꼭대기에 위치하여 한적한 성당이다. 이곳에 올라 내려다보는 앙티브와 니스, 주앙 레 팡의 파노라마 전망이 뛰어나다. 항구와 뱃사람들을 지켜주는 성모와 성 헬레나에게 헌정된 노트르담 가루프 성당은 '앙티브 수호 여신Notre-Dame-de-la-Garde'과 '앙티브 뱃사람의 수호 여신Notre-Dame-de-Bon-Port'이라는 2개의 예배당 건물로 구성되었다.

Data 지도 211p-D 가는 법 살리스 항구/해변에서 Chemin du Calvaire 길을 따라 약 도보 13분, 자동차로 앙티브 시내에서 약 15분 소요 주소 Chemin du Calvaire, 06160 Antibes
운영시간 월~금 14:30~17:00, 토 10:00~17:00, 일 09:00~17:00

항구에 가만히 앉아 있는 방랑자를 만나러
바스티옹 생 하우메 Bastion St-Jaume

고대 로마 시대부터 성전과 예배당이 자리하던 곳으로 17세기에 완전히 무너진 후 조선소가 들어섰다. 유명한 프랑스 선장 쿠스토가 전설적인 선박 칼립소를 띄운 곳이 바로 이 항구이다. 1985년 조선소가 문을 닫고 이곳은 앙티브 최대 규모로 야외 설치 미술품의 현주소가 되었다. 포트 카레를 올려다보기 더없이 좋은 위치니, 해안가를 따라 구시가지를 지나 산책하며 스페인 카탈루냐 출신의 아티스트 하우메 플렌사의 '방랑자'를 구경하자. 기하학적인 흰 구조물은 맑은 날 햇빛을 받으면 투명하게 반짝인다.

Data 지도 210p-B 가는 법 앙티브 버스정류장에서 도보 16분
주소 Quai des Milliardaires, 06600 Antibes
운영시간 9~5월 화~일 10:00~18:00, 6~8월 10:00~23:00
홈페이지 bit.ly/3bEYn9H

시원한 물놀이와 즐거운 미니골프
아쿠아스플래시 & 어드벤처 골프 Aquasplash & Adventure golf

반짝반짝 새로운 앙티브의 놀거리. 17개의 탈 것, 15개의 슬라이드 등으로 구성되어 아이도 어른도 즐겁게 물놀이 할 수 있는 공간이다. 옆에는 다양한 테마로 꾸며진 18홀 미니어처 골프 코스 어드벤처 골프도 마련되어 있다. 다양한 크기와 난이도의 보트, 미끄럼틀이 놀이공원을 방불케한다. 좀 더 프라이빗한 체험을 원한다면 VIP 패스를 구입하여 전용 공간에서 쉴 수도 있다.

Data **지도** 210p-B **가는 법** 앙티브 버스정류장에서 도보 12분
주소 Espace Marineland 306 Avenue Mozart 06600 Antibes
요금 13세 이상 32.90유로, 13세 미만 27.90유로 **홈페이지** www.aquasplash.fr/

EAT

Writer's Pick!

숨은 정원 테라스에서 건강한 음식을
라 쿠르 데 테 La Cour des Thés

바쁜 일정을 핑계로 아무거나 먹을 수는 없는 건강한 여행자들을 위한 곳. 요리책이 빼곡히 꽂힌 책장 앞에 놓인 식재료와 깔끔하고 편안하게 꾸며진 실내 자리, 아늑하고 푸른 정원 테라스 자리에서 메뉴의 건강함을 짐작할 수 있다. 셰프 크리스티앙 코타르가 이끌어오던 식당으로 2010년부터는 그의 아내인 쇼콜라티에 안드레아가 미니멀한 노르딕 데코와 자연주의 요리를 표방하는 티 하우스로 변신시켜 운영 중이다. 계절 재료를 사용하여 메뉴가 자주 바뀌며 직접 만드는 디저트가 맛있어 식사 시간이 아니더라도 커피와 차를 마시러 찾는 손님들이 많다. 시내에 있지만 작은 골목에 위치하여 조용하고 신비롭다. 목요일 저녁 19:00~21:00, 55유로)에는 와인 시음과 클라스를 진행한다.

Data 지도 210p-C
가는 법 앙티브 버스정류장에서 도보 1분 **주소** 14 Avenue du 24 Août, 06600 Antibes **전화** 0493-659-702 **운영시간** 화~토 09:00~16:00
가격 가격 아티초크 샐러드 20.50유로, 비프 타르타르 19.50유로
홈페이지 www.lacourdesthes.com/

주앙 레 팡 최고의 바
르 크리스탈 Le Crystal

해가 지면 좋은 음악이 흘러나오는 라운지 바 르 크리스탈로 가보자. 1938년부터 주앙 레 팡의 재즈 페스티벌이 열릴 때마다 애프터 파티의 중심지로 활약해왔다. 40종류의 세계 각지 맥주와 칵테일과 롱 드링크도 훌륭하고 키쉬, 스시, 크레페, 아이스크림 등 안주메뉴도 맛있다. 스포츠 경기가 있는 날에는 TV로 중계를 해주기도. 여름 시즌 주말에는 사람이 많아 기다릴 수도 있다. 테라스 자리가 인기가 좋다.

Data 지도 211p-A
가는 법 앙티브 버스정류장에서 도보 12분 **주소** Avenue Georges Gallice, 06160 Juan-les-Pins **전화** 0493-610-251
운영시간 매일 09:00~02:30 **가격** 맥주 4.80유로부터, 칵테일 11.80유로부터 **홈페이지** lecrystaljuanlespins.com/

 멋진 모자를 머리에 얹고 압생트 한 잔
압생트 바 Absinthe Bar

프로방스 시장 한가운데 위치한 압생트 바. 19세기 예술가들이 중독되었다는 '녹색 요정'을 만나보자. 언제 어떻게 생긴 전통인지는 알 수 없으나 이곳에서는 항상 독특한 모자를 쓰고 압생트를 마셨다고 하여 많은 모자들이 걸려 있다. 마음에 드는 것을 골라 쓰고 압생트를 마셔보자. 점원이 압생트에 설탕을 얹고 천천히 부어 마시는 방식을 친절히 알려주어 처음 마셔보는 사람의 경우 '압생트 주도'를 배워갈 수 있다. 1층에는 여느 기념품 상점처럼 다양한 압생트 병과 관련 상품들을 판매하고 계단을 내려가면 지하에 바가 있다. 목·금·토요일 밤에는 라이브 재즈 피아노 연주가 있어 더욱 흥겨운 분위기를 느낄 수 있다. 25여 종의 압생트가 메뉴에 있다. 와인도 판매한다. 그리 독한 술은 아니지만 이곳에서 압생트를 즐기다가 다시 바깥 거리로 나가면 앙티브가 조금 더 매력적으로 보인다.

Data 지도 210p-D
가는 법 앙티브 버스정류장에서 도보 6분
주소 25 Cours Masséna, 06600 Antibes
전화 0493-349-300
운영시간 월~토 09:30~24:00, 일요일 10:00~14:00
가격 압생트 5유로~, 와인 4유로~
홈페이지 www.absinthe.com

해안가 전망, 신선한 지중해 음식
카페 로열 Café Royal

호텔 로열 1층에 자리한 레스토랑&바. 널찍한 테라스에서 바닷가를 바라보며 식사할 수 있다. 캅 당티브를 바라보며 식사하기에 좋은 곳 중 하나로 꼽힌다. 전망, 접근성, 모던하고 세련된 인테리어뿐만 아니라 음식도 맛있어 미슐랭 가이드 2012, 2013, 2014년 포크 2개를 받은 식당. 아침 일찍부터 서비스를 시작하며, 요리는 주로 지중해식이다. 프랑스와 이탈리아 와인이 주를 이루는 와인 리스트도 훌륭하다.

Data 지도 210p-E
가는 법 앙티브 버스정류장에서 도보 9분 **주소** 16 Boulevard Maréchal Leclerc, 06600 Antibes **전화** 0483-619-191 **운영시간** 연중무휴 07:30~22:00 **가격** 모히토 13유로, 피시앤칩스 20유로 **홈페이지** bit.ly/3OOLxnr

바닷가 마을에서는 해산물을 맛봐야죠
레스토랑 알베르 1세-해산물 전문점 "셰 모"
Restaurant Albert 1er-Poissonnerie "Chez Mô"

1989년부터 앙티브에서 가장 맛있는 해산물 요리를 한다고 자부하는, 바다 내음 물씬 나는 식당. 유명인들도 들르는 소문난 맛집으로, 식재료들을 직접 고를 수 있다. 길을 걷다 셰 모의 큰 수조와 쌓아 올린 굴 상자를 보고 들어오는 사람들도 있을 정도로 눈에 띄는 신선한 재료들을 사용한다. 품종, 지역별로 세분화된 굴 메뉴와 랍스터, 계절마다 바뀌는 신선한 종류의 생선이 주메뉴. 재료 본연의 신선한 맛을 입안 가득 담을 수 있다.

Data 지도 210p-F
가는 법 앙티브 버스정류장에서 도보 7분 **주소** 46 Boulevard Albert 1er, 06600 Antibes **전화** 0493-343-354 **운영시간** 매일 12:00~22:00 **가격** 점심 특선 (메인&디저트) 19.90유로
홈페이지 chezmo-antibes.fr/restaurant

앙티브의 아침을 여는
프로방스 시장 Marché Provençal

 Writer's Pick!

아침마다 가장 신선한 과채와 육류, 생선을 판매하는 앙티브 중앙 시장. 음식도 다양해 입이 심심하지 않다. 추천하는 것은 바로 만들어 따끈하고 짭짤한 쏘카. 직접 만들어 판매하는 신선한 식재료와 치즈, 허브, 향신료, 꽃과 나무, 말린 과일 등이 아침 일찍부터 후각과 미각을 자극한다. 9~6월 중순 동안은 매주 금, 토, 일 오후 3시부터 프로방스 시장이 열리는 마세나 가에서 공예 시장을 연다. 동네 화가와 조각가, 도자기 전문가 등이 모두 나와 솜씨를 뽐낸다. 야외 갤러리처럼 감상할 수 있어 구시가지를 여행하다 들러보기 좋다.

TIP 앙티브의 다른 시장들
옷 시장은 화·토요일 아미할 바르노 광장 Place Amiral Barnaud에서, 목요일에는 라캉 Lacan 주차장에서, 수요일에는 장 오드 광장 Place Jean Aude에서, 금요일에는 주앙 레 팡의 뒬리스 광장 Place Dulys에 선다. 벼룩시장의 경우 목·토요일에 오디베흐티 광장 Place Audiberti에서, 토요일에는 나시오날 광장 Place Nationale에서, 목요일에는 다귀용 대로 Boulevard d'Aguillon에 서며 시간은 07:00~18:00다.

Data 지도 210p-D
가는 법 앙티브 버스정류장에서 도보 6분 **주소** Cours Masséna, 06600 Antibes
운영시간 매일 06:00~13:00(9~5월에는 월 휴무)

150여 개의 상점이 모여 있는
폴리곤 리비에라 Polygon Riviera

Writer's Pick!

코트 다쥐르 최대의 쇼핑센터가 앙티브와 니스 공항 사이의 카네스 수르 메르Cagnes sur Mer에 위치한다. 10개의 스크린을 보유한 영화관, 카지노, 조각상이 멋스럽게 전시된 야외 갤러리 등을 겸비하여 과연 최대 쇼핑센터라고 자부할 만하다. 앙티브 일정을 마치고 공항으로 이동하기 전에 들러도 좋고, 공항에서 앙티브로 오면서 먼저 쇼핑을 해도 좋다. 시내와 조금 떨어져 있지만 4개의 큰 공간으로 구분되어 있어 체계적으로 쇼핑을 즐길 수 있다. 25개 이상의 식당과 바, 카페 등이 마련되어 있어 원스탑으로 원하는 모든 것을 해결할 수 있는 만능 종합 쇼핑몰이다. 쁘랭땅 백화점, 유니클로, COS, 나이키, 세포라 등이 입점되어 있다. 꽤 큰 규모의 쇼핑센터이니 입점 브랜드와 위치는 홈페이지에서 미리 확인하는 것이 좋겠다. 홈페이지에서 종종 할인 쿠폰을 발행하니 방문할 예정이라면 온라인으로 알뜰하게 쿠폰을 챙겨두자.

Data 지도 210p-B
가는 법 Cagnes sur Mer 기차역에서 57번 버스를 타고 Polygon Riviera에 하차
주소 119 Avenue des Alpes, 06800 Cagnes sur Mer
전화 0497-020-101
운영시간 월~토 10:00~20:00, 일 11:00~19:00
홈페이지 tourisme.cagnes.fr/en/shopping/

SLEEP

 Writer's Pick! 피츠제럴드가 여름마다 찾았던
호텔 벨 리브 Hôtel Belles Rives

리비에라 최초의 해변가 호텔. 2012년 유럽에서 가장 훌륭한 뷰를 가진 호텔로 꼽혔을 정도로 앙티브에서 제일가는 뷰를 자랑한다. 조세핀 베이커, 에디프 피아프, 마일스 데이비스와 엘라 피츠제럴드 등 프랑스와 헐리우드 스타들이 즐겨 찾았으며 스콧 피츠제럴드와 그의 아내 젤다가 헤밍웨이, 루돌프 발렌티노, 피카소 등을 초청하여 해마다 파티를 열었던 곳이다. 피츠제럴드가 1925년 〈밤은 부드러워〉를 집필한 곳으로, 해마다 5월에는 호텔 자체에서 우아함과 스타일, 예술적인 삶을 가장 잘 담아낸 문학 작품을 선정해 스콧 피츠제랄드 문학상을 수여한다. 모든 객실이 30년대를 테마로 하여 개별적으로 리노베이션되어 각각의 느낌이 다르다.

마호가니 패널과 화이트 블루 태피스트리, 닻 장식, 보트를 모티브로 한 소품들로 꾸민 객실들은 클래식한 호텔의 분위기와 더없이 잘 어울린다. 식당과 바는 재치한 분위기의 바 피츠제럴드Bar Fitzgerald와 지중해 요리를 전문으로 하는 환상적인 뷰의 레스토랑 라 파사제흐La Passagère가 있다. 레스토랑 테라스 자리는 아침에도 밤에도 전망이 환상적이다. 수영 강습, 워터 스키, 보트 대여, 스쿠버다이빙, 마사지 등 다양한 서비스를 제공한다.

Data 지도 211p-A **가는 법** 앙티브 버스정류장에서 도보 12분 **주소** 33 Boulevard Edouard Baudoin, 06600 Antibes **전화** 0493-610-279 **홈페이지** www.bellesrives.com

위치도 객실도 식당도 최고
로열 호텔 Royal Hotel

로열 해변 바로 앞에 위치한다. 64개의 객실로 규모도 상당하고 캅 당티브와 앙티브 시가지 사이에 위치하여 두 곳 모두 걸어서 가기에도 위치가 최적화되어 있다. 4~9월 동안에는 투숙객들에 한해 프라이빗 해변과 해변 바를 운영한다(선베드 1일 대여 20유로, 비치 타월 1일 8유로). 부대시설로는 스파, 피트니스 센터 등이 있으며 주차 공간은 1일 20유로로 제공한다. 보트로 앙티브를 찾는 손님들을 위해 프라이빗 해변으로 픽업해주는 '텐더 게스트 서비스'를 진행하고 있다. 아파트로 된 객실도 있어, 오래 투숙하는 경우 호텔 서비스를 제공하는 아파트형 객실을 예약할 것을 추천한다.

Data 지도 210p-E
가는 법 앙티브 버스정류장에서 도보 9분 **주소** 16 Boulevard Marechal Leclerc, 06600 Antibes **전화** 0483-619-191
홈페이지 www.hotel-royal-antibes.com/

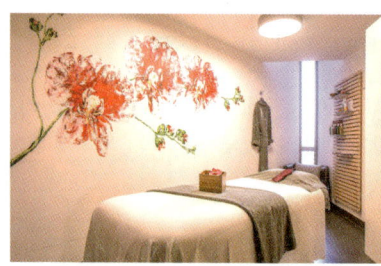 

앙티브 시내 한가운데 자리한 경제적인 호텔
이린 호텔 Irin Hotel

객실은 단 7개지만 테라스와 엘리베이터, 공항 셔틀 서비스도 갖춘 야무진 숙소다. 앙티브 피카소 박물관은 500m, TGV 역은 900m 떨어져 있고 공공 주차 시설도 근처에 있다. 조식은 호텔 옆에 위치한 브라세리 르 비에이 앙티브Brasserie Le Vieil Antibes에서 제공하며 호텔 부근에 식당, 카페도 많다. 3세 미만 아동에게 무료로 아동용 요람 제공. 애완동물 반입 금지.

Data 지도 210p-D
가는 법 앙티브 버스정류장에서 도보 4분
주소 61 Rue de la Republique, 06600 Antibes
전화 0493-361-82
홈페이지 irin-hotel.com

친절한 서비스, 깔끔한 객실
호텔 르 쁘띠 카스텔 Hôtel Le Petit Castel

주인 오를레인과 니콜라가 홈페이지에 모나코, 니스, 앙티브, 깐느, 생 트로페 추천 여행 일정을 올려 놓은 것만 봐도 얼마나 친절하고 세심한 서비스를 제공하는지 알 수 있다. 숙소 덕분에 여행지가 사랑스럽게 기억되는 특별한 곳 중 하나이다. 따뜻한 서비스와 잘 어울리는 아늑한 인테리어의 밝은 16개의 객실, 작지만 맛 좋은 와인들을 구비해놓은 와인 바, 운동 시설, 저녁에 더욱 분위기가 좋은 식당을 갖추고 있다. 주차는 1일 7유로.

Data 지도 211p-A 가는 법 앙티브 버스정류장에서 도보 20분, 차로 8분
주소 22 Chemin des Sables, 06600 Antibes 전화 0493-615-937 홈페이지 www.lepetitcastel.fr

분위기 좋은 테라스가 있는 아기자기한 호텔
라 플라스 La Place

보방 항구 Port Vauban와 금빛 모래사장의 해변에서 도보 10분 거리에 위치한 깔끔한 중가 호텔. 깨끗한 화이트 톤의 인테리어가 잠을 솔솔 부른다. 밤이 되면 매혹적인 보랏빛 조명의 테라스 바 또한 라 플라스의 인기 요인. 방음이 잘 되어 있는 14개의 객실은 A/C, 플랫 스크린 TV가 구비되어 있다. 뷔페 조식은 테라스에서 먹을 수 있어 아침부터 앙티브의 시원한 바다 전망을 감상할 수 있다. 비치 타월도 하루 3유로로 저렴한 가격에 대여해준다. 무선 인터넷 제공, 객실당 12세 이하 아동 1명 무료로 추가 투숙. 엑스트라 베드는 12세 이상 성인은 1인당 1박에 15유로로 추가할 수 있다. 애완동물 반입 금지. 주차 공간은 1일 10유로.

Data 지도 210p-C 가는 법 앙티브 버스정류장에서 도보 1분 주소 1 Avenue du 24 Août, 06600 Antibes
전화 0497-210-311 홈페이지 www.la-place-hotel.com

Sud de France By Area

06

생 트로페
Saint-Tropez

세계적인 스타들이 휴식을 취하기 위해 방문하는 인기 휴양지로 이름이 익숙한 생 트로페.
화가 폴 시냐크가 한눈에 반하여 여름마다 찾았던 곳이며, 브리짓 바르도를 세계적인 스타로 만들어준 영화의 촬영지이기도 하다.
달콤한 타르트와 시원한 로제 와인이 넘쳐나는 여름밤의 꿈같은 생 트로페. 시크하고 패셔너블한 이 작은 항구 도시를 만끽해보자.

생 트로페

Saint-Tropez
PREVIEW

화려하고 여유가 넘치는 휴식을 원한다면 생 트로페만 한 곳이 없다. 로제 한 병을 따고 하루 종일 홀짝이며 명품 브랜드와 수제화 쇼핑, 케이크와 홍합 요리 사이에 물장구를 치는 일상이 여름 내내 계속되는 그림 같은 항구 도시가 바쁜 일상에 지친 영혼들을 기다리고 있다.

SEE

해마다 다른 주제로 열리는 점묘화와 현대 미술 전시, 프랑스 역사의 독특함을 반영하는 경찰과 영화 박물관이 시내에 있다. 차로 15분만 이동하면 클럽과 바로 가득한 파티 해변 팜펠론느도 있어 생 트로페는 즐겁다. 신선한 해산물과 샴페인을 먹고 마시며 문화예술도 즐길 수 있는 휴양지에서 무엇을 더 바랄까.

EAT

연간 3천 시간 이상 태양이 내리쬐는 고온 건조한 지중해 기후 덕분에 생 트로페에서는 포도가 무럭무럭 자란다. 생 트로페의 시원한 로제 에스탕동을 홀짝이며 하루를 시작해보자. 이곳에서는 아침부터 와인을 마시는 것이 자연스럽다. 프랑스를 대표하는 여배우 브리짓 바르도를 위해 만들어진 달콤한 크림 케이크 타르트 트로피지엔Tarte Tropizienne도 생 트로페에서 꼭 먹어봐야 할 별미다.

BUY

생 트로페는 작은 동네이지만 상권이 꽤 크다. 작은 시내에 상점이 약 800여 개 들어서 있다. 쇼핑을 하러 오는 사람들도 많을 정도로 생 트로페 자체 브랜드도 많고(대부분 여름 의류와 신발 브랜드) 대형 명품 브랜드의 상점도 여럿 위치한다. 물가가 전반적으로 비싼 동네이므로 가격대가 높은 것은 감안해야 한다.

Saint-Tropez
ONE FINE DAY

생 트로페는 그리 크지 않아 한 바퀴 돌아보는 데 오래 걸리지 않는다. 대신 한 곳에서 오래 머무르며 한가롭게 시간을 보내기 좋은 전시와 식도락이 풍부하다. 유명 브랜드 쇼핑과 물놀이를 포기할 수 없는 여행자들도 즐거운 하루를 보낼 수 있다. 다른 도시들에 비해 다양한 시설을 갖춘 4, 5성급 호텔들을 쉽게 찾아볼 수 있어 1박을 하는 것도 괜찮다.

10:00 성채에 올라 해군 박물관 관람 → 도보 10분 → **12:00** 브라서리 데 자르 홍합 요리로 점심 식사 → 도보 7분 → **13:30** 아농시아드 박물관, 라 메종 데 파피용 관람

20:00 브리짓 바르도의 영화 감상하며 타르트 트로피지엔으로 후식 ← 자동차 12분 ← **19:00** 시내로 돌아와 저녁 식사 ← 자동차 12분 ← **15:00** 팜펠론느 해변에서 샴페인 혹은 칵테일 즐기기

자동차 10~15분

22:00 밤이 깊으면 니키 비치에서 나이트 라이프 즐기기

> **TIP** 9월 말~10월 초에 생 트로페를 여행하는 당신은 행운아!
> 여름이 지나도 생 트로페를 여행할 이유는 충분하다. 연중 최대 행사인 요트 경기 '보알 드 생 트로페'가 9월 말에 열리기 때문. 1981년 시작된 이 경기는 생 트로페 항구에서 출발하여 팜펠론느 해변의 클럽 55까지 누가 더 빨리 도착하는지 내기로 시작했다. 그리고는 해마다 수백 개의 클래식 요트 주인들이 자존심을 걸고 점점 난이도 높은 경주를 치른다. 요트의 돛이 바람에 펄럭이며 바다를 가르는 것을 구경만 해도 근사하다.
> **Data** 홈페이지 lesvoilesdesaint-tropez.fr

SUD DE FRANCE BY AREA 06
생 트로페

Saint-Tropez
GET AROUND

 어떻게 갈까?

비행기
니스 코트 다쥐르 공항에서 1시간 30분 거리. 툴롱 공항에서 1시간, 깐느 공항에서 1시간 15분, 마르세유 프로방스 공항에서 1시간 55분, 생 트로페-라 몰 공항에서 20분 거리에 있다. 니스나 마르세유 공항을 이용하는 것을 추천한다. 생 트로페 공항의 경우 규모가 작고 비즈니스용 소형 비행기, 국내선의 발착을 위한 곳이다(www.sainttropez.aeroport.fr).

기차와 버스
생 라파엘역이 가장 가깝다. 생 라파엘에서 생 트로페행 876번 버스로 환승한다. 니스에서부터 총 4시간 남짓 소요. 역에서 하차하여 앞에 위치한 버스정류장에서 생 트로페행 7601번 버스를 탄다. 1시간 30분 정도 소요. 버스 1회권은 2.10유로이며 노선별 스케줄은 홈페이지에서 확인하자.
Data 홈페이지 zou.maregionsud.fr/

생라파엘 기차역
Data 주소 73, 111 Rue Waldeck Rousseau, 83700 Saint-Raphaël

툴롱 기차역
Data 주소 Place de l'Europe, 83000 Toulon

생 트로페 버스정류장
Gare Routière Saint Tropez
Data 주소 Avenue Gén de Gaulle, 83990 Saint-Tropez 운영시간 매표소 09:00~19:00

자동차
마르세유와 액상프로방스 방향에서 오는 경우 고속도로 A8을 이용하여 13번 출구 Le Cannet des Maures로 빠져나온다. 니스에서는 36번, 25번 출구 Sainte-Maxime으로 빠져나온다.

보트
성수기에는 특히 차가 많이 막히고 대중교통은 직행이 없으며 택시비는 비싸다. 생 트로페를 가장 여유 있게 다녀오는 방법으로 꼽히는 것이 바로 보트. 5월 말부터 9월 말까지 화·목·토·일요일(7~8월 중에는 매일)에 운행하는 니스-생 트로페 보트는 왕복 요금이 80유로. 2시간 30분 동안 프렌치 리비에라의 바다를 감상하니 지루하지 않다. 운 좋으면 보트 옆으로 점프하는 돌고래도 볼 수 있다. 니스 항구에서 09:00 출항. 생 트로페에서 니스로 돌아가는 보트는 16:30.
Data 홈페이지 bit.ly/2NLwig3

어떻게 다닐까?

도보
생 트로페 시내는 그리 크지 않아 도보로 모두 돌아볼 수 있다.

──────── INFO ────────

생 트로페 관광청 사무소 Office de Tourisme
구항구에 위치하여 찾기 쉬운 관광청 사무소에서는 각종 여행 정보를 지원하며 개별 가이드 투어, 보트 투어 등의 예약을 돕는다. 관광청에서는 요청 시 생 트로페의 역사, 생 트로페의 화가, 아농시아드 박물관, 생 트포페와 시네마와 같은 테마로 맞춤형 프라이빗 가이드 투어를 제공한다. 최대 인원은 30명, 가격은 210유로.

Data **지도** 234p-B
가는 법 생 트로페 버스 정류장에서 도보 10분
주소 8 Quai Jean Jaurès, 83990 Saint-Tropez **전화** 0494-974-521
인스타그램 @sainttropeztourisme **운영시간** 5~9월 월~토 09:30~18:00, 일 10:00~17:00, 10~4월 월~토 09:00~13:00, 14:00~17:30 **홈페이지** www.sainttropeztourisme.com

SEE

Writer's Pick! 색과 빛의 아름다운 조화를 감상할 수 있는
아농시아드 박물관 Musée de l'Annonciade

1955년 설립되어 프랑스를 대표하는 현대 미술관 중 하나로 손꼽힌다. 16세기 초반 지어진 아농시아드 성당 건물에 위치한다. 박물관을 설립한 조르주 그라몽이 기증한 미술품들로 주로 구성되어 있다. 20세기 초반 아방가르드 화풍의 중심지였던 생 트로페를 보여준다. 1892년 생 트로페를 요트로 여행하며 이곳에서 활발히 작품 활동을 했던 점묘화의 대가 폴 시냐크의 작품들이 대거 소장·전시되어 있다. 시냑은 생 트로페에 화실을 구입하여 마티스, 마르케트, 크로스 등 여러 화가들을 초대하여 함께 그림을 그렸다. 그 결과물을 아농시아드에서 모두 관람할 수 있다. 섬세하고 잔잔한 점묘화뿐 아니라 사실주의의 색채를 파괴하는 강렬한 야수파, 순수하고 선명한 색채를 강조하는 나비파의 작품들도 볼 수 있다. 여름마다 특별 전시를 열며 부활절, 크리스마스에도 특별전을 주최한다.

Data 지도 234p-B
가는 법 생 트로페 버스정류장에서 도보 8분 **주소** 2 Rue de l'Annonciade, Place Georges Grammont, 83990 Saint-Tropez **전화** 0494-178-410
운영시간 화~일 10:00~18:00 (1/1, 5/1, 5/17, 12/25 휴관)
요금 6유로
홈페이지 www.saint-tropez.fr/culture/musee-de-lannonciade

꺾이지 않는 바다의 기상을 담은
성채 해군 박물관 Musée Naval de la Citadelle

2013년 7월 개관한 생 트로페 해군 박물관은 16세기에 세워져 수년간 도시를 보호해 오다 1996년 개조를 거친 생 트로페 성채에 자리하게 됐다. 해양 활동이 활발했던 생 트로페의 역사를 박제한 듯 생생한 전시가 인상적이다. 일생을 거칠고 동시에 아름다운 바다에서 보내는 뱃사람들을 위한 곳으로 어업과 해안가 무역 활동, 잠수함 제조 등 생 트로페 사람들의 다양한 생업의 역사를 배울 수 있다. 16세기 스페인 및 투르크와의 영토 분쟁, 1944년 미군과 프랑스군 상륙 작전 등 해군사 일대기 또한 살펴볼 수 있다. 생 트로페 출신 유명한 탐험가들의 이야기와 각종 선박의 모형도 전시한다. 여름에는 정원에서 현대 조각 전시회가 열린다. 당시 대포가 있던 성채 위에 오르면 바다와 시가지가 한눈에 담기니 꼭 감상하고 내려올 것. 예약 시 오전 11시와 오후 3시 30분에 가이드 투어를 받을 수 있다.

Data 지도 234p-C
가는 법 생 트로페 버스정류장에서 도보 15분
주소 1 Montée de la Citadelle, 83990 Saint-Tropez
전화 04 94 55 90 30
운영시간 10~3월 10:00~17:30, 4~9월 10:00~18:30 (1/1, 5/1, 5/17, 11/11, 12/25 휴관)
요금 5유로, Carte ICOM 소지자 무료
홈페이지 www.saint-tropez.fr/culture/citadelle

팔랑이는 나비 날갯짓이 느껴지는 듯한
라 메종 데 파피용 La Maison des Papillons

2만 개 이상의 나비 종을 전시한다. '나비 앞에 서면 너무나 그 모습이 아름다워 마치 은총을 받은 듯한 기분이 든다'고 말했던 화가 다니 라르티그가 나비에 대한 열정으로 세운 이 작은 박물관은 생 트로페의 명물이다. 곤충학적, 과학적, 형이상학적으로 나비를 탐구하는 특별한 장소로, 라르티그가 그린 배경에 나비 표본을 올려놓아 예술품을 보는 듯하다. 단순한 진열이 아니라 다양한 방식으로 나비가 박물관에서 날아다니는 듯한 배치를 한 것이 특징이다. 세계 각지에서 서식하는 3만 5천여 종의 나비들이 모여 있으며 특히 프랑스 나비를 심층적으로 다루고 있다. 아마존 지역에 사는 외래종을 기증받아 전시하며 세계에서 가장 아름답다는 솔로몬 군도의 나비들도 있다. 현재는 라르티그가 박물관을 시에 기증하여 생 트로페에서 관리한다.

Data 지도 234p-E 가는 법 생 트로페 버스정류장에서 도보 7분
주소 17 Rue Etienne Berny, 83990 Saint-Tropez
전화 0494-976-345 운영시간 2월 초~3월 초, 4월 초~11월 초, 12월 중순~1월 초 월~토 10:00~18:00, 일 10:00~17:00(1/1, 5/1, 5/16~18, 12/25 휴관)
요금 성인 2유로, 12세 미만 무료 홈페이지 www.saint-tropez.fr/culture/maison-des-papillons

역사와 문화의 미묘한 조화
생 트로페 경찰과 영화 박물관
Musée de la Gendarmerie et du Cinéma de Saint-Tropez

프랑스 경찰(정다메리Gendarmerie)은 육·해·공군을 잇는 네 번째 군대로 여겨진다. 군사 부대와 특수 부대로 이루어져 있으며 프랑스혁명 이전에는 근위 기병대였던 조직이다. 생 트로페 경찰과 영화 박물관은 정다메리의 모든 것을 보여주는 곳으로, 프랑스의 역사, 문화를 좀 더 깊이 알아볼 수 있어 유익하다. 이곳이 특별한 이유는 정다메리에 관한 전시만 다루는 것이 아니라 생 트로페의 시네마 역사 또한 같은 공간에 전시하기 때문. 브리짓 바르도의 대표작으로 각광받는 영화 촬영지 생 트로페는 여전히 많은 영화인들의 관심을 받고 있다. 정다메리와 시네마의 접점이었던 영화 〈생 트로페의 경찰〉 시리즈 관련 전시가 박물관 2층에 마련되어 있다.

Data 지도 234p-D 가는 법 생 트로페 버스정류장에서 도보 3분
주소 Place Blanqui, 83990 Saint-Tropez 전화 0494-559-020
운영시간 매일 10:00~18:00(1/1, 1/15~2/1, 5/1~5/17, 12/25 휴관)
요금 5유로 홈페이지 www.saint-tropez.fr/culture/mgc

수많은 클럽과 바로 수놓인
팡펠론느 해변 Plage de Pampelonne

고운 모래사장이 길게 깔린 대형 해변으로, 시내와 조금 떨어져 있다. 생 트로페의 여름 관광객들을 끌어모으는 1등 공신. 할리우드 스타들과 세계 각지의 부호들이 요트를 타고 찾는다. 수많은 클럽과 바가 있어 아침부터 밤까지 음악과 샴페인 병을 따는 소리가 끊이지 않는다. 생 트로페시에서 공들여 보존하는 대나무, 소나무 등으로 푸르게 덮여 깨끗한 자연을 만끽할 수 있다. 대표적인 니키 비치Nikki Beach 외에도 타히티 비치Tahibi Beach, 플라지 트로피카나Plage Tropicana, 르 클럽 55Le Club 55 등 신나는 여름밤을 약속하는 여러 클럽들로 유명하다. 특히 생 트로페를 남프랑스에서 가장 핫한 여름 파티 타운으로 만들어 준 니키 비치를 주목! 레스토랑도 겸하고 있으며 프라이빗 웨딩도 진행한다. 낮에는 제트 스키 등 해양 레저 스포츠를 즐길 수 있으며 보트 대여도 가능하다.

Data 지도 234p-F
가는 법 생 트로페 버스정류장에서 차로 15분
주소 1093 Route de l'Épi, 83350 Ramatuelle

TALK

브리짓 바르도와 생 트로페

생 트로페를 그녀의 이름과 떼고 생각할 수 있을까. 관능미의 대명사로 불리는 바르도의 영화 〈그리고 신은 여자를 창조했다(1956)〉 개봉 후, 배경이 된 생 트로페는 전 세계적인 인기를 끌기 시작했다. 현재 생 트로페에 거주하고 있는 바르도는 시내에서 이따금씩 모습을 보인다고. 바르도가 소유했던 작은 보트 피우 피우는 생 트로페 항구에 정박되어 있다. 생 트로페와 잘 어울리는 밝은 3색 보트를 구경해보자. 영화 속 바르도 역 줄리에트의 집은 구시가지 북쪽에 있는 라 퐁쉬La Ponche 지구이며 영화는 대부분 항구에서 촬영되었다. 영화에서 보던 파스텔 톤의 건물들은 아직도 그 자리에 그대로 있어 반가움을 느낄 것이다. 남주 미셸이 다투던 바 데 자미Bar des Amis는 현재 기념품점 '블뢰 콘티뉘Bleu Continu'가 되었고, 줄리에트가 일하던 상점은 빈 건물로 남아 있다.

최고의 여배우를 사로잡은 달콤함
Writer's Pick! **타르트 트로피지엔** Tarte Tropizienne

1955년 영화 〈그리고 신은 여자를 창조했다〉 촬영 당시 감독 로저 바딤이 브리짓 바르도를 위해 즉석에서 만든 타르트가 현재 생 트로페의 명물이 되었다. 바르도는 타르트가 무척 마음에 들어 이름까지 붙여 주었다고. 오렌지꽃으로 향을 낸 브리오슈 반죽에 크림과 버터 커스터드를 필링으로 채워 만드는 것으로, 타르트를 개발한 폴란드 출신 파티시에의 비밀 레시피는 그의 가족들만 알고 있다. 프로방스 지역의 로제 와인과 잘 어울리며 무스카트 등 달콤한 와인과도 마리아주가 좋다. 큼직한 한 판을 모두 먹기가 부담스럽다면 베이비 트롭을 구입하자. 한 입에 쏙 넣는 순간 걸음을 돌려 타르트 한 판을 사러 오게 될 것이다.

Data 지도 234p-E
가는 법 생 트로페 버스정류장에서 도보 11분 **주소** Place des lices, 83990 Saint-Tropez **전화** 0494-979-425 **운영시간** 매일 06:30~20:00 **가격** 6인용 타르트 24.50유로, 베이비 트롭 5유로 **홈페이지** www.latartetropezienne.fr

샴페인과 칵테일의 향연
화이트 1921의 샴페인 바 Champagne Bar of White 1921

럭셔리 그룹 LVMH에서 생 트로페 시내 한복판에 자신 있게 오픈한 눈부신 흰 호텔에는 멋진 와인, 칵테일 바가 있다. 펜디 매장 뒤에 위치한 호텔의 객실은 단 8개. 온통 화이트 톤으로 인테리어를 해서 고급스럽고 깔끔한 이미지를 강조한다. 호텔 내 샴페인 바 역시 마찬가지로 눈부시게 깨끗한 흰색으로 꾸몄다. 재스민 꽃이 만개한 정원도 아름답다. 호텔이 지어진 년도와 같은 1921년 모엣 샹동 그랑 빈티지 컬렉션 1921 또한 메뉴에 올라 있다. 여름이면 화이트 1921의 샴페인 바에서 샴페인을 양껏 마시고 리스 광장으로 나와 페탕크 게임을 하는 생 트로페의 부호 여행객들을 종종 볼 수 있다고. 호텔 로고가 박힌 은색 페탕크 볼도 빌려 준다. 화이트 1921은 알프스 지방의 쿠르슈벨에도 지점이 있다.

Data 지도 234p-E
가는 법 생 트로페 버스정류장에서 도보 11분 **주소** Place des Lices, 83990 Saint-Tropez **전화** 0494-455-050 **운영시간** 5월 13일~10월 5일 매일 20:00~
홈페이지 www.white1921.com

1990년 문을 연 생 트로페 유일의 인도 식당
간디 Ghadhi

트립어드바이저에서 생 트로페 레스토랑 랭킹 1위에 빛나는 곳이 인도 음식점이라는 사실이 놀랍겠지만 부드럽고 깊은 맛의 커리를 맛보면 납득이 될 것이다. 인도 음악이 흘러나오고 인도풍으로 꾸민 실내는 인도 셰프와 스태프들이 운영하는 이 레스토랑의 정통성을 뒷받침해 주는 디테일. 생 트로페 사람들은 간디에서의 식사는 짧은 인도 여행을 다녀오는 것 같다고 말한다. 실내 45석, 야외 테라스 12석의 자리는 식당 문이 열리자마자 재빠르게 채워지기 때문에, 여름 성수기 시즌에는 예약하는 것을 추천한다. 주문 시 바로 튀겨 따끈하고 느끼하지 않은 사모사가 맛있고, 여러 종류의 난 또는 밥과 함께 먹는 커리도 추천할 만하다. 매콤함의 정도도 여러 가지가 있어 한국인의 입맛에도 잘 맞는 매운 커리도 주문 가능하다. 포장도 가능.

Data 지도 234p-B 가는 법 생 트로페 버스정류장에서 도보 5분
주소 3 Quai de l'Epi, 83990 Saint-Tropez 전화 0494-977-171 운영시간 12:00~14:00, 19:00~22:00 가격 사모사 14유로, 치킨 탄두리 17유로 홈페이지 www.gandhi83.fr/

견고한 수제 샌들을 파는
아틀리에 론디니 Atelier Rondini

1927년 문을 연, 가장 오래되고 가장 유명한 수제 트로피지엔 샌들 브랜드. 바로 맞은편에 루이비통 상점이 있지만 아틀리에 론디니 쇼윈도 앞이 더 붐빈다. 1927년 단 하나의 모델로 론칭한 론디니는 순식간에 인기를 끌었다. 이탈리아의 카프리섬, 이집트, 인도, 사하라 사막 등 세계를 여행하며 영감을 얻어 다양한 디자인을 만들기 시작했다. 꼼꼼하고 철저한 장인 정신으로 명성을 지켜온 아틀리에 론디니는 3대를 이어 운영 중이다. 프랑스 여류 문학가 콜레트와 독일 여배우 마를렌 디히트리도 여름이면 이곳을 찾아 샌들 쇼핑을 했다고. 워크숍 겸 부티크에서 직접 샌들을 만드는 모습을 구경하고 다양한 디자인과 색상의 신발을 살 수 있다. 최상급 뱀 가죽, 송아지 가죽으로 제작하여 튼튼하다.

Data 지도 234p-B
가는 법 생 트로페 버스정류장에서 도보 8분 주소 18 bis Rue G. Clémenceau 83990 Saint-Tropez
전화 0494-971-955 운영시간 월~토 09:30~12:30, 14:00~18:30, 일 10:00~13:00, 15:00~19:00
가격 기본 트로피지엔 모델 165유로 홈페이지 www.rondini.fr

생 트로페 성채 앞의 5성 호텔
판 데이 팔레 Pan Dei Palais

인도 펀자브의 공주 바누 판 데이와 사랑에 빠진 프랑스 장군이 그들의 사랑을 기념하기 위해 1835년 생 트로페에 지은 낭만적인 맨션에 위치한 호텔이다. 인도 느낌이 물씬 나는 인테리어가 독특하다. 생 트로페에 왔지만 또 다른 나라로 여행을 온 듯한 기분이 든다. 스위트룸에는 테라스와 추가 침실, 소파 베드 거실, 케노피가 있다. 프랑스, 아시아 요리를 선보이는 이국적인 레스토랑과 화려한 바, 터키 함맘 스파와 발리식 침대가 놓인 야외 수영장도 있어, 호텔 안에서 다양한 서비스를 누릴 수 있다. 항구와는 도보로 5분 거리에 위치하고 성채 해군 박물관과도 가까워 아침에 언덕을 올라 산책하거나 박물관을 일찍 찾는 것이 용이하다. 컨시어지 서비스, 환전 서비스, 자동차 렌트도 가능하다. 총 객실 수 12개, 를레 샤토 그룹 소속.

Data 지도 234p-B
가는 법 생 트로페 버스정류장에서 도보 10분
주소 52 Rue Gambetta, 83990 Saint-Tropez
전화 0494-177-171
홈페이지 bit.ly/3bzP0rA

생 트로페 초입에 자리한 럭셔리 호텔

호텔 드 파리 Hôtel de Paris

그레이스 켈리, 클라크 게이블, 오드리 헵번, 장 폴 사르트가 찾았던 전설적인 호텔. 1928년 문을 연 후로 계속해서 시대와 발맞추어 빠르게 발전하여 외관상으로는 그 세월을 읽을 수 없다. 생 트로페의 시크하고 세련된 분위기를 반영한 미니멀한 객실 인테리어가 편안한 숙박을 돕는다. 90개 객실 중 38개가 스위트룸. 스위트룸에는 바다 전망의 테라스와 자쿠지가 있다. 바와 레스토랑, 로비 등 호텔 곳곳에서 현대 미술 전시를 볼 수 있다는 점도 특별하다. 최신 설비의 피트니스룸과 스파, 터키식 탕, 사우나도 갖추고 있으며 2개의 레스토랑, 3개의 바, 옥상에는 야외 풀장이 있다. 조식은 야외 풀장 옆 아트리움 바에서 뷔페로 제공한다. 여느 호텔의 조식보다 음식이 훌륭하여 투숙객들의 평이 무척 좋다. 밤에는 이곳에서 믹솔로지스트가 창의적인 칵테일을 만들어준다. 주차는 1일 35유로. 추가 요금 지불 시 공항 픽업도 가능하다.

Data 지도 234p-D
가는 법 생 트로페 버스정류장에서 도보 3분
주소 1 Traverse de la Gendemarie, 83990 Saint-Tropez
전화 0483-096-000/028
홈페이지 www.hoteldeparis-sainttropez.com

Sud de France By Area

07

마르세유
Marseille

프랑스에서 가장 역사가 긴 도시이자 최대 항구 도시인 마르세유. 기원전 600년경 그리스 포카이아 선원들이 이 땅을 찾아 마살리아라고 이름 붙인 것에서 유래하였다.
다양한 인종과 활달한 성격의 사람들이 사는 곳이다. 한때 범죄의 소굴로 악명 높았고 지금도 도시 외곽은 꽤 위험하지만 마르세유 시에서 치안에 힘써 빠르게 변화하고 있다.
달콤매콤한 부야베스 한 그릇 뚝딱 해치우고 볼 것 많은 도시를 탐험해 보자.

Marseille
PREVIEW

나날이 발전하는 트렌디한 문화, 바닷사람들의 씩씩함과 밝은 에너지가 중독적인 대도시. 거칠었던 과거는 조금씩 지워져가고 있어, 도심 외곽에서 밤늦게 혼자 다니는 것만 조심하면 안전하고 즐겁게 여행할 수 있다. 다양한 높낮이의 계단들로 만들어진 오랜 역사의 마르세유를 구석구석 돌아보자.

SEE

마르세유에서 짧은 시간을 보내더라도 구항구와 뮤셈, 바실리크 노트르담 드 라 가르드는 꼭 보고 가자. 전시를 즐기지 않는 여행자라도, 유럽의 성당은 다 거기서 거기라 생각하는 사람이라도 마르세유를 대표하는 박물관과 성당을 찾으면 이전에 본 적 없는 감동을 느낄 수 있을 것이다. 구석구석 탐험할수록 발견하게 되는 모습이 다양하고, 오래 머물수록 정이 드는 여행지다.

EAT

남프랑스를 대표하는 요리 부야베스 외에도 마르세유 로컬 맥주, 항구 부근의 해산물 레스토랑 등 마르세유의 식도락은 나날이 발전하여 미식가들에게 즐거운 여행을 선사한다. 부야베스는 매운탕과 비슷하여 한국의 달큰한 생선탕을 좋아하지 않는다면 꼭 먹어볼 필요는 없다.

BUY

마르세유 시내에 2개 매장을 가지고 있는 대형 백화점 라파예트보다 신항구 쪽으로 걸어가면 있는 새로 지은 쇼핑몰들이 쇼핑하기에 좋다. 시내 중심은 아니지만 그리 멀지 않으니 찾아가보자. 쇼핑이 아니더라도 영화, 레스토랑, 바닷가 산책 등 새로 조성되는 이 쇼핑타운 지역에서 할 수 있는 것이 많다.

SLEEP

마르세유에서는 아무리 가격이 저렴하더라도 외곽에 위치한 숙소는 예약하지 않도록 한다. 도심 한복판에 메트로 역이 가까이 위치한 안전한 호텔을 선택하자. 트렌드가 가장 빨리 변화하는 선도적인 마르세유에는 훌륭한 수준의 부티크 호텔들이 계속해서 들어서고 있어 멋진 숙소를 고르는 즐거움을 누릴 수 있다.

Marseille
GET AROUND

 어떻게 갈까?

비행기
프랑스에서 세 번째로 큰 마르세유 프로방스 국제공항을 이용하면 편리하다. 연간 850만 명이 이용하는 대형 공항으로 30개 이상의 항공사, 120개 이상의 정규 노선이 100개 이상의 도시로 취항한다. 시내와는 25분 거리에 위치한다.

Data 주소 13727 Marignane 홈페이지 www.marseille-airport.com/

마르세유 공항에서 시내 가기

❶ 셔틀
공항에서 2번 플랫폼에서 탑승

공항 ➔ 마르세유 생 샤를 기차역
매일 04:50~10:10, 18:10~24:10 (20분 간격), 10:25~17:55 (15분 간격) 운행.

마르세유 생 샤를 기차역 ➔ 공항
매일 04:10~09:50, 17:50~23:30 (20분 간격), 10:05~17:35 (15분 간격) 운행.

Data 요금 편도 10유로, 왕복 16유로 홈페이지 bit.ly/3yt5Bq5

❷ 택시
낮에는 50유로, 밤에는 (일요일, 공휴일과 평일 19:00~07:00) 60유로 정도.

Data 전화 0442-142-444

기차
아비뇽에서 50분, 님에서 1시간 10분, 몽펠리에서 1시간 30분, 아를에서 50분, 툴롱에서 1시간 소요. 엑상프로방스 TGV 역에서 환승하여 깐느, 니스에서 기차로 마르세유를 찾을 수 있다. TGV가 발착하는 생 샤를역Gare SNCF Marseille Saint-Charles과 지역 기차TER가 발착하는 아렌츠역Gare TER Arenc이 있다.

생 샤를역
Data 주소 Place Narvik, 13232 Marseille

아렌츠역
Data 주소 Rue Mirabeau, 13002 Marseille

SUD DE FRANCE BY AREA 07
마르세유

버스
니스, 깐느, 액상프로방스에서 버스 20번을 타고 마르세유 기차역까지 쉽게 올 수 있다. 니스에서 2시간 30분, 깐느에서 2시간, 액상프로방스에서 20분 거리.

마르세유 버스정류장Gare Routière Saint-Charles
Data 주소 Rue Jacques Bory, 13003 Marseille 홈페이지 www.rtm.fr/

자동차
니스에서는 A8 도로를 이용하여 2시간 30분가량 걸린다. 아를에서는 A54와 A7 도로를 이용하여 1시간 10분 남짓 소요된다. 마르세유 시내에 주차장 정보는 홈페이지에서 찾을 수 있다.

Data 홈페이지 bit.ly/3ysLyrW

마르세유 생 샤를 기차역 렌터카 업체(연중무휴 운영)
Avis www.avis.fr
Hertz www.hertz.fr
Europcar www.europcar.fr,
Olympic www.olympiclocation.com
Sixt www.sixt.fr,
Enterprise Rent-a-Car www.enterprise.fr

어떻게 다닐까?

메트로, 버스, 트램
가장 편리한 대중교통편은 메트로. M1과 M2 2개의 메트로 노선을 이용하여 마르세유 시내 어디든 자유롭게 다닐 수 있다. 약 80개의 버스와 트램 노선도 있다. 구글맵을 통해 목적지까지 이동하는 대중교통 노선을 확인하면 편리하다.

Data 운영시간 메트로 05:00~01:00, 트램 05:00~24:30 가격 교통권 (버스/트램/메트로 이용) 1회권 1.70유로, 탑승 시 구매할 경우 2유로 홈페이지 www.marseille-tourisme.com

컬러 버스

레드나 블루 라인 패스를 구입하여 자유롭게 타고 내리며 구항구, 마조르 대성당 등 마르세유 대표 명소들을 돌아볼 수 있다. 뮤셈과 관람차 입장권과 함께 구입하는 패스, 두 라인을 합쳐 이용하는 패스도 있으니 일정과 동선을 고려하여 구매하자. 영어, 프랑스어, 스페인어 등 8개 언어 오디오 가이드가 지원된다.

Data 가는 법 M1 Vieix Port에서 도보 7분 **주소** 86 Quai du Port 13002 Marseille **전화** 0491-528-93 **홈페이지** www.colorbus.fr

쁘띠 트레인 Le Petit Train

귀엽고 작은 투어리스트 기차. 구항구에서 탑승하여 구시가지 곳곳을 돌아본다. 구시가지 투어의 경우 쉬어가는 30분을 포함하여 총 여정 65분, 노트르담 드 라 가르드 성당 투어의 경우 성당에서 쉬어 가는 20분을 포함하여 총 여정 75분. 여름에는 프리울섬 루트도 운영한다.

© Rachel Varnerot

Data 운영시간 구시가지 투어 4~10월 10:00~12:00, 14:00~18:00 30분 간격 출발 / 노트르담 드라 가르드 성당 투어 4~11월 10:00~12:20, 13:40~18:20 20분 간격 출발 **요금** 성인 10유로, 아동 5유로 **홈페이지** petit-train-marseille.com

---

INFO

마르세유 관광청 사무소 Office de Tourisme

한국어도 지원하는 공식 홈페이지에서 교통, 관광, 숙박 등 다양한 정보를 얻을 수 있다. 투어 프로그램, 근교 여행 등 정보가 알차니 여행 전 상세히 살펴보자.

Data 지도 252p-E **가는 법** M1 Vieux Port에서 도보 2분 **주소** 11 la Canebière, 13211 Marseille **전화** 0826-500-500 **운영시간** 매일 09:00~18:00, 1/1, 12/25 휴무 **홈페이지** www.marseille-tourisme.com/kr

> **TIP 마르세유 시티 패스 City Pass**
>
> 박물관 및 관광 명소 무료입장, 대중교통 무제한 사용 혜택으로 넓은 마르세유를 부지런히 모두 보고 싶은 여행자들의 필수 아이템. 관광청 사무소 또는 관광청 사무소 홈페이지, 구항구 메트로 역과 생 샤를 기차역에서 구입 가능하다. 쇼핑 할인 혜택 등도 있으니 홈페이지를 확인하자.
>
> **Data 요금** 24시간 성인 32유로, 48시간 성인 43유로, 72시간 성인 52유로 **홈페이지** www.marseille-tourisme.com

SUD DE FRANCE BY AREA 07
마르세유

Marseille
TWO FINE DAYS

도보 30분 →

도보 30분 →

10:00
구항구를 구경하고 관람차에
탑승하여 시내 전망 감상

11:00
바실리크 노트르담
드 라 가르드 감상

12:30
르 파니에 구시가지
돌아보고 점심 식사

↓ 도보 10분

← 도보 10분

← 도보 8분

19:00
부야베스와 마르세유
맥주로 저녁식사!

16:00
마르세유 대성당 본 후
바닷가의 쇼핑몰에서 쇼핑

14:00
뮤셈 박물관 관람 후
뮤셈의 건축미에 감탄해보자

↓ 메트로 20분

21:00
벨로드롬에서 마르세유
사람들과 축구 경기 관람

오랜 역사의 유적과 멋진 자연 경관, 그리고 미래지향적인 마르세유의 새로운 명소들이 자아내는 구와 신의 환상적인 조화를 모두 보려면 이틀은 머물러 있어야 한다. 특별한 축제나 행사가 있다면 더 오래 머물러도 좋다. 수많은 명소들을 둘러보며, 부야베스와 마르세유 맥주도 즐기자. 기념품으로 파스텔톤 마르세유 비누도 잊지 말자.

10:00
이프섬에 들러
몽테크리스토 백작의
배경이 된 감옥 구경

or

롱샴 궁전을 찾아
자연사 박물관과
보 자르 미술관 관람

→ 배 or 도보 30분

14:00
구시가지에서 신선한
해산물 점심 식사

↓ 도보 20분

15:30
칸티니 박물관
전시 관람

← 도보 8분

18:00
쿠르 줄리앙에서
저녁 식사

← 도보 3분

20:00
노천카페에서 와인이나
맥주 즐기기. 쿠르 줄리앙의
그라피티도 산책해보자

마르세유 전도
Marseille

252 | 253

- 레 테라스 뒤 포르 / Les Terrasses du Port
- 구시가지
- Joliette M2
- 마르세유 마조르 대성당 / Cathédrale de la Major
- 레 부트 드 라 마조르 / Les Voûtes de la Major
- 뮈가르 드 프로방스 박물관 / Musée Regards de Provence
- 뮈셈 / MuCEM Musée des civilisations de l'Europe et de la Méditerranée
- 에밀 뒤크로 공원 / Parc Émile Duclaux
- 생 로랑 성당 / Église Saint-Laurent
- 마르세유 르 그랑 투어 버스, 쁘띠 트레인 / Le Petit Train
- 레 자르세노 / Les Arsenaux
- 뮈제 캉티니 / Musée Cantini
- H 호텔 C2 / Hôtel C2
- 바실리크 노트르담 드 라 가르드 / Basilique Notre-Dame de la Garde
- 생 빅토르 수도원 / Abbaye Saint Victor à Marseille
- 생 니콜라 성채 / Fort Saint-Nicolas
- 오리엔트의 문 기념비 / La porte de l'Orient-Monument aux Armées d'Afrique
- 베르제르성 / Château Berger
- 검조기 / Le Marégraphe
- 플레 데 스포츠 메트로로 15분, 스타드 벨로드롬 메트로로 15분, 파스캉스 카인 메트로와 버스로 30분 →
- ↓ 이프성 Château d'If 보트로 1시간

100m
N

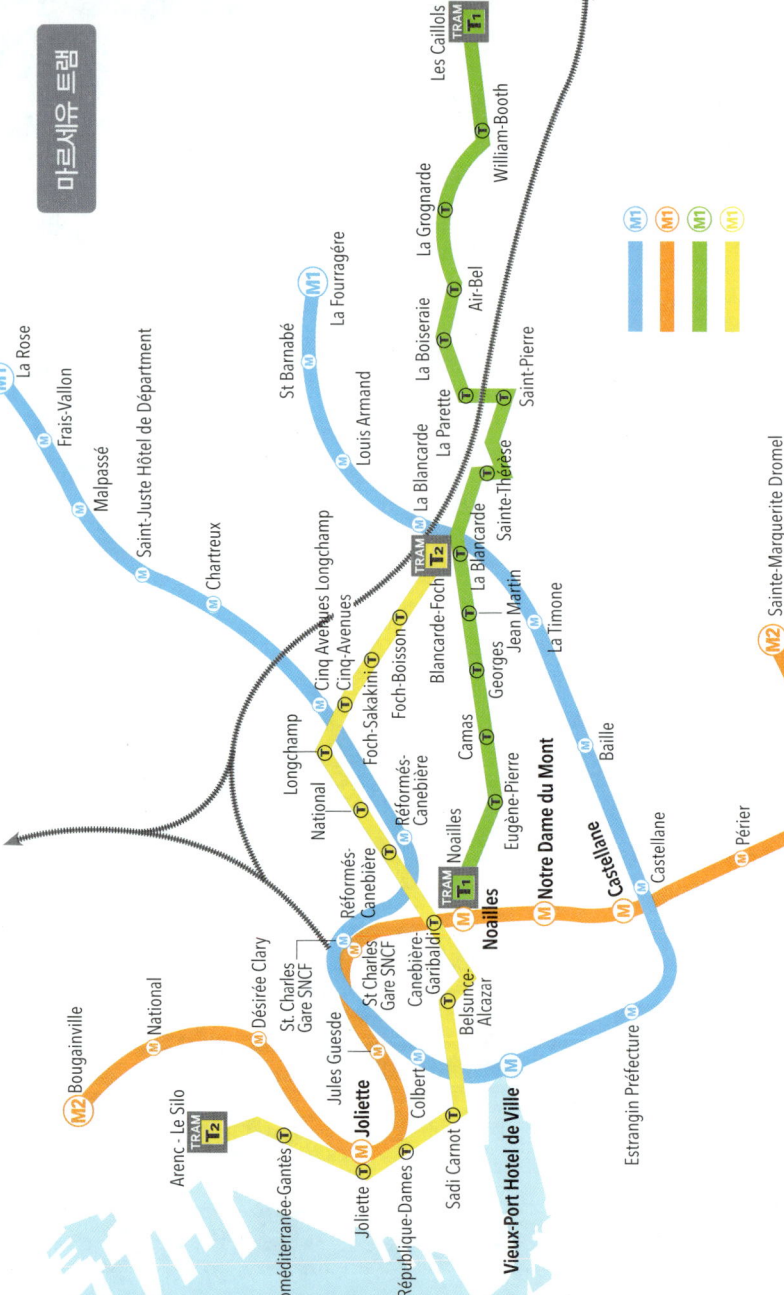

 Writer's Pick! 고대부터 도시의 항구로 사랑받아온
마르세유 항구와 관람차 Vieux Port

열 맞추어 보트들이 정박한 항구와 고개 들면 시야에 들어오는 생 빅토르 수도원, 아침부터 열리는 생선 시장 등 마르세유 구항구는 관광객과 시민들로 늘 붐빈다. 자동차 출입은 금지하고 있다. 고대 그리스인들이 기원전 600년 처음 닻을 내린 곳으로, 10세기까지 마르세유의 각종 무역을 담당하는 주 항구 역할을 톡톡히 해냈다. 영국의 리버풀 등 세계 각지와 활발히 거래를 하며 도시를 발전시킨 일등 공신이다. 구항구 왼쪽은 한때 노예들을 사고팔며 이마에 낙인을 찍었던 장소로 악명이 높았으나 현재는 생선 시장과 이프 섬으로 떠나는 작은 관광 보트들의 평온한 정박지이다. 항구와 시가지까지 조망할 수 있는 큼직한 관람차가 있으니 여행 중 쉬어 가거나 일정을 시작하기 전 지리를 파악하고 경치를 감상할 때 타보자.

Data 지도 252p-E
가는 법 M1 Vieux Port
주소 13002 Marseille
요금 관람차 5유로

마르세유에서 가장 힙한 동네
쿠르 줄리앙 Cours Julien

항구와 구시가지에서 보기 힘든 마르세유 젊은이들이 모두 모여 있는 곳이다. 유럽 문화의 수도로 지정되며 박물관, 갤러리 등이 재정비되고 마르세유 사람들이 문화에 대한 관심을 갖게 만들었다. 구와 신의 조화, 부르주아와 보헤미안의 만남인 '보보bobo' 문화의 집결지다. 공연장과 노천카페, 맛집으로 떠오르는 식당들이 모두 이 동네에 위치하고 있다. 워낙 계단이 많은 마르세유의 특성상, 특히 쿠르 줄리앙까지 오르려면 지도상 거리는 짧으나 많은 오르막길을 올라야 한다. 그러나 몇 걸음마다 멈추어 서서 감상할 훌륭한 그래피티가 모든 벽을 장식하고 있어 찾아가는 길이 심심치 않다. 음식점 혹은 카페 테라스에 빈자리를 찾기 어려울 정도로 아침부터 새벽 늦게까지 사람들로 가득하다. 아침에는 작은 시장이 열리고 수요일과 토요일에는 꽃 시장도 선다.

Data 지도 252p-E
가는 법 M2 Notre Dame du Mont에서 도보 5분
주소 13009 Marseille

자연과 인공미의 환상적인 만남
뮤셈 MuCEM (Musée des civilisations de l'Europe et de la Méditerranée)

생 장 성채Fort Saint Jean 맞은편에 위치한 뮤셈은 폭발적인 인기를 얻고 있는 유럽과 지중해 문명 박물관이다. 지중해 문화권을 다룬 최초의 프랑스 국립 박물관으로, 인류학과 역사, 고고학, 미술사와 현대 미술, 총 3개의 공간으로 이루어져 있다. 루디 리치오티와 롤란드 카르타가 설계한 J4에는 강연실, 아이들을 위한 공간, 서점, 그리고 미슐랭 별 3개를 단 스타 셰프 제랄드 파세다의 레스토랑이 있다. 다리로 이어진 생 장Saint-Jean 항구 쪽의 전시 공간에는 넓은 정원이 있어 야외 공연과 전시를 감상할 수 있다. 뮤셈의 영구 컬렉션을 전시하는 곳은 코린 베초니와 안드레 졸리베가 설계한 CCR(보존과 자원 센터)이다. 무엇보다 뮤셈은 건물 자체가 방문의 목적이라 할 수 있을 정도로 아름답다. 생 장 성채와 J4 항구를 아우르는 12세기 성당, 그리스와 로마 유적의 흔적, 견고한 탑 등 건축미가 뛰어난 여러 건물을 사용한다. 나뭇가지처럼 사방으로 뻗어 있는 기하학적인 테라스 벽과 천장이 있는 박물관 내 카페 겸 레스토랑은 세련된 뮤셈의 상징. 이곳에서 내려다보이는 맞은편 지중해 빌라Villa Méditerranée 전시관과 바다의 경치에서는 자연과 인공미의 가장 완벽한 조합이 무엇인지 느낄 수 있다.

Data 지도 253p-H 가는 법 M1 Vieux Port에서 도보 15분.
주소 7 Promenade Robert Laffont, 13002 Marseille 전화 0484-351-313
운영시간 4/6~7/8, 8/31~11/6 10:00~19:00, 7/9~8/30 10:00~20:00, 11/7~ 10:00~18:00
요금 영구&특별전 성인 11유로, 학생증 소지자 7.50유로 홈페이지 www.mucem.org

© Jan Drewes

 Writer's Pick!

19세기 신 비잔틴 양식의 웅장하고 화려한 성당

바실리크 노트르담 드 라 가르드

Basilique Notre-Dame de la Garde

바실리크 노트르담 드 라 가르드는 마르세유에서 가장 고도가 높은 석회암 언덕 가르드(162m)에 위치한다. 본래 13세기 예배당과 프랑수아 1세의 명으로 세워진 16세기 요새 건축물이 있던 자리였다. 요새는 이프성채와 함께 마르세유를 방어하기 위해 쌓아 올렸다. 1853년부터 10년 동안의 공사를 거쳐 프랑스에서 볼 수 없는 이국적인 신 비잔틴 양식의 특징을 보인다. 채색 대리석으로 만든 줄무늬 외관이 독특하며, 내부도 금도금 상과 모자이크로 화려하게 꾸며졌다. 종탑 위에 세워진 아기 예수를 안고 있는 황금빛 성모 마리아 상과 어울리는 이 성당의 애칭은 '참 좋으신 어머니'다. 어부들과 항해사, 그리고 도시 전체를 굽어 살피는 성당의 상징적인 역할을 반영한다. 때문에 매년 성모마리아 승천일인 8월 15일에는 수많은 성지순례 인파가 이곳으로 향한다. 바실리크 노트르담 드 라 가르드는 원래 사용하던 성당 건물을 신 비잔틴 양식으로 다시 세운 것인데 이탈리아에서 실어 나른 대리석을 아낌없이 사용하여 만들었다. 마르세유 사람들의 목숨을 지켜주는 곳이니 얼마나 공을 들여 성당을 지었는지는 빼곡하게 채워 넣은 예배당 내부 장식을 보면 알 수 있다. 바실리크를 한 바퀴 돌아보면 마르세유의 360도 파노라마 뷰를 감상하는 것 같다. 덕분에 석양을 보러 늦은 오후에 발걸음을 하는 사람들도 많다.

Data 지도 253p-I
가는 법 M1, M2 Castellane에서 도보 25분
주소 Rue Fort du Sanctuaire, 13281 Marseille
전화 0491-134-080
홈페이지 www.notredamedelagarde.com

줄무늬 옷을 입은 마르세유의 대성당
마르세유 마조르 대성당 Cathédral de la Major

생 빅토르 수도원, 노트르담 드 라 가르드 대성당과 함께 마르세유를 대표하는 종교 건축물이다. 12세기에 세워졌고, 구 마조르 성당과 신 마조르 성당 2개로 이루어져 있다. 신 마조르 성당은 프랑스 중부 라 쿠론의 채석장에서 분홍빛 돌을 공수해와 본래 5세기 예배당이 있던 자리에 1852년부터 19세기 말까지 대대적인 공사로 완공되었다. 신 비잔틴 양식과 신 로마네스크 양식이 아름다운 조화를 이루어 멀리서도 보이는 줄무늬가 강렬한 인상을 남긴다. 성인들의 조각상을 배치한 아치와 여러 개의 돔 지붕, 70m 높이의 쿠폴라, 마르세유 주교들의 묘가 안치된 지하 묘도 대표적인 대성당의 특징이다. 약 3천 명을 수용 가능한 규모로 프랑스에서 가장 큰 성당 중 하나로 꼽히며 1906년 국가 문화재로 지정되었다. 구항구와 신항구 사이에 위치하여 마르세유의 과거와 현대의 경계를 아름답게 잇는 역할을 하고 있다. 대성당의 무거운 문을 힘껏 당겨 열고 들어가 고요함과 성스러움 속에서 휴식을 취하고 나오면 세련된 마르세유가 반대편에 펼쳐진다.

Data 지도 253p-G
가는 법 M2 Joliette에서 도보 9분
주소 Place de la Major, 13002 Marseille
전화 0491-905-287
운영시간 10~3월 10:00~17:30, 4~9월 10:00~18:30(화요일 휴관)

마르세유의 긴 역사를 가늠케 하는 골목골목
르 파니에(구시가지) Le Panier

마르세유 2구를 가리키는 말인 르 파니에는 고대 그리스 식민지 마살리아가 위치했던, 마르세유에서 가장 오래된 지역이다. '바구니'라는 이름의 이곳은 양옆으로 성당과 카페, 상점과 마르세유 주민들의 집이 늘어서 있어 볼거리도 많다. 세계 2차대전의 폭격으로 대부분 다시 지어 신식 건물, 대형 빌딩과 눈에 익은 브랜드 판넬도 보인다. 11세기의 아쿨의 성모 성당은 13세기에 재건, 첨탑은 19세기에 보수하여 종탑이 아름답다. 1720년 마르세유에 페스트가 창궐했을 당시 치료에 공헌한 의사 자크 다비엘의 이름을 붙인 파빌리온 다비엘은 이 건물의 1층 발코니에서 프랑스혁명사를 읽었다고 알려져 있다. 1943년부터 시청의 일부가 되었다. 1535년 고딕과 르네상스 양식을 혼재하여 지은, 마르세유에서 오래된 건축물 중 하나인 호텔 드 카브르는 전쟁으로 파괴되어 건물을 재건하면서 방향을 틀어 세운 것이 특징이다. 렝쉬 광장과 고대 그리스 아고라로 이어지는 그랑 뤼와 1666년 프랑스의 루이 14세가 도시 확장을 위해 닦은 길 라 카네비에르가 구시가지의 중심 대로다. 라 카네비에르의 경우 화려하지는 않아도 그 중요성과 상징성으로 '마르세유의 샹젤리제'라 불린다. 길 이름은 '삼, 대마'를 뜻하는 라틴어 카나비스에서 유래한 것으로 중세 시대부터 1930년까지 삼의 주요 무역지였던 데서 기인했다. 길이는 약 1km로, 구항구에서 생 빈센트 드 폴 성당까지 시원하게 이어진다.

Data 지도 252p-D 가는 법 M1 Vieux-Port, M2 Noailles 주소 13002 Marseille

20세기 현대 미술의 흐름을 짚는
칸티니 박물관 Musée Cantini

1900~1960년대에 이르는 20세기 현대 미술 컬렉션을 전시한다. 1694년 지은 고풍스러운 맨션에 자리하며 여러 주인의 손을 거치다 프랑스 예술가이자 미술 애호가 쥘 칸티니가 1888년에 구입하였다. 1916년 마르세유에 기증하여 미술관으로 개관하였다. 주요 소장품은 폴 시냑, 앙드레 드랭, 바실리 칸딘스키, 파블로 피카소, 라울 뒤피 등의 작품으로, 미술관은 신인상주의와 큐비즘, 초현실주의, 제2차 세계대전 이후와 1950~1960년, 1960~1980년, 드로잉 작품 등의 5개 부분으로 구분된다. 같은 자리에 있었던 현대 미술관이 800여 점의 작품과 함께 1994년 MAC Musée d'Art Contemporain이라는 이름으로 따로 분리되었다.

Data 지도 252p-E
가는 법 M1 Station Estrangin/Préfecture에서 도보 4분
주소 19 Rue Grignan, 13006 Marseille 전화 0413-948-330
운영시간 화~일 09:00~18:00(1/1, 5/1, 11/1, 12/25, 12/26 휴관)
요금 영구 전시 무료 홈페이지 musees.marseille.fr/musee-cantini-0

SUD DE FRANCE BY AREA 07
마르세유

도시의 사회문화 발전을 책임지는
르가르 드 프로방스 박물관 Musée Regards de Provence

1997년 마르세유 출신의 예술 수집가들이 설립한 재단에서 출발한 박물관. 마르세유, 프로방스, 지중해 관련 주제만으로 전시를 여는 것이 특징이다. 마르세유의 미술, 음악을 비롯하여 문화 전반을 발전시키는 것을 목적으로 한다. 총 850여 점의 작품을 소장·전시하며 이중 100여 점은 해마다 전 세계의 미술관에 대여한다. 작품이 전시된 대표 아티스트들로는 뒤피, 가리발디, 앙리 아를, 라크로와 드 마르세유 등이 있다. 박물관에서 미술 대회도 주최하여 신인들의 등용문 역할을 하며 자선 사업 또한 펼치고 있다. 뮤셈을 지나 대성당까지 걸어가는 바닷가 길에 있어 가는 길이 무척 예쁘다.

Data 지도 253p-G 가는 법 M1 Vieux-Port/Hôtelde Ville에 하차하여 도보 10분
주소 Allée Regards de Provence, 13002 Marseille 전화 0496-174-040
운영시간 화~일 10:00~18:00(1/1, 5/1, 8/15, 12/25 휴관) 요금 전시별로 상이
홈페이지 www.museeregardsdeprovence.com

마르세유 항구 파노라마의 하이라이트
생 빅토르 수도원 Abbaye Saint Victor à Marseille

1840년 역사 유적으로 등재된 생 빅토르 수도원은 초기 기독교 시대 로마네스크 건축의 보물로 꼽힌다. 예배당은 11세기 로마네스크 시대에 현재의 모습으로 건조되었다. 수도원 옆에는 마르세유에서 가장 오래된 빵집 르 푸르 드 나베트가 있다. 이곳에서 만드는 페이스트리 나베트 비스킷은 이 지역에 복음을 전파하러 온 성인들이 2천 년 전 마르세유에 도착한 것을 기념한다. 매년 2월 2일 오전 6시에 마르세유 대주교가 생 빅토르 수도원에서 도시와 그날 처음 구워낸 나베트 비스킷에 신의 가호를 빌어준다. 수도원 내 회랑은 고대 로마 시대의 아치를, 성가대 자리와 익랑은 고딕 양식을 반영한 것이 특징. 항구에서 올려다보는 모습이 아름다워 즉흥적으로 언덕을 오르는 여행자들이 많다.

Data 지도 253p-H
가는 법 M1 Estrangin Préfecture에서 하차하여 도보 8분 또는 M1
Vieux-Port에서 하차하여 도보 11분 주소 3 Rue de l'abbaye, 13007 Marseille 전화 0496-112-260
운영시간 매일 09:00~19:00 요금 수도원은 무료, 각종 유물이 전시되어 있는 지하실은 2유로
홈페이지 bit.ly/3ub3CEm

몽테크리스토 백작의 성
이프성 Château d'If

마르세유 서편의 작은 섬에 위치한 절벽 위 요새로 프랑스 문학가 알렉상드르 뒤마의 소설 〈몽테크리스토의 백작〉의 배경으로 유명하다. 소설의 내용은 주인공 에드몽 단테스가 결혼을 위해 마르세유에 돌아왔다가 누명을 써 14년 동안 이프의 감옥에 갇히고, 감옥에서 만난 다른 죄수로부터 몽테크리스토 섬에 숨겨진 보물에 대해 알게 되어 탈옥 후 보물을 찾아 복수를 한다는 이야기. 소설이 세계적으로 인기를 끌며 이프성도 각광받는 관광지가 되었다. 항구를 방어하기 위해 세워진 요새지만 실질적으로 사용된 역사는 없고 소설에 등장하는 것처럼 죄가 무거운 죄수들이 투옥하였던 악명 높은 감옥으로 오래 쓰였다. 마르세유 항구에서 출항하는 수상버스 프리울 이프 익스프레스Frioul If Express(왕복 11.10유로)를 타고 요새를 찾을 수 있으며, 겨울에는 섬 방문이 금지되어 주변을 돌아보는 것만 가능하다.

Data 지도 253p-K
가는 법 구항구에서 보트로 1시간
주소 Embarcadère Frioul If, 1 Quai de la Fraternité, 13001
운영시간 1~3월, 10~12월 화~일 10:30~17:00, 4~9월 10:30~18:00(1/1, 12/25 휴무)
요금 섬 입장료 성인 7유로, 18세 미만 무료
홈페이지 www.chateau-if.fr

프리울 이프 익스프레스
lebateau-frioul-if.fr/

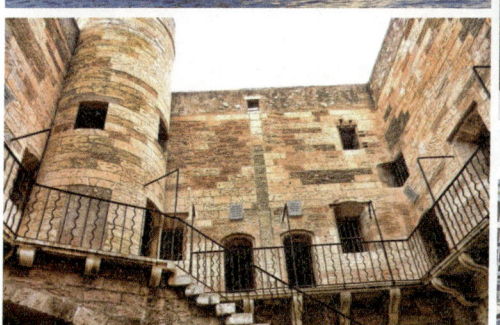

푸른 공원 옆 마르세유 문화, 체육 중심지
팔레 데 스포츠 Palais des Sports

1988년 개관한 마르세유 스포츠의 중심지. 운동선수들의 트레이닝과 마르세유 시민들의 건강을 위해 세워졌다. 테니스, 농구 등의 경기뿐 아니라 콘서트, 서커스, 뮤지컬, 피겨 스케이트 갈라 쇼 등 다양한 문화 행사도 열린다. 홈페이지에서 일정을 확인하고 여행 중 보고 싶은 공연이 있다면 시간을 내보자. 마르세유에서 가장 예쁜 보렐리 공원Parc Borély과도 가까워 팔레 데 스포츠를 찾을 때에는 공원에서의 피크닉을 겸하는 것도 좋다.

Data 지도 253p-L
가는 법 M2 Dromel에서 도보 2분
주소 81 Rue Raymond Teisseire, 13009 Marseille
전화 0491-173-040
홈페이지 palais-des-sports.marseille.fr

TIP 마르세유의 축구단 Olympique de Marseille

마르세유 사람들에게 '가장 좋아하는 스포츠가 무엇이냐'라는 질문만큼 쓸데없는 것이 없다. 백이면 백 모두 축구!라고 외칠 정도로 마르세유는 프랑스에서 알아주는 축구팬들의 도시이기 때문. 프랑스 축구 선수 중 가장 유명한 지단의 고향도 마르세유로, 그의 드리블과 회전을 '마르세유 턴'이라 부른다. 올림피크 드 마르세유는 프랑스 프로축구 1부 리그 앙에 소속된 클럽으로, 열정적인 팬들로 유명하다. 파리의 PSG와 오래 전부터 라이벌 관계를 맺어 왔으며 두 팀의 경기가 있는 날에는 온 도시가 스타디움 또는 TV 앞에서 경기장으로 뛰어들어갈 기세로 맹렬하게 응원한다. 90년대 초반 최전성기를 누렸으나 현재는 PSG에 밀려 리그 우승을 하지 못한 지 꽤 되었다. 홈 구장 스타드 벨로드롬은 약 6만 7천 명을 수용하며 마르세유 여행 중에 경기 일정이 있다면 경기를 관람하는 것도 추천한다.

스타드 벨로드롬
Data 지도 253p-L
가는 법 M2 Ste Marguerite Dromel 또는 M2 Rond-Point du Prado역 하차 후 도보 2분
주소 3 Boulevard Michelet, 13008 Marseille
홈페이지 musees.marseille.fr/museum-dhistoire-naturelle-mhnm

대가들의 작품들로 이루어진 마르세유 최고령 박물관
 보 자르 미술관-롱샴 궁전 Musée des Beaux Arts-Palais Longchamp

롱샴 궁전에 자연사 박물관과 함께 위치한다. 마르세유에서 가장 역사가 오랜 박물관으로 1801년 설립되었다. 8천 점 이상의 16~19세기 회화, 조각, 스케치가 전시되어 있다. 마르세유 화풍의 그림들이 상당히 많다. 각 층은 연대별로 분류되어 있어 지나온 시간을 따라가듯 미술사를 여행하는 기분으로 전시를 관람할 수 있다. 1층에는 마르세유 출신의 조각가 피에르 퓌제에 헌정된 전시관이 있다.

Data 지도 252p-B 가는 법 M1 Cinq Avenues Longchamp에서 도보 7분 주소 Palais Longchamp, Aile gauche, 13004 Marseille 전화 0491-145-930 운영시간 화~일 09:00~18:00(1/1, 5/1, 11/1, 12/25, 12/26 휴관) 요금 영구 전시 무료 홈페이지 bit.ly/3OS9ERZ

위엄 있는 19세기 궁전에 자리한 동식물사의 보고
자연사 박물관 Muséum d'Histoire Naturelle de Marseille

19세기 프랑스에 불던 박물관 설립의 붐을 타고, 1819년 시장 마르퀴 드 몽트그랑의 추진으로 세워졌다. 1856년 설립된 프로방스의 과학부와 시너지 효과를 발휘하여 현재까지도 마르세유를 대표하는 박물관 중 하나로 꼽힌다. 마르세유의 자연사 박물관에는 8만 3천여 종의 동물과 20만 여 종의 식물, 8만 개가 넘는 화석 등이 보존·전시되어 있다. 사파리 월드, 프로방스 지역의 동식물, 비교 해부학관, 그리고 선사시대와 진화관으로 4개 전시관을 갖추고 있다.

Data 지도 252p-B 가는 법 M1 Canebière에서 도보 7분 주소 Palais Longchamp, Rue Espérandieu, 13004 Marseille 전화 0491-145-950 운영시간 화~일 09:00~18:00(5/1, 11/1, 12/25, 12/26 휴관) 요금 영구 전시 무료 홈페이지 bit.ly/39Y8oOu

SUD DE FRANCE BY AREA 07
마르세유

 Writer's Pick! 도서관과 와인 셀러, 레스토랑이 한 자리에
레 자르세노 Les Arsenaulx

미식가들을 위한 최고의 공간이 마르세유에 탄생했다. 책이 빼곡히 꽂힌 책장을 뒤로 하고 정갈하게 테이블보가 깔린 식탁에서, 항구 전망을 감상하며 실력 있는 셰프의 요리를 맛보는 것은 누구라도 만족할 경험. 1980년부터 복합적인 다이닝 공간을 꿈꿔온 주인 부부가 남프랑스 요리 전문 셰프 에릭 코르니유와 손을 잡고 레 자르세노를 열었다. 루이 14세를 위해 돌로 쌓아 만든 무기고 건물의 특징을 살려, 높은 천장과 큼직한 램프로 간단하면서도 클래식하게 실내를 연출하였다. 이곳에 비치된 책은 모두 주인이 하나씩 엄선한 것으로 사회과학부터 미술사, 동화책과 고전 문학 등 다양한 장르로 서재를 채웠다. 지중해식 해산물 요리를 주로 하며 스테이크도 연하고 맛있게 구워 낸다. 지역색이 드러나는 요리들이 눈길을 끈다. 물론 마르세유의 자랑인 부야베스도 준비되어 있다. 250여 개 라벨로 구성된 와인 리스트도 훌륭하다. 가격대도 18유로부터 200유로가 넘는 것까지 다양하여 부담 없이 즐길 수 있다. 실내와 테라스 자리 모두 널찍하지만 식사 시간이 되면 금세 꽉 차, 성수기에는 예약을 권한다.

Data **지도** 253p-H
가는 법 M1 Vieux Port에서 도보 4분
주소 25 Cours Honoré d'Estienne d'Orves, 13001 Marseille
전화 0491-598-030
운영시간 월~토 12:00~14:00, 20:00~22:30
요금 오늘의 메뉴 30.50유로, 타파스 7유로~
홈페이지 www.les-arcenaulx.com

세련되고 도시적인 태국 레스토랑
파스칼스 키친 Pascal's Kitchen

지중해 바다 전망이 환상적인 이 식당은 해산물이라면 사족을 못 쓰는 마르세유 사람들의 입맛을 사로잡은 태국 요리 전문점. 들어서는 순간 이곳이 프랑스임을 잊게 하는 강렬한 인테리어는 한번 맛보면 쉽게 잊히지 않는 특색 진한 요리와 잘 어울린다. 바나나 잎에 감싸 익힌 밥과 새우 꼬치는 프랑스 사람들의 입맛에도 잘 맞게끔 프랑스식으로 요리한다. 강한 향신료를 원하지 않는 식객들을 위한 자몽 샐러드, 연어 스테이크와 양고기 스테이크 타르타르도 있다. 메뉴는 공평하게 애피타이저와 메인 각각 5개의 태국 요리와 5개의 프랑스 요리로 구성되어 있다. 5월부터 가을까지 매주 목요일 밤에 라이브 재즈 공연도 열린다.

Data 지도 253p-L
가는 법 19, 583번 버스를 타고 Vieille Chapelle에 하차하여 도보 3분 주소 46 Avenue de Montredon, 13008 Marseille
전화 0491-063-533
운영시간
3·4월 화~일 12:00~14:00,
5~10월 월 20:00~23:00,
화~일 12:00~14:00,
20:00~23:00
요금 해물 파스타 44유로,
팟타이 28유로
홈페이지 www.p-kitchen.com/en/

쿠르 줄리앙에 자리한 스타일리시한 이탈리아 식당
라 칸티네타 La Cantinetta

쿠르 줄리앙의 수많은 맛집 중에서도 손님이 가장 많은 곳. 작은 문을 열고 들어서면 넓은 정원 속에 있는 듯한 푸르른 식당이 눈앞에 펼쳐진다. 칸티네타가 추구하는 건강하고 행복한 음식과 잘 어울리는 밝은 인테리어에 기분 좋게 주문을 하고 나면 친절한 스태프가 계절 재료와 오늘의 메뉴 등 자세한 설명으로 만족스러운 식사를 돕는다. 리소토, 홍합 요리, 뇨끼 등 흔한 이탈리안 가정식 요리들은 마르세유 출신의 이탈리아 음악 매니아인 셰프 피에르 앙트완 드니의 손을 거쳐 특별하게 완성된다. 직접 이탈리아의 농장에서 구해오는 최상급의 이탈리아산 재료만을 이용하며, 파스타도 직접 반죽하여 쫄깃하다. 남부 이탈리아 레몬을 빚어 만드는 진한 리큐르 리몬첼로로 만드는 소르베 디저트도 일품이다.

Data 지도 252p-E
가는 법 M2 Noailles에서 도보 3분 주소 24 Cours Julien, 13006 Marseille
전화 0491-481-048
운영시간 월~토 12:00~14:00, 19:30~22:30
요금 봉골레 링귀니 22유로, 티라미수 9유로 홈페이지 www.restaurantlacantinetta.fr

Theme

마르세유를 대표하는 맛과 술

마르세유 사람들은 뱃사람 특유의 거리낌 없고 화끈한 성격과 마르세유 사투리로
도시의 특색을 단편적으로 보여준다. 개성 넘치는 사람들은 먹고 마시는 것도 남다르다.
프랑스를 대표하는 요리 중 하나로 자리 잡은 해산물 스튜 부야베스와
다른 곳에서 찾기 어려운 동네 맥주 카골은 꼭 맛볼 것.

마르세유가 원조! 부야베스 Bouillabaisse

각종 채소, 토마토, 여러 가지 해산물과 사프란을 넣고 뭉근히 끓인 국물에 치즈, 마늘 등을 바른 빵을 찍어 먹는 마르세유 뱃사람들의 한 끼. '끓이다'라는 뜻의 프랑스어 부이bouillir와 '(불을) 낮추다'라는 뜻의 아베쎄abaisser에서 그 이름이 기원한 것으로 요리 방법을 짐작할 수 있다. 어시장에서 팔고 남은 생선들을 모아 끓여 먹던 것에서 비롯된 메뉴로, 여러 생선이 들어가기 때문에 그 질감과 맛이 풍부하다. 여럿이서 푸짐하게 끓여놓고 먹는 메뉴라 1인용 부야베스를 파는 곳은 찾기 어렵다. 전통에 따르면 부야베스는 빵을 찍어 먹을 수 있도록 수프를 먼저 내오고 그다음 생선을 따로 먹는 것이라고 한다. 관광객들을 상대로 하여 랍스터를 넣고 비싸게 파는 곳도 있으나, 전통 레시피를 그대로 끓이는 것이 가장 맛있다. 로제 와인과 드라이 화이트 와인이 가장 잘 어울린다. 마르세유 지역의 저명한 셰프들은 부야베스의 전통을 지키기 위해 '마르세유 부야베스 연맹'을 결성하였는데, 이들은 볼락, 숭어, 붕장어, 쏨뱅이, 백쏨뱅이, 눈동미 중 네 가지 이상을 포함하도록 규정하고 있다.

마르세유 맥주 카골 Cagole

마르세유 지역 요리와 가장 잘 어울려서인지 아니면 고향에 대한 애정에서 우러난 것인지는 몰라도 마르세유 사람들은 '우리 동네 맥주'만 고집한다. 마르세유 맥주 카골은 2003년 탄생한 마르세유 맥주 브랜드로, 체코 양조장에서 만들어지는 라거나 필스너를 좋아한다면 추천. 새벽부터 그물을 끌어 올리는 뱃사람들의 거칠고 단단한 손안의 카골 맥주병은 참 작아 보이는데, 실제로 3번 고개를 뒤로 젖히면 금방 동이 난다. 발바닥에 땀이 나도록 관광을 하다 만나는 카골 한 병은 오래 기억에 남을 것이다.

BUY

마르세유 대성당 바로 아래 자리한
레 부트 드 라 마조르 Les Voûtes de la Major

하늘을 찌를 듯 높은 대성당 아래 600m²에 달하는 넓은 규모의 현대적인 쇼핑센터가 있다. 바와 레스토랑, 카페 등 음식을 판매하는 상점들이 주를 이루지만 인테리어 소품점 해비탯Habitat 등 일반 쇼핑을 위한 상점들도 입점 중이다. 바다를 접하고 있어 테라스와 벤치 자리에 앉아 성당을 돌아본 감상을 이야기하며 젤라토를 사 먹는 사람들로 가득하다.

Data 지도 253p-G
가는 법 M2 Joliette에서 도보 10분
주소 Quai de la Tourette, 13002 Marseille
운영시간 매일 10:00~02:00
홈페이지 lesvoutesdelamajor.com/

쇼핑의 모범 답안, 원하는 것은 다 있는
갤러리 라파예트 Galeries Lafayette Marseille

파리에 본점이 있는 라파예트 백화점의 마르세유 지점. 여성, 남성, 아동복뿐 아니라 각종 패션 액세서리, 가정용품, 스포츠 용품과 푸드코트도 있어 마르세유의 상점들을 찾아 헤매고 싶지 않다면 이 원스탑 쇼핑센터에서 모든 것을 해결할 수 있다. 쿠플스The Kooples, 스위트.341SUITE.341, 클럽 모나코 Club Monaco, 콩트와 데 코토니에Comptoir des Cotonniers 등의 브랜드가 입점되어 있다.

Data 지도 252p-E
가는 법 M1 Vieux Port에서 도보 5분
주소 28 Rue de Bir Hakeim, 13001 Marseille
전화 0491-568-212
운영시간 월~토 10:00~20:00, 일 10:00~19:00
홈페이지 www.galerieslafayette.com/magasin-marseille

멋지게 새로 태어난 부둣가의 쇼핑센터
레 독 마르세유 Les Docks Marseille

1856년 조성된 부둣가는 한동안 창고, 사무실로 사용되다 마침내 21세기 마르세유에 걸맞는 신식 쇼핑몰로 재탄생했다. 70%가 지역 브랜드이며, 1000만 명이 찾는 인기 쇼핑몰로 자리 잡았다. 연중무휴로 운영하는 7개 층의 대형 쇼핑몰에는 젊은 디자이너들의 브랜드들을 한데 모은 콘셉트 상점 그랑 플레이그라운드Grand Playground, 100% 프랑스 육류와 치즈만 사용하는 건강한 홈메이드 햄버거 레스토랑 빅 페르난드Big Fernand, 스칸디나비아 스타일 빈티지 가구 브랜드 리뉴 클레르Ligne Claire offers, 컵케이크처럼 생긴 목욕용품 브랜드 뱅 드 구르망디스Bain de gourmandizes, 유기농 식료품점, 와인 바와 패스트푸드 식당을 겸하는 비 오Be O, 크리에이티브한 디자이너들이 만든 의류와 소품 브랜드 트리아앵글스Triaaangles 등이 입점되어 있다.

Data 지도 252p-D 가는 법 M2 joliette에서 도보 3분
주소 10 Place de la Joliette, 13002 Marseille
전화 0491-442-528 운영시간 매일 10:00~18:00
홈페이지 www.lesdocks-marseille.com

항구와 면한 대형 쇼핑몰
레 테라스 뒤 포르 Les Terrasses du Port

2001년까지 마르세유의 소상인들을 보호하고자 큰 규모의 쇼핑몰을 짓는 것은 법으로 금지되어 있었다. 상업적인 이윤을 위해 법이 개정되면서 지어진 61,000m^2 넓이 '항구의 테라스'는 쇼핑과 다양한 행사를 여는 마르세유 시민들의 친근한 쇼핑몰. 프랑스 건축가 미셸 페투아드-레탕이 설계한 건물에 자라, 망고, 라코스테, H&M, 아디다스, 반스 등 우리에게 이미 익숙한 국제적인 중저가 브랜드들을 비롯한 190개의 상점이 입점해 있으며 스테이크 전문점 비프 하우스Beef House, 제과점 달로야유Dalloyau 등 6개의 레스토랑과 카페도 있다.

Data 지도 253p-G 가는 법 M2 Joliette에서 도보 1분
주소 9 Quai du Lazaret, 13002 Marseille
전화 0488-914-600 운영시간 매일 10:00~20:00
홈페이지 www.lesterrassesduport.com

마르세유의 일등 기념품, 마르세유 비누 Savon de Marseille

마르세유에서 생산되는 올리브유는 품질이 뛰어나다. 당연히 이 마르세유 올리브유로 만든 마르세유 비누 또한 전 세계에서 으뜸으로 손꼽힌다. 요즘은 꼭 마르세유에서 생산된 비누가 아니더라도 올리브유를 주원료로 사용하면 다 '마르세유 비누'라고 부를 정도로 마르세유 비누는 올리브유 비누의 대명사가 되었다. 마르세유 비누는 찬물에도 잘 녹고 물에도 잘 씻기는 게 특징이다.

마르세유 골목에서는 어디서든 온통 은은한 라벤더 향이 풍긴다. 골목마다 인기 기념품인 마르세유 비누가게가 있기 때문이다. 포장지도 없이 벽돌처럼 비누를 쌓아놓은 비누가게들. 마르세유에서 흔히 볼 수 있는 풍경이지만 마르세유 비누는 결코 예사롭지 않다.

역사가 600년이나 된 프랑스 최초의 공식 비누이며, 100% 천연 재료만을 사용하는 친환경 천연 비누다. 어떤 인공 색소도 더하지 않고, 72% 이상 오일을 함유해야만 마르세유 비누로 인정받을 수 있다.

우리에게도 꽤 많이 알려진 '록시땅'이라는 브랜드도 프랑스 마르세유 지방에 살던 비누 장인의 레시피로 만든 제품이라고 한다. 식물성 오일을 기본 재료로 하여 인체에 무해하고 친환경적인 마르세유 비누의 원칙을 담고 있다.

마르세유 비누에는 오일 함유량이 반드시 찍혀 있어야 한다. 그것이 마르세유 비누의 생산 요건이다. 비누를 뒤집어 마크를 반드시 확인하자. 오리지널 마르세유 비누라면 아기에게도 안심하고 사용할 수 있다. 누구나 사용할 수 있기 때문에 좋은 기념 선물이 될 것이다.

SUD DE FRANCE BY AREA 07
마르세유

SLEEP

 Writer's Pick!

마르세유 여행의 격을 높여주는 디자인 호텔
호텔 C2 Hôtel C2

19세기 맨션을 개조하여 높은 천장과 크고 밝은 창이 있는 시크한 디자인 호텔이 탄생하였다. 프레스코화, 샹들리에와 대리석, 원목 바닥 등 감각적인 인테리어 디테일이 눈에 띈다. 호텔 각 층에는 프랑크 로이드 라이트, 르 코르뷔지에, 마르셀 브루어 등 유명 건축가들에게 헌정하는 '디자인 의자'가 비치되어 있는 것이 특징. 미니멀한 인테리어의 객실은 넓고 아늑하며 방음도 잘 되어 있다. 실내 풀장이 있는 스파에는 다양한 프로그램을 갖추고 있다. 밤늦게까지 운영하는 호텔 로비의 바에서는 푸짐한 조식 뷔페가 차려진다. 최첨단, 최고급 시설을 갖춘 C2에서 가장 좋은 것은 친절한 스태프의 서비스. 주차는 하루 30유로.

Data 지도 253p-H
가는 법 M1 Estrangin Préfecture에서 도보 2분
주소 48 Rue Roux de Brignoles, 13006 Marseille
전화 0495-051-313 홈페이지 www.c2-hotel.com

남부의 정에 흠뻑 취하는 B&B
카사 오르테가 Casa Ortega

생 샤를 기차역 부근에 위치한 아늑한 가정집 같은 B&B로, 채광 좋은 20세기 건물의 초인종을 누르면 주인이 반갑게 맞아준다. 세계 최고의 캐스터네츠 연주자로 알려진 후안 오르테가가 살았던 건물이라 그의 이름을 땄다. 빈티지, 앤티크 애호가인 주인 덕분에 따뜻하고 정겹게 꾸며진 카사 오르테가의 객실은 총 5개. 객실 하나에는 개별 발코니가 딸려 있으니 원한다면 예약 시 문의할 것. 조식은 펑키한 분위기의 라운지 공간에서 제공한다.

Data 지도 252p-D 가는 법 생 샤를 기차역에서 도보 2분 주소 46 Rue des Petites Maries, 13001 Marseille 전화 0954-327-437 홈페이지 www.casa-ortega.com/en

구항구에 면한 고급스러운 호텔
호텔 라 레지덩스 뒤 비유 포르 Hôtel La Residence Du Vieux Port

바실리크 노트르담 드 라 가르드가 한눈에 들어오는 전망 좋은 4성 호텔. 모든 객실은 50년대 레트로풍으로 꾸며져 원색의 가구와 벽지, 소품에서 경쾌한 분위기가 풍긴다. 통유리창을 통해 구항구의 아침에 열리는 생선 시장과 밤의 관람차를 감상할 수 있다. 대다수의 객실에는 개별 발코니가 딸려 있고 장애인 출입이 용이하도록 따로 설비를 구비한 객실 3개가 있다. 호텔 내 지중해 레스토랑 르 클레 50Le Relais 50도 맛있기로 소문나 식당을 찾으러 갈 필요가 없다. 조식은 18유로, 부근의 주차장은 할인가 1일 11유로로 이용할 수 있다.

Data 지도 253p-H 가는 법 M1 Vieux Port에서 도보 2분 주소 8 Quai du Port, 13002 Marseille 전화 0491-919-122 홈페이지 www.hotel-residence-marseille.com

교통권이 따로 필요 없는 최고의 위치
알렉스 호텔 Alex Hotel

마르세유 주요 명소와 모두 가깝고 생 샤를 기차역과도 280m 거리의 숙소. 부담스럽지 않은 가격의 부티크 호텔로 가격 대비 디자인, 청결함, 서비스가 좋아 젊은 여행객들이 선호하는 곳이다. 로비와 호텔 외관은 선명한 원색으로, 객실은 모노톤으로 편안하게 꾸며 놓았다. 객실은 커피와 차가 놓인 웰컴 트레이, iPod 데크, iPhone 스테이션, 전자 포트, A/C, LED TV, 드라이어와 어메니티가 비치된 샤워실이 구비되어 있다. 조식은 정오까지 정원에서 제공된다. 갓 구워 따끈하고 맛있는 페이스트리류가 특히 인기다. 비즈니스 여행객들을 위해 40인석 미팅룸을 마련해 놓았고 자전거 대여, 드라이 크리닝, 컨시어지 서비스도 제공한다.

Data 지도 252p-D 가는 법 생 샤를 기차역에서 도보 2분 주소 13-15 Place des Marseillaises, 13001 Marseille 전화 0413-241-325 홈페이지 www.hotelalex.fr

Sud de France By Area

08

카시스
Cassis

노벨 문학상 수상자 프레데릭 미스트랄은 "파리를 보았으나 카시스를 보지 못한 사람은 아직 프랑스를 보지 못했다라 말해야 한다"고 했다. 남프랑스 어떤 마을을 가도 다양한 자연 환경을 누릴 수 있지만 카시스만큼 산과 바다를 가까이 하고 있는 마을은 없다.

20세기부터 마르세유 부유한 거주민들의 리조트 타운으로 부상하기 시작하였고, 프랑스 3대 포도 원산지 중의 하나이다. 포도향과 바다내음이 물씬 풍기는 이 해안가 마을은 마르세유와는 다른 매력을 발산한다.

Cassis
PREVIEW

평온하고 소박한 카시스는 일정이 빠듯하다면 그냥 지나칠 수도 있는 작은 마을이다. 그러나 프랑스 국립공원 중 가장 **훌륭한** 것으로 꼽히는 칼랑크도 방문할 수 있고 지역에서 나는 포도로 빚은 맛있는 화이트 와인과 일품 생선 요리가 있어 미식가들의 사랑을 듬뻑 받는 옹골찬 여행지이다.

SEE

카시스 시내 자체는 무척 작아 돌아보는 데 1시간도 걸리지 않는다. 그러나 바다와 바로 옆에 위치한 칼랑크 국립공원을 여행하려면 하루를 온전히 할애해야 한다. 바다 또는 산, 원하는 여행에 따라 하이킹을 위한 편한 복장이나 수영복을 준비하는 것을 추천.

EAT

바닷가에 자리한 식당들이 카시스에서는 가장 맛이 좋고 인기가 좋다. 해산물이 특히 신선하고, 매년 100만 병을 생산하는 와인으로 유명한 지역인 만큼 화이트 와인도 곁들여보자. 16세기에는 달콤한 화이트 와인을 주로 생산하다가 20세기부터는 드라이 화이트 와인에 주력한다. 9월 중 2주 동안 와인 축제를 열기도 하니 가을 여행자들은 참고할 것.

BUY

일 년 내내 시내 곳곳에서 열리는 시장 구경도 재미있고, 카시스에서 시작하여 남프랑스 전역으로 점점 더 많은 인기를 끌고 있는 '로 드 카시스' 향수 매장도 방문해볼 것을 추천한다. 시장에서는 지역 특산물인 올리브유, 케이퍼, 와인 안주로 최고인 타페나드, 꿀 등이 살 만하다. 카시스 와인을 구입하고 싶다면 10~12도에 보관하여 살짝 차게 마시는 것이 가장 맛있다고.

Cassis
GET AROUND

 어떻게 갈까?

비행기
가장 가까운 공항은 마르세유. 카시스로 바로 오는 것보다는 마르세유 시내 관광을 마치고 카시스를 찾는 편을 권한다. 카시스를 찾으려면 마르세유에서 렌터카를 이용하거나 마르세유 시내의 기차 또는 버스를 이용해야 하기 때문.

기차
가장 빠른 대중교통편이다. 마르세유 기차역에서 30분마다 운행하는 기차를 타면 약 25분 소요된다. 카시스의 기차역은 시내 중심부에서 3.5km 떨어져 있어 기차역에서는 버스 노선 라 마르쿨린La Marcouline을 타고 이동한다. 홈페이지에서 모든 정류장과 일정을 확인할 수 있다.

카시스 기차역
Data 지도 279p-C 주소 Av. de la Gare, 13260 Cassis

버스
마르세유-카시스를 잇는 버스 노선은 78번이 있다. 약 1시간 소요.

자동차
마르세유에서는 A50 도로를 이용하여 Carnoux-en-Provence 출구로 나와 D41E의 로터리에서 D559 Cassis Center 방향으로 달리다 Cassis 8번 출구로 빠진다. 주차는 가장 가까운 무료 공용 주차장 Gorguettes를 추천한다. 이곳에서 카시스 시내 중심까지 왕복 1.60유로 이용 가능한 셔틀이 운행된다. 파리와 800km(7시간 30분), 리옹과는 340km(3시간 20분), 툴루즈와는 430km(4시간 20분) 떨어져 있다.

SUD DE FRANCE BY AREA 08
카시스

어떻게 다닐까?

카시스는 무척 작아 도보로 전부 돌아볼 수 있다. 칼랑크 투어를 가는 것이 아니라면 보트나 차로 이동할 필요가 전혀 없다. 재미를 위해 주요 명소들을 천천히 돌아보는 여행자용 기차를 타고 편하게 돌아보는 것도 괜찮다.

카시스 투어리스트 기차
카시스와 미우 항구 쪽의 칼랑크를 돌아보는 40분간의 작은 기차 여행. 관광청 사무소 맞은편에서 출발한다. 프랑스어, 영어 오디오 가이드 지원.

Data 가는 법 카시스 관광청 사무소에서 도보 1분
주소 출발·도착지 Quai Saint-Pierre, 13260 Cassis 운영시간 4월 18일~10월 13일 11:15, 12:15, 14:15, 15:15, 16:15, 17:15, 18:15 / 3월 25일~4월 17일, 10월 14일~11월 5일 11:15, 12:15, 14:15, 15:15, 16:15, 17:15 요금 성인 10유로, 4-12세 4유로, 아동(5~11세) 4유로

─(**INFO**)─

카시스 관광청 사무소 Office de Tourisme
관광 정보 제공, 각종 투어 예약 등을 지원한다.
운영시간은 홈페이지 참고.

Data 지도 278p-A 주소 Quai des Moulins, 13260 Cassis 전화 0892-390-103
홈페이지 ot-cassis.com
관광청 앱 bit.ly/3uebXaf

카시스 시내

- 생 미셸 성당 Église St. Michel
- 칼랑 카약 Calankayak
- 카시스 칼랑크 플롱제 Cassis Calanques Plongee
- 푸아소네리 로랑 Poissonerie Laurent
- 로 드 카시스 L'Eau de Cassis
- 카시스 시장 Marché de Cassis
- 관광청 사무소
- 카시스 투어리스트 기차
- 카시스 항구 Port de Cassis
- 그랑 메르 해변 Plage de la Grande Mer

0 100m

278 | 279

↑ 카시스 기차역 차로 8분

D559

카시스 시내

샹 미셸 성당
Église St. Michel

카시스 항구
Port de Cassis

베스트 웨스턴 호텔 라 라드
Best Western Hôtel La Rade

베스투앙 해변
La Bestouan

베스트 웨스턴 호텔 라 라드
Best Western Hôtel La Rade

르 자르댕 데밀
Le Jardin d'Emile

깔랑크 국립공원
Parc National des Calanques

깔랑크 드 포르 미우
Calanque de Port-Miou

카시스 전도
Cassis

500m

Theme

카시스 관광청이 주관하는 투어 프로그램

카시스 관광청은 카시스가 낯선 여행자들을 위한 다양한 투어 프로그램을 마련하였다. 항구 바로 옆에 위치한 관광청에서 혹은 온라인으로 문의를 하면 친절하고 신속하게 도움을 줄 것이다. 다양한 주제와 일정의 투어들이 있으니 카시스를 제대로 여행하고 싶다면 투어를 신청해보자.

카시스 시가지 투어

어부들의 마을과 부르주아 동네 등 시내 곳곳을 돌아보는 투어로, 지역 특산 음식 한 가지를 투어 중 맛볼 수 있다. 출발 전 15분까지 관광청 사무소 앞에서 모인다. 일주일에 1회 정도 운영. 요일은 매주 바뀌니 관광 사무소에 미리 문의하거나 홈페이지에서 알아보자.

카시스 항구에서 출발하는 칼랑크 보트 투어

카시스 관광청에서는 마르세유와 카시스 사이의 칼랑크들을 돌아보는 4개의 보트 투어를 운영한다. 하이킹할 체력과 시간은 없지만 카시스와 칼랑크 풍경은 꼭 보고 싶은 사람에게 최적인 프로그램이다. 항구에서 출발 시간 30분 전까지 티켓을 구입하여 투어에 참여할 수 있다.

Data 홈페이지 www.ot-cassis.com/en/sea.html

관광청이 주관하는 칼랑크 투어

압도하는 자연미를 느껴보고 싶지만 가이드 없이 선뜻 나서기가 망설여진다면 관광청이 주관하는 투어를 선택해 보자. 난이도에 따라 참여 가능한 권장 나이와 예상 소요시간, 일정을 홈페이지에서 소개한다. 여러 프로그램이 있어서, 낮과 밤 시간 투어, 반나절과 좀 더 짧은 거리 투어 등 일정, 체력에 맞춰 선택할 수 있다. 가격은 약 25유로.

Data 홈페이지 www.ot-cassis.com/en/calanques.html

모두를 위한 칼랑크 투어

카시스 관광청에서는 15km에 달하는 5개의 계곡을 4시간 동안 카약으로 돌아보는 투어 등, 시간과 체력에 따라 카약, 하이킹 등 다양한 액티비티와 루트를 포함하는 프로그램 또한 운영한다. 살펴보고 나에게 최적화된 것을 선택해보자. 투어 세부 페이지에서 전체 투어 중 도보로 걸어야 하는 시간과 예약 가능한 일정, 난이도와 가이드 제공 언어, 후기 등을 상세하게 안내한다.

SEE

마르세유와 카시스 사이의 거대한 산소 공급기

Writer's Pick! **칼랑크 국립 공원** Parc National des Calanques

코르시카어로 '바다나 호수의 좁은 물 어귀'를 뜻하는 '칼랑카'에서 이름이 유래하였다. 2012년 프랑스의 10번째 국립공원이 된 이 공원은 마르세유와 카시스까지 이어지는 약 20km 거리의 해안가 사이사이에 자리한 수많은 칼랑크로 이루어졌다. 흰 석회암 절벽들과 아름드리 소나무 숲, 깊이를 알 수 없는 너른 바다가 넓게 펼쳐져 있다. 지중해와 프로방스의 지형, 풍부한 해양 생물과 다양한 식물종으로 인해 자연 보호 구역으로 지정되었다. 보호 생물 및 식물이 140여 종이나 되며, 1991년 카시스 출신 다이버 앙리 코스케르가 발견한 코스케르 동굴은 칼랑크 국립 공원의 최대 보물이다. 아쉽게도 대중에게는 개방되지 않았지만 기원전 1900년에 그려진 것으로 추정되는 선사 시대의 벽화가 남아 있는 곳이다. 여름 성수기에는 칼랑크 보호를 위해 교통을 차단하기 때문에 칼랑크에서는 걸어서 해변까지 가야 한다. 자연과 호흡하는 하이킹은 추천. 길이 그리 쉽지 않아 준비를 단단히 해야 한다. 관광청 사무소에서 진행하는 투어가 안전하고, 그렇지 않다면 관광청 사무소에서 지도를 받아 편한 신발과 충분한 양의 물을 준비하여 표시된 길을 따라서 하이킹을 해야 한다. 해양 스포츠를 원한다면 관광청에 문의하여 요트, 카약, 낚시, 스쿠버 다이빙 등의 액티비티도 할 수 있다. 카시스의 첫 칼랑크인 미우 항구Port Miou 칼랑크와 엉보En-Vau 칼랑크가 경관이 예쁘다.

Data 지도 282, 283p
가는 법 카시스 도심에서 미우 항구 칼랑크까지 도보 30분
주소 Bât A4, Parc Valad, Impasse Paradou, 13009 Marseille
전화 0420-105-000
홈페이지 calanques-parcnational.fr

TIP 마르세유에서 가려면 관광청 사무소에 문의하여 보트 또는 가이드와 함께하는 워킹 투어에 참여하거나 하이킹 루트, 지도 등의 지원을 받아 가자.
Data 홈페이지 bit.ly/3QOVZgq

칼랑크 도보/보트 여행

범례
- 칼랑크 도보 루트
- 뱃길

칼랑크 국립공원
Parc National des Calanques

카시스 Cassis

Route de la Gineste
Avenue de la Marne
Avenue Jules Ferry

출발
40분
1시간 30분

- 캅 뒤 데벙송 Cap du Devenson
- 칼랑크 뒤 데벙송 Calanque du Devenson
- 애귀 드 레이사동 Aiguille de l'Eissadon
- 포앙트 드 릴로 Pointe de l'Îlot
- **칼랑크 드 룰** Calanque de l'Oule
- 포앙트 드 카스텔비엘 Pointe de Castelviel
- **칼랑크 덩 바우** Calanque d'En Vau
- 포앙트 덩 바우 Pointe d'En Vau
- 그랑 메르 해변 Plage de la Grande Mer
- 베스투앙 해변 Plage du Bestouan
- 로슈 블랑슈 Roches Blanches
- 블뢰 해변 Plage Bleue
- 캅 카블르 Cap Cable
- **칼랑크 드 포르 미우** Calanque de Port-Miou
- 포앙트 드 라 카카우 Pointe de la Cacau
- **칼랑크 드 포르 펭** Calanque de Port Pin

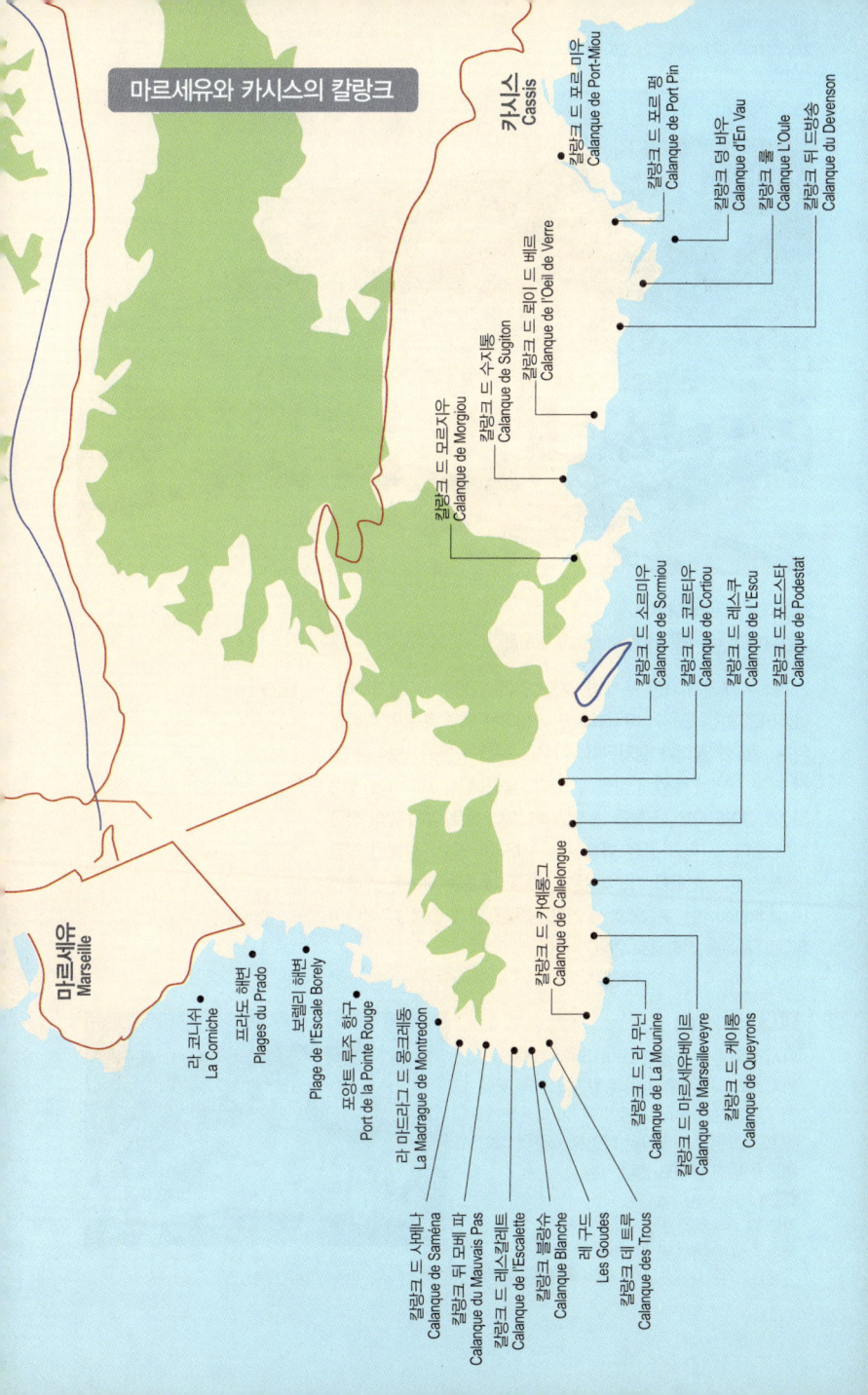

산보다는 아무래도 바다!
그랑 메르 해변 Plage Grande Mer

카시스 시내에서 가장 큰 해변이지만 길이는 300m에 불과하다. 여름이면 안전 요원이 배치되고 7, 8월에는 해변 축구와 럭비를 위한 네트와 골대가 설치된다. 카시스 성채가 올려다보이는 멋진 뷰를 해변에 누워 감상할 수 있다. 부근에 식당과 바가 많아 3분만 걸어도 맛집을 찾을 수 있으며, 시내 바로 앞에 있어 접근성도 좋다. 샤워와 공용 화장실이 구비되어 있고, 장애인 입장이 가능하다. 항구를 가운데 두고 맞은편에 있는 베스투앙 해변 Plage Bestouan는 프랑스에서 가장 높은 해안가 절벽 캅 카나이유 Cap Canaille 전망으로 인기가 좋다.

Data 지도 278p-A
가는 법 카시스 관광청 사무소에서 도보 2분
주소 Esplanade Charles de Gaulle, 13260 Cassis

TIP 바다 레저

카시스 칼랑크 플롱제 Cassis Calanques Plongee
카시스와 마르세유 사이의 칼랑크 여러 곳에서 진행하는 다이빙 프로그램. 아이들을 위한 프로그램을 비롯하여 다양한 수준의 다이버들을 위한 난이도 선택 가능.

Data 지도 278p-A
가는 법 카시스 관광청 사무소에서 도보 3분
주소 3 Rue Michel Arnaud, 13260 Cassis **전화** 0671-526-020 **홈페이지** www.cassis-calanques-plongee.com

© Cassis Calanques Plongée

카시스 시가지의 이정표
생 미셸 성당 Église St. Michel

건축미가 뛰어난 것은 아니지만 카시스 사람들의 세례와 결혼식을 진행하는 등 시민들의 생활과 밀접한 곳. 시내에서 길을 잃으면 방향을 잡아주기도 한다. 오랫동안 카시스에는 예배당이 1개만 존재하다가 17세기 처음 지은 성당이 무너지고, 1859년이 되어서야 시내 중심부에서 조금 떨어진 지반이 단단한 곳에 생 미셸을 쌓아 올렸다. 로마 양식의 건물로 3개의 회랑이 있으며, 카시스의 돌만을 이용하여 지은 것이 특징. 카시스에는 성당 말고도 돌담이나 벽 한가운데를 조그맣게 파내고 성모마리아상이나 예수상을 넣어두는 작은 예배당 오라토리Oratory가 11개 있다. 이 작은 상들은 마르세유의 최초 추기경, 와인 제조업자들의 수호성인 성 빈센트 등 다양한 인물들로 만들어져 있다. 길을 가다 조용히 성호를 긋고 가는 카시스 사람들을 종종 볼 수 있다.

Data 지도 278p-A
가는 법 관광청 사무소에서 도보 6분
주소 2 Rue Abbé Paul Mouton, 13260 Cassis
전화 0442-737-330

이름 그대로 정직한 생선 요리 집
푸아소네리 로랑 Poissonerie Laurent

항구 앞, 바다 전망의 테라스 자리가 명당인 생선 요리 전문 식당. 각 메뉴와 어울리는 와인도 매칭해 주는 유쾌한 스태프들은 카시스 와인에 해박하여 메뉴와 음료 선택을 온전히 맡겨도 걱정 없다. 접시가 보이지 않을 정도로 담아 내오는 푸짐한 양에 보기만 해도 배부르다. 그날 잡은 생선으로 요리하는 메뉴가 가장 맛이 있어 메뉴판을 보고 고르기보다는 신선한 오늘의 생선을 추천받아 주문하는 편이 좋다. 특별한 소스나 조리법 대신 재료의 신선도로 승부하여 건강한 맛이다. 아무리 배불러도 디저트까지 손을 뻗게 하는 홈메이드 디저트도 여러 가지라 혼자 가서 하나만 시키기에는 아쉬운 맛집. 여름에는 테라스 자리가 금방 동이 나니 오픈 시간에 맞추어 가는 것을 추천한다.

Data **지도** 278p-A **가는 법** 카시스 관광청 사무소에서 도보 3분
주소 5 Quai Jean Jacques Barthélémy, 13260 Cassis **전화** 0442-017-156
운영시간 화~토 12:00~14:00, 18:30~21:30, 일 12:00~14:00

📢 **Theme**

꼭 한 잔 마셔봐야 할 카시스 와인

카시스는 프랑스에서 가장 오래된 포도 재배지 가운데 하나다. 기원전 7세기 이전부터 이미 포도를 재배하기 시작했고, 16세기에는 이미 40만 리터 이상의 포도주를 생산하던 곳이다. 지중해 특유의 날씨와 휴식하기 좋은 바다, 신선한 해산물이 있는 땅! 돈 많은 사람들이 카시스로 몰려드는 것은 당연한 일이다. 게다가 오래전부터 질 좋은 포도가 생산되고 있고, 맛 좋은 와인이 발달했다면? 카시스를 방문한 21세기 여행자에게 '카시스 와인'을 맛보는 것은 선택이 아니라 필수며, 권리이자 의무인 것!

카시스는 1936년 소테른Sauternes과 샤토뇌프 뒤 파프Chateauneuf-du-Pape와 함께 프랑스에서 가장 먼저 아펠라시옹 도리진 콩트롤레(AOC) 인증을 받은 곳이다. 아펠라시옹 도리진 콩트롤레Appellation d'Origine Contrôlée는 1935년부터 시작된 프랑스 와인 원산지 등급 체제다. 프랑스에서 생산되고 판매되는 모든 와인에 대해 어느 지역에서 생산되었고, 포도의 품종은 무엇이며, 와인의 제조 방법과 올코올 함유량, 숙성 조건 등을 모두 규제하여 최고급 와인을 선별하는 것이다.

카시스가 AOC 인증을 받은 이유는 넓고 질 좋은 카시스의 땅에서 잘 가꾸어진 포도밭의 포도 품종으로 성실한 와인 제조업자들이 최고급 와인을 만들었기 때문이다. 카시스 사람들은 다른 지역의 와인은 손대지 않을 정도로 현지 와인에 대한 애정과 자부심이 남다르다.

아마 일반 여행자들이라도 한번 카시스 와인을 마셔보면 왜 그런지 이유를 단박에 알 수 있을 것이다. 우선 카시스 와인은 깊은 풍미부터 확연히 다르다. 특히 카시스는 화이트 와인이 유명하다. 그러나 생산량이 많지 않아 프로방스 내에서 거의 소비가 되기 때문에 다른 지역에선 거의 맛보기 어렵다.

와인 애호가이거나 시간적인 여유가 있는 여행자라면 와이너리를 꼭 들러보자. 카시스에는 총 12곳의 와이너리가 있는데, 파테르넬 와이너리가 대표적이다. 관광청 사무소를 통하여 방문하면 와인 테이스팅을 할 수 있다. 식당에서 음식과 어울리는 와인 추천을 부탁하면 웨이터의 백과사전 같은 설명을 들을 수 있으니 꼭 요청해보자. 카시스에서 와인 반주는 필수다!

일 년 내내 쉴 틈 없이 바쁜
카시스 시장 Marché de Cassis

지역 상인들이 각종 과채와 생선, 육류, 치즈, 꽃, 의류를 파는 정기 시장이 세 군데에서 열리며 4월 중순 이틀간 카시스 정원에서 정원 가꾸기의 모든 것을 구입할 수 있는 푸른 가드닝 시장을 연다. 목장, 농장 주인들이 주최하는 '농장주 시장'은 매주 토요일 08:00~13:30까지 클레몽소 광장에서 열리고 7~8월 두 달간 매일 18:00~24:00까지 바라뇽 광장과 클레몽소 광장, 밤시장에서 의류와 액세서리를 판매하고 항구에서 지역 아티스트들이 조각상, 회화, 스케치 등 자신의 작품을 판매하는 '부두의 아티스트'장이 선다. 11월 중에는 이탈리아 시장이, 12월에는 크리스마스 마켓이 열려 카시스의 광장들은 쉬는 날이 없다.

주중 마을 시장

Data **지도** 278p-B
주소 Place Baragnon Gervais, Place Georges Clemenceau, Rue de l'Arène, 13260 Cassis
가는 법 관광청 사무소에서 도보 약 5분
운영시간 수·금 08:00~13:30

 남프랑스 자연에서 채취한 최상의 향
로 드 카시스 L'Eau de Cassis

남프랑스와 여름에서 영감을 받은 듯한 '여름 밤 파티', '남부의 정기', '카시스의 물', '바다'와 같이 듣기만 해도 시원한 이름의 향수들을 만들어 파는 고급스러운 파퓨머리. 마르세유와 카시스에서 휴양을 즐긴 귀족 부인을 위해 만든 로 드 카시스 향수를 시초로 1851년부터 향수를 만들어왔다. 향수 제조에 필요한 시설이 상점 내 진열되어 있고 향수뿐 아니라 디퓨저나 비누 등 기념품으로 살 만한 것이 많다. 전 세계 배송이 가능하다는 것이 장점. 병의 무게나 통관을 걱정하지 않고 시향 후 마음에 드는 것을 골라 한국으로 미리 보내면 여행을 마치고 집에 돌아갔을 때 카시스 내음이 기다리고 있을 수도. 카시스에 지점이 하나 더 있으며 마르세유와 그라스에도 지점이 있다.

Data 지도 278p-B 가는 법 카시스 관광청 사무소에서 도보 2분
주소 2 Place Baragon, 13260 Cassis / 8 Rue Saint Clair, 13260 Cassis
전화 0442-042-558 운영시간 10:00~13:00, 14:30~19:00 홈페이지 www.leaudecassis.com

프로방스풍의 가정집 같은 아늑한 호텔
르 자르덩 데밀 Le Jardin d'Emile

항구에서 도보로 5분이면 도착하는 곳. 객실 7개의 단출한 이 호텔은 베스투앙 해변 또는 무성한 소나무 숲 전망을 볼 수 있는 자연적인 숙소다. 산장 같은 전원적인 분위기와 알록달록한 색색의 인테리어가 대조를 이루어 귀엽다. 각각의 객실은 모두 다른 인테리어 콘셉트로 꾸며져 있으며 전 객실은 A/C, TV와 개별 욕실을 갖추고 있다. 조식은 컨티넨탈 스타일로 제공하며 호텔 내 바 파스티스Bar Pastis의 야외 테라스에서 캅 카나이유까지 내다볼 수 있다. 또 호텔 바로 옆의 산책로와 호텔 정원이 있어 여유로운 분위기를 더욱 느낄 수 있다.

Data 지도 279p-D
가는 법 관광청 사무소에서 도보 11분 주소 23 Avenue de l'Amiral Ganteaume, 13260 Cassis 전화 0442-018-055
홈페이지 www.lejardindemile.fr

카시스 시내와 5분 거리에 위치한 아늑한 호텔

베스트 웨스턴 호텔 라 라드 Best Western Hôtel La Rade

365일 개방하는 온수 수영장, 자쿠지와 바다 전망의 테라스가 있어 카시스의 풍광을 감상하며 편안히 쉴 수 있다. 스위트룸은 캅 카나이유 전망의 욕실이 마련되어 있다. 모노톤의 객실 인테리어와 파란 풀장은 편안한 수면과 신나는 야외 액티비티의 전조. 조식은 바다 전망의 레스토랑에서 제공되며 호텔 내에 바도 있다. 24시간 프런트 데스크에는 알찬 여행을 할 수 있도록 스태프들이 상주하여 해변 레저 활동과 칼랑크 하이킹 투어 등의 예약도 도와준다. 야외, 실내 주차장 완비. 12세 미만은 무료로 투숙 가능.

Data 지도 279p-E
가는 법 카시스 관광청 사무소에서 도보 10분 **주소** 1 Avenue des Dardanelles, 13260 Cassis
전화 0442-010-297 **홈페이지** www.bestwestern-cassis.com

Sud de France By Area

09

액상프로방스
Aix-en-Provence

남프랑스 사람들에게 살기 좋은 곳이 어디인지 물어보면 열에 아홉은 '액스'라 답한다. 생 트로페의 트렌디함과 아비뇽, 아를과 유사한 황토빛 중세풍의 시가지, 예술가를 전율케 하는 바다와 맛있는 와인, 식도락까지. 남프랑스 곳곳의 정수를 뽑아 한 지역에 꾹꾹 눌러 담은 곳이 바로 액상프로방스다.

대학가 마을이라 젊고 에너지가 넘치며 위엄 있는 바로크 건축물들이 산책을 풍요롭게 한다. 분수가 많아 '분수의 도시'라 불리기도 한다. 시원하게 물을 뿜는 분수에서 쉬어도 좋다.

Aix-en-Provence
PREVIEW

우아함과 고급스러움이 골목과 건물, 광장과 분수 등 곳곳에서 뿜어져 나오는 예스러운 중세 도시, 액상프로방스. 프랑스 남부에서도 여유롭고 풍요로운 삶을 추구하는 사람들이 모여 사는 곳으로 오래전부터 이름을 떨쳤다. 향긋한 와인을 즐길 줄 아는 온화한 미소의 사람들이 반갑게 맞아주는 엑스(액상프로방스를 부르는 애칭)를 여행하자.

SEE

넓은 대로와 멋진 호텔 파티큘리에hôtel particulier(개인의 거처로 사용하던 화려한 맨션으로 유서 깊고 아름다운 정원을 갖춘 대규모의 건물들)이 늘어선 구시가지 골목들, 수십 개의 분수가 자리한 예쁜 시내. 신과 구의 조화가 아름다우며 건축미가 뛰어난 도시라 걷기만 해도 좋다. 전시 퀄리티가 좋은 박물관, 미술관이 있으며 무엇보다 세잔에 관하여서는 엑스만큼 그를 충분히 느낄 수 있는 곳이 없다. 세잔이 사랑했던 도시를 여행하며 그의 강렬한 붓터치에 마음을 뺏겨보자.

EAT

액상프로방스의 디저트, 아몬드 가루를 빚어 만드는 작은 잎사귀 모양의 칼리송은 시내 어디서든 쉽게 살 수 있다. 식사할 때는 반주로 액상프로방스의 와인을 추천. 액상프로방스에는 5개의 AOC 등급 와인이 있다. AOC는 엄격한 기준에 부합해야 받을 수 있는 인증으로, 라벨이 붙은 와인은 무엇이든 추천할 만하다. 화이트는 가볍고, 레드는 힘이 있고 균형이 훌륭하며, 로제는 밝고 맛이 풍성하다. 액상프로방스에 있는 430여 개의 와이너리에서 와인투어도 해보자(www.routedesvinsdeprovence.com).

BUY

쇼핑을 아는 남프랑스 패셔니스타라면 가고, 마쥬, 산드로, 아메리칸 빈티지, 세순, 에르메스, 소니아 리켈, 롱샴, 레페토 등 중가 브랜드부터 명품까지 모두 갖춘 액상프로방스 시내에 이미 익숙하다. 그 어느 남프랑스 도시보다도 많은 브랜드를 찾아볼 수 있고 깐느나 생 트로페보다 가격은 훨씬 저렴하다.

TIP 액상프로방스 최대의 축제를 놓치지 말자

유럽에서 가사가 있는 음악제 중 손꼽히는 퀄리티의 액상프로방스 페스티벌Festival d'Aix-en-Provence은 매년 6월 말~7월 말까지 진행된다. 1948년에 시작하여 실내, 야외 공연장에서 오페라 등의 공연이 성대하게 열린다. **Data** 홈페이지 www.festival-aix.com

Aix-en-Provence
GET AROUND

 어떻게 갈까?

비행기
마르세유 공항이 가장 가깝다. 액상프로방스와는 25분 거리. 마르세유 공항 플랫폼 1번 버스정류장에서 액상프로방스 TGV 기차역까지 가는 셔틀이 05:35~23:05 사이 30분 간격으로 운행된다. 액상프로방스부터 공항까지 가는 셔틀은 04:50, 05:20, 05:50, 06:10, 그 후 매시간 10분과 40분에 운행한다. 막차는 23:25, 요금은 8.20유로.

자동차
깐느(153km), 니스(176km)에서는 A8 도로를 이용하고 마르세유(32km)에서는 A51 도로를 이용하여 찾을 수 있다.

버스
니스에서는 플릭스 버스나 블라블라 버스를 이용하여 액상프로방스를 찾을 수 있다. 노선에 따라 약 2시간~3시간 30분 소요. 액상프로방스 버스정류장은 시내에서 불과 500m 떨어져 있어 접근성이 좋다. 노선별 시간표, 요금, 정류장은 체크마이버스 홈페이지에서 확인할 수 있다.

Data **주소** Avenue de l'Europe, 13100 Aix-en-Provence
홈페이지 www.checkmybus.fr

기차
액상프로방스는 고속 열차 TGV로 파리에서 3시간, 리옹에서 1시간 30분이면 도착한다. 바르셀로나, 밀라노, 제네바와도 4시간 거리에 위치해 있다.

Aix-en-Provence Mediterranean TGV 역

Data **지도** 299p-E
주소 Route départementale 9, 13592 Aix en Provence

SUD DE FRANCE BY AREA 09
엑상프로방스

어떻게 다닐까?

시내 중심부는 크지 않아 걸어서 여행하기 무방하다. 엑상프로방스 시내를 벗어나 자연 속에서 사이클링을 해봐도 좋다. 자전거 대여점과 추천하는 자전거 여행 루트를 살펴보자.
Data 홈페이지 www.aixenprovencetourism.com

디아블린 Diablines
친환경 전기 셔틀 디아블린을 이용해서 시내를 돌아볼 수 있다. 홈페이지에서 정류장을 검색할 수 있다.
Data 주소 정류장 Parking Rotonde, 103 Avenue Joseph Villevieille, 13100 Aix-en-Provence
요금 1회권 1.30유로, 10회권 9.10유로
홈페이지 www.la-diabline.com

미니 투어리스트 기차
귀여운 기차를 타고 시내 구석구석을 45분 동안 알차고 편하게 돌아보는 여행자용 관광 루트.
Data 지도 299p-E
주소 300, Avenue Giuseppe Verdi130605 Aix-en-Provence (관광청 사무소 앞에서 출발)
운영시간 성수기 10:15~18:15 (1시간에 1회), 비성수기 11:15~17:15 (1시간에 1회)
요금 성인 10유로, 4~12세 5유로, 탑승시 지불 또는 관광청 사무소에서 표 구매
홈페이지 www.francevoguette.com/petit-train-touristique-electrique-aix-en-provence/

택시
걸어서 다니기에 무리 없지만 세잔 아틀리에까지 걸어가는 것이 조금 부담스럽다면 택시를 이용해도 좋다. 택시 회사가 여럿이라 택시를 잡는 것이 어렵지 않다. 홈페이지에서 엑상프로방스의 여러 택시 회사들을 찾아볼 수 있다.
Data 홈페이지 bit.ly/3Nvq55U

버스

시내와 외곽을 잇는 여러 개의 노선이 있다. 홈페이지에서 각 노선의 정류장을 찾아볼 수 있다.

Data 요금 단일권 1.20유로, 2회권 2.30유로
홈페이지 www.aixenbus.fr

> **TIP** 버스 엉 액스 Bus en Aix
>
> 액상프로방스 시내는 걸어서 돌아볼 수 있으나 편하게 이동을 하고 싶거나 근교, 주변 마을로의 이동을 위해서는 버스 엉 액스를 이용하면 된다. 검색과 줌 기능을 지원하는 인터랙티브 지도와 전 노선 개별 지도와 시간표 등을 홈페이지(www.aixenbus.fr)에서 확인할 수 있다.

---INFO---

액상프로방스 관광청 사무소 Office de Tourisme

액상프로방스 관광청 사무소에서는 가이드 투어 프로그램을 운영한다. 구시가지, 세잔 투어 외에도 개별 가이드마다 특화된 분야를 살려 바로크 건축, 럭셔리 타운하우스 투어 또는 숨겨진 도시의 보물 투어 등 다양한 프로그램이 있으니 홈페이지를 참조하자. 요금은 보통 10유로 안팎이다.

Data 지도 299p-E 가는 법 액상프로방스 기차역에서 도보 7분
주소 300 Avenue Giuseppe Verdi, 13100 Aix-en-Provence
전화 0442-161-161 운영시간 1/1, 5/1, 12/25 휴무
홈페이지 aixenprovencetourism.com *한국어 지원

가이드 투어 페이지

> **TIP** 액상프로방스 시티 패스 Aix en Provence City Pass
>
> 박물관 및 도시 주요 명소 입장료 할인 혜택을 받을 수 있는 여행자 패스. 12개의 명소 무료입장, 관광청에서 진행하는 15개의 가이드 투어 무료 참여, 투어리스트 기차, 디아블린과 버스를 포함하는 대중교통 이용권을 포함한다.
>
> **Data** 요금 24시간권 29유로, 48시간권 39유로, 72시간권 49유로
> 홈페이지 reservation.aixenprovencetourism.com/pass-touristique.html

SUD DE FRANCE BY AREA 09
액상프로방스

Aix-en-Provence
ONE FINE DAY

액상프로방스에서는 특별히 어디 가지 않고 시내를 누비는 것만으로도 행복하다. 산책의 즐거움을 느낄 수 있기 때문. 목을 축이라 권하는 핑크빛 로제 와인이 아이스박스에 비스듬히 누워 길 가는 이들을 불러 모은다. 이 도시의 느긋함은 로제 와인처럼 향기롭다. 볼 것이 많지만 세잔의 아틀리에는 꼭 구경해보자.

10:00
탑이 하늘 높이 솟은
생 소베르 대성당
보고 구시가지 탐방

→ 도보 12분

11:00
그라네 박물관과
꼬몽 아트 센터에서
전시 관람

→ 도보 8분

13:00
점심 식사 후
로이 르네 상점에 들러
칼리송 한 입

↓ 도보 15분

14:00
세잔의 아틀리에
돌아보며 감상
or
프로므나드 토르스를
따라 산책

← 도보 20분

18:00
미라보 거리와 레 잘레
프로방살을 걸으며
아이쇼핑

← 도보 12분

20:00
파빌리옹 느와르에서
현대무용 공연 감상

> **TIP** 대학가로 유명한 액상프로방스. 성당 앞 광장에 항상 학생들이 삼삼오오 모여 있는 것을 볼 수 있다. 맛집이나 쇼핑 등 갈 곳을 정하지 못했다면 액스에서는 학생들이 많은 곳을 찾아가면 실패하지 않는다는 것도 하나의 팁!

↑ 아틀리에 세잔 도보 10분
샤토 라 코스트 차로 25분

298 | 299

액상프로방스 생 소베르 대성당
Cathédrale St-Sauveur

타피스트리 박물관
Musée des Tapisseries

칼리송 뒤 로이 레네
Calissons du Roy René

르 포와브르 단
Le Poivre d'Ane

Place de l'Hôtel de ville

시청
Mairie d'Aix-en-Provence

Place Richelme

Place des Prêcheurs

과채 시장
Le Marché de fruits et legumes

코너 비스트로
Corner Bistro

Place Ramus

알베르타스 광장
Place d'Albertas

호텔 드 프랑스
Hôtel de France

그랑 호텔 네그르 코스트
Grand Hôtel Negre Coste

오블라 성당
Chapelle des Oblats

미라보 거리
Cours Mirabeau

Place du General de Gaulle

관광청 사무소

레 잘레 프로방살
Les Allées Provençales

꼬몽 예술센터
Caumont Centre d'Art

아르보 박물관
Musée Arbaud

Rue Laroque

그라네 박물관
Musée Granet

미니 투어리스트 기차

라 메종 덱스
La Maison d'Aix

0 200m

호텔 세잔 Hôtel Cézanne

액상프로방스 전도
Aix-en-Provence

← 파빌리옹 느와르 도보 10분
기차역
↓ 바스티드 뒤 자스 드 부팡 도보 20분
바자렐리 재단 차로 7분

프로므나드 토르스 도보 20분 →
카리에 드 비베무스 차로 30분

마차가 지나던 도시의 중심 대로
미라보 거리 Cours Mirabeau

액상프로방스의 오랜 산책로로, 도시의 중심을 이루는 넓은 대로. 가장 번화하고 밤늦게까지 떠들썩하여 젊음과 열기를 느낄 수 있는 곳이다. 아침에 가장 먼저 커피향을 풍기기 시작하는 곳도, 가장 늦게 바의 셔터를 내리는 곳도 모두 미라보 거리다. 처음부터 이렇게 넓은 길은 아니었으나 17세기 이곳에 거주하던 시민들이 마차와 보행자 모두 편하게 다닐 수 있는 도로를 원하던 것을 반영하여 대주교 마자린의 명으로 확장되었다. 양옆으로 수많은 기념품 상점, 레스토랑, 카페, 바가 있다. 17, 18 세기에 지어진 오래된 건물들이 많아 미라보를 따라 걸으면 유서 깊은 이 도시의 분위기를 느낄 수 있다.

Data 지도 299p-D
가는 법 액상프로방스 기차역에서 도보 9분
주소 13100 Aix-en-Provence

TALK

액상프로방스의 꽃잎 모양
디저트 칼리송 Calisson

수많은 분수가 설치된 액상프로방스의 별명은 '분수의 도시'. 뜨거운 물, 찬물이 나오는 크고 작은 분수가 있는데 그중 20여 개가 주목할 만하다. 미라보 거리 맨 끝에 위치한 큰 분수는 르네 왕의 분수로 1819년 피에르 앙리 레보일이 설계한 것. 분수 중심에 르네 왕 석상은 다비드 당제르의 작품. 그가 프로방스에 소개한 무스카트 포도와 왕홀을 손에 들고 예술과 교육에 헌신했던 것을 기리기 위해 발밑에는 책을 두었다고. 미라보 거리 중심에 위치한 로통드Rotonde 분수는 1860년 세워진 것으로 최초의 주철 지대를 사용한 분수로 유명하다. 분수를 둘러싼 3개의 상은 법, 농업, 미술을 상징하며 각각 미라보 거리, 마르세유, 아비뇽 방향을 향해 서 있다. 그 외에도 4마리의 돌고래로 이루어진 꺄트르 도팽Quatre Dauphins 분수, 아르 누보풍의 알베르타스 광장Place d'Albertas 분수 등도 유명하다.

 Writer's Pick!

연중 2번의 특별전을 개최하는
꼬몽 예술센터 Caumont Centre d'Art

고전주의부터 현대까지의 미술사 중 중요한 인물이나 화풍에 집중하여 연중 2번의 특별전을 여는 꼬몽 예술센터는 18세기 건물에 위치한다. 맨션의 분위기를 그대로 살려 섬세하면서도 화려한, 귀족의 응접실 같은 실내 인테리어가 아름답다. 덕분에 예술 센터에 마련된 카페에서 차를 마시러 오는 사람들도 많다. 전시 외에도 액상프로방스에서의 세잔의 삶을 다루는 짧은 20분짜리 필름을 상영한다. 세잔도, 액상프로방스도 낯선 여행자라면 영화를 보며 도시와 화가에 대한 배경 지식을 얻을 수 있을 것.

Data 지도 299p-F
가는 법 액상프로방스 기차역에서 도보 8분 **주소** 3 Rue Joseph Cabassol, 13100 Aix-en-Provence
전화 0442-207-001 **운영시간** 5~9월 10:00~19:00, 금요일 ~21:30, 10~4월 10:00~18:00
요금 특별전 제외 센터 입장권 성인 6.50유로, 7~17세&학생 5유로
홈페이지 www.caumont-centredart.com

오랜 공사 기간으로 다양한 건축 양식을 보이는
엑상프로방스 생 소베르 대성당 Cathédrale St-Sauveur

12세기, 고대 로마 시대 아폴로 신을 섬기는 신전이 있었던 자리에 대성당을 짓기 시작했다. 16세기가 되어서야 완공된 지금의 대성당 터는 오랫동안 성스러운 땅으로 여겨져 왔다. 공사 기간 도중 전염병 등 여러 방해 요인이 있어 500년 가까이 걸려 지었다. 그러나 덕분에 로마네스크, 고딕, 신고딕 건축 양식 요소들이 조화를 이루고 있으며 측면의 높은 종탑으로 구시가지에서 단연 가장 웅장한 건축물로 어디서든 쉽게 알아볼 수 있다. 섬세한 조각으로 장식한 아치 입구 위의 빈 공간은 프랑스 혁명 당시 파손된 장식 판넬이 있던 자리. 안으로 들어서면 각각 고딕, 바로크, 로마네스크 양식으로 지은 3개의 신랑身廊이 나타나고, 두꺼운 대리석 기둥으로 둘러싸인 4, 5세기의 팔각 메로빙 왕조 세례장, 제단과 벽을 장식한 르네상스 시대 종교 회화, 조각 작품을 만나게 된다. 대성당 내 가장 귀한 작품은 15세기에 만들어진 니콜라 프로망의 세 폭 그림 〈불타는 덤불〉이다. 빛으로 인한 손상을 막기 위해 정해진 기간과 시간에만 개방하고 있다(해마다 다르니 홈페이지 또는 관광청에서 확인).

Data 지도 299p-A 가는 법 엑상프로방스 기차역에서 도보 15분
주소 34 Place des Martyrs-de-la-Résistance, 13100 Aix-en-Provence
전화 0442-234-565 운영시간 월 08:00~19:00, 화~토 08:00~19:00, 일 08:15~20:00(1/1 폐관)
요금 무료 홈페이지 www.cathedrale-aix.net

Theme
아틀리에와 함께 돌아봐야 할 세잔의 공간

액상프로방스에서는 세잔의 아틀리에와 더불어 세잔과 역사를 함께 둘러볼 수 있는 한두 장소를 한데 묶어 방문할 수 있도록 한다.

바스티드 뒤 자스 드 부팡
Bastide du Jas de Bouffan

세잔의 아버지가 구입하였던 가족의 저택을 그린 〈생트 빅토와르산〉을 비롯하여 세잔의 초기 작품들이 탄생한 곳. 1859~1899년 동안 그려진 약 50여 점의 유화와 수채화 캔버스가 전시되어 있다. 정원에 자리한 로랑주리에서도 특별 야외 전시를 연다. 개인 방문은 불가능하며 관광청에 문의하여 가이드와 함께 돌아볼 수 있다(약 1시간 소요).

Data 지도 299p-E 가는 법 액상프로방스 기차역에서 도보 20분 주소 Route de Galice, 13090 Aix-en-Provence 전화 0442-161-161 홈페이지 cezanne-en-provence.com
*수년 간의 보수공사를 마무리하고 2025년 여름 재개관

카리에 드 비베무스 Les Carrières de Bibemus

세잔이 무려 87점의 그림을 그렸던 배경이 되는 생트 빅토와르산으로 가는 길목에 위치한 7 헥타르 규모의 평원. 세잔이 걸었던 산책로를 따라 걸으며 그에게 영감을 불러일으킨 산의 정기를 마셔보자. 세잔은 이곳에서 11점의 유화와 16점의 수채화를 완성하였고, 그중 5점의 풍경화가 전시되어 있다. 관광청에 문의하여 가이드와 돌아볼 수 있다(약 1시간 소요).

Data 지도 299p-F
가는 법 6~9월 동안에는 Trois Bons Dieux 주차장 136-140 Avenue Jean et Marcel Fontenaille, 13100에서 1.10유로 셔틀 버스 이용 가능
주소 3080 Chemin de Bibémus, 13100
전화 0811-201-313 요금 성인 10유로, 7세 이하 무료

현대 회화의 아버지라 불리는 세잔의 화실
아틀리에 세잔 Atelier de Cézanne

생트 빅토와르산을 사랑해 액상프로방스에 오래 머물며 그림을 그렸던 세잔의 화실을 보러 가자. 1901년 노쇠한 세잔은 액상프로방스 외곽에 본인의 스튜디오를 차렸다. 가구는 거의 배치하지 않고 최대한 자연광이 많이 들어올 수 있도록, 오로지 작품활동을 위해 설계한 이곳은 그가 어떤 모습으로 이젤 앞에 앉았을지 상상할 수 있게 잘 보존되어 있다. 그의 모델이 되어주었던 물병, 과일 등의 작은 소품들과 화구, 파이프, 사다리 등이 모두 비치되어 있다. '설탕 단지 하나는 우리 스스로에 대한 많은 것을 가르쳐줄 수 있어', '당근 하나를 순수하게 관찰하는 것으로 혁명을 일으키는 날이 올 거야'라고 말했던 그는 아무리 사소한 것이라도 사물에 큰 의미를 부여하여 정성스레 그림을 그렸다. 점점 약해지는 기력에도 불구하고 세잔은 이 아틀리에에서 더욱더 활발하게 많은 그림들을 완성했다.

Data 지도 299p-A 가는 법 액상프로방스 기차역에서 도보 30분 주소 9 Avenue Paul Cézanne, 13100 Aix-en-Provence 전화 0442-210-633
운영시간 4~5월·10월 10:00~12:30, 14:00~18:00, 6~9월 10:00~18:00, 11~3월 10:00~12:30, 14:00~17:00(1/1~10, 5/1, 12/25, 12~2월 일요일 휴관) 요금 성인 6.50유로, 13~25세 3.50유로

도시 동편에 위치한 넓고 푸른 산책로
프로므나드 토르스 Promenade de la Torse

토르스 하천가에 위치한 조용하고 쾌적한 산책로. 세잔 산책로와 니스 사이에 자리하였다. 1984년 도시 확장 계획으로 닦인 이 넓은 부지는 비좁은 액상프로방스 골목에서 벗어나고자 할 때 사람들이 가장 먼저 떠올리는 쾌적한 쉼터 역할을 톡톡히 한다. 오래된 나무들이 만들어내는 시원한 그늘로 오래 걸어도 지치지 않고 오히려 에너지가 충전되는 기분을 느끼게 된다. 때 묻지 않은 토르스 산책로의 환경을 보존하기 위해 특별히 2500m²에 달하는 호수 구역에 다양한 동식물을 풀어두어 생태계의 다양성 발전을 장려하고 있다.

Data 지도 299p-F 가는 법 액상프로방스 기차역에서 도보 30분 주소 Route Du Tholonet, 13100 운영시간 연중무휴 홈페이지 www.aixenprovence.fr/Promenade-de-la-Torse

건축, 예술과 와인의 만남이 이루어지는 포도밭
샤토 라 코스트 Château La Coste

Writer's Pick!

비옥한 땅을 보존하며 지속 가능한 포도 재배를 지향하는 와이너리. 자연 친화적인 제조 방법으로 2009년에는 프랑스 유기농 라벨인 'AB' 인증을 획득하였다. 이곳이 특별한 이유는 훌륭한 포도주를 빚는 것을 넘어서 건축과 예술과의 조화 또한 추구하기 때문이다. 프랑스 유명 건축가 장 누벨이 설계한 셀러를 비롯하여 프랭크 게리, 리암 길릭 등 여러 저명한 건축가들이 본인들의 흔적을 라 코스트에 남기고 갔다. 키 작은 포도나무와 어우러지는 대형 야외 건축물들을 돌아보는 워킹 투어를 진행하고 있어 샤토의 역사와 특징, 각 건축 작품들에 대한 설명을 들어볼 수 있다. 샤토의 아트센터는 일본 예술가 안도 타다오가 설계한 것으로 빛과 자연 속 공간이라는 안도의 시그니처 디테일을 살렸다. 세계 각지의 여러 아티스트들을 초빙하여 라벨 디자인을 맡기거나 야외 설치 미술을 의뢰하는 등 활발한 협업을 진행하는데, 우리나라의 이우환 작가도 최근 라 코스트의 라벨 디자인과 샤토 내 작은 건물의 실내외 미술 작업을 하였다.

Data 지도 299p-A
가는 법 엑상프로방스에서 차로 30분
주소 2750 Route De La Cride, 13610 Le Puy-Sainte-Réparade
전화 0442-619-290
운영시간 매일 10:00~19:00
홈페이지
chateau-la-coste.com

예술과 과학 산책
La Promenade Art & Architecture
운영시간 3~10월 10:00~19:00, 11~2월 월~금 10:00~17:00, 토·일 10:00~19:00
요금 15유로
운영시간 프랑스어 가이드 10:00, 14:30 / 영어 가이드 10:00

 옵 아트의 창시자, 추상 미술의 대가 바자렐리의 공간
바자렐리 재단 Fondation Vasarely

1976년 건축가 존 소니에르와 도미니크 론세라이가 지은 건물에 자리한 전시관. 색채의 장력이나 기하학적인 무늬를 이용하여 시각적인 착각을 불러일으키는 옵 아트Op Art의 창시자 바자렐리의 작품 44점을 전시하였다. '모두가 접근 가능한 사회적인 예술'과 '미래의 도시'를 추구했던 빅토르 바자렐리의 뜻을 받들어, 학생 단체, 아이들, 성인들, 은퇴한 노인들을 위해 각각 과학, 미술, 요가, 무용, 건축 등 다양한 분야의 맞춤형 워크숍을 운영하고 있다. 액상프로방스의 문화생활에 큰 역할을 하고 있다. 2013년에 리노베이션을 거쳐 역사 유적으로 등재되었다. 다양한 아티스트들의 특별전도 종종 개최한다. 워크숍 참여를 원하면 홈페이지 또는 전화를 통해 미리 문의할 것. 가이드 투어 프로그램도 마련되어 있다(1시간 소요, 매주 토·일 12:30, 15세 이상).

Data 지도 299p-E 가는 법 2번 버스를 타고 Fondation Vasarely 정류장에서 하차 또는 액상프로방스 기차역에서 도보 30분 주소 1 Avenue Marcel Pagnol, Jas de Bouffan, 13090 Aix-en-Provence 전화 0442-200-109 운영시간 10:00~18:00, 12/25, 1/1 휴관 요금 성인 15유로, 학생 12유로 홈페이지 www.fondationvasarely.org

EAT

오래된 프로방스의 맛
르 포와브르 단 Le Poivre d'Ane

정갈한 디자인의 스웨덴 가구와 밝은 빨간색 램프로 완성한 70년대 프로방스 인테리어가 잘 어울리는 포근한 가정식 레스토랑. 액상프로방스 시내 중심에 위치한다. 를레&샤토 그룹에 몸을 담았던 실력파 셰프 티에리 쿨뫼는 전통에 창의성을 담은 프렌치를 선보인다. 푸아그라와 라비올리, 오리 콩퓌와 랍스터 타르타르 등 정통 프랑스 요리가 르 포와브르 단 스타일로 재탄생되었다. 가니시 또는 플레이팅의 독특함으로 포인트를 주어, 모든 요리가 개성과 완벽함을 추구한다. 익숙하면서도 색다른 맛을 느낄 수 있다. 여름밤에는 대나무 정원 테라스 자리가 인기가 많다.

Data 지도 299p-C 가는 법 액상프로방스 기차역에서 도보 11분 주소 40 Place Forum des Cardeurs, 13100 전화 0442-213-266 운영시간 화·수·금·토 12:00~14:00, 19:00~21:00, 목·일 12:00~14:00 가격 5코스 메뉴 42유로, 메인 메뉴 20유로 홈페이지 facebook.com/Le-Poivre-dAne-185300011557852

햄버거와 브런치의 일인자
코너 비스트로 Corner Bistro

햄버거 전문점 코너 비스트로는 선택과 집중으로 액상프로방스의 트렌디한 미식가들의 입맛을 사로잡았다. 신선하고 맛있게 구운 고기뿐 아니라 체다 치즈, 감자 튀김 등 버거 속재료와 사이드 메뉴도 나무랄 데 없다. 내부가 그리 넓지 않아 예약할 것을 추천한다. 와인은 액상프로방스 지역의 질 좋은 것으로 마련해 두었다. 육즙 가득한 패티를 한 입 물고 향긋한 레드 와인 한 모금이면 더 바랄 것이 없다. 서비스도 만족스러워 한 번 찾으면 단골이 되고 싶은 마음이 절로 든다. 브런치는 일요일에만 주문 가능하다. 달콤한 것과 짭짤한 것Sweet&savory, 달걀과 빵eggs&bread. 메뉴는 두 가지. 각 메뉴에 속한 요리들은 추가로 주문하여 이용할 수 있다. 클래식한 에그 베네딕트와 팬케이크, 치즈 모둠 등 메뉴가 적지만 알차고 든든하다.

Data 지도 299p-D 가는 법 액상프로방스 기차역에서 도보 13분 주소 32 Rue Emeric David, 13100 전화 0442-398-584 운영시간 화~토 점심, 저녁, 일 12:00~14:30 가격 스매시 버거 14.50유로, 치킨버거 14.50유로 홈페이지 www.cornerbistro.fr

---

TALK

액상프로방스의 꽃잎 모양
디저트 칼리송 Calisson

1473년 프로방스의 군주 킹 르네의 두 번째 결혼식을 축하하기 위해 만들어진 부드럽고 쫀쫀한 과자. 캐러멜 식감에 가깝다. 16세기에 프랑스에 아몬드가 소개되며 칼리송 산업은 더욱 번창하기 시작했다. 1995년부터 액상프로방스의 생 장 드 말트 성당 Église Saint-Jean-de-Malte에서 9월 첫 번째 일요일에 칼리송에 신의 가호를 빌어주는 행사를 진행한다(www.benediction-calisson.com). 크리스마스에 액상프로방스에서는 13종류의 디저트를 챙겨 먹는데 그중 하나가 칼리송이다. 12월에 액상프로방스를 찾으면 다과점에서 이 13종 크리스마스 디저트 세트를 판매하는 것을 쉽게 볼 수 있다.

액상프로방스 고유의 달콤한 디저트
칼리송 뒤 로이 르네 Calissons du Roy René

해마다 액상프로방스에서는 800톤 이상의 칼리송이 생산된다. 엑스 사람들에게 널리 사랑받는 작은 잎사귀 모양 디저트. 왕 르네의 두 번째 결혼식에서 신부가 맛있다며 이름을 묻자 파티시에가 프로방스어로 '달콤한 포옹'이라는 뜻의 칼리송이라고 했다고 한다. 현재는 아몬드 가루도 넣어 맛이 더욱 고소하다. 천연 재료들을 첨가하여 레몬, 초콜릿, 라즈베리, 오렌지, 귤, 대추, 라벤더, 배, 무화과, 장미, 바이올렛 등 다양한 맛으로 만들지만 기본이 가장 맛있다. 베이킹 클래스도 진행하니 원한다면 미리 예약을 하자. 시내에서 10분만 이동하면 3 헥타르에 달하는 아몬드 나무밭 사이에 자리한 공장과 칼리송 박물관도 가보자. 칼리송뿐만 아니라, 각종 초콜릿과 누가도 맛있다. 예쁜 통에 담겨 있어 기념품, 선물로 사가기 좋다. 액상프로방스에 있는 대부분의 제과점에서 칼리송을 팔지만 왕의 이름을 딴 이곳이 원조로 역사도 가장 오래 되었으며 맛도 가장 좋다. 미라보 거리에 위치한 칼리송 덱스Calisson d'Aix 제과점의 칼리송이 2인자라고.

Data 지도 299p-A
가는 법 액상프로방스 기차역에서 도보 14분 주소 13 Rue Gaston de Saporta, 13100 Aix-en-Provence 전화 0442-266-786 운영시간 월~토 10:00~13:00, 14:00~19:30, 일 10:00~16:00 요금 가격 11개입 상자 15.95유로 홈페이지 www.calisson.com

칼리송 박물관
주소 5380 Route d'Avignon 13089 Aix-en-Provence
전화 0442-392-990

TIP 칼리송에 대해 더 알고 싶다면

칼리송의 역사와 만드는 방법 등을 소개하는 작은 칼리송 박물관이 액상프로방스 외곽에 위치하니 찾아가보자. 시내에도 지점이 있는 로이 르네 제과점Confiserie du Roy René도 바로 옆에 있다.

칼리송 박물관 Musée du Calisson
Data 주소 5380 Route d'Avignon Quartier la Calade RD7N, 13100 Aix-en-Provence
홈페이지 www.calisson.com

Data 지도 299p-E
가는 법 액상프로방스 기차역에서 도보 8분 **주소** Avenue Joseph Villevieille, 13090 Aix-en-Provence
운영시간 월~토 10:00~19:30
홈페이지 www.les-allees.com

현대적인 쇼핑센터
레 잘레 프로방샬 Les Allées Provençales

액상프로방스에서 현재 빠른 속도로 개발되고 있는 쇼핑센터로, 미라보 거리 끝과 신시가지가 시작하는 부분에 위치한다. '마르세유가 발전하는 동안 우리는 잠만 자고 있지는 않겠디!'라는 유쾌하고도 야심찬 의도로 기획되었다는 이곳은 액상프로방스의 젊은이들이 가장 많이 시간을 보내는 공간이 되었다. 두 줄로 나란히 늘어선 상점들 위로 지붕이 덮인 형태를 하고 있어 열린 광장인 듯하다. 리바이스, 마시모 두티, 수퍼드라이, 오이쇼, H&M, 자라, FNAC, 애플 등 50여 개 브랜드가 입점되어 있고, 2,300대를 수용 가능한 넓은 주차 공간도 마련되어 있다.

만남의 광장 같은 시장
과채 시장 Le Marché de fruits et legumes

슈퍼마켓에서 아무리 깨끗한 포장과 묶음 할인 행사를 시전해도, 시장의 신선도는 따라갈 수가 없다. 동네 이웃이 믿을 수 있는 농장에서 가져와 판매하는 것이기도 하여, 액상프로방스 사람들은 친구들을 만나러 간다는 기분으로 장을 보러 집을 나선다. 안부를 묻고, 이 재료로는 어떤 요리를 하면 좋을지도 묻고 답하며 일상생활이 바빠 얼굴 보기가 힘든 동네 이웃과 친구를 만나는 즐겁고 시끌벅적한 시장이다. 특히 품질이 좋은 것은 올리브유, 달걀, 염소 치즈, 꿀과 각종 허브. 한 바퀴 돌아보는 것으로 잃었던 입맛이 돌아 점심을 두 번 먹게 될 수도. 화, 목, 토에 프레셰르 광장 Place des Prêcheurs에서도 장이 선다.

Data 지도 299p-D **가는 법** 액상프로방스 기차역에서 도보 12분
주소 Place Richelme, 13100 Aix-en-Provence **운영시간** 매일 08:00~13:00

SLEEP

미라보 거리에 자리한 깔끔한 숙소
그랑 호텔 네그르 코스트 Grand Hôtel Negre Coste

액상프로방스 기차역과 9분 거리에 있고 도시의 중심 대로인 미라보에 자리하여 쉽게 찾을 수 있다. 본래 '코스트'라는 이름의 호텔을 '네그로'라는 이름의 버틀러가 구입하여 운영하기 시작해 두 이름을 합친 것이 현재 호텔명. 컴퓨터 실, 라운지를 이용할 수 있으며 미라보 밖을 구경할 수 있는 야외 의자들도 놓여 있다. 미라보 거리가 보이는 테라스 자리에서의 조식은 12유로. 10유로를 지불하고 애완동물 반입도 가능하다. 세탁 서비스도 가능하며 주차는 하루 15유로를 지불하고 이용할 수 있다.

Data 지도 299p-D
가는 법 액상프로방스 기차역에서 도보 9분 주소 33 Cours Mirabeau, 13100 Aix-en-Provence 전화 0442-277-422
홈페이지 hotelnegrecoste.com

시내 중심에 위치한 럭셔리 호텔
라 메종 덱스 La Maison d'Aix

유명 앤티크 수집가인 앙리에트 레불은 이 맨션에서 수많은 셀레브리티 친구들을 불러 파티를 열었다. 그 당시의 화려함을 간직한 건물이 2010년 호텔로 탈바꿈했다. 따뜻한 느낌의 원목 바닥과 깨끗한 흰 침구가 편안한 분위기를 연출하는 객실에서는 네스프레소 머신과 아이패드를 무료로 이용할 수 있다. 호텔 내 르 살롱 후주에서 편히 쉬다 일정을 시작할 수 있다. 스파와 하맘 탕, 실내 수영장, 도서관을 갖추고 있다. 호텔 근처에 공공 주차장(하루 15유로)이 있고 호텔 내 프라이빗 주차장(하루 20유로)도 이용할 수 있다. 전 객실은 방음이 잘 되어 있고, 호텔 전체가 금연 구역으로 지정되어 있으며 세심한 서비스를 제공한다.

Data 지도 299p-F
가는 법 액상프로방스 기차역에서 도보 7분
주소 25 Rue Du 4 Septembre, 13100 Aix-en-Provence
전화 0442-537-895
홈페이지 www.lamaisondaix.com

도시를 대표하는 화가의 이름을 딴
호텔 세잔 Hôtel Cézanne

깔끔한 호텔 세잔은 미라보 거리와는 200m, 버스정류장으로부터는 300m 거리의 접근성이 좋은 숙소다. 객실에는 무료 미니바, 위성 TV, 시내 뷰, 무료 에스프레소 머신이 구비되어 있다. 조식 공간과 바를 겸하는 야외 테라스와 피트니스, 마사지 프로그램을 운영하는 스파도 마련되어 있다. 추가 요금을 지불하고 호텔 주차장을 사용할 수 있으며 추가 비용 없이 애완동물 반입이 가능하다.

Data 지도 299p-E
가는 법 엑상프로방스 기차역에서 도보 1분
주소 40 Avenue Victor Hugo, 13100 Aix-en-Provence
전화 0442-911-111
홈페이지 boutiquehotelcezanne.com/

세련된 인테리어, 아늑한 취침 공간
호텔 드 프랑스 Hôtel de France

미라보 거리의 유명한 로통드 분수에서 50m 떨어진 화사한 호텔. 18세기 고풍스러운 건물에 자리하며 쾌적하고 고급스러운 인테리어의 객실은 편안해보인다. 시내 중심에 위치하여 여러 명소와 접근성도 좋다. 전 객실은 미니바를 구비하고 있으며 어메니티는 녹스 제품을 사용한다. 조식은 다이닝룸 또는 객실에서 서빙되며 공용 라운지는 이른 아침과 늦은 밤 시간을 보낼 수 있는 편안한 공간으로 모든 투숙객들에게 개방되어 있다.

Data 지도 299p-C
가는 법 엑상프로방스 기차역에서 도보 7분
주소 63 Rue Espariat, 13100 Aix-en-Provence
전화 0442-279-015
홈페이지 hoteldefrance-aixenprovence.com

Sud de France By Area

10

아비뇽
Avignon

프랑스 남동부 보클뤼즈주의 주도이자 '아비뇽 유수'로 익숙한 이 도시는 론강 하류 계곡 평야에 자리했다. 교통의 요충지이자 아비뇽 페스티벌이 열리는 문화의 도시. 견고한 교황청을 비롯하여 굵직한 건축물들과 예술, 사회과학을 위한 수많은 전시관들이 있다. 프랑스에서 가장 사랑받는 민요 '아비뇽 다리 위에서'가 탄생한 멋진 다리와 아름다운 공원도 둘러보자.

Avignon
PREVIEW

한 번도 안 가본 사람은 있어도 한 번만 다녀오긴 어렵다는 아비뇽! 낮에는 눈부신 햇살, 밤에는 환상적인 레이저 공연으로 하루 종일 반짝이는 교황청과 양질의 전시를 자랑하는 수많은 미술관과 박물관, 걸음을 멈추고 지갑을 열게 하는 길거리 음식으로 가득하다. 역사책에서만 보던 그 이름에 가려진 다면적인 모습에 미혹되어 보자.

SEE

아비뇽을 상징하는 교황청은 이 도시를 여행할 때 가장 먼저 봐야 할 곳. 여름밤에는 빛의 행사가 있어 교황청 낮과 밤의 색다른 매력을 감상할 수 있다. 시내 곳곳에 훌륭한 미술관, 박물관이 있어 문화예술을 좋아하는 사람이라면 전시만 보러 다녀도 만족스러운 일정이 될 것이다. 강과 공원이 시내 바로 옆에 있어 자연경관도 즐길 수 있다. 유구한 역사를 가진 풍성한 공연 스케줄로 가득한 이 도시는 7월 페스티벌 기간이 여행의 최적기이다.

EAT

방투산에서 나는 오레가노 리큐르와 초콜릿을 섞어 만드는 파팔린 다비뇽과 보클루스 지역의 특산물인 말린 과일, 베를링고츠 캔디, 누가 등 달콤한 먹거리가 넘쳐난다. 시내의 여러 제과점, 카페와 레 알 시장에서 쉽게 볼 수 있다.

BUY

아비뇽은 쇼핑을 위한 도시는 아니다. 여러 상점들이 들어선 주 대로 리푸블리크 거리가 있지만 프랑스 어디에서나 볼 수 있는 중저가 상점들과 쇼핑몰로 이루어졌다. 교황청이나 미술관, 생 베네제 다리를 보고 기억하기 위해 기념품을 사는 정도.

Avignon
ONE FINE DAY

아비뇽에서는 눈을 가만히 두지 못한다. 하늘을 찌를 듯 솟아 있는 교황청과 코를 박고 감상하고 싶은 멋진 회화 작품, 좌우로 머리를 갸우뚱하게 하는 난해한 현대 미술품과 움츠러들게 만드는 거센 바람 덕분이다. 여행 중의 들뜬 기분을 더욱 부추기는 볼거리 많은 이 도시에서 알찬 하루를 보내보자.

10:00 교황청과 아비뇽 대성당 관람

도보 1분 →

12:00 프티 팔레 박물관을 감상하고 로셰 데 돔 공원과 생 베네제 다리까지 산책

도보 11분 →

14:00 레스토랑 데 테잉튜리에에서 점심 식사

도보 9분 ↓

15:00 콜렉시옹 랑베르와 앙글라돈 미술관 전시를 감상

← 도보 3분

17:00 유네스코 세계 유산으로 등재된 역사 지구를 돌아보기

← 도보 5분

19:00 교황청의 빛 퍼레이드 즐기기 (아비뇽 축제기간이라면 다양한 공연들을 관람하며 즐거운 밤을 보내자)

TIP 아비뇽은 미스트랄 바람으로 유명하다. 미스트랄은 프랑스 중부에서 지중해로 불어오는 저온의 강한 북서풍으로, 프로방스 지역 산지에 축적된 차가운 공기가 저지대로 불어오며 발생한다. 겨울에서 봄으로 넘어가는 때에 가장 심하다. 골목에서는 바람을 덜 느낄 수가 있고, 강가에서는 심하다.

Avignon
GET AROUND

 어떻게 갈까?

비행기
아비뇽 공항Aéroport d'Avignon-Provence이 있기는 하지만 취항지가 4곳밖에 되지 않는다. 마르세유 공항이나 니스에서 기차로 이동하는 것이 가장 용이하다. 파리에서 오는 경우 공항을 이용하는 것보다 TGV 열차가 빠르다.

 홈페이지 avignon.aero

기차
파리에서 2시간 45분, 아를에서 16분, 마르세유에서 30분, 툴루즈에서 3시간 30분, 니스에서 3시간 걸린다. 아비뇽 TGV 역은 시내에 위치한 아비뇽 기차역과는 다른 역이니 미리 확인하자. TGV를 이용하는 경우 시내 역으로 환승하는 기차를 한 번 더 타야 한다. TGV 역과 시내 기차역은 차로 15분 정도 거리에 위치. 21번 버스가 TGV 역과 시내 기차역을 잇는다.

아비뇽 TGV 기차역
Gare d'Avignon TGV
Data 주소 Pont de l'Europe, 84000 Avignon

아비뇽 시내 기차역
Gare D'Avignon Centre
Data 지도 318p-E
주소 Boulevard Saint-Roch, 84000 Avignon

버스
아비뇽 지역의 버스를 주관하는 회사는 Orizo. 홈페이지에서 전 노선의 정류장 정보와 일정을 확인할 수 있다. 주로 근교에서 아비뇽으로 오는 버스 노선들이다. 여행자들은 TGV 역에서 시내로 이동할 때 타는 것 외에는 탈 일이 거의 없다.

Data 홈페이지 www.orizo.fr/

자동차
니스에서는 A8번 도로를 이용하여 2시간 40분 정도 소요된다. 마르세유에서 A7 도로를 이용하여 1시간 20분, 몽펠리에에서 A9 도로로 1시간 20분, 아를에서 D2 도로로 50분 소요된다.

어떻게 다닐까?

시내는 도보로만 다녀도 충분히 볼 수 있다. 편하게 여행하고 싶다면 관광객들을 위해 운행하는 작은 투어리스트 기차를 타고 주요 명소를 돌아볼 수 있다. 교황청 앞 광장에서 출발하여 프티 팔레 박물관, 로셰 드 돔 공원, 생 베네제 다리, 크리용 광장, 아비뇽 오페라 건물과 칼베 박물관, 콜렉시옹 랑베르, 앙글라돈 박물관까지 돌고 다시 교황청 앞으로 돌아오는 귀여운 기차다. 프랑스어, 영어 외 10개 언어로 오디오 가이드를 지원하며 전체 여정은 50분 소요. 2층 버스 투어도 함께 운영.

Data 운영시간 3월 15일~10월 30일 10:00~19:00 동안 30분 간격으로 출발(7·8월에는 10:00~20:00) **요금** 성인 11유로, 4~12세 6유로 **홈페이지** www.visiteavignon.com/en

---
INFO

아비뇽 관광청 사무소 Office de Tourisme
아비뇽 관광 패스와 공연 티켓 등 판매. 숙소, 쇼핑 등 다양한 아비뇽 관광 정보를 얻을 수 있다.
Data 지도 318p-E
주소 41 Cours Jean Jaures, 84000 Avignon **가는 법** 아비뇽 기차역에서 도보 5분
전화 0432-743-274 **운영시간** 4~10월 월~토 09:00~18:00, 일·공휴일 10:00~17:00, 7월 09:00~19:00(12/25, 1/1 휴무) **홈페이지** www.avignon-tourisme.com

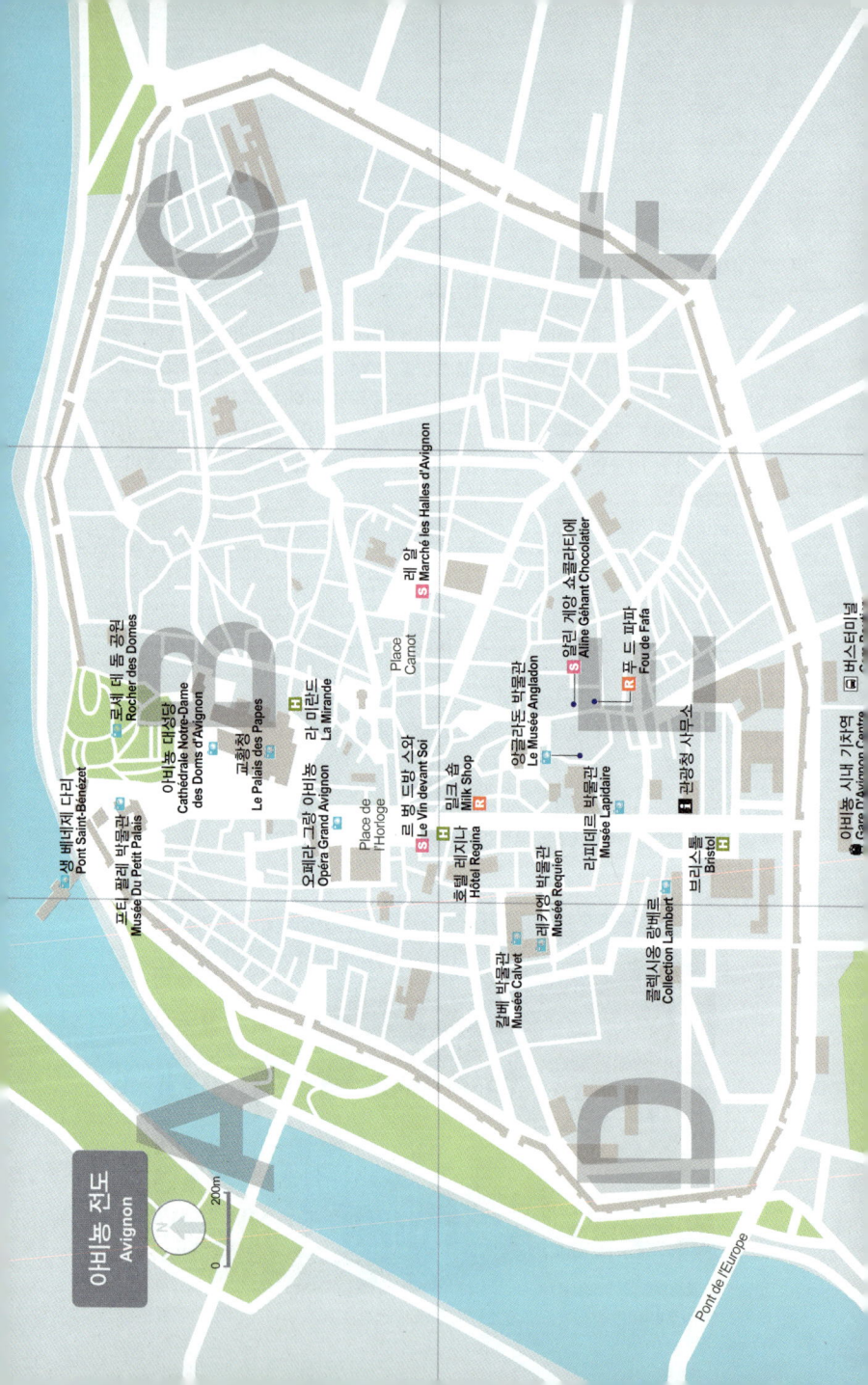

SEE

 14세기 서방 기독교에 큰 영향을 미쳤던 성당의 상징
Writer's Pick! **교황청** Le Palais des Papes

프랑스에서 인기 명소 중 하나로 꼽히는 아비뇽을 대표하는 건축물. 베네딕트 12세와 클레멍 6세 두 교황이 진두지휘한 교황청 건설은 1335년 시작하여 20년도 채 되지 않아 완공돼, 얼마나 열정적으로 이 거대한 교황 주거지를 쌓아 올렸는지 짐작할 수 있다. 유럽 전체에서 가장 큰 고딕 양식의 궁전으로 일반 고딕 성당 4개를 합쳐 놓은 규모에 맞먹는다. 20개의 방과 교황의 개인실, 이탈리아 화가 마테오 지오바네티의 프레스코화가 대중들에게 개방되어 있다. 가장 유명한 방은 벽화와 천장화가 아름다운 클레멍 6세 스투디움. 클레멍 6세 교황이 글을 쓰던 방으로 사슴을 그린 벽화 때문에 '사슴의 방'이라고도 불린다. 1947년 미술 비평가 크리스티앙 제르보스와 시인 르네 샤르가 주최한 마티스, 피카소, 브라크, 몬드리안의 전시를 시작으로 주기적으로 예술 전시도 연다. 아비뇽 페스티발의 가장 큰 공연 역시 교황청 정원에서 열린다. 1995년 아비뇽 역사지구와 함께 교황청 건물은 유네스코 문화유적으로 등재되었다.

Data **지도** 318p-B **가는 법** 아비뇽 기차역에서 도보 15분 **주소** Place du Palais, 84000 Avignon **전화** 0490-275-000 **운영시간** 9~10월, 4~6월 09:00~19:00, 11~2월 09:30~17:45, 3월 09:00~18:30, 7월 09:00~20:00, 8월 09:00~20:30(매표소는 폐관 1시간 전에 닫는다) **요금** 성인 12유로 (아비뇽 다리와 정원 입장까지 통합권 구매도 가능) **홈페이지** www.palais-des-papes.com

금빛 성모상이 지키고 선
아비뇽 대성당 Cathédrale Notre-Dame des Doms d'Avignon

교황청 바로 옆에 자리한 아비뇽의 대성당은 12세기 중반에 지어진 아름다운 프로방스 로마네스크 양식 건축물이다. 종탑은 한 차례 무너진 후 1425년 새로 건축된 것. 프랑스 대혁명 때 버려졌으나 대주교 셀레스틴 듀퐁에 의해 1835~1842년 동안 보수되었다. 1859년 세워진 종탑 위의 황금으로 도금한 성모상이 대성당의 상징이다. 내부에는 많은 예술 작품들을 소장·전시하며 요한 22세 교황의 고딕 양식 묘도 안치되어 있다. 바로 옆에 있는 교황청의 엄청난 규모에 조금 압도되는 듯하지만 매일 아침 미사로 아비뇽 시민들의 종교적 지주 역할을 해내고 있는 중요한 곳이다. 대성당에서 이어지는 길을 따라 로셰 드 돔 공원까지 산책하는 길이 아름답다.

Data 지도 318p-B
가는 법 아비뇽 기차역에서 도보 15분
주소 Place du Palais, 84000 Avignon
전화 0490-821-221
홈페이지 www.metropole.diocese-avignon.fr

TIP 교과서에서 봤던 아비뇽 유수! 간단 명료하게 짚고 가기

1309년부터 1377년까지 교황청이 로마에서 아비뇽으로 피신한 일을 아비뇽 유수라 부른다. 13세기 말부터 세속 권력이 커지면서 프랑스 왕 필리프 4세가 당시의 교황 보니파시오 8세와 충돌을 빚은 아나니 사건으로 우위를 점했고, 교황은 프랑스 왕의 견제와 간섭을 받아 로마에 입성하지 못하고 아비뇽에 머물게 된 것. 4대 클레멍 6세가 교황청을 호화롭게 건조한 것이 아직 남아 있다. 아비뇽 유수 시대는 중세 교황권의 몰락기라 부르지만 미술의 번영과 교회법과 교회 재판 제도 확립 등의 주요 성과가 있었던 시기로 재평가되고 있다. 이는 아비뇽 도시의 발전으로도 이어져 교통의 요지와 예술의 중심지로 거듭난 계기가 되었다.

아비뇽학파 회화와 교황청 유물이 모여 있는 궁전
프티 팔레 박물관 Musée Du Petit Palais

13~16세기 이탈리아 종교화를 중심으로 아비뇽파 회화를 전시하는 교황청 미술관이다. 1961년부터 중세 시대의 모습으로 복원된 14세기 옛 대주교궁 건물에 위치한다. 건물은 1320년경 추기경 명으로 건조된 것으로, 교황청이 세워지기 전 이단 심문관으로 명성이 높았던 교황 베네딕트 12세가 거처하던 곳이다. 19세기 유명 이탈리아 수집가 지엠피에트로 캄파냐의 이탈리아 미술품 350점을 루브르 박물관에서 전달받아 1976년 미술관으로 개관하였다. 캄파냐와 그의 부인은 소문난 미술 애호가로 테라코나, 주얼리, 앤티크 유리, 회화 등 다양한 장르의 미술 작품들을 평생 모아와 컬렉션의 수준이 뛰어나다. 중세 시대와 이탈리아 르네상스 시대의 회화 컬렉션을 완성하기 위해 칼베 박물관에서 아비뇽학파의 중세 조각품들을 일부 기증하였다. 전시품은 대부분 이탈리아에서 수집된 종교화로 산드로 보티첼리의 〈두 천사와 함께 한 아기 예수와 동정녀〉, 비토레 카르파초의 〈성스러운 대화〉등이 대표작. 로마네스크와 고딕 양식의 조각상들과 기독교 교리를 화려하게 표현한 채색 벽화도 아름답다.

Data 지도 318p-B
가는 법 아비뇽 기차역에서 도보 17분 **주소** Place du Palais des Papes, 84000 Avignon **전화** 0490-864-458 **운영시간** 수~월 10:00~13:00, 14:00~18:00(1/1, 5/1, 12/25 휴관) **요금** 영구 전시 무료

19세기 후반~20세기 초반 대가들의 작품들을 전시하는
앙글라돈 박물관 Le Musée Angladon

디자이너였지만 수집가로 명성을 떨쳤던 자크 두셋이 파리에서 모아온 컬렉션을 바탕으로 한 미술 전시관. 1996년 예술가 부부인 장 앙글라돈과 폴레트 앙글라돈이 세운 개인 재단에서 설립하여 개관하였다. 18세기 마실리안 가문이 거주하였던 아름다운 계단이 특징적인 맨션에 자리하고 있다. 당시 건축의 특징을 살려 보수하여 미술관으로 개조하였다. 고흐가 아를에서 그렸던 작품들을 비롯하여 19세기 후반에서 20세기 초반에 이르는 바르비종파와 인상파, 점묘화 등 다양한 작품들이 전시되어 있다. 드가, 세잔, 모딜리아니, 피카소 등 우리에게 익숙한 대가의 작품들을 볼 수 있다. 작품을 더욱 돋보이게 하는 아르 데코 액자 또한 피에르 레그렝과 같은 액자 전문가들에게 의뢰하여 제작한 것으로 세심한 큐레이팅이 인상적이다. 중국 당나라 시대의 불상과 도자기 등 전시된 작품의 화가들에게 영감을 주었던 아시아, 아프리카 일대의 예술품들도 함께 전시되어 있다.

Data 지도 318p-E
가는 법 아비뇽 기차역에서 도보 8분 **주소** 5 Rue Laboureur, 84000 Avignon
전화 0490-822-903
운영시간 4~9월 화~일 13:00~18:00, 10~3월 화~토 13:00~18:00(12/25, 1월 휴관)
요금 8유로, 학생 6.50유로, 15~25세 3유로, 4~14세 1.50유로
홈페이지 www.angladon.com

© Musée Angladon
© Musée Angladon

대규모 맨션에 자리한 풍성한 컬렉션
칼베 박물관 Musée Calvet

1810년 아비뇽시에 수집품과 도서를 전부 기증한 칼베의 이름을 딴 박물관. 시의 지원을 받아 칼베 재단에서 운영하며 회화와 중세 조각, 고고학 유적 등을 전시한다. 칼베 재단은 프티 팔레 박물관을 비롯하여 레퀴엥 박물관 등 7개의 박물관과 2개의 도서관을 관리한다. 칼베 박물관은 한때 추기경 거처의 일부로 사용되었던 칼베 도서관Bibliothèque Calvet과 18세기 맨션에 자리한 주 전시관으로 구성되어 있다. 파리의 루브르 박물관으로부터도 다량의 전시품을 받았다. 고고학 유물과 중세 조각들은 18세기 제수이트 파 예배당 건물에 자리한 라피데르 박물관Musée Lapidaire에 따로 전시되어 있다. 12,000여 개의 동전과 메달은 메달리에 칼베Médaillier Calvet 또한 분리되었다. 칼베 박물관의 주요 전시로는 아비뇽 지역에서 활발히 활동하던 화가 피에르 파로셀과 위베르 로베르, 조르지오 바사리, 루카 지오르다노 등의 작품과 방대한 선사 시대 미술을 포함한다.

Data 지도 318p-D
가는 법 아비뇽 기차역에서 도보 9분 **주소** 65 Rue Joseph Vernet, 84000 Avignon
전화 0490- 863-384
운영시간 수~월 10:00~13:00, 14:00~18:00(1/1, 5/1, 12/25 휴관) **요금** 영구 전시 무료
홈페이지 www.institutcalvet.fr/

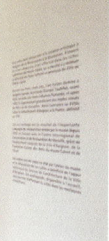

프랑스에서 최고로 손꼽히는 현대 미술관
콜렉시옹 랑베르 Collection Lambert

2000년 아비뇽이 유럽 문화의 수도로 지정되며 개관한 현대 미술관. 갤러리 소유주이자 미술품 수집가 이본 랑베르의 개인 컬렉션을 18세기 타운하우스 코몽 호텔에 전시하여, 1960년대부터 수집해온 방대한 미술품이 대중 앞에 공개되었다. 랑베르의 독특한 취향과 욕망, 열정을 반영한 수집품들은 프랑스 정통 미술을 고집하는 비평가들의 반대를 무릅쓰고 미국에서 크게 발전하던 현대 미술을 프랑스로 가져왔다. 미니멀리즘과 개념주의, 랜드 아트, 사진과 비디오, 설치 미술 등 다양한 장르의 현대 미술품들을 볼 수 있다. 로버트 라이만, 안드레스 세라노, 솔 르위트, 낸 골딘, 장 미셸 바스키아, 데니스 오펜하임 등의 작품들이 전시되어 있다. 박물관의 정체성을 드러내는 30년에 걸쳐 모은 수집품을 살피는 영구 전시와 다양한 테마로 열리는 특별전이 동시에 자리하니 천천히 살펴보자.

Data 지도 318p-E
가는 법 아비뇽 기차역에서 도보 7분 주소 5 Rue Violette, 84000 Avignon
전화 0490-165-621
운영시간 화~일 11:00~18:00
7·8월 매일 11:00~19:00
(1/1, 5/1, 12/25 휴관)
요금 12유로, 학생 할인 8유로
홈페이지 www.collectionlambert.fr

TIP 현대 미술관 통합권
인근 지역의 현대 미술관들과 연계하여 콜렉시옹 랑베르 입장권과 함께 아를의 퐁다시옹 빈센트 반 고흐, 님의 카레 현대 미술관, 몽펠리에의 MO.CO. Montpellier Contemporain 네 곳을 입장할 수 있는 통합권을 20유로에 판매한다. 아를과 님을 방문할 계획이라면 통합권으로 입장하는 편이 저렴하다.

아비뇽의 자연사 전시 박물관
레키엥 박물관 Le Musée Requien

17세기 건물 3층에 위치한 자연사 박물관. 18~19세기에 활발히 활동한 저명한 과학자 레키엥의 식물과 허브에 관한 열정을 기반으로 탄생하였다. 특별한 점은 그가 과학 전반에 관심을 가져 식물원이 아닌 박물관을 꾸밀 정도의 수집품이 모아졌다는 것. 개인 컬렉션에, 세계 각지 학자들의 기증과 조언으로 컬렉션을 넓혔다. 이곳에서 과학 연구 활동이 활발히 일어나며 국내외적인 프로젝트들이 레퀴엥을 중심으로 이루어졌다. 아비뇽이 속한 데파르트멍인 보클루스 지역의 지리학, 식물학, 선사 시대 동물, 프로방스의 맹금류 등 구체적인 테마로 전시들이 마련되어 있다. 1만 8천여 권이 갖춰진 도서관도 있다. '시간 속으로 뛰어들다'와 '보클루스의 야생'이라는 2개의 영구전과 함께 지역 동식물 연구를 주제로 하는 특별전이 자주 열린다.

Data 지도 318p-D
가는 법 아비뇽 기차역에서 도보 10분 **주소** 67 Rue Joseph Vernet, 84000 Avignon
전화 0490-824-351
운영시간 화~토 10:00~13:00, 14:00~18:00(1/1, 5/1, 12/25 휴관) **요금** 무료 **홈페이지** www.museum-requien.org

론느강 발치에 자리한 푸른 공원
로셰 데 돔 공원 Rocher des Doms

안다온산 가까이에 위치한 넓은 공원. 아비뇽의 요람이라는 애칭으로도 불린다. 1830년 조성된 넓은 정원이 아름다워 날씨가 좋으면 아비뇽 사람들이 피크닉을 즐긴다. 한때 아비뇽시에 물을 공급하던 저수지도 있다. 아비뇽 대성당에서부터 이어지는 계단을 따라 또는 강변을 따라 가다 보면 찾을 수 있다. 공원까지 이어지는 한적한 산책로는 아비뇽의 예술 전시들을 본 후 걷기에 좋다. 아이들을 위한 놀이터와 오리, 백조가 노니는 호수, 작은 카페도 있다. 호수 가운데 있는 비너스 상은 필릭스 샤르펑티에의 작품으로, 당시 누드상이라는 것이 문제가 되어 원래 자리였던 카르노 광장 Place Carnot에서 이곳으로 1894년에 옮겨왔다. 아비뇽 투어리스트 기차가 로셰 데 돔 공원에 정차한다.

Data 지도 318p-B
가는 법 아비뇽 기차역에서 도보 19분 **주소** 84000 Avignon
가는 법 아비뇽 기차역에서 도보 19분

아비뇽

부서진 다리 위에서 춤을
생 베네제 다리 Pont Saint-Bénézet

'아비뇽 다리'로 더 많이 불린다. 아비뇽은 론강을 건너는 이 다리가 건설되며 크게 발전하기 시작하였으니 구시가지 개발에 주역이라 할 수 있다. 1171년 베네제와 그의 제자들이 14년에 걸쳐 지은 것으로 22개의 아치가 있던 긴 다리였으나 여러 번 재건축을 거듭하다 결국 1660년의 대홍수로 상당 부분이 붕괴되어 현재는 4개의 아치만 남아있다. 성 베네제를 기리는 작은 성당이 다리 옆에 자리한다. 다리 완공 후 만들어진 노래 '아비뇽 다리 위에서'가 크게 유행하여 다리가 더욱 유명하게 되었다. 해가 뜰 때와 질 때 이 다리에서 바라보는 도시의 풍경이 가장 아름답다. 입장료에 포함되어 다리 출입 시 주는 11개 언어 오디오 가이드를 통해 다리의 역사를 더욱 자세히 알아볼 수 있다. 유네스코 세계 유산으로 지정되었다.

Data **지도** 318p-B **가는 법** 아비뇽 기차역에서 도보 18분 **주소** Rue Ferruce, 84000 Avignon **전화** 0490-275-116 **운영시간** 3월 09:00~18:30, 4~6, 9·10월 09:00~19:00 7월 09:00~20:00, 8월 09:00~20:30(매표소는 다리 폐관 30분 전 마감) **요금** 5유로, 8~17세·대학생·60세 이상 4유로/교황청+다리 통합권 일반 14.50유로, 8~17세·대학생·60세 이상 11.50유로 **홈페이지** www.avignon-pont.com

TIP '다리 위에서' 노래

생 베네제 다리 건조 직후 만들어진 곡. 소박한 선율과 정겨운 가사의 프랑스 민요로, 어린이들도 부르는 귀여운 가락이 특징이다. 실제로 다리 아래에서 노래를 부르며 춤을 췄고, 노래에 맞는 춤이 따로 만들어졌다. 짝을 지어 서로를 빙글빙글 돌며 춤추다 후렴구에서 파트너와 마주보고 남자가 허리를 굽혀 인사하고 여자가 무릎을 굽혀 인사를 하는 간단한 구성이다.

〈아비뇽 다리 위에서 Sur le Pont d'Avignon〉

아비뇽 다리 위에서
우리는 춤을 춰, 우리는 춤을 춰
아비뇽 다리 위에서
우리는 춤을 춰, 모두 원을 그리며
멋진 아저씨들이 이렇게 해
그리고 또다시 이렇게
아름다운 부인들이 이렇게 해
그리고 또다시 이렇게
젊은 아가씨들이 이렇게 해
그리고 또다시 이렇게
음악가들이 이렇게 해
그리고 또다시 이렇게

TALK

아비뇽 페스티벌
Avignon Festival

매년 7월 중순 3주간 열리는 세계적인 연극 축제. 비극, 희극, 광대극, 현대무용, 발레 등 다양한 장르의 공연들이 열리며 시내 곳곳의 공연장과 야외에서 무대의 막이 올라 도시 전체가 축제 열기로 뜨거워진다. 축제 기간에만 50만 명이 찾는다. 아비뇽 페스티벌은 정부에서 행사를 지원하지만 공연에 간섭하지 않아 예술적인 자유가 크게 보장된다. 1947년 연극배우이자 무대 감독인 장 빌라르가 수준 높은 연극 작품을 지역 주민들에게 선보이자는 의도로 당시 아비뇽 시장을 설득하여 시작한 행사로 연극 세 편을 무대에 올리는 것으로 소박하게 출발하였다. 젊은 세대가 적극 지역 문화 행사에 참여할 수 있도록 점점 더 다양하고 많은 작품들을 소개하는 큰 행사로 거듭났다. 주최 측의 엄정한 심사를 거친 훌륭한 작품들만 아비뇽 축제에 소개되며 공식 페스티벌인 IN 페스티벌과 아비뇽시 학교나 카페 등에서 아마추어들이 참여하여 소규모로 펼쳐지는 OUT 페스티벌로 구성된다. IN 페스티벌의 경우 18개월 전부터 심사를 거쳐 실력 있는 연출가와 배우들의 등용문 역할도 하고 있다.

Data 홈페이지 festival-avignon.com

모든 메뉴가 대표 메뉴인 아비뇽 대표 맛집

푸 드 파파 Fou de Fafa

여름에는 일주일 전에는 예약을 해야 테이블을 잡을 수 있는 아비뇽 인기 맛집이다. 이미 자리가 다 찼다는 표지판을 문 앞에 걸어도 저녁 내내 사람들이 서성이며 빈자리를 물어온다. 테이블도 10개 남짓한 이 식당의 최강점은 '심플함'. 신선한 재료와 천연의 맛을 강조하는 요리로 승부를 본다. 양구이와 오리고기가 대표 메뉴로, 한 번 맛본 사람들은 아비뇽을 떠나기 전에 이곳을 다시 찾는다. 식당의 모든 메뉴와 와인에 해박한 스태프가 있어 주문이 어렵지 않다. 가지로 감싸 7시간 요리한 양고기구이나 오징어 먹물 리소토도 맛있다.

메뉴가 다양한 편은 아니지만, 에피타이저에 메인 요리 2가지, 후식과 와인 2잔 정도를 곁들이는 코스에 1인이 30유로 정도의 가격대로 즐긴다면 결코 비싸지 않다. 아니, 맛과 분위기와 친절함을 감안하면 오히려 싸게 느껴질 정도다. 현지인들에게도 인기가 많고 늘 아비뇽 추천 식당 1순위인 곳! 그러니 예약은 필수다. 홈페이지에서 메일로 예약하면 된다. 간혹 예약 없이 오는 손님들도 있는데, 자리만 있으면 예약 없이도 이용할 수는 있다. 다만, 엄청 운이 좋아야 가능하다.

Data 지도 318p-E
가는 법 아비뇽 기차역에서 도보 9분
주소 17 Rue Des Trois Faucons, 84000 Avignon
전화 0432-763-513
운영시간 화~토 19:00~23:00
가격 2코스 37유로, 3코스 43유로
홈페이지 www.restaurantfoudefafa.com/

발랄한 인테리어의 즐거운 카페
밀크 숍 Milk Shop

가게 이름에서 짐작할 수 있듯이 밀크셰이크가 대표 메뉴. 저렴하고 맛있어 단골들이 많다. 거의 모든 메뉴를 지역에서 나는 신선한 식재료로 만든다. 날씨가 더울 때 시원하게 한 잔 마시는 딸기 밀크셰이크나 바나나 밀크셰이크는 특히 꿀맛이다. 음료 위에 올린 휘핑크림은 무설탕이다. 오레오 밀크셰이크도 인기 높은 메뉴 가운데 하나. 한국인들이 좋아하는 아이스 아메리카노도 있고, 푸짐한 브런치도 맛볼 수 있다. 베이컨 모닝버거가 4유로 정도다. 9.9유로에 세트 메뉴를 시키면 든든한 한 끼가 완성된다. 메뉴 사진을 주기 때문에 주문에 큰 어려움은 없다. 베이커리도 가게에서 직접 반죽하여 만들며 음료는 미리 만들어 두지 않아 신선도에 있어서는 타의 추종을 불허한다. 무료 무선 인터넷도 제공하여 편안한 소파에 한번 앉으면 일어나기 힘들다.

Data **지도** 318p-E **주소** 26 Place des Corps Saints, 84000 Avignon
가는 법 아비뇽 기차역에서 도보 7분 **전화** 0982-541-682 **운영시간** 월~금 07:30~19:00, 토 09:00~19:00 **가격** 밀크 쉐이크 5유로~ **홈페이지** www.instagram.com/milkavignon

400여 종의 와인과 리큐르
르 벙 드방 스와 Le Vin Devant Soi

르 벙 드방 스와의 주인들은 와인 선생님이라는 표현이 어울릴 정도로 와인에 해박하다. 이곳 주인 로랑 메르시에와 스테판 질베르는 와인 종류와 맛, 마리아주를 넘어서 와인 판매, 마케팅에 대한 지식과 철학이 대단해 '아비뇽 와인쟁이'로 통한다고. 32종의 와인을 테이스팅해볼 수 있으며 종종 좋은 와인들로 테이스팅 워크숍을 열기도 한다. 홈페이지에서 다양한 프로그램에 대한 상세 정보를 얻을 수 있다. 아비뇽에서 괜찮은 선물용 와인을 사고 싶다면 매장을 찾아가 추천받자. 시크하지만 전문적인 와인 선생님(!)의 가이드를 통해 다양한 가격대의 와인을 만나볼 수 있을 것이다. 특히, 구하기 어려운 고퀄리티 로컬 와인도 꽤 많이 갖추고 있어 아주 흥미롭다.

Data 지도 318p-B
가는 법 아비뇽 기차역에서 도보 11분
주소 4 Rue Collège du Roure, 84000 Avignon
전화 0490-820-439
운영시간 5~9월, 12월 10:00~20:00, 10~11월, 1~4월 월~토 10:00~20:00(1/1, 12/15 휴무)
홈페이지 www.levindevantsoi.com

아비뇽에서 제일가는 초콜릿
알린 게앙 쇼콜라티에 Aline Géhant Chocolatier

'초콜릿은 우리 모두에게 꿈을 꾸게 하는 마법 같은 단어'라는 낭만적인 쇼콜라티에가 아비뇽에서 가장 달콤하고 맛이 진한 초콜릿을 만든다. 4년간 파리에서 경험을 쌓고 아비뇽에서 자신만의 초콜릿을 만들기 시작한 알린은 세계 각지의 초콜릿, 페이스트리 쇼 등에 참가하며 활동 중이다. 프로방스의 전통적인 맛에서 영감을 받아 최상급의 재료만 사용하여 만드는 초콜렛은 하나만 입에 넣어도 미소가 지어진다. 아이들을 위한 초콜릿 워크숍도 주기적으로 열린다(홈페이지에서 스케줄 확인).

Data 지도 318p-E
주소 15 Rue des Trois Faucons, 84000 Avignon
가는 법 아비뇽 기차역에서 도보 9분 전화 0490-022-721
운영시간 화~토 10:00~13:00, 15:00~19:00
가격 75g 초콜릿 바 8.40유로
홈페이지 www.aline-gehant-chocolatier.com

신선하고 건강한 아비뇽 음식의 근원지
레 알 Marché les Halles d'Avignon

최적의 기후 조건을 갖춘 아비뇽의 식재료는 풍부하고 맛이 좋다. 지역의 여러 식당들은 레 알 시장에서 신선도 높은 좋은 재료를 사간다고. 40여 명의 상인들이 친절하게 손님들을 맞이한다. 어떤 요리를 해야 할지 물으면 요리책과 맞먹는 방대한 지식이 쏟아져 나온다. 아비뇽에는 레 알 외에도 꽃 시장, 앤티크 시장, 론 강변의 시장, 벼룩 시장 등 정겨운 시장들이 많으니 관광청 홈페이지에서 확인해보자 (www.avignon-tourisme.com).

Data 지도 318p-B
가는 법 아비뇽 기차역에서 도보 14분 주소 18 Place Pie, 84000 Avignon
전화 0490-271-515
운영시간 화~금 06:00~13:30, 토·일 06:00~14:00
홈페이지 www.avignon-leshalles.com

18세기 풍의 데코가 너무나 아름다운 5성 호텔
라 미란드 La Mirande

교황청 앞에 위치한 5성 호텔. 벨벳과 앤티크 가구가 화려한 꽃무늬 벽지와 잘 어우러지며 화려하면서도 남프랑스의 전원적인 분위기를 풍긴다. 시내가 한눈에 들어오는 뷰도 멋지다. 전 객실은 플랫 스크린 TV, 닥터 하우슈카 또는 겔랑 어메니티를 갖추고 있으며 CD 또는 DVD 플레이어도 요청 가능하다. 전통 프로방스 레스토랑의 테라스에서 애프터눈 티를 하는 것도 추천한다. 시간당 15유로에 베이비 시팅 서비스도 제공하고 호텔 셰프와 함께 하는 쿠킹 클래스 등 활동과 서비스가 많다. 주차 공간 완비. 총 객실 수 26개.

Data 지도 318p-B
가는 법 아비뇽 기차역에서 도보 15분 주소 4 Place de l'Amirande, 84000 Avignon
전화 0490-142-020
홈페이지 www.la-mirande.fr

교황청과 4분 거리에 있는 깔끔한 2성 호텔
호텔 레지나 Hôtel Regina

아비뇽 시내 한가운데 위치한 레지나 호텔은 서비스가 훌륭하여 평이 좋다. 객실은 깔끔하다. 몇몇 객실에는 발코니가 딸려 있어 시가지와 론강 경치를 감상할 수 있다. 9유로에 푸짐한 조식 뷔페를 즐길 수 있으며 음료 자판기, 다리미 등 여행객들의 편의를 위한 다양한 설비를 갖추고 있다. 교황청 등 관광 명소에서 레지나 호텔 예약증을 보여주면 20% 할인 혜택을 받을 수 있다. 총 객실 수 30개, 프런트 데스크 07:00~24:00 운영.

Data 지도 318p-E 가는 법 아비뇽 기차역에서 도보 10분
주소 6 Rue de la République, 84000 Avignon
전화 0490-864-945
홈페이지 www.hotelregina-avignon.fr

가격 대비 퀄리티가 뛰어난 호텔
브리스톨 Bristol

아비뇽에서 가장 아름다운 대로에 자리한 브리스톨은 모던한 모노톤 인테리어의 편안한 객실을 갖추고 있다. 비즈니스 여행객들을 위한 다양한 설비가 마련되어 있고 객실에는 케이블 TV와 미니바가 마련되어 있다. 기차역과 4분, 교황청과 10분 거리에 있어 관광도 용이하다. 시내 한가운데 자리하고 방음도 확실한, 가격 대비 편안하고 아늑한 숙소를 찾는다면 제격이다. 친절한 스태프들이 아비뇽 여행을 도와 알찬 여행을 할 수 있다. 조식은 성인 13유로, 12세 미만에게 6.50유로로 제공되며 주차비는 하루 13유로이다.

Data 지도 318p-E
가는 법 아비뇽 기차역에서 도보 4분 주소 44 Cours Jean Jaurès, 84000 Avignon
전화 0490-164-848 홈페이지 www.bristol-avignon.com/

Sud de France By Area

11

아를
Arles

아직까지 견고한 유적들을 간직한 조용한 남부의 전원 도시. 고흐가 머물며 수많은 작품들을 남긴 덕분에 '고흐의 도시'로 알려져 있다.
로마인들이 1세기부터 이 지역을 지배하기 시작하여 주요 무역항으로 활약하기 시작했다. 당시 건설된 아레나와 고대 극장, 목욕탕은 1981년 유네스코 세계문화유산에 등재되어 아를의 주요 볼거리로 사랑받고 있다.

Arles
PREVIEW

수줍음 많은 화가가 사랑했던 도시, 아를. 고흐의 그림을 떼어놓고는 여행할 수 없을 정도로 그에게 영감을 주었던 진한 색채가 도시 구석구석에 묻어 있다. 샛노란 벽 밤의 카페 풍경만큼이나 아를의 낮도 눈부시게 아름다우니, 여행자가 준비할 것은 여러 색으로 마음을 물들일 수 있는 흰 캔버스 같은 마음뿐이다.

SEE

고흐를 빼놓고는 아를 여행을 설명할 수 없다. 아를을 여행하기 전에 그의 대표작들을 찾아보고 갈 것을 추천한다. 도시 전체가 고흐에게 헌정된 거대한 야외 미술관이라 해도 과언이 아닐 정도로 고흐가 소재로 삼았던 건물과 자연이 곳곳에 있다. 캔버스 밖으로, 실제 크기로 눈앞에 펼쳐지는 황금빛 아를의 자연과 고대 로마 시대부터 남아 있는 유구한 유적지는 이 작은 도시를 남프랑스 최고의 여행지 중 하나로 만들었다.

EAT

고흐와 관련된 기념품 외에는 특별히 쇼핑을 할 곳이 많지 않다. 니스나 액상프로방스 등 주변 도시들에 비해 상권이 작아, 일반 쇼핑보다는 전시를 감상하고 나서 작품들을 기억할 만한 작은 기념품을 구입하는 정도. 또 아를은 투우 축제가 열리는 아레나의 도시로, 투우와 관련한 기념품도 골목마다 볼 수 있다.

BUY

관광객으로 북적이기 때문에 식당과 카페가 많지만, 여름 성수기에는 맛집의 빈자리를 찾는 것이 쉽지 않아 예약을 하는 것이 좋다. 또 아비뇽이나 님 등 옆 동네에 비해 일찍 문을 닫는 경우가 많다. 저녁 식사 시간을 조금 넘기면 자리가 다 찼거나 주방을 닫아 마땅히 식사를 할 곳을 찾기 어려우니 유의할 것.

Arles
ONE FINE DAY

로마의 콜로세움 못지않은 위엄으로 우뚝 서 있는 아레나에서 아를 여행을 시작하자. 건축미가 뛰어난 명소들을 지나 고흐의 자취가 남아 있는 곳들을 방문한다. 도시 곳곳의 정원과 강변 부근의 볼거리들은 미술 문외한이라도 즐겁게 감상할 수 있다. 해가 지면 독한 압생트 한잔하며 깊어가는 밤을 사색으로 보내보자.

09:00 아레나를 찾아 한 바퀴 돌아보기

도보 5분 →

10:00 생 트로핌 성당과 고대 극장 구경

도보 6분 →

12:00 폰다시온 빈센트 반 고흐

도보 5분 ↓

13:00 점심 식사 후 에스파스 반 고흐

← 도보 7분

14:00 헤아튀 박물관에서 아침부터 고흐의 발자취를 좇아보기

← 도보 16분

15:00 예쁜 정원과 강 사이에 자리한 아를 고고학 박물관의 전시 감상

도보 25분 ↓

17:00 해 지기 전에 알리스캉 방문하기

도보 15분 →

19:00 밤의 카페 테라스를 구경하고 부근의 와인 바에서 와인 한 잔

도보 35분 →

20:00 랑글로와 다리를 보러 론 강변 산책

Arles
GET AROUND

 어떻게 갈까?

비행기
가장 가까운 공항은 마르세유. 마르세유 공항에서 아를까지 공항에서 10번 버스를 타고 비트롤 Vitrolles Aeroport Marseille역에서 기차를 타고 이동할 수 있다. 기차는 약 40분 여정, 버스 스케줄은 공항 홈페이지에서 확인 가능.
Data 홈페이지 www.marseille.aeroport.fr

기차
대도시와 이어지는 TGV 역이 있는 아비뇽을 경유해 열차로 아를을 찾는 것이 일반적이다. 파리에서 아비뇽을 경유하는 기차로 3시간 50분 소요. 아비뇽에서 아를까지는 약 20분이 소요된다. 아를역에서 도심까지는 걸어서 10분 정도 걸린다. 택시로는 10~15유로 정도. 아를 기차역에서는 짐 보관도 가능하여 당일치기 여행으로도 좋다. 역내 투어리스트 센터에서 도시 지도, 버스 스케줄을 비롯하여 다양한 관광 정보를 얻을 수 있다. 역 앞 유리로 된 대기실 앞에 정차하는 미니버스 엔비아를 타도 좋다(www.tout-envia.com). 아를의 주요 거리, 광장마다 서고, 요금은 1회 3유로.
아를 기차역
Data 지도 340p-C **주소** Avenue Paulin Talabot, 13200 Arles

자동차
도로가 잘 정비되어 있어 인근 도시에서 차로 이동하는 것이 어렵지 않다. 아비뇽에서 D570N 도로로 40분 소요, 마르세유에서는 A7, A54 도로를 이용하며 1시간 남짓 소요된다. 2016년 봄부터 개편된 주차법에 따라 차로 아를을 여행하는 것이 더욱 쉬워졌다. 월~일 09:00~19:00(동절기에는 12:00~14:00 동안 주차 무료) 동안 도시를 녹색Verte, 노란색Jaune, 빨간색Rouge, 흰색Blanche 네 구역으로 나누어 각각 30분당 0.50유로, 1시간당 3유로, 15분 무료+30분당 1유로, 1시간 무료+30분당 1유로의 요금을 부과한다.

아를 주차 정보

버스
시내와는 도보 10분 거리에 위치한다. 아를 근교로 뻗어 나가는 여러 노선들이 이곳에서 발착하나 시내만 여행하는 여행자들은 버스를 이용할 일이 많지 않다.

아를 버스정류장
Data 주소 Avenue Paulin Talabot, 13200 Arles

어떻게 다닐까?

INFO

아를 관광청 사무소 Office de Tourisme
숙소 예약, 관광 패스 구입이 가능하며 1일 8유로에 포켓 와이파이 기기를 대여해주기도 한다. 시내 지도, 버스나 기차 시간표도 이곳에서 받을 수 있다.

Data 지도 340p-E
주소 Boulevard des Lices, Esplanade Charles de Gaulle, 13200 Arles
가는 법 아를 기차역에서 도보 15분 **전화** 0490-184-120 **운영시간** 4~9월 09:00~18:45, 10~3월, 월~토 09:00~16:45, 일 10:00~13:00 **홈페이지** www.arlestourisme.com

르 파스포르 아방타주 Le Passeport Avantage
6개월 유효한 관광 패스로 아레나, 고대 극장, 콘스탄틴 목욕탕, 지하 비밀통로, 알리스캉, 생 트로핌 안뜰, 헤아튀 박물관, 카마르그 박물관, 그리고 아를 고고학 박물관 입장이 무료다.

Data 성인 19유로, 학생증 소지자 16유로

르 파스포르 리베르테 Le Passeport Liberté
한 달간 유효한 패스로 아레나, 고대 극장, 콘스탄틴 목욕탕, 지하 비밀통로, 알리스캉, 생 트로핌 안뜰 중 네 곳과 헤아튀 박물관, 카마르그 박물관, 그리고 아를 고고학 박물관 중 한 곳을 무료로 입장할 수 있다.

Data 성인 15유로, 학생증 소지자 13유로

아를을 대표하는 위압적인 원형 경기장
아를 아레나 Arènes d'Arles

기원후 90년에 세워진, 관객 2만 5000명을 수용할 수 있는 원형 경기장. 길이 136m, 너비 109m로 120개의 아치로 이루어졌다. 로마 극장을 비롯한 아를의 고대 로마 유적들과 함께 유네스코 세계문화유산으로 등재되었다. 두꺼운 외벽 안에는 둥근 원형 경기장이 있다. 경기장으로 향하는 계단과 통로가 무척 많은데, 비상 시 사람들이 빨리 빠져나갈 수 있기 위함이라고. 5세기 로마 제국멸망 당시 아레나 안에 작은 마을이 형성되어 실제로 200여 가구가 살면서 각각의 통로가 한 가정의 문 역할을 했었다. 4개의 중세 시대 탑 중 출입구와 가까운 북쪽 끝에 올라 시내 전경을 감상해보자. 처음 지어졌을 때에는 전차 경기장과 투기장으로 사용되었으나 오늘날에는 아를 축제의 투우 경기가 벌어진다. 여름에는 야외 음악회, 콘서트 등도 이곳에서 열린다. 축제나 공연이 있을 때에는 관람을 제한하거나 관람 시간을 단축하니 홈페이지를 참조할 것.

Data 지도 340p-C 가는 법 아를 기차역에서 도보 10분 주소 Rond-point des Arènes, 13200 Arles 전화 0490-495-905 운영시간 4·10월 09:00~18:00, 5~9월 09:00~19:00, 11~3월 10:00~17:00 (1/1, 5/1, 11/1, 12/25 휴관) 요금 성인 9유로, 18세 미만 무료 홈페이지 www.arenes-arles.com

TIP 아를 축제 Feria d'Arles
투우의 전통을 계승하는 아를 최대의 축제 페리아는 1년에 2번, 4월과 9월 중순에 열린다. 4월에 열리는 4일간의 페리아는 프랑스의 투우 시즌 개막을 알리는 행사로, '부활절 페리아'라 불린다. 다양한 투어 경기와 야외 음악 공연 등으로 진행된다. 9월의 페리아는 '쌀의 페리아'라 부르며 3일간 진행된다. 경마, 음식 행사 등이 열린다.

고흐의 유산을 기리는
폰다시온 빈센트 반 고흐 아를 Fondation Vincent van Gogh Arles

20세기, 21세기 미술에 고흐가 미친 영향을 정리, 전시하는 미술관으로, 고흐의 작품들을 다른 곳에서 감상했다 하더라도 고흐를 좋아한다면 꼭 들러보자. 패스 아방타주와 리베르테에 포함되지 않은 곳이지만 아를에서 전시를 하나만 봐야 한다면 이곳을 추천한다. 1980년대부터 빈센트 반 고흐 재단에서 수집하기 시작한 고흐의 컬렉션을 바탕으로 문을 열었다. 고흐의 영향을 받은 현대 미술가들의 작품과 고흐의 작품을 나란히 전시하여 고흐의 예술성과 특별함을 더욱 부각시킨다. 고흐와 아를을 주제로 하여 여러 예술 교환 이벤트와 행사를 주최한다. 채광 좋은 서점과 기념품 상점도 가볼 만하다. 참여 가능한 워크숍 등 재미있는 행사들도 종종 주최하니 홈페이지에서 일정을 확인해보자.

Data 지도 340p-B
가는 법 아를 기차역에서 도보 14분 **주소** 35 Rue du Docteur Fanton, 13200 Arles
전화 0490-930-808 **운영시간** 6~9월 말 매일 11:00~19:00, 동절기 10~1월 초 화~일 11:00~18:00
요금 성인 10유로, 65세 이상 8유로, 학생 3유로, 헤아투 박물관과 폰다시온 빈센트 반 고흐 아를 통합권 12유로, 18세 미만 무료 **홈페이지** www.fondation-vincentvangogh-arles.org

Theme
빈센트 반 고흐의 아를

"내가 더 못나고, 늙고, 아프고, 가난해질수록 나는 잘 배치된,
눈부시게 빛나는 훌륭한 색채로 그 복수를 하고 싶어진다."

반 고흐, 아를에서, 1888년 9월

1888년 2월 20일, 빈센트 반 고흐가 아를에 도착했다. 〈밤의 카페〉와 〈별이 빛나는 밤〉, 〈해바라기〉등 300여 점의 역작을 남긴, 약 15개월간의 '고흐 시대'가 도래하였다. 현재의 아를보다 더욱 강렬한 태양과 스페인 사람들과 비슷한 아를 사람들에게 고흐는 큰 인상을 받았으며, 여러 작품의 모델이 되어준 우체부 룰랑과 그가 하숙하던 역 앞 카페의 주인 지누 등 친구들도 여럿 사귀게 되었다. 이전에 그렸던 그림과 확연히 달라진 것은 남프랑스 태양으로 인해 전체적으로 밝아진 톤이다. 아를 이전의 그림들보다 훨씬 더 밝은 색채를 사용하면서 사람들에게 사랑받는 작품들을 남기게 된 것. 1888년 10월에는 동료 화가 고갱이 고흐를 따라 아를에 둥지를 틀었다. 고흐가 방문하고 모델을 삼아 그림을 그렸던 아를의 대부분의 지역들은 세계 2차 대전 때 파괴되었지만, 아를을 고흐의 도시라 부를 수 있을 정도의 풍광과 그의 발자취가 아직 진하게 남아 있어 고흐를 사랑하는 수많은 여행객들을 반긴다.

고흐의 발자취를 느낄 수 있는 곳

밤의 카페 테라스, 트린퀘타이유Trinquetaille 다리, 론느 강변의 별이 빛나는 밤, 고갱과 살던 노란 집, 아를 아레나, 방앗간, 알리스캉, 공원, 에스파스 반 고흐(옛 병원), 랑글로와 다리.

고대 로마 통치 시절 대중 오락을 담당했던
고대 극장 Le Theatre Antique

아우구스투스 황제 시대였던 기원전 1세기에 지어진 극장으로 아레나에 비해 잘 보존되지 않아 대부분 소실되었다. 총 3층, 33개의 계단이 있으며 만 명의 관객을 수용할 수 있었던 것으로 추정된다. 극장으로 쓰인 후에는 제수이트 대학, 수녀원, 야외 고고학 박물관 등이 자리했었다. 1828년 시작된 발굴 작업으로 세상에 빛을 보게 되었으며 이곳에서 찾아낸 유물들은 아를 고고학 박물관에 전시되어 있다. 대표적인 것은 커다란 아우구스투스의 석상. 이곳에서 발굴된 〈아를의 비너스〉는 파리의 루브르 박물관에 전시되어 있다. 무대를 구분하는, 아폴로 제단 등의 장식이 있었으며 귀빈석도 따로 있었다고 한다.

Data 지도 340p-E 가는 법 아를 기차역에서 도보 13분 주소 Rue De la Calade, 13200 Arles 운영시간 4·10월 09:00~18:00, 5~9월 09:00~19:00, 11~3월 10:00~17:00(1/1, 5/1, 11/1, 12/25 휴관) 요금 성인 9유로, 학생증 소지자 7유로

아를 시청 아래 자리한 고대 로마 유적지
지하 비밀통로 Les Cryptoportiques(le forum souterrain)

아를 시청은 대중에게 비공개로 되어 있지만 시청 건물 지하에 위치한 이 비밀통로는 방문 가능하다. 기원전 1세기 후반 조성된 고대 로마 시대 공공 집회 장소였던 곳으로, 시청 건물을 지을 때 만들어졌다. 벽과 천장에 사용된 벽돌로 연대기를 추정하여 아우구스투스 황제 시절에 지어진 상점들과 같은 건축 양식임이 확인되었다고. 이곳으로 향하는 입구는 생 루시엥 성당을 지으면서 10세기에 자취를 감추었다가 1935년 발굴 작업이 시작되어 1966년부터 대중에게 개방되었다. 내려가 보면 로마 시대 양식의 아치 몇 개가 남아 있는 전부. 역사적인 의미 때문에 찾는 사람들이 대부분이다.

Data 지도 340p-E 가는 법 아를 기차역에서 도보 10분 주소 Rond-point des Arènes, 13200 Arles 운영시간 4·10월 09:00~18:00, 5~9월 09:00~19:00, 11~3월 10:00~17:00 (1/1, 5/1, 11/1, 12/25 휴관) 요금 성인 4.50유로, 학생증 소지자 3.60유로

아를 시내 한가운데 위치한 로마네스크 양식의 성당
생 트로핌 성당 Cathédrale Saint-Trophime d'Arles

고대 로마 극장의 일부를 건축 자재로 사용하여 14세기에 완공된 성당. 15세기에 고딕 양식을 반영하여 개축 작업이 이루어졌다. 아를의 3세기 주교 이름을 따 성당 이름을 붙였다. 〈최후의 심판〉 장면이 묘사되어 있는 성당 입구가 특징이며 내부에는 태피스트리와 유물들이 전시되어 있다. 아를의 주교였던 생 오노레의 유해가 담긴 석관도 보관되어 있다. 회랑 곳곳을 12~14세기 종교 조각품들이 장식하고 있다. 따로 입장료를 지불하고 볼 수 있는 정원 Cloître Saint-Trophime이 무척 아름답다. 1840년 그 역사적 가치를 인정받아 문화재로 등재되었으며, 1981년 유네스코 세계문화유산이 되었다.

Data 지도 340p-E 가는 법 아를 기차역에서 도보 13분
주소 16 Rue de la Calade, 13200 Arles
운영시간 4·10월 09:00~18:00, 5~9월 09:00~19:00, 11~3월 10:00~17:00(1/1, 5/1, 11/1, 12/25 휴관) 요금 성당은 무료, 정원은 성인 5.50유로, 학생증 소지자 4.50유로, 알리스캉과 생 트로핌 정원 통합권 성인 9유로, 학생증 소지자는 7유로

선사 시대부터 시작된 이 도시의 역사를 자세히 되짚어 보는
아를 고고학 박물관 Musée Départemental Arles Antique

1995년 개관한 고고학 박물관. 아를 시내와 조금 떨어져 있으나 건물이 무척 아름답고 론강과 박물관 내 소담한 정원이 있어 산책하기 좋다. 독특한 3D 삼각형 형태의 푸른 건물의 건축미가 뛰어나다. 박물관에서는 시내에 위치한 여러 고대 로마 시대의 유적들과 유적지에서 발굴된 다양한 유물들을 살펴볼 수 있다. 아를 외 프로방스 지방에서 발굴된 고고학 유물들도 전시한다. 전시장은 3개의 공간으로 나뉘어 있으며 선사 시대부터 6세기까지 연대기별로 전시를 관람할 수 있다. 일상생활, 무역, 경제활동, 장식으로 나뉘어 있는 테마에 따라 돌아보는 관람 방법도 있다. 고대 조각상, 그리스, 로마 신화를 묘사한 2~3세기 모자이크화, 5세기 청동 반지 등이 주요 전시품이다.

Data 지도 340p-D
가는 법 Navia A - 시내 중심을 순환하는 버스를 이용 (배차 간격 20~30분, www.tout-envia.com).
주소 Avenue 1ere division France libre, 13200 Arles
전화 0413-315-103
운영시간 수~월 10:00~18:00 (1/1, 5/1, 11/1, 12/25 휴관), 가이드 매주 일요일 15:00
요금 8유로, 학증 소지자 5유로, 매월 첫 번째 일요일 무료, 18세 미만 무료, 가이드 투어는 2유로 추가
홈페이지 www.arlesantique.fr/

7세기 이후 미술품을 전시하는
헤아튀 미술관 Musée Réattu

마르세유, 님, 리옹 시청의 실내 장식 프로젝트를 담당했던 예술가 겸 수집가 자크 헤아튀가 남긴 800여 점의 회화와 스케치들을 바탕으로 1868년 박물관이 세워졌다. 몰타 기사들이 15~17세기 머물렀던, 현재 문화재로 등록된 아름다운 수도원 건물에 자리하고 있다. 1950년대 대대적인 보수가 이루어지고 현대 미술 작품들이 더해졌다. 1965년부터 사진 파트가, 2006년부터 사운드 아트가 들어섰다. 12개의 전시관에서 헤아튀의 작품을 전시하며 그와 그의 지인들이 수집했던 미술품도(주로 17세기 회화) 전시한다. 1971년에는 피카소가 자신의 그림 57점을 기증하였다. 세자르, 부르델, 자드킨, 뒤피 등의 작품들도 이곳에서 찾아볼 수 있다. 영구 전시 외에도 특정 아티스트나 주제에 관한 특별전이 종종 열린다. 2008년 프랑스 의상 디자이너 크리스티앙 라크르와 전시는 무려 12만 명의 관객을 끌어 모았다.

Data 지도 340p-B
가는 법 아를 기차역에서 도보 10분
주소 10 Rue du Grand Prieuré, 13200 Arles
전화 0490-493-758
운영시간
11~2월 화~일 10:00~17:00,
3~10월 화~일 10:00~18:00
(1/1, 5/1, 11/1, 12/25 휴관)
요금 성인 8유로, 학생 6유로
25세 이하 학생과 18세 미만,
매월 첫 번째 일요일 무료,
퐁다시옹 빈센트 반 고흐 아를+
헤아튀 통합권 12유로
홈페이지 www.museereattu.arles.fr

색색의 꽃이 아름답게 핀 정원의 문화 공간

에스파스 반 고흐 Espace Van Gogh

16~17세기 지어진 호텔과 정원으로 이루어져 있다. 고흐가 아를에 머물렀을 당시 병원이었던 곳으로, 병든자와 고아, 버림받은 아이들을 위한 시설로 아를시와 여러 기증자들의 도움으로 문을 열었다. 1986년 병원은 폐쇄되었는데, 19세기 말 이곳에 입원해 머물며 병원을 모델로 그림을 남긴 것이 계기가 되어 현재 고흐에 헌정된 문화 공간으로 남아 있다. 고흐는 생 레미의 병원으로 이송되기 전까지 이곳에서 치료를 받았다. 건물은 가운데가 빈 사각형 구조로 되어 있으며, 정원을 감상하러 오는 사람들이 많을 정도로 계절마다 정원에 피는 꽃의 종류와 배치를 다르게 하는 등 정성들여 관리한다. 고흐가 머물렀을 때 그린 〈아를의 병원에서〉 작품의 사본이 꽂혀 있어 지금과 별반 다르지 않은 과거의 모습도 비교해볼 수 있다. 고흐는 이곳에서 치료를 받는 동안 주치의였던 레이 의사의 초상화도 그림으로 남겼다. 건물 1, 2층에 갤러리가 조성되어 있으니 한 바퀴 돌며 그림들을 감상해보자.

Data 지도 340p-E
가는 법 아를 기차역에서 도보 18분
주소 Place Félix Rey, 13200 Arles
전화 0490-493-939
운영시간 월~토 07:00~19:00

천년 역사의 묘지와 산책로
알리스캉 Alyscamp

역시 고흐 작품의 소재 중 하나였던 고대의 묘지. 뉴욕 소더비 경매에서 무려 6,630만 달러(한화 717억 원)에 팔린 〈알리스캉의 가로수길〉의 배경이 바로 여기다. 고흐는 고갱과 함께 아를의 샹젤리제라 불렸던 묘지 주변의 오솔길에서 종종 그림을 그렸다고 한다. 도시 바깥에 자리하며 다양한 크기와 디자인의 묘와 성당들로 구성되어 있다. 이곳에 묻힌 사람들 중 가장 유명한 인물은 초기 기독교 시대의 성인 제네스트와 아를 초대 주교들. 산티아고로 가는 순례자 길로 이어지는 곳으로 많은 기독교인들이 찾는 명소이다.

Data 지도 340p-F
가는 법 아를 기차역에서 도보 17분 주소 Avenue des Alyscamps, 13200 Arles 운영시간 10월 09:00~18:00, 5~9월 09:00~19:00, 11~3월 10:00~17:00(1/1, 5/1, 11/1, 12/25 휴관)
요금 성인 4.50유로, 학생증 소지자 3.60유로

고흐에게 영감을 주었던 작은 도개교
랑글로와 다리 Pont de Langlois

〈아를의 랑글로와 다리〉를 비롯한 고흐의 여러 작품의 주인공으로 아를 지역에서 론강을 건너는 다리 중 가장 유명하다. 반 고흐 다리Pont Van Gogh라고도 불린다. 고흐는 1888년부터 이 다리 부근에서 빨래를 하는 여인들을 그리기 시작했다고. 아를 시내에서 남쪽으로 4km 떨어진, 지중해로 이어지는 운하를 확장하기 위해 19세기 조성된 아를 부크Arles Bouc 운하에 위치하여 도보로 한 시간 남짓 걸어야 한다. 랑글로와를 포함하여 11개의 다리가 이 지역에 설치되었는데 하나를 제외하고 전부 세계 2차대전에서 파괴되었다. 랑글로와는 1930년 새로 증축되었다. 본래의 모습을 재현하여 폭 4m, 길이 8m까지 확장되는 대칭적인 구조이며, 다리를 들어 올리는 체인을 제외하고는 나무로 만들어졌다.

Data 지도 340p-D 가는 법 아를 기차역에서 차로 12분, 도보 50분 주소 13200 Arles

고대 로마인들의 만남의 장소
콘스탄틴 목욕탕 Les Thermes de Constantin

프랑스에는 고대 로마의 유적지들이 많다. 로마인들이 1세기부터 이 지역을 지배했기 때문이다. 아레나 원형경기장부터 고대 극장과 목욕탕까지, 이곳이 로마인지 프랑스인지 헷갈릴 정도. 아를에 있는 코스탄틴 목욕탕은 무려 4세기에 지어졌다. 아레나와 고대 극장과 더불어 1981년 유네스코 세계 유산으로 등재된 유적지다. 물론 지금은, 목욕탕 터와 벽 정도만 남아 있어 막상 가본 뒤 실망할지도 모르겠다. 그러나 콘스탄틴 목욕탕은 고대 로마의 생활상을 잘 보여주는 곳이다. 아레나에서 이루어지던 체육 활동과도 밀접한 연관성이 있다. 운동선수들과 거주민들이 몸을 깨끗이 씻을 수 있고 쉴 수 있도록 온탕과 냉탕도 갖추었다. 폼페이에서 생겨난 최초의 목욕탕이 빠르게 로마 제국 전역으로 유행처럼 번졌는데, 당시 로마 제국 사람들이 만남의 장소로 사용했다는 사실로 콘스탄틴의 역사적인 의미를 짐작할 수 있다. 수많은 사람들을 수용할 수 있었고 입장료는 무료이거나 무척 저렴했던 것으로 추정된다. 온돌의 개발로 더운 물이 골고루 분포되도록 한 것이 목욕탕의 성공 요인이었다.

Data 지도 340p-B
가는 법 아를 기차역에서 도보 11분 주소 Rue du Grand Prieuré, 13200 Arles
운영시간 5~9월 09:00~12:00, 14:00~19:00, 4·10월 09:00~12:00, 14:00~18:00, 11월 13:00~17:00 요금 성인 5유로, 학생증 소지자 4유로

TIP 시에스타 Siesta 시간은 피하기!
스페인, 이탈리아뿐만 아니라 남부 유럽인 남프랑스에도 시에스타 문화가 있다. 생각지도 않고 찾아갔다가 문이 닫혀 낭패를 보았다면 바로 이 시에스타 때문! 지배계층의 낮잠 문화에서 시작되었다는 시에스타 문화는 식곤증이 몰려오는 점심 식사 후 낮잠과 휴식을 취하려고 상점 등이 문을 닫는 것. 낮 12시부터 2시 정도까지 이어지니, 이 시간대에는 가급적 상점이나 관광지 방문을 피하자.

노란 차양의 바로 그 카페
카페 반 고흐 Café Van Gogh

고흐의 대표작 중 하나인 〈밤의 카페 테라스〉의 배경이 된 곳. 아를 여행을 촉발시키는 엄청난 역할을 하는 그림의 주인공이다. 실제로 고흐가 이 카페를 그렸을 때 카페 외관은 노란색이 아니었다고 한다. 당시 가로등 불빛 때문에 카페 벽이 노랗게 보였던 것을 표현한 것인데, 고흐의 그림과 일치하도록 카페 주인이 노란 페인트 칠을 해서 현재는 조명 없는 낮에 찾아가도 샛노란 모습을 볼 수 있다. 작은 광장에 위치하여 테라스 자리에 앉아 고흐의 그림 속 주인공이 된 기분에 취해보자. 아를 여행의 기념사진을 남기기에는 더없이 완벽하여 인기가 많지만 서비스나 음료의 맛은 그리 좋지 않아 식사는 다른 곳에서 할 것을 권한다. 그래도 '그곳'이기에 언제나 인기가 많다. 부근에 카페와 바가 굉장히 많으니 어렵지 않게 식사할 곳을 찾을 수 있다.

Data 지도 340p-B 가는 법 아를 기차역에서 도보 13분 주소 11 Place du Forum, 13200 Arles 전화 0490-964-456 운영시간 매일 09:00~24:00 가격 와인 1잔 4.50유로~

아를에서 제일 맛있는 젤라토
솔레이레이스 Soleileis

신선한 계절 재료로 직접 만드는 이탈리안 젤라토를 판매한다. 언제 방문하느냐에 따라 판매하는 젤라토 맛이 제각각이다. 친절한 주인에게 추천을 부탁하면 그 시기에 가장 맛있는 재료로 만든 젤라토를 맛볼 수 있다. 플라스틱 컵 또는 콘에 담아주며 가격도 저렴하여 여러 맛을 주문해 먹는 것도 좋다. 상큼한 것을 원하는 사람들을 위한 소르베도 있으니 무더운 여름날 아를을 여행하다 들르기 정말 좋은 곳. 특별한 점은 가게 한편에 책장이 마련되어 있어 손님들이 자유롭게 책을 놓고 가고 빌려갈 수 있다는 것. 영문 서적을 주로 취급하기 때문에 세계 각지에서 아를을 찾아오는 여행객들이 놓고 가는 다양한 책들이 많아 구경하는 것만으로도 재미있다.

Data 지도 340p-B 가는 법 아를 기차역에서 도보 13분
주소 9 Rue du Dr Fanton, 13200 Arles 전화 0490-933-076
운영시간 매일 14:00~18:30 가격 젤라또 1스쿱 1.60유로
홈페이지 www.facebook.com/soleileis

BUY

특별한 기념품으로 오래 기억하고 싶은 고흐
퐁다시온 빈센트 반 고흐 아를 라 부티크
Fondation Vincent Van Gogh La Boutique

고흐의 작품을 특별한 기념품으로 만들어 판매하는 곳. 퐁다시온 빈센트 반 고흐 전시장과는 조금 떨어져 있지만 아를 번화가에 자리하여 찾기 쉽다. 전시 도록과 포스터뿐 아니라 고흐와 관련된 다양한 서적, 현대적이고 세련된 디자인의 소품 등을 판매하며 특히 에코백이나 고흐의 귀가 새겨진 휴대폰 케이스라든지 각종 필기구, 미술용품 등 일상에서 휴대하기 좋고 아를의 추억을 자주 되새길 수 있는 물건들이 많다. 라 부티크가 자리한 리푸블리크 대로가 아를의 쇼핑 거리. 아이 쇼핑을 하며 둘러보기 좋다.

Data 지도 340p-B
가는 법 아를 기차역에서 도보 16분
주소 30 Rue de la République, 13200 Arles
전화 0488-658-286
운영시간 4~9월 11:00~19:00, 10~3월 화~일 11:00~18:00
홈페이지 www.eshop-fvvga.com

2012년 문을 연 아를 향수가게
라 파퓨머리 라르레시엔느 La Parfumerie l'Arlésienne

아를 시가지의 고풍스러운 호텔 파티큘리에에 자리한 향수 상점. 향수와 함께 향초와 비누 등 목욕용품도 판매한다. 우아한 병에 담아 판매하는 향수는 아를 출신의 파비엔느 브란도가 아를이라는 도시에 대한 그리움과 여름에 대한 기억, 남프랑스의 아름다움을 담아냈다. 그라스에서 훈련한 조향사들과 협업하여 만들었다. 핑크 페퍼, 시트러스 등 여성스럽고 상쾌한 향을 많이 사용한 이 제품이 가장 많이 팔린다고. 아를의 향취를 기념하기에도, 특별한 선물을 하기에도 적합하다.

Data 지도 340p-B
가는 법 아를 기차역에서 도보 14분 주소 26 Rue de la liberté, 13200 Arles 전화 0490-970-207 운영시간 월~토 10:00~13:00, 14:00~18:00 요금 100ml 오드퍼퓸 110유로, 향초 40유로
홈페이지 www.la-parfumerie-arlesienne.com

훌륭한 서비스의 5성 호텔
로텔 파티큘리에-아를 L'Hôtel Particulier-Arles

1824년 세워진 고급 맨션에 자리한 럭셔리한 호텔로, 퐁다시온 빈센트 반 고흐와 도보 4분 거리에 있다. 주요 명소와 가까이 위치한 지리적인 이점 외에도 아늑한 객실과 훌륭한 서비스로 투숙객들의 칭찬이 끊이지 않는다. 우아한 인테리어의 객실들은 화이트 톤으로 꾸몄으며 플랫 스크린 TV와 마사지 기능이 있는 샤워 헤드가 구비된 욕실이 있다. 몇몇 객실에는 벽난로가 설치되어 있다. 스위트룸에는 개별 라운지와 테라스가 있다. 현대적인 바와 라운지, 꽃이 만개한 예쁜 정원 옆의 야외 수영장과 스파와 함맘탕도 있어 휴식을 취하기에 더할 나위 없다. 호텔에서 승마, 사이클, 하이킹 등의 액티비티도 진행한다. 주차장은 하루 28유로로 사용 가능하다.

Data 지도 340p-E
가는 법 아를 기차역에서 도보 16분
주소 4 Rue de la Monnaie, 13200 Arles
전화 0490-525-140
홈페이지 www.hotel-particulier.com/fr/hotel-arles-centre

> **Data** 지도 340p-E
> 가는 법 아를 기차역에서 도보 14분
> 주소 18 Rue du Cloître, 13200 Arles
> 전화 0488-091-000
> 홈페이지 www.lecloitre.com/en

100년 된 건물에 자리한 전원적인 호텔
호텔 뒤 클로이트르 Hôtel du Cloître

전원적인 아를의 분위기를 잘 살린 호텔. 객실은 따뜻한 컬러로 꾸며진 현대적인 인테리어가 돋보인다. 호텔 옥상에는 생 트로핌 성당의 환상적인 전망이 보이는 바도 있으며 아를의 역사, 사진과 예술에 관한 책을 볼 수 있는 라운지도 있다. 일정을 마치고 호텔로 돌아와도 아를의 정취가 진하게 묻어나는 공간에서 쉴 수 있다는 점이 클로이트르의 최장점. 무료로 자전거를 대여할 수 있고, 주차장은 하루 11유로로 사용 가능하다.

Sud de France By Area

12

님
Nîmes

세계에서 가장 완벽하게 보존된 고대 로마 신전이 있는 이 도시는 천천히 걷고 싶은 고즈넉한 중세 골목들로 이루어졌다.
아름다운 분수의 정원은 님의 맑은 공기를 담당한다. 한 바퀴 돌아보며 수천 년 전 투우사들의 기상을 느껴보자.
비교적 알려진 바가 없어 상상도, 기대도 적을 수 있지만 그래서 더욱 얻고 돌아가는 것이 많은 알찬 여행지다.

Nîmes
PREVIEW

호젓한 유적 도시 님은 아직 잘 알려지지 않았으나 막상 찾아가보면 떠나기가 무척 아쉬울 정도. 소리 없이 강한 매력을 발산하는 곳이다. 님에서만 볼 수 있고, 먹을 수 있는 것들이 많아 특별함이 더욱 강렬하게 다가온다. 주변 여행지보다 여행자가 적어 평화롭고 한적한 분위기도 만끽할 수 있다.

SEE

아를의 원형 경기장과는 또 다른 모습을 하고 있는 님의 아레나와 필수 코스인 메종 카레, 카레 다트 아트센터는 가봐야 할 명소. 특히 밤에 메종 카레의 조명이 켜지면 그 모습이 무척 아름답다. 여름에 님을 여행한다면 아레나에서 열리는 콘서트 일정을 확인해보자. 고대 유적지에서 감상하는 아리아는 심금을 깊게 울릴 것이다.

EAT

님에서 먹어봐야 할 것은 부드럽고 깊이 있는 맛의 브렁다드. 대구를 우유에 으깨어 약간의 간을 해 빵에 올려 먹는 님 지역의 별미다. 식전 애피타이저로도, 와인과 함께 할 안주로도 좋다. 시장이나 식료품점, 님의 식당에서 흔히 볼 수 있으나 다른 지역에 가면 절대 볼 수 없으니 꼭 먹어보자.

BUY

라 쿠폴이라는 쇼핑몰이 있기는 하지만 마음껏 쇼핑을 할 수 있는 도시는 아니다. 여행을 위해 필요한 물품이나 급하게 필요한 옷가지 등을 사기에는 부족함이 없으나 쇼핑은 다른 도시에서. 전시가 훌륭한 카레 다트 센터가 있으니 이곳에서 전시를 감상하고 도록이나 엽서 등을 구입하기 좋다. 브렁다드가 마음에 들었다면 시내의 식료품점에서 통조림으로 된 것을 구입할 수 있다.

Nîmes
GET AROUND

 어떻게 갈까?

비행기
님 알레 카마르그 세벤느 아 가롱 공항Nîmes-Alès-Camargue-Cévennes à Garons은 프랑스 여러 도시에서 비행기로 찾을 수 있으며, 시내와 15km 떨어져 있다. 공항에서 님 기차역까지 셔틀을 운행하며 이동 시간은 약 25분, 요금은 편도 6.80유로. 큰 공항으로는 마르세유 공항이 가깝다. 마르세유 공항에서 기차를 타고 님 기차역까지는 1시간 소요. 마르세유 공항 홈페이지에서 시간표와 요금을 확인할 수 있다(www.marseille-airport.com).

Data 주소 30800 Saint-Gilles 전화 0466-704-949 홈페이지 www.nimes.aeroport.fr

버스
아를에서 130번 버스를 이용해 1시간 정도 소요. 그 외 다른 주변 지역에서 이동하는 방법도 홈페이지에서 찾아볼 수 있다.

Data 홈페이지 www.lio-occitanie.fr/

기차
TGV 기차를 이용하면 파리에서 3시간이면 도착한다. 아를과는 25분, 마르세유와는 55분, 리옹에서는 1시간 20분, 몽펠리에서 30분 소요. 님 기차역은 시내에서 도보로 5분 거리.

님 기차역
Data 지도 361p-F 주소 1 Boulevard Sergent Triaire, 30011 Nîmes
운영시간 월~토 04:45~24:30, 일 04:45~01:15

자동차
아를(32km), 마르세유(121km)에서는 A54 도로를 이용하며 각 30분, 1시간 20분이 소요된다. 아비뇽, 리옹(246km)에서는 A7 도로, 몽펠리에(53km)에서는 A9 도로를 이용하여 각 40분, 50분이면 님을 찾을 수 있다.

어떻게 다닐까?

※ 님은 그리 크지 않은 도시로 모두 도보로 돌아볼 수 있다.

버스
님과 근교를 잇는 시내 버스와 트램은 탱고버스에서 주관한다. 모든 노선은 1.40유로이며 버스 기사에게 지불하거나 미리 구입 가능하다 (홈페이지 참조). 버스정류장마다 해당 정류장을 지나는 노선의 정류장과 시간표 정보가 표시되어 있다. 님 외곽으로 가는 버스가 대부분이므로, 외곽으로 가는 여행자들이 거의 없어 크게 사용할 일은 없다.

Data 운영시간 5월 1일을 제외하고 연중무휴 **홈페이지** www.tangobus.fr

택시
님 기차역 바로 앞에 위치하여 찾기 쉽다.
Data 홈페이지 www.taxinimes.fr

렌터카
님 공항에 Avis, Europcar, Hertz, Citer 업체 네 곳이 있고, 님 관광청 사무소에 문의하면 시내에서도 차를 빌릴 수 있다. 님 시내의 각 주차장 위치와 요금 정보는 홈페이지에서 확인 가능하다.
Data 홈페이지 www.nimes-stationnement.fr

INFO

님 관광청 사무소 Office de Tourisme
호텔 예약과 각종 행사, 공연 표 예매를 돕고, 간소한 기념품 상점도 있다. 무료 무선 인터넷도 제공. 님 내에 두 지점을 운영한다. 홈페이지에서 지도 등 관광 정보를 다운받을 수 있다. 한국어로 된 것도 있으니 님 여행 전 관광청 홈페이지 방문은 필수!

Data 지도 361p-B **가는 법** 님 기차역에서 도보 10분 **주소** 6 Bd des Arènes 30000 NIMES **전화** 0466-583-800 **운영시간** 11~3월 09:00~18:00, 4~10월 09:00~19:00 **홈페이지** www.france.fr/ko/article/nimes/

> **TIP** 관광청 홈페이지 100% 활용하기
> 님 관광청 홈페이지에서는 시내와 주변 근교 고해상도 지도와 여행 정보 브로셔를 제작하여 다운로드 할 수 있도록 안내하고 있다. 여행 전에 미리 다운받아 가지고 다니도록 하자.

님 아레나

고대 분수 정원

Nîmes
ONE FINE DAY

님에서의 하루는 시골 마을의 시끌함과 오래된 유적지의 카리스마, 도시적인 번화함이 어우러진다. 시공간을 초월하는 다양한 모습에 흠뻑 빠질 각오가 되었다면 님 곳곳에 산재한 자연적, 인공적 미를 빠짐없이 탐닉하러 길을 떠나보자.

09:00 레 알 시장에서 님의 하루를 시작

도보 6분 →

11:00 님 대표 명소 아레나를 찾아보자

도보 6분 →

13:00 점심 식사 후 카레 다트 센터 방문(님의 별미 브렁다드 먹어보기)

도보 8분 ↓

15:00 퐁텐 정원 산책, 디안느 신전과 마뉴 탑까지 구경

← 도보 12분

16:00 님 대성당을 비롯하여 시가지 구경

← 도보 3분

19:00 라 쿠폴에서 쇼핑 후 저녁 식사

TIP 먹거리 기념품을 장만하고 싶다면 시내의 뤼레리 식료품점 방문

님 전도
Nîmes

- 마뉴 탑 / Tour Magne
- 님 대학 / Université de Nîmes
- 라 쿠폴 / Centre Commercial La Coupole de Nîmes
- 레 알 시장 / Les Halles
- 오 플레지이 데 알 / Aux Plaisirs des Halles
- 님 대성당 / Nîmes Cathedral
- 륄르리 / L'Huilerie
- 님 구시가지 박물관 / Musée du Vieux Nîmes
- 메종 빌라렛 / Maison Villaret
- 메종 카레 / Maison Carrée
- 관광청 사무소
- 로열 호텔 / Royal Hotel
- 메종 알바 호텔 임페라토르 / Maison Albar Hotel Imperator
- 카레 다트 미술관 / Carré d'Art
- 님 아레나 / Arènes de Nîmes
- 르 녹턴 / Le Nocturne
- 기차역
- 버스터미널

Les Jardins de la Fontaine
Place d'Assas
Blvd. Gambetta
Place Gabriel Péri
Square du 11 Novembre 1918
Rue Porte de France
Place Jules Guesde

0 150m

SEE

BC 20세기에 세워져 완벽하게 보존된
메종 카레 Maison Carrée

옛 모습을 온전히 보존한 고대 로마 신전으로는 세계에서 유일하다. 이름은 '정사각형의 집'이라는 뜻. 실제 모습은 긴 쪽이 짧은 쪽보다 2배는 더 긴 직사각형의 형태를 하고 있다. 로마에 위치한 아폴로와 마르스 신전에서 영감을 받아 세워졌다. 권력이 막강했던 아우구스투스의 후계자 아그리파의 아들 루시우스와 가이우스 시저에게 헌정되었다. 로마의 판테온 건축 후원자로 유명한 아그리파가 직접 건축을 지시했다. 고전주의 부활에 큰 영향을 미쳐 파리의 마들렌과 같은 유명 건축물의 시초로 여겨진다. 로마의 건축가들이 설계를 담당하였고 님 지역에서 나는 석회암을 사용하였다. 로마 제국의 멸망 후에도 신전은 계속해서 사용되었으며 오늘날까지도 보존이 잘 되었다. 예배당, 개인 거주지, 마구간, 시청, 님 시 당국의 아카이브로 사용되었다가 1823년 박물관으로 지정되었다. 서쪽 편에 코린시안 양식 기둥 6개로 이루어진 열주들이 있으며 기둥 위의 아키트레이브는 장미 모양의 리본과 아칸서스 식물의 잎사귀 조각으로 아름답게 장식되어 있다. 내부에는 메종 카레의 역사에 관한 필름을 상영하기도 하고 종종 미술품, 역사 전시가 열린다.

Data 지도 361p-B
가는 법 님 기차역에서 도보 11분
주소 1 Place de la Maison Carrée, 30000 Nîmes
요금 성인 6.50유로, 학생 5.50유로
홈페이지 www.maisoncarree.eu

1세기에 세워진 원형 경기장

님 아레나 Arènes de Nîmes

검투 경기장으로 지어진 대규모 건축물로, 19세기 중반까지 요새, 거주지 등으로 쓰였다. 시대가 바뀌면서 여러 차례의 증축 작업이 이루어졌다. 오늘날에는 투우 경기, 콘서트, 오페라 등 다양한 행사장으로 쓰인다. 1988년 지붕이 덮이며 날씨 관계없이 여러 이벤트를 진행할 수 있게 되었다. 보존 상태가 훌륭하여 다른 고대 로마 시대 건축물들에 비해 상대적으로 그 가치를 인정받고 있다. 아레나가 처음 만들어졌을 때 이곳에서 결투를 벌였던 이들은 결투에 참가하면 받는 엄청난 보상금 때문에 검투사를 하는 일반인이었다고 한다. 여름에 이곳에서 열리는 오페라 공연은 아레나가 만들어내는 훌륭한 음향 효과로 그 감동이 어마어마하다고. 아레나의 모양은 타원형으로 긴 폭이 133m, 짧은 폭이 101m며 높이는 21m에 달한다. 총 2만 5천여 명을 수용할 수 있는 큰 규모에도 불구하고 구역을 네 개로 분리하고 신속한 출입에 특히 신경을 써서 빠른 입장과 퇴장이 가능했다고 한다. 60개의 대형 아치로 구성된 입구로 들어서면 좌석들이 계단식으로 배치된 것을 볼 수 있다. 밤이 되면 아레나 외벽에 조명을 쏘아 멋스럽다. 1840년 프랑스 역사 문화재로 등재되었다.

Data 지도 361p-E
가는 법 님 기차역에서 도보 6분
주소 Boulevard des Arènes, 30000 Nîmes
전화 0466-218-256
운영시간
1, 2, 11, 12월 09:30~17:00
3, 10월 09:00~18:00
4, 5월 09:00~18:30
6, 9월 09:00~19:00
7, 8월 08:00~21:00
요금 성인 11유로, 학생 9유로
홈페이지 arenes-nimes.com

고대 로마 신전에 자리한 현대 미술 전시
카레 다트 미술관 Carré d'Art

님의 지역 발전을 위해 세워진 미술관으로, 영국 건축가 노먼 포스터 경의 설계로 1993년에 개관하였다. 마주하고 있는 메종 카레에서 이름을 따왔다. 전면이 유리로 되어 있어 거침없이 쏟아지는 자연광은 현대적이고 군더더기 없는 미술관 건물의 건축미를 더욱 돋보이게 한다. 건축 자재가 다를 뿐 광장을 중앙에 놓고 마주하고 있는 메종 카레와 구조가 유사하다. 미술관은 총 9층이지만 5개 층은 지하에 있어 외관상으로는 메종 카레와 높이가 같다. 1960년대부터 현대까지의 미술 작품 400여 점을 진열하며 프랑스 미술 파노라마, 남프랑스·스페인·이탈리아 3국을 포함하는 지중해 지역의 정체성, 앵글로 색슨과 독일 트렌드, 이 3개의 축으로 전시를 운영한다. 어린이 전용 도서관도 따로 마련되어 있으며 영화관과 도서관도 있어 님 학생들과 시민들이 자주 찾는다. 미술관 맨 위층에 있는 카페에서 내려다보는 님 시내의 전망이 예쁘다.

Data 지도 361p-B
가는 법 님 기차역에서 도보 11분
주소 Place de la Maison Carrée, 30000 Nîmes
전화 04 66 76 35 70
운영시간 화~일 10:00~18:00 (1/1, 5/1, 11/1, 12/25 휴관)
요금 성인 8유로, 학생증 소지자와 7~17세 6유로
홈페이지 www.carreartmusee.com

Theme
님과 악어의 특별한 인연

악어 한 마리가 야자수 나무에 묶여 있는 그림이 프랑스 남부 도시 님의 상징이다.
님과 악어는 어떤 인연이 있는 걸까?

고대 로마 역사상 최고의 지도자로 불리는 줄리우스 시저(율리우스 카이사르 Imperartor Julius Caesar)는 수많은 전쟁을 치뤘고, 수많은 전쟁에서 승리했다. '주사위는 던져졌다', '왔노라, 보았노라, 이겼노라!' 등의 말들은 모두 전쟁 시 시저에게서 나온 말로 알려져 있을 정도다. 로마인들은 시저를 섬겼고, 시저는 로마인들의 영웅이었다.

프랑스 남부 도시 '님'은 클레오파트라와 앤토니를 무찌른 악티움 전쟁에서 승리한 기념으로 시저가 하사한 땅이다. 님은 로마 시대의 주요 도시 중 하나였고, 이집트 식민 민족들을 이곳으로 이주시키기도 했다. 야자수에 묶인 악어는 과거 로마에 굴복한 이집트를 상징한다고 한다. 아마도 고대 로마인들에게는 이집트를 굴복시킨 것이 너무나 자랑스런 일이었던 것 같다. 님의 시청사 계단에도 악어 네 마리의 그림이 천장에 걸려 있다. 도시 곳곳에서도 크고 작은 악어 문양들을 발견할 수 있다. 님의 축구팀 별칭도 악어를 뜻하는 크록스 Crocs 다.

백조가 노니는 호수가 있는 예쁜 정원
퐁텐 정원 Les Jardins de la Fontaine

메종 카레 서쪽으로 걸어가다 보면 나타나는 푸르른 녹지대. 프랑스의 유명 풍경 화가 위베르 로베르 등 여러 화가들의 작품 배경으로 자주 등장한 바 있어 눈에 익숙하다. '분수 정원'이라는 이름답게 18세기 분수들이 여럿 있다. 분수를 장식하는 조각들과 공원 곳곳에 위치한 연못이 조화를 이룬다. 꽃나무가 아름드리 만개하는 봄과 여름에 가장 아름답다. 아우구스투스 황제 통치 시기에 세워진, 달과 사냥을 관전하던 신 디안느의 신전이 공원 내 주요 볼거리. 중세 시대에는 수도원으로 사용되었다고 한다. 님 시내에서 정원 쪽으로 걸으면 작은 도랑이 있는데 그리 크지는 않지만 한적하고 평온한 분위기가 좋다.

Data 지도 361p-A 가는 법 님 기차역에서 도보 20분 주소 Place Guillaume Apollinaire, 30000 Nîmes

님을 대표하는 견고한 예배당
님 대성당 Nîmes Cathedral

공식 명칭은 님의 노트르담 생 카스토르 성당Cathédrale Notre-Dame-et-Saint-Castor de Nîmes. 성모 마리아와 님의 지역 수호 성인인 카스토르에게 헌정되었다. 1877년까지 님 주교 성당이었으며 현재는 님, 우제스, 알레스 주교 성당이다. 이전에 아우구스투스 황제의 신전이 있던 곳에 세워진 것으로 알려져 있으며 로마네스크와 고딕 양식이 혼재되어 있다.

Data 지도 361p-B 가는 법 님 기차역에서 도보 10분 주소 9 Rue Saint-Castor, 30000 Nîmes 전화 0466-672-772 홈페이지 www.nimes-catholique.fr/

1,800년 역사를 굳건히 버텨온 탑
마뉴 탑 Tour Magne

고대 도시 성곽의 일부로, 기원전 3세기 카발리에 산Mont Cavalier 위에 지어진 망루. 퐁텐 정원에서 조금만 더 걸어 올라가면 모습을 드러낸다. 처음에는 높이가 18m였으나 아우구스투스 황제가 님을 고대 로마 제국의 속주 도시로 삼으며 황제의 권력을 보여주기 위해 증축하여 38m 높이로 키웠다. 현재는 윗부분이 일부 손실되어 높이는 약 32m. 아래가 더 넓은 안정적인 구조로 만들어졌으며 하단에는 아치 모양의 창문이 나있다. 로마와 스페인을 연결하는 길이었던 도미티아 가도 위에 자리하여 님 지역을 오고 가는 상인들과 일반인들을 모두 감시하는 방어적 역할을 했던 곳이다. 1840년 프랑스 문화재로 등재되었다. 탑이 있는 언덕에서 내려다보는 님 시가지의 뷰가 훌륭하다.

Data 지도 361p-A
가는 법 님 기차역에서 도보 27분
주소 Les Jardins de la Fontaine, Place Guillaume Apollinaire, 30000 Nîmes
운영시간 1·2·11·12월 매일 09:30~13:00, 14:00~16:30, 3·10월 09:30~13:00, 14:00~18:00, 4·5·9월 09:30~18:30 (9월 13:00~14:00 휴무), 6월 09:00~19:00, 7~8월 09:00~20:00
요금 성인 4유로, 학생 3.50유로

TIP 님 로망 패스 Pass Nîmes Romaine
님 아레나, 메종 카레, 마뉴 탑 통합권으로 좀 더 저렴하게 세 명소를 돌아볼 수 있다. 가격은 성인 14.50유로, 할인가 12유로. 여기에 로마 시대 관련 전시관인 로마니테 박물관 투어까지 합하면 '로마니테 패스'가 되는데, 요금은 성인 19유로, 할인가 15유로. 3일간 유효.
Data 홈페이지 www.arenes-nimes.com/home/#tarifs

EAT

수다분한 동네 음식, 세련된 인테리어
오 플레지어 데 알 Aux Plaisirs des Halles

바로 옆에 위치한 레 알 시장에서 사오는 신선한 지역 식재료로 요리한 건강한 님 음식을 맛보고 싶다면 오 플레지어 데 알을 찾아보자. '레 알의 즐거움'이라는 소박한 상호명이 말해주듯 시장에서 바로 가져오는 재료들이 셰프의 손에서 맛깔난 남부 음식으로 재탄생한다. 든든하고 맛있는 요리는 기본! 갓 구워 따끈하게 내오는 식전빵부터 메뉴에 대한 상세한 설명까지 훌륭한 서비스로 님에서 가장 인기가 많은 식당이다. 세련되고 깔끔한 인테리어로 비즈니스 런치를 위한 손님들도 많이 찾는다. 참치 타르타르 스테이크 등 생선 요리가 특히 맛있기로 유명하다. 10~25명까지 수용 가능한 단체 다이닝룸도 마련되어 있으며, 축구 경기나 특별한 행사가 있는 날에는 레스토랑 사람들과 함께 즐길 수 있는 대형 스크린 TV도 있다. 여름에는 꽃으로 알록달록 장식한 테라스를 개방하니 테라스에서 즐기는 것을 추천한다.

Data 지도 361p-B
가는 법 님 기차역에서 도보 11분
주소 4 Rue Littré, 30000 Nîmes 전화 0466-360-102
운영시간 화 저녁, 수~토 점심 & 저녁 12:00~14:00, 19:30~22:00
가격 오늘의 메뉴 3코스 점심 33유로, 저녁 39유로
홈페이지 www.auxplaisirsdeshalles.com

200년 이상의 전통을 자랑하는 베이커리
메종 빌라렛 Maison Villaret

레몬과 오렌지 꽃으로 만든 사워도우 케이크가 맛있는 것으로 유명한 님 대표 빵집. 1775년 클로드 빌라렛이 문을 연 이래로 대를 이어 성업 중이다. 클로드의 아들 쥘이 레몬과 오렌지 꽃 케이크와 아몬드 비스킷을 개발하였다. 바삭하고 고소한 맛이 주 재료인 과일의 상큼함과 잘 어우러져 한입만 먹고 내려놓을 수가 없다. 당시에 빌라렛은 사람들이 주로 사가던 빵과 푸딩의 가격이 딱 떨어지지 않아 거스름돈 주는 것이 아까웠다고. 그래서 거스름돈 가격에 맞는 비스킷을 하나 더 구입하도록 만들기 위해 비스킷을 개발하였다고 한다. 레시피는 빌라렛 가문이 보물처럼 사수하는 비밀로, 아무에게도 알려지지 않았다고 한다. 생각보다 딱딱하니 조심히 먹을 것. 빌라렛에는 아몬드 비스킷 외에도 각종 케이크와 빵, 파이, 마카롱 종류가 다양하게 판매하여 들어서는 순간부터 눈과 입이 설렌다. 실내외 테이블 자리도 꽤 넓어 오후에 티타임을 한가하게 즐기기에도 좋다.

Data 지도 361p-B
가는 법 님 기차역에서 도보 10분 **주소** 13 Rue de la Madeleine, 30000 Nîmes **전화** 0466-674-179
운영시간 월~토 07:00~19:30, 일 08:00~19:30 **홈페이지** maison-villaret.com

님에서 최고로 손꼽히는 파인 다이닝
르 녹턴 Le Nocturne

아늑한 인테리어와 어두운 조명으로 시크한 분위기를 연출하는 레스토랑. 전통 프랑스 레시피를 창의적으로 따른다는 셰프 마티유 비종은 '남부 요리의 재발견'이 목적이다. 푸아그라나 오리고기 등 남프랑스에서 흔히 볼 수 있는 요리들이 메뉴에 있다. 친절하고 빠른 서비스도 훌륭하다. 네 가지 소스를 곁들이는 오리 구이나 오리 콩피, 오리 회 등 다양한 오리 요리가 대표 메뉴이며 브리오슈 토스트와 카라멜을 곁들이는 푸아그라도 맛있다. 음식과 반주하기 좋은 와인도 다양하게 구비해놓았다. 해산물 메뉴도 준비되어 있으며 디저트로는 치즈 플래터와 수플레를 추천한다. 르 녹턴의 테이블은 단 11개로, 님에서 기억에 남을 식사를 위해 저녁 식사는 예약하는 것이 좋다.

Data 지도 361p-D
가는 법 님 기차역에서 도보 15분
주소 29bis Rue Benoit Malon, 30900 Nîmes
전화 0466-672-028
운영시간 수~일 20:00~01:00
가격 평일 4코스 카나르 메뉴 35유로

TIP 브렁다드 드 모루 Brandade de Morue

님의 별식인 브렁다드는 대구살을 발라 올리브유와 우유로 버무려 빵이나 감자에 발라 먹는 음식이다. 든든해 식사나 간식으로 훌륭하다. 님 전통에 따르면 부활절 일요일과 성금요일, 크리스마스에 먹는 음식이지만 오늘날에는 언제나 사랑받는 메뉴가 되었다. 대구가 처음 프랑스에 소개되었을 때 이를 오래 보존하기 위해서 살을 발라내 기름과 우유에 절여 보관하는 방법을 찾다 탄생하였다. 보드라운 대구 살의 식감을 최대치로 살린 맛있는 요리는 님 외 지역에서는 찾아보기 힘드니 꼭 먹어보도록. 통조림으로 판매할 때는 올리브유 대신 식물성 기름을 사용한다.

BUY

님의 모든 맛거리들이 한 자리에
레 알 시장 Les Halles

님 사람들이 아침 일찍 일어나 바쁘게 준비하고 향하는 곳은 바로 레 알 시장. 님 시내 곳곳에 퍼져 있는 크고 작은 음식 마켓들을 위생과 식재료 품질 관리라는 명목 하에 120년 전 님시에서 한 장소에 모아 시장을 열도록 조치하였다. 당시에 제한적인 자재에도 불구하고 건축가 오귀스트 에펠 등이 사용했던 철재 건축물이 크게 유행을 하여, 철골 구조로 1년 내에 빠르고 간단하게 지어 1884년에 오픈하였다. 상인들이 님시에 지불하는 자릿세 등의 세금이 레 알 조성에 큰 몫을 했다고. 레 알은 총 면적 3,500m^2의 거대한 실내 시장으로, 궂은 날씨에도 사람들은 매일같이 이곳에서 장을 본다. 시장 주변에는 시장에서 파는 신선한 먹거리로 요리하는 맛있는 식당들과 카페가 즐비하니, 시장 구경을 마치고 간단히 식사를 해도 좋다. 시장에서만 느낄 수 있는 역동적인 분위기와 바로 만들어 파는 간단한 요리들의 냄새가 여행객들의 발걸음을 오래도록 잡아둔다.

Data 지도 361p-B
가는 법 님 기차역에서 도보 12분
주소 5 Rue des Halles, 30000 Nîmes
전화 0466-215-249
운영시간 월~토 06:30~13:00, 일·공휴일 06:30~13:30
홈페이지 www.leshallesdenimes.com

프로방스 곳곳의 식료품을 판매하는
륄레리 L'Huilerie

다양한 종류의 프로방스 지역 식료품을 판매한다. 신선한 식재료 뿐만 아니라 통조림이나 병에 담아 판매하는 식료품도 많다. 향신료나 말린 과일도 판다. 어떻게 요리를 하면 좋을지 고민이 된다면, 친절한 주인에게 물어보자. 상세하게 알려주어 한국에 사가고 싶어진다. 님의 별미 브렁다드도 종류별, 크기별로 다양하게 판매한다. 다양한 종류의 찻잎은 중국, 일본, 인도 등지에서 신선하게 공수해 온다. 감초, 누가, 마시멜로우, 달콤하게 캔디화한 과일과 껌, 사탕 등 동전 몇 개만 들고 가도 한 아름 맛있는 군것질을 안고 나올 수 있다. 31 종류의 인도, 아프리카, 남미, 캄보디아와 네팔 산지 후추와 꿀, 잼, 올리브, 올리브유, 밤, 호두, 트러플도 륄레리의 대표 제품. 종종 테이스팅 이벤트를 열기도 한다.

Data 지도 361p-B
가는 법 님 기차역에서 도보 9분
주소 10 Rue des Marchands, 30000 Nîmes
전화 0466-673-724
운영시간 화~토 09:00~12:00, 15:00~19:00
홈페이지 lhuilerie.com

님 시내에서 가장 큰 쇼핑몰

라 쿠폴 Centre Commercial La Coupole de Nîmes

중세 시대에 있는 듯한 이 작고 오래된 도시에도 현대적인 쇼핑몰이 있다. 1992년 문을 연 라 쿠폴은 레 알 시장 근처에 있어 시장 구경을 마치고 둘러보기 좋다. 고대 로마 유적들이 산재한 이 도시의 21세기 '아고라'가 되고자 한다는 라 쿠폴에는 약 50여 개의 상점들이 입점되어 있고 1,100대의 자동차를 수용할 수 있는 넓은 지하 주차 공간도 갖추고 있다. 멀티미디어 제품과 서적을 판매하는 FNAC, 의류와 액세서리, 스포츠웨어 상점 등이 있으며 식당가도 조성되어 있다. 님 시가지에는 특별히 쇼핑을 할 만한 구역이 따로 조성되어 있지 않고 이따금씩 보이는 소규모의 현지 상점뿐이라 오래 머무는 여행자들은 장을 봐야 하거나 여러 가지 살 것이 많다면 라 쿠폴을 찾으면 된다. 화장실은 50센트를 지불하고 이용할 수 있다.

Data 지도 361p-B
가는 법 님 기차역에서 도보 13분
주소 22 Boulevard Gambetta, 30051 Nîmes
전화 0466-369-250
운영시간 월~금 09:30~19:00, 토 09:30~19:30
홈페이지 www.coupoledeshalles.fr

SLEEP

1929년 문을 연 아르데코풍의 호텔
메종 알바 호텔 임페라토르
Maison Albar Hotel Imperator

퐁텐 정원과 3분 거리에 있어 아침마다 공원으로 산책을 하기에 좋은 위치에 있다. 님의 여러 명소와도 거리가 멀지 않아 교통수단 없이 도보로 시내 관광을 충분히 할 수 있는 호텔이다. 우아한 객실들은 모두 방음이 훌륭하며 방마다 개별적으로 인테리어가 되어 있다. 앤티크 가구와 위성 플랫 스크린 TV, 미니 바를 갖추고 있다. 몇몇 객실은 정원 뷰이며, 스위트룸에는 개별 살롱과 발코니가 있다. 호텔 내에는 파인 다이닝 레스토랑과 종종 와인 테이스팅을 진행하는 분위기 좋은 바가 있으며 비즈니스 여행객을 위한 미팅 룸도 따로 있다. 조식은 뷔페로 제공되며 하루 17유로로 주차 공간을 사용할 수 있다. 다만, 공간이 한정되어 있어 미리 예약해야 한다. 총 객실 수 60개, 24시간 프런트 데스크.

Data 지도 361p-A
가는 법 님 기차역에서 도보 17분
주소 15 Rue Gaston Boissier, 30900 Nîmes
전화 0466-219-030
홈페이지 www.maison-albar-hotel-nimes-imperator.com

19세기 수도원 건물에 자리한
로열 호텔 Royal Hotel

카레 다트 센터와 가까운 거리의 고풍스러운 저택에 위치한 편안한 3성 호텔. 현대적인 인테리어로 리노베이션하여 신과 구 건축미의 조화가 아름답다. 몇몇 객실에는 나무 바닥이 깔려 있다. 전 객실에서 내다볼 수 있는 아사스 광장에는 야외 조형물이 설치되어 있으며 동네 사람들의 쉼터 역할을 하는 곳이다. 종종 미술 전시가 열리기도 한다. 각각 현대적인 인테리어와 건물의 고전미를 강조한 2개의 스위트룸도 있다. 안주가 맛있어 늦은 오후부터 사람들이 들어서기 시작하는 타파스 바가 있다. 추천하는 음료는 모히토지만 남프랑스의 로제 와인도 맛있다. 호텔의 두 주인은 언제나 맛있는 와인을 찾아다니는 와인 애호가들로 호텔 바의 와인 메뉴는 항상 최고 수준으로 업데이트된다. 조식이 제공되는 레스토랑 라 보데기타La Bodéguita는 계절마다 메뉴를 바꾸어 신선하고 풍미 좋은 요리를 선보인다. 특선 메뉴는 타르타르 스테이크.

Data 지도 361p-A
가는 법 님 기차역에서 도보 14분
주소 3 Boulevard Alphonse Daudet, 30000 Nîmes
전화 0466-582-827
홈페이지 www.royalhotel-nimes.com

Sud de France By Area

13

몽펠리에
Montpellier

2개의 오페라와 훌륭한 박물관들이 오래된 대로와 광장을 수놓는다. 빠른 속도로 개발 중인 신도시 지역도 있어 무엇을 기대하든 그 이상을 선사해줄 것이다.
밤이 되면 돌길에 반사되는 가로등 불빛이 매혹적인 몽펠리에는 남프랑스 여행 일정에서 빼놓을 수 없는 도시다.

Montpellier
PREVIEW

광장의 도시 몽펠리에. 도시를 구성하는 광장에는 언제나 볼거리와 사람들로 넘쳐난다. 광장으로 모이는 작은 길들은 여행자의 발걸음을 오래 묶어두는 매력으로 가득하다. 걷고 싶고, 관찰하고 싶고, 오래 보고 기억에 담아가고 싶은 은은한 향기가 풍기는 도시, 몽펠리에에 도착했다.

SEE

몽펠리에는 12세기에 세워진 의대가 유명한 대학 도시이기도 하며 프랑스 최고령 식물원과 종교 전쟁의 역사를 간직한 대성당 등 오랜 역사의 건축물들로 가득한 도시이다. 파브르 미술관을 비롯하여 볼 전시도 많고 가을의 와인 축제 등 행사도 많다. 다채로운 몽펠리에의 시가지는 빠른 속도로 발전하는 신시가지 안티곤과 멋진 대조를 이루며 공존한다. 50분가량 자전거를 타고 달리면 바다가 나타난다. 트램 또는 버스로도 찾아갈 수 있으니 여름 여행자들은 수영복을 챙겨가자.

EAT

부담 없는 가격대의 좋은 식당들이 많은 몽펠리에. 어느 곳을 들어가도 맛없는 음식을 찾기 힘들 정도로 음식점들의 퀄리티가 뛰어나다. 몽펠리에 출신의 셰프들이 많은데 그중 파브르 미술관 내 식당 렁센세를 운영하는 푸르셀 형제의 요리를 추천.

BUY

몽펠리에는 비교적 쇼핑할 곳이 많다. 쇼핑몰도 여럿이고 거리마다 상점도 쉽게 찾을 수 있으며 일요일마다 코메디 광장 옆 대로에서 열리는 벼룩시장에서도 살 것이 많다. 잘 알려진 브랜드숍에서 쇼핑하고 싶다면 신시가지 안티곤에 위치한 쇼핑몰들을 찾아보자.

Montpellier
GET AROUND

 ### 어떻게 갈까?

비행기

몽펠리에 공항은 비교적 규모가 큰 공항으로 5개 항공사가 운행한다. 프랑스 국립 항공 대학도 몽펠리에 공항에 자리한다. 파리에서는 1시간 15분 소요, 리옹에서는 55분 소요되며, 니스와 마르세유에서 출발하는 경우 파리를 경유하기 때문에 기차가 낫다.

몽펠리에-메디테라네 공항
Aéroport de Montpellier-Méditerranée
Data 주소 34137 Mauguio 홈페이지 www.montpellier.aeroport.fr

공항에서 몽펠리에 시내까지

자동차
차로 20분 거리. 공항에서 29번 출구 Montpellier Est로 나와서 달린다.

택시
택시로 시내 중심까지 이동하는 경우 요금은 26~32유로 안팎이며 교통량에 따라 20~40분 정도 소요된다.
Data 전화 0430-966-060

셔틀
도착 층 앞에 매시간 운행하는 620번을 타고 시내로 이동할 수 있다. 두 기차역에 정차한다. 약 25분 소요, 편도 2유로.
Data 홈페이지 www.herault-transport.fr

기차

마르세유에서 1시간 30분, 아비뇽에서 1시간 10분, 니스에서는 마르세유를 경유하여 4시간 40분이 소요된다. 프랑스 전역에서 몽펠리에로 향하는 기차가 많고 시내와 기차역이 가까워 가장 유용하게 이용할 수 있는 교통수단이다.

몽펠리에 생 로크 기차역 Gare de Montpellier Saint-Roch
Data 지도 383p-E
주소 Place Auguste Gibert, 34000 Montpellier 전화 36 35
운영시간 월~목 04:45~24:00, 금 04:45~01:15, 토 05:45~24:00, 일·공휴일 06:00~01:45
홈페이지 www.garesetconnexions.sncf/fr/gare/frmpl/montpellier-saint-roch

버스

리옹, 파리 등 프랑스 각지에서 출발하여 몽펠리에로 오는 버스가 하루에 여러 대 있다. 리옹에서는 4시간 소요된다. 교통량에 따라 밀릴 수 있어 기차를 추천한다.

Data 홈페이지 www.blablacar.fr/bus

자동차

마르세유에서는 A7 도로를 이용하여 2시간 10분, 아를에서는 A9와 D6572 도로를 이용하여 1시간 15분이 소요된다. 도로가 복잡하지 않고 길이 잘 닦여 있어 운전이 어렵지 않다. 몽펠리에 시내에는 약 4천 대를 수용할 수 있는 주차 공간들이 있다. 트램 1호선 Mosson, Euromédecine, Occitanie, Odysseum역과 트램 2호선 Saint-Jean-le-Sec, Sabines, Notre Dame de Sablasso역 앞의 주차장을 월~토 07:00~20:00 동안 유료로 이용할 수 있으며 일요일과 공휴일에는 무료로 이용할 수 있다. 개별 주차장 정보는 홈페이지에서 확인 가능.

Data 홈페이지 www.montpellier-france.com/Prepare-Book/Getting-here-Access-and-transportation/In-and-around-Montpellier/Parking

어떻게 다닐까?

트램

시내는 도보로 다니기에 무리가 없으나 시간이 꽤 소요된다. 장거리 이동의 경우 트램을 이용하는 것이 편리하다. 몽펠리에의 대중교통을 주관하는 것은 TAM. 3개 노선이 있으며 알록달록 꽃무늬의 2호선은 프랑스 디자이너 크리스티앙 라크르와 디자인으로 유명하다. 낮에는 3~5분 간격, 밤에는 최대 15분 간격으로 운행하며 시내 주요 명소들을 쉽게 찾을 수 있어 버스보다 편하다.

Data 요금 1시간 동안 유효한 1회권 1.60유로(환승 가능, 왕복 불가), 10회권 9.20유로, 24시간권 4.30유로, 7일권 17.10유로
홈페이지 www.montpellier3m.fr

버스

버스 노선 41개가 시내와 근교를 연결하며, 가장 많이 사용되는 것은 마리안느 항구 트램 역에서 팔라야스 레 플롯 해변까지 이어지는 28번과 기차역에서 근교의 클럽까지 운행하는 야간 버스 라미고(목~토 24:00~05:00). 미리 예약해야 하는 노선들도 있으니 홈페이지에서 확인하자. 교통권은 트램과 버스에서 모두 사용 가능하다. 정류장에 비치된 기계나 탑승 시 기사에게 구입 가능하다. 버스와 트램 전 노선은 홈페이지에서 확인 가능.

Data 홈페이지 www.tam-voyages.com

INFO

몽펠리에 관광청 사무소 Office de Tourisme

몽펠리에 숙박, 관광 등 다양한 정보를 제공하며, 약 2시간 동안 시내 가이드 투어도 진행한다. 여전히 의학 전문대학으로 사용 중인 옛 수도원 건물에서 진행하는 대학교 투어 프로그램도 있다. 관광청 사무소 또는 홈페이지에서 예약할 수 있다.

Data 지도 383p-E
주소 30 Allée Jean de Lattre de Tassigny, 34000 Montpellier
가는 법 몽펠리에 기차역에서 도보 9분 **전화** 0467-606-060 **운영시간** 월~토 10:00~13:00, 14:00~18:00, 일, 공휴일 10:00~13:00, 14:00~17:00 **홈페이지** www.montpellier-france.com

---

TIP 몽펠리에 시티 카드 Montpellier City Card

몽펠리에와 근교 대중교통을 무료로 이용할 수 있으며 시내 명소 입장권 할인 혜택을 포함하는 여행자 카드. 24, 48, 72시간권이 있으며 각 패스의 혜택은 홈페이지에서 확인 가능. 관광청 사무소에서 구입할 수 있다. 여러 쇼핑몰과 상점에서의 할인 혜택도 포함된다.

Data 요금 24시간 성인 22유로,
48시간 성인 29유로, 72시간 성인 34유로
(6~17세는 할인가로 구입 가능)

© Montpellier Tourism

Montpellier
ONE FINE DAY

여유가 넘치는 몽펠리에에서의 하루는 과거와 현재를 잇는 특별한 시간이 될 것이다. 차분히 발전해 나가는 몽펠리에의 모습을 서쪽에서 동쪽으로 이동하며 모두 만나볼 수 있다. 수더분하고 정겨운 몽펠리에 사람들과 어울리며 조금은 느린 걸음으로 몽펠리에를 여행해보자.

10:00
코메디 광장 오페라 건물이 잘 보이는 테라스 자리에서 티타임

도보 7분 →

11:00
몽펠리에 최고의 전시관 파브르 미술관 관람

도보 15분 →

13:00
점심 식사 후 안티곤에서 쇼핑 및 신시가지 구경

도보 25분 ↓

15:00
페이루 광장과 몽펠리에 식물원 방문

← 도보 3분

17:00
몽펠리에 대성당을 찾아 건축물 관람

← 도보 8분

18:00
생 로크 성당과 구시가지 구경

도보 5~10분 ↓

20:00
몽펠리에 와인과 남프랑스 요리로 따뜻한 저녁 식사하며 마무리

TIP 일요일이라면 수로 아래 열리는 벼룩시장도 꼭 들러보자.

몽펠리에 전도
Montpellier

안티곤 Antigone

오페라 베를리오즈 르 코룸 Le Corum Palais des Congrès-Opéra Berlioz

에스플러나드 샤를 드 골 Esplanade Charles-de-Gaulle

폴리곤 몽펠리에 쇼핑몰 Centre Commercial Polygone Montpellier

파브르 미술관 Musée Fabre

풀만 몽펠리에 성트르 호텔 Pullman Montpellier Centre Hotel

레 부지 드 샤루 Les Bougies de Charroux

관광청

코메디 광장 Place de la Comédie

호텔 르 미스트랄 Hôtel LE MISTRAL

라 파나세 La Panacée

몽펠리에 오페라 Opéra Orchestre national Montpellier Languedoc-Roussillon

기차역

레 비뉴 Les Vignes

그랑 호텔 뒤 미디 Grand Hôtel du Midi

관광청 사무소

레 장팡 루즈 Les Enfants Rouges

르 파니에 데메 Le Panier d'Aimé

생 로크 성당 Église Saint-Roch

바보트 탑 La Tour de la Babote

몽펠리에 대성당 Cathédrale Saint-Pierre de Montpellier

시 르 테 메테 콩테 Si le Thé m'était Conté

몽펠리에 식물원 Jardin des plantes de Montpellier

카레 생트 앤현대미술관 Carré Sainte Anne

페이루 광장 Place Royale du Peyrou

생클레망 수로 Saint Clément Aqueduct

몽펠리에 트램

MONTPELLIER

JACOU line (orange): Jacou – Georges Pompidou – Via Domitia – Aube Rouge – Notre-Dame-de-Sablassou – Centurions – La Galine – Clairval – Charles de Gaulle – Saint-Lazare – Aiguelongue – Jeu de Mail des Abbés – Beaux-Arts – Les Aubes – Corum – Comédie – Gare Saint-Roch – Rondelet – Nouveau Saint-Roch – Saint-Cléophas – Lemasson – Mas Drevon – Croix d'Argent – Villeneuve d'Angoulême – Sabines – Victoire 2 – La Condamine – Saint-Jean-le-Sec – Saint-Jean-de-Védas Centre

SAINT-JEAN-DE-VÉDAS

Blue line: Odysseum – Place de France – Mondial 1998 – Port Marianne – Place de l'Europe – Rives du Lez – Pompignane – Léon Blum – Antigone – Du Guesclin – Comédie – Corum – Louis Blanc – Place Albert 1er-Saint Charles – Stade Philippidès – Boutonnet – Saint-Éloi – Hôpital Lapeyronie – Universités des Sciences et des Lettres – Occitanie – Château d'Ô – Malbosc – Euromédecine – Hauts de Massane – Saint-Paul – Halles de La Paillade – Stade de la Mosson – Mosson

Brown line: Jeu de Mail des Abbés – Léon Blum – Place de l'Europe – Moularès-Hôtel de Ville – Georges Frêche-Hôtel de Ville – La Rauze – Garcia Lorca – Restanque – Saint-Martin – Place Carnot – Observatoire – Voltaire

Green line (PÉROLS / LATTES / JUVIGNAC): Juvignac – Mosson – Cellenneuve – Plíory – Hôtel du Département – Tonnelles – Pergola – Astruc – Lycée Jules Guesde Les Arceaux – Plan Cabane – Saint Denis – Place Carnot – Observatoire – Gare Saint-Roch – Nouveau Saint-Roch – Saint-Cléophas – Pablo Picasso – Boirargues – ÉcoPôle – Parc Expo – Pérols Centre – Pérols Étang de l'Or / Cougourlude – Lattes Centre

환승구간
Le Lez
La Mosson

화려한 오페라 건물과 분수가 있는 만남의 광장
코메디 광장 Place de la Comédie

노란 타일과 타원형 모양 때문에 '달걀 광장'이라는 귀여운 애칭을 가진 코메디 광장은 몽펠리에 사람들의 생활에 크게 기여하는 중요한 장소. 남녀노소 할 것 없이 이 광장에서 만나고 식사를 하고 수다를 떨고 하루를 계획한다. 계획이 없어도 우선 이 광장에 나와 시간을 보내는 것이 일상이라 해도 과언이 아닐 정도. 트램 노선들이 여럿 거쳐 가는 교통의 중심지이기도 하다. 도시의 요새가 자리했던 위치에 조성되었으며 1785년과 1855년 두 차례 화재로 전소한 극장의 이름을 따 광장의 이름이 지어졌다. 19세기 중반 기차역이 200m 거리에 세워지며 더욱 중요한 장소가 되었다. 광장 한가운데 자리하여 그냥 지나칠 수 없는 아름다운 세 여인의 조각상으로 장식한 대형 분수, 〈세 미녀의 분수Fontaine des Trois Grâces〉는 에티엔느 당트완의 작품으로 1776년 완성되어 1796년 세워졌다.

Data 지도 383p-E **가는 법** 몽펠리에 기차역에서 도보 6분
주소 Place de la Comédie, 34000 Montpellier

TIP 몽펠리에 와인 축제 Fêtes de Vignes
2004년 처음 열린 몽펠리에 최대 축제 중 하나. 11월 말에 진행하며 몽펠리에 인근 지역의 와이너리들이 모두 참여한다. 코메디 광장 바로 옆에 위치한 에스플라나드 샤를 드골에서 열리며 저명한 와이너리들과 아마추어 모두 그해 가장 자랑하고 싶은 와인들을 판매한다. 2유로에 기념 와인잔과 3번의 시음권을 주는데, 몇몇 부스에서는 시음권을 받지 않는다. 행사장 곳곳에는 굴이나 치즈 등 와인과 잘 어울리는 맛있는 안주도 판매한다. 음악 공연이나 와인 관련 포럼, 추첨 행사 등 다양한 이벤트가 열린다. 9월 말~10월 말 동안 열리는 세계 기타 축제(www.les-ig.com)도 추천한다.

코미디 광장에 우뚝 선 화려한 공연장
몽펠리에 오페라

Opéra Orchestre national Montpellier Languedoc-Roussillon

1755년 설립되어 2002년 '국립 오페라단'으로 승격된 몽펠리에 오페라 공연장. 93명의 음악가와 30명의 성악가로 이루어진 몽펠리에 국립 오페라단은 매년 심포니 공연 1개와 오페라 공연 1개를 무대에 올린다. 관객들에게 클래식 음악을 알리는 것을 목적으로 학교, 미디어 도서관, 감옥 등 찾아가는 공연을 진행하며 학생들의 단체 관람도 적극 지원한다. 오케스트라와 합창단은 바로크에서 20세기까지 다양한 시대와 장르를 넘나들며 관객들을 만족시키는 공연을 연중 내내 선보인다. 그리고 이들이 주 공연장으로 이용하는 몽펠리에 오페라는 1888년 이탈리아 건축 양식으로 세워진 건물로, 1,200명을 수용할 수 있는 주 공연장과 350개의 객석이 있는 몰리에르 관으로 이루어져 있다. 오페라, 클래식 콘서트, 연극, 광장에서 뻗어나가는 산책로 에스플라나드 샤를 드골Esplanade Charles-de-Gaulle 끝에 자리한, 1990년 오픈한 오페라 베를리오즈&르 코럼Opéra Berlioz&Le Corum 또한 몽펠리에 오페라의 공연장으로 총 2천 석의 좌석을 보유하고 있다.

Data 지도 383p-E 가는 법 몽펠리에 기차역에서 도보 6분
주소 11 Boulevard Victor Hugo, 34000 Montpellier 전화 0467-601-999
홈페이지 www.opera-orchestre-montpellier.fr

몽펠리에를 대표하는 최대 규모 미술관
파브르 미술관 Musée Fabre

장엄한 17세기 건물에 자리한 파브르는 몽펠리에 출신 화가 프랑수아 자비에 파브르가 기증한 미술품을 바탕으로 하여 1828년 개관하였다. 15~19세기 미술품을 소장하며 특히 18세기 말~19세기 중반 작품들에 집중한다. 회화, 조각, 도자기, 장식 미술품 등 다양한 분야의 전시품들이 있으며 800점의 회화, 900점의 판화, 3,500여 점의 스케치화를 보유하고 있는 프랑스 최대 미술관 중 하나이다. 프랑스 외에도 17세기 여러 유럽 국가에서 수집한 작품들을 볼 수 있다. 대표작은 개별 전시관에 마련된 클로드 베르네의 〈바다〉, 귀스타브 쿠르베의 〈샘에서 목욕하는 여인〉이다.

Data 지도 383p-B 가는 법 몽펠리에 기차역에서 도보 12분 주소 39 Boulevard Bonne Nouvelle, 34000 Montpellier 전화 0467-148-300 운영시간 화~일 10:00~18:00(1/1, 5/25, 11/11, 12/25 휴관) 요금 영구 전시 성인 9유로, 학생 6유로 홈페이지 www.museefabre.fr/

루이 14세의 기마상을 놓기 위해 17세기 말 조성된 광장
페이루 광장 Place Royale du Peyrou

페이루라는 이름은 '돌'이라는 뜻. 이름에서 알 수 있듯 수많은 석상과 석조 건축물로 장식되어 있다. 건축가 다빌리에가 설계하였으며 세벤느와 피레네 지역에서 영감을 얻었다. 여러 조각가들이 광장 장식에 참여하였으며 주목할 만한 것은 광장 입구에 세워진 다빌리에의 개선문. 1981년부터 대대적인 보수공사가 이루어져 현재는 깔끔하게 정돈되었다. 광장 바로 옆에는 레즈강에서 몽펠리에까지 물을 공급하는 7km의 수로가 세워져 있다. 일요일에는 '페이루의 일요일'이라 불리는 벼룩시장이 수로 아래에 선다. 볼 것도, 먹을 것도 많으니 들러보자.

Data 지도 383p-A 가는 법 몽펠리에 기차역에서 도보 15분
주소 Place Royale du Peyrou, 34000 Montpellier 운영시간 벼룩시장 일요일 07:30~17:30

프랑스에서 가장 오랜 역사를 자랑하는 식물원
몽펠리에 식물원 Jardin des plantes de Montpellier

세계 최초의 식물원으로 이탈리아 파도바에 위치한 식물원에서 영감을 받은 앙리 5세의 지시로 1593년 조성된 정원이다. 몽펠리에 대학 교수이자 프랑스 식물학자인 피에르 리셰가 식물원 설립을 도맡아 진행했다. 4.5 헥타르의 지대에 산책로가 있는 정원과 식물원으로 구성되었다. 리셰의 개인 시스투스과 식물 컬렉션, 250여 종의 의료용 식물, 9종의 야자수, 600종의 식물 등 3천여 종에 이르는 다양한 식물들을 보유하고 있다. 현재 몽펠리에 1대학에서 관리 중이며 개방하지 않는 월요일과 오전 시간에는 학생들을 위해 다양한 워크숍을 진행한다. 1992년 프랑스 역사 유적으로 등재되었다. 동물, 자전거, 스쿠터, 스케이트와 피크닉을 금지한다.

Data 지도 383p-A
주소 Boulevard Henri IV, 34000 Montpellier
가는 법 몽펠리에 기차역에서 도보 15분
운영시간 6~9월 화~일 12:00~20:00, 10~5월 화~일 12:00~18:00 요금 무료
홈페이지 facmedecine.umontpellier.fr/jardin-des-plantes/

시내 한가운데 자리한 19세기 신고딕 양식의 성당
생 로크 성당 Église Saint-Roch

북프랑스 성당 건축물을 모델로 세운, 성인 로크에게 헌정된 예배당이다. 전염병 환자들과 순례자들의 수호성인이기도 한 로크는 몽펠리에 사람들에게 모금을 하여 건축 기금을 마련하였다. 동시대 건조되었던 파리의 하우스만 건축물들의 영향을 받아 세워졌으나, 양쪽 첨탑 위에 세우기로 했던 화살촉을 세우지 못해 미완성으로 남았다. 계획대로라면 성당의 규모도 더 컸을 것으로 예상된다. 성인 로크가 애완견을 산책시키다 성당으로 데리고 들어가는 모습을 표현한 스테인드글라스가 1980년대에 설치되었다. 성당 앞에는 카페와 식당이 자리한 광장이 있다. 2004년에 확장하여 밤늦게까지 번화하다. 2005년에는 성당 맞은편 건물에 눈속임 벽화 트롬프 뢰일 프레스코화가 그려졌다. 매년 8월 16일은 성 로크의 날로 다양한 행사가 진행된다.

Data 지도 383p-D
가는 법 몽펠리에 기차역에서 도보 10분 주소 4 Rue Vallat, 34000 Montpellier

웅장한 고딕 양식의 프랑스 국보
몽펠리에 대성당 Cathédrale Saint-Pierre de Montpellier

정식 명칭은 몽펠리에 생 피에르 대성당Cathédrale Saint-Pierre de Montpellier. 당시 교황이었던 우르바노 5세의 주도로 14세기 중반 생 브누아 베네딕트회 수도원Monastère Bénédictin de Saint-Benoît의 부속 건물로 세워지고 1536년 독립된 대성당이 되었다. 16세기 로마 가톨릭과 프로테스탄트 교도들 간에 벌어진 종교전쟁으로 인해 성당의 상당 부분이 파손되어 17세기에 대대적인 복구 작업으로 재건된 것이 현재의 모습이다. 종교전쟁 중 완전히 파손되지 않고 살아남은 몽펠리에 구시가지의 유일한 예배당이 이곳이다. 성당 앞에 서서 그 모습을 카메라에 온전히 담는 것이 어려울 정도로 엄청난 크기를 자랑한다. 원뿔형 지붕의 높고 거대한 탑 2개가 대성당의 상징이다. 내부에는 17세기 몽펠리에 예술을 대표하는 세바스티앙 부르동의 작품들이 걸려 있다. 고딕 성당답게 섬세하게 제작된 장미 문양 스테인드글라스도 쉽게 찾아볼 수 있다.

Data 지도 383p-A
가는 법 몽펠리에 기차역에서 도보 15분 **주소** 6 Bis Rue de-l'Abbé-Marcel-Montels, 34000 Montpellier
전화 0467-660-412 **요금** 무료
홈페이지 www.cathedrale-montpellier.fr

몽펠리에의 21세기를 상징하는 동네
안티곤 Antigone

테살리 광장Place de Théssalie, 폴 벡 광장Place Paul Bec, 밀레네어 광장Place du Millénaire 3개의 광장을 포함하는 넓은 녹지대를 중심으로 한 주거, 쇼핑 단지. 세 광장을 잇는 긴 대로의 길이는 1km에 육박하며 사람들은 이를 '몽펠리에의 샹젤리제'라 부른다. 총 면적은 36 헥타르로, 프랑스 최대 규모 단일 개발 단지로 손꼽힌다. 당시 시장이었던 조르주 프레쉬의 주도하에 스페인 카탈루냐 출신의 건축가 리카르도 보필이 1979년부터 21년간 설계, 조성하였다. 신고전주의 양식의 구조물들이 들어섰으며 규모가 압도적이며 현대적인 분위기를 연출한다. 오피스 건물, 5성 호텔, 올림픽 수영장 등으로 이루어졌고 문화와 주거, 비즈니스가 공존하는 에너제틱한 신시가지이다.

Data 지도 383p-F 가는 법 몽펠리에 기차역에서 도보 10분 주소 34000 Montpellier

전시, 실험, 창조의 공간
라 파나세 La Panacée

약학대 건물을 개조하여 만든 현대적인 문화 공간. 2013년 개관하였다. 비주얼 아트, 디지털 아트 등 현대 미술 장르가 주가 되며 여러 문화 장르를 자유롭게 넘나들며 창의성이 개발되기를 바라는 목적으로 지어졌다. 방문하는 모든 관람객들이 예술과 함께 어우러지는 것을 지향하며 동시에 신진 예술가들을 발굴·후원한다. 파나세는 이곳 학생들의 기숙사이기도 하다. 프랑스에서는 유일한 기숙사 겸 예술 전시관이다. 카페와 공연장도 마련되어 있다. 다양한 관람객들이 서로 활발히 교류를 할 수 있도록 전시뿐만 아니라 참여 가능한 프로젝트들을 운영한다. 수, 토요일 오후 3시에 무료로 가이드 투어를 진행한다.

Data 지도 383p-B
가는 법 몽펠리에 기차역에서 도보 14분
주소 14 Rue de l'École de Pharmacie, 34000 Montpellier 전화 04 99 58 28 00
운영시간 전시관 수~토 12:00~20:00, 일 10:00~18:00, 카페 수~토 10:00~01:00, 금 10:00~18:00(12/23~1/5 휴관)
요금 8유로, 65세 이상 5유로, 18세 미만 무료
홈페이지 www.moco.art

EAT

여러 여행지와 요리 매체에서 추천하는 몽펠리에 맛집

레 비뉴 Les Vignes

몽펠리에의 와인과 요리를 사랑하는 두 주인이 2010년 오픈한 식당. 몽펠리에 관광청에서 추천하는 동네 맛집이다. 꽃시장 뒷골목에 위치한다. 40명 수용 가능한, 환하고 밝은 인테리어의 실내는 오픈 시간이 지나기 무섭게 가득 찬다. 지역에서 나는 신선한 식재료만을 사용하며, 메뉴는 계절마다 바뀐다. 신선한 세비체와 생선 요리, 양고기가 맛있고, 식재료의 신선도를 강조하기 위해 군더더기 없이 깔끔하고 간단하게 조리한다. 양껏 담아내는 플레이팅이 순박하고 먹음직스럽다. 글라스로 판매하는 와인의 종류도 많다. 대부분 남프랑스 지역의 라벨로 요리와의 조화가 훌륭하니 함께 즐겨보자.

Data 지도 383p-A
가는 법 몽펠리에 기차역에서 도보 13분
주소 2 Rue Bonnier d'Alco, 34000 Montpellier
전화 0467-604-842
운영시간 월~수 12:00~13:30, 목~토 12:00~13:30, 19:45~21:30
가격 오늘의 요리&애피타이저 런치 메뉴 20유로
홈페이지 www.lesvignesrestaurant.com

컬러풀한 인테리어의 이국적인 찻집
시 르 테 메테 콩테 Si le Thé m'était Conté

세계 각지에서 공수해오는 신선하고 향긋한 찻잎을 판매한다. 쿠스미나 담만, 로브 오가닉 등 유명 차 브랜드의 제품들도 판매하며 아르헨티나 마테차 종류도 여럿이다. 다양한 차를 블렌드하여 자체적으로 메뉴도 개발하였다. 크고 작은 차 박스로 꽉 찬 진열대를 천천히 둘러보며 무료로 제공하는 따뜻한 오늘의 차도 한 잔 마실 수 있다. 찻집을 겸해 작은 테이블들을 오밀조밀 놓은 것이 무척 귀엽다. 이미 알고 있는, 좋아하는 차 말고도 새롭게 미각을 자극하고 싶은 이곳에서 쉬어가자. 여름에는 테라스 자리를 개방한다. 홈페이지에서 온라인 구매도 가능하다.

Data 지도 383p-A 가는 법 몽펠리에 기차역에서 도보 12분 주소 12 Rue Saint-Firmin, 34000 Montpellier 전화 0467-028-157 운영시간 월 14:00~19:00, 화~토 10:00~19:00, 8월에는 화~토 11:00~13:00, 14:00~19:00 가격 1인용 티팟 3.50유로, 홈메이드 쿠키와 쇼트브레드 티 쿠키와 잼 2유로 홈페이지 www.si-le-the.com

시장 옆 자리한 세련된 와인 바
레 장팡 루주 Les Enfants Rouges

몽펠리에 사람들이 퇴근 후 몰려가는 인기 만점의 바. 모던한 인테리어는 시크하면서 편안하다. 간단히 타파스 몇 접시에 와인이나 맥주를 마셔도 좋고 식사 메뉴도 훌륭하다. 남부 지역 와인을 다량 보유하고 있으며(대부분 몽펠리에 인근의 와인들) 음식과 어울리는 와인을 잘 찾아주는 웨이터가 있어 메뉴가 생소해도 걱정할 것 없다. 타파스도 양이 넉넉하여 두세 접시면 간단한 식사로 충분하다. 직접 만드는 과카몰리는 신선하고 맛이 좋으며 꿀과 토마토를 올린 염소 치즈 토스트도 추천한다. 반 오픈 키친 구조라 조리 과정도 엿볼 수 있다. 저녁 식사를 하려면 예약하는 것이 좋다.

Data 지도 383p-A 가는 법 몽펠리에 기차역에서 도보 12분 주소 3 Plan Duché, 34000 Montpellier 전화 0662-131-412 운영시간 일 · 월 18:00~01:00, 화~토 11:30~16:00, 18:00~01:00 가격 훈제 연어 15유로, 타파스 4~6유로 홈페이지 www.lesenfantsrouges.fr

BUY

몽펠리에의 맛 전도사
르 파니에 데메 Le Panier d'Aimé

품질 좋은 고메 제품들을 판매하는 대형 식료품점. 나스와 제임스 두 주인은 몽펠리에 토박이로 몽펠리에 주변의 농장과 와이너리 등에서 훌륭한 식료품만 공수해 판매한다. 올리브유, 와인, 꿀, 비스킷, 잼, 초콜릿, 누가, 생과일주스, 말린 버섯 등 품목이 다양하다. 유기농 와인과 맥주는 로컬 제품으로 맛이 무척 좋다. 랑그도크 지역에서 나는 와인이 유독 많으며 모든 상품에 해박한 주인에게 물으면 친절히 답해주어 똑똑한 쇼핑을 돕는다. 몽펠리에 외에서 구하기 어려운 지역 상품들이 대부분이라 오래 구경하며 하나씩 맛보고 싶은 충동을 느끼게 되는 매혹적인 상점이다. 관련 요리 서적들도 여럿 비치되어 있다.

Data 지도 383p-A 가는 법 몽펠리에 기차역에서 도보 15분 주소 6 Rue du Plan du Palais, 34000 Montpellier 전화 0983-299-862 운영시간 월~토 09:30~19:00 홈페이지 www.lepanierdaime.fr

안티곤 신시가지에 위치한 대형 쇼핑몰
폴리곤 몽펠리에 쇼핑몰
Centre Commercial Polygone Montpellier

1975년 몽펠리에 시장이었던 프랑수와 델마에 의해 세워진 쇼핑몰. 몽펠리에 시내 중심부를 확장하기 위한 프로젝트의 일환이었다. 당시에는 프랑스에서 가장 큰 쇼핑몰 중 하나로, 몽펠리에 최초의 지하 주차장도 폴리곤과 함께 탄생하였다. 3개 층에 120개의 상점과 8개의 식당가, 2천여 대 수용 가능한 주차장이 있다. 트램 노선 3개가 지나 접근성도 훌륭하다. 폴리곤 부근에는 고몽 멀티플렉스 영화관과 여러 상점들이 계속해서 들어서 쇼핑 중심지 역할을 한다. 폴리곤 안에는 대형 슈퍼마켓 모노프리Monoprix와 저렴한 식당 플런치Flunch를 비롯한 여러 카페와 베이커리가 있고, 프랑스 백화점 라파예트도 들어서 있다.

Data 지도 383p-E 가는 법 몽펠리에 기차역에서 도보 8분 주소 1 Rue des Pertuisanes, 34000 Montpellier 전화 0428-702-100 운영시간 월~금 10:00~20:00, 토 09:30~20:00 홈페이지 www.polygone.com

향기로 가득한 사랑스러운 초 가게
레 부지 드 샤루 Les Bougies de Charroux

샤루에 본점을 둔 이 브랜드는 소박한 디자인과 질 좋은 재료로 만든 양초를 판매한다. 2007년 탄생한 레 부지 드 샤루는 독성이 없음을 인증하는 RAL 라벨을 받은 건강하고 향긋한 초를 만드는 브랜드다. 국제 품질과 안전성 인증 IFRA도 획득하였다. 90개가 넘는 향이 있으며 모두 그라스에서 개발한 향을 베이스로 한다. 목화, 민트 초콜릿, 블루베리, 솜사탕, 바질 등 재료의 특징을 살린 독특한 향도 있다. 모든 상품은 샤루 본사에서 만들어진다. 몽펠리에를 비롯하여 파리, 디종, 리옹 등 프랑스 여러 도시에 지점을 가지고 있다. 온라인 몰에서도 주문 가능. 60~100시간 동안 타는 초들은 가격도 저렴하고 병도 귀여워 기념품으로 제격이다.

Data 지도 383p-B
가는 법 몽펠리에 기차역에서 도보 11분 주소 2 Rue Glaize, 34000 Montpellier
전화 0499-629-729
운영시간 화~토 10:00~13:00, 14:30~19:00 요금 작은 병 10유로(60시간 지속), 큰 병 12유로(100시간 지속)
홈페이지 www.bougies-charroux.com/

양손이 무거워지는 알찬 벼룩 시장
페이루의 일요일 시장 Les Dimanches du Peyrou

아르소 수로 또는 생 클레멍 수로라 불리는 페이루 광장 옆 수로 아래 매주 일요일 열리는 대형 벼룩시장. 몽펠리에까지 물을 나르던 수로는 현재 몽펠리에에서 가장 인기 많은 장터의 역할을 하고 있다. 오래된 가구와 책, 음반, 접시, 은수저, 그림, 의류, 액세서리 등 다양한 물건들을 파는데 좋은 물건들이 많다. 먹거리도 판매하고 있어 빈티지 쇼핑보다 배를 채우고 가는 사람들이 더 많다. 몽펠리에 시내에는 페이루 외에도 10개 이상의 시장이 시내 곳곳에 열린다. 꽃, 책, 음식 등 특정 주제로 열리는 시장도, 일반 과채 시장도 있다. 홈페이지에서 각각의 일정과 위치를 확인할 수 있다.

Data 지도 383p-A
주소 Place Royale du Peyrou, 34000 Montpellier
가는 법 몽펠리에 기차역에서 도보 15분
운영시간 일요일 07:30~14:00

SLEEP

코메디 광장에 자리한 스타일리시한 호텔
그랑 호텔 뒤 미디 Grand Hôtel du Midi

몽펠리에 오페라 맞은편의 우아한 하우스만 양식의 건물에 자리한 그랑 호텔 뒤 미디는 코메디 광장에 위치한 호텔로, 몽펠리에에서 접근성도 뷰도 뛰어나다. 1890년 문을 연 4성 호텔. 3개의 슈페리어 객실에서는 코메디 광장의 전망이 시원하게 펼쳐져 있다. 어메니티는 눅스를 사용하며 조식은 매일 07:00~11:00 동안 제공된다. 트램 역과도 불과 50m 떨어져 있어 시내 어디로든 이동이 용이하다. 호텔 근처 공공 주차장은 투숙객 전용 요금으로 이용할 수 있어 차로 여행하는 투숙객도 편하다. 비즈니스 여행객을 위한 공간과 설비도 갖추고 있다.

Data 지도 383p-E
가는 법 몽펠리에 기차역에서 도보 6분 주소 22 Boulevard Victor Hugo, 34000 Montpellier
전화 0467-926-961
홈페이지 www.grandhoteldumidimontpellier.com

좋은 위치와 현대적인 시설, 환상적인 풀장
풀만 몽펠리에 성트르 호텔 Pullman Montpellier Centre Hotel

풀만 호텔 앤 리조트 그룹 소속으로 코메디 광장과 폴리곤 센터와 인접해 있다. 넓고 쾌적한 객실은 모노톤 벽지와 핑크색, 보라색 실크 쿠션으로 포인트를 주며 아늑하고 현대적으로 꾸며 놓았다. 옥상 테라스에는 야외 수영장과 레스토랑이 있어 시내 전경을 감상하며 수영을 하고 식사를 즐길 수 있다. 선베드가 놓인 야외 수영장은 여름에만 개방하는데, 시내 한가운데서도 남프랑스 태양 아래 일광욕과 수영을 즐길 수 있어 무척 인기가 많다. 레스토랑 외에도 2개의 바가 있으며 비즈니스 여행객들을 위해 최첨단 설비를 갖춘 미팅룸이 구비되어 있고, 피트니스룸도 있다. 주차는 시간당 2유로에 이용 가능하고 총 객실 수는 88개.

Data 지도 383p-E **가는 법** 몽펠리에 기차역에서 도보 8분
주소 1 Rue des Pertuisanes, 34000 Montpellier **전화** 0467-997-272 **홈페이지** bit.ly/3NsrDgL

좋은 가격의 2성 호텔
호텔 르 미스트랄 Hotel LE MISTRAL

신고전주의 건물에 자리한 미스트랄 호텔은 기차역과 가깝고 무엇보다 가격이 부담스럽지 않다. 깔끔하게 단장한 일부 객실은 통유리창으로 채광이 좋다. 코메디 광장과는 도보 5분, 파브르 미술관과는 도보 10분 거리라 관광에도 용이한 위치. 10유로의 조식은 컨티넨탈 스타일로 07:30~10:30 동안 제공된다. 호텔 투숙객 요금을 할인받아 이용 가능한 주차 공간도 근처에 있다. 리셉션은 07:00~23:00 동안 운영하며 23시 이후의 출입은 디지털 코드를 이용한다. 애완동물 무료 반입 가능(사전 문의).

Data 지도 383p-E 가는 법 몽펠리에 기차역에서 도보 4분
주소 25 Rue Boussairolles, 34000 Montpellier
전화 0469 001 506 홈페이지 www.hotelmistralcomedie.com/

TALK

알퐁스 도데와 '미스트랄 Mistral'

앞에서도 미스트랄에 대해 짧게 언급했지만, 미스트랄은 남프랑스에서 지중해 쪽으로 부는 차고 건조한 지방풍이다. 남프랑스 어딜 가든 이 단어를 자주 만나게 된다. 남프랑스 님 출신인 작가 알퐁스 도데(Alphonse Daudet, 1840~1897)의 작품 속에는 '미스타랄이 불어오는 시골 풍경'이 자주 등장한다. 알퐁스 도데뿐만 아니라 많은 남프랑스 사람들에게 미스트랄은 차고 맑고 건조한 프로방스 특유의 날씨를 떠올릴 때 항상 자동으로 기억되는 바람이다. TGV가 나오기 전 프랑스를 대표하는 특급열차의 이름도 미스트랄이었고, 미사일 이름도 미스트랄일 정도. 호텔이나 레스토랑 이름에서도 종종 미스트랄이라는 이름을 만날 수 있다. 미스트랄을 책에서 단어로만 배우는 게 아니라 남프랑스에서 직접 몸으로 느끼고 경험할 수 있다면 올퐁스 도데의 작품을 읽을 때 한층 더 생생하게 다가올 것이다. '아, 알지! 남프랑스의 그 바람!' 하면서.

Sud de France By Area

14

툴루즈
Toulouse

프랑스에서 네 번째로 큰 도시 툴루즈. 항공학 산업 유럽 1위, 세계 2위의 도시이자 우주 산업 유럽 1위 도시에 빛난다.

프랑스에서 세 번째로 큰 대학이 있는 툴루즈의 시민 4명 중 1명은 학생이다. 젊고 활기찬 이 도시는 풍부한 식도락과 수백 년 된 멋진 건축물로 가득한 시가지가 매력적이다.

포레인이라 부르는 로마식 벽돌로 건물을 지어, 멀리서 보면 도시가 온통 핑크빛이라 장밋빛 도시라는 뜻의 '라 빌 로즈La Ville Rose'라는 애칭으로도 불린다.

Toulouse
PREVIEW

맛과 멋과 과학, 툴루즈는 어울릴 것 같지 않은 요소들이 자연스럽게 어우러져 굳게 자리를 잡은 진보적인 도시다. 넓고 깊은 강을 사이에 두고 양옆으로 조성된 시가지는 수준 높은 전시를 선보이는 미술관과 박물관, 고소한 콩 요리 냄새가 진동하는 식당과 알찬 쇼핑을 보장하는 상점들로 수놓아져 있다.

SEE

툴루즈 여행자들은 평균 4일 동안 머물며 도시의 수많은 볼거리를 즐기고 간다. 니스, 마르세유 다음으로 볼 것 많은 이곳에 오래 머무르자. 툴루즈의 모든 국립 박물관들은 매월 첫 번째 일요일에 무료라는 점을 기억하여 주말을 끼고 여행해도 좋을 것이다. 특히 항공과 우주에 관심이 많다면 시테 드 레스파스와 에어로스코피아는 이동 시간까지 포함하여 각각 반나절 이상을 할애해야 하는 훌륭한 전시이니 일정을 넉넉히 잡을 것.

EAT

소시지, 그리고 소시지와 불린 콩을 넣고 뭉근하게 끓여 만드는 까술레로 유명한 툴루즈. 1992년부터 툴루즈에서 만든 소시지는 모두 툴루즈 생산 인증 마크(Véritable saucisse de Toulouse)를 달고 있으니 확인하고 사자. 툴루즈 소시지는 최소 75% 이상이 어깨 또는 다리 부위 살코기여야 하며 인공색소와 방부제를 전혀 포함하지 않아야 하는 등 기준이 엄격하여 맛을 보장한다.

BUY

유명한 프랑스 중가 캐주얼 브랜드 콤트와 에 코토니에는 툴루즈에서 탄생했다. 툴루즈 사람들은 쇼핑을 좋아해 상점이 발달하여 벼룩시장부터 명품 쇼핑까지 다양하게 즐길 수 있다. 잘 알려진 브랜드 상점들은 알사스 로렌가와 생 롬가에서 볼 수 있으며 명품 쇼핑은 데 자르, 불본느가와 크로아 바라뇽가, 빅토르 위고 광장, 생 조르주에서 할 수 있다. 매월 첫 번째 주말에는 벼룩시장이 크게 서는데, 100명 이상의 공예가, 예술가, 상인들이 직접 만든 작품을 쥘 게스드 거리에 나와 판매한다.

Toulouse
GET AROUND

 어떻게 갈까?

비행기

툴루즈 블라냐크 공항은 툴루즈 시내에서 북서쪽으로 약 6.7km 거리에 위치한다. 에어버스의 시험 비행장으로도 쓰이고 있다. 총 12개 항공사가 취항하며, 프랑스 16개 도시 직항편을 포함하여 25개국 40여 개 도시에서 툴루즈를 비행기로 오갈 수 있다.

툴루즈 블라냐크 공항 Aéroport Toulouse-Blagnac
Data 주소 31703 Blagnac, France
전화 0825-380-000, 해외에서 +33-170-467-474 홈페이지 www.toulouse.aeroport.fr

공항에서 툴루즈 시내까지

공항 셔틀 나베트Navette Aéroport 타고 시내 중심부까지 20분 소요.

Data 운영시간 매일 20분마다 출발(5/1 휴무)
*공항-시내 첫 셔틀 05:40, 마지막 셔틀 24:15
*시내-공항 첫 셔틀 05:00, 마지막 셔틀 21:20
요금 편도 9유로 홈페이지 bit.ly/3OPFRtj

기차

연간 9백만 명의 여행자들이 이용하는 툴루즈의 기차역. 마르세유에서 3시간 45분, 파리에서 5시간 30분, 아를에서 3시간, 몽펠리에에서 2시간 50분, 아비뇽에서 3시간 30분이 소요된다. TGV 고속 기차도 운행하고 있다. 기차역 앞에 짐 보관소가 있으니, 1박을 하지 않는 경우 이용하자 (08:30~22:00, 24시간 기준 개당 5.50~9.50유로).

툴루즈 기차역 Gare SNCF Matabiau
Data 지도 406p-B 주소 64 Boulevard Pierre-Sémard, 31500 Toulouse
가는 법 메트로 A선 Marengo-SNCF에서 도보 1분

자동차

마르세유에서 A9와 A61 도로를 이용하여 3시간 50분, 몽펠리에에서 A9, A61 도로를 이용하여 2시간 20분이 소요된다. 툴루즈 시내 주요 주차장은 다섯 곳으로, 주차장별로 요금이 상이하니 홈페이지에서 상세 요금을 알아보도록 한다. 전체 주차장 정보는 홈페이지에서 확인 가능.

버스

기차보다 요금이 저렴하나 교통량에 따라 소요 시간이 차이난다. 블라블라카 버스로 몽펠리에에서 4시간, 마르세유에서 6시간 소요된다. 플릭스버스Flixbus를 이용하여 마르세유, 님, 액상프로방스, 깐느, 니스에서도 이동 가능하다. 스케줄과 요금은 각 버스 홈페이지에서 확인하자.

툴루즈 버스정류장 Gare Routière

Data 주소 68 Boulevard Pierre-Sémard, 31500 Toulouse
가는 법 메트로 A선 Marengo-SNCF에서 도보 1분, 툴루즈 기차역 바로 옆
툴루즈 교통권 요금 1회권 1.80유로(탑승 시 구매할 경우 2.50유로), 1일권 6.90유로, 3일권 13.80유로, 10회권 15.40유로

 플릭스 버스   블라블라카

어떻게 다닐까?

메트로
1993년에 개통된 툴루즈의 메트로는 2개 노선으로 구성되어 있으며 티세오에서 운영한다. 모든 툴루즈의 메트로 역에서 현대 미술을 전시하고 있다는 점이 특별하다.

Data 운영시간 일~목 05:15~24:00, 금·토 05:15~03:00 요금 1회권 1.70유로, 10회권 14.50유로, 1일권 6.50유로, 3일권 13유로 (트램, 버스, 메트로 모두 동일 교통권으로 이용) 홈페이지 www.tisseo.fr

트램
T1 Palais de Justice 〉 MEETT
(P)A) 매일 05:45~24:20, 금·토 ~01:20
(A)P) 매일 04:50~23:21, 금·토 ~24:21
T2 Palais de Justice 〉 공항
(공항〉P) 매일 05:57~23:58, 금·토 ~24:20
(P〉공항) 매일 05:50~23:30

버스
84개의 버스 노선이 툴루즈와 근교를 운행한다. 시내 여행자는 메트로가 편리하고 유용하다. 홈페이지에서 각 노선을 확인할 수 있다.

택시
기차역과 시내에서 어렵지 않게 잡을 수 있다. 혹은 전화로 부를 수 있다.

미니버스
오픈탑 버스를 타고 70분간 툴루즈 주요 명소를 돌아본다. 8개 국어 오디오 가이드도 이용할 수 있다(한국어 미포함).

Data 운영시간 월~토 09:00~19:00 (10분마다 운행)

벨로툴루즈 VéloToulouse
동네 사람들 3만 명이 등록하여 사용하는 저렴한 자전거 대여 서비스로 283개의 정류장이 있으며 신용카드로 등록 및 사용 가능하다.

Data 전화 0800-112-205

INFO

액상툴루즈 관광청 사무소 Office de Tourisme
툴루즈 지도 제공. 투어 예약. 관광 정보 안내. 무선 인터넷 사용 가능. 기념품도 판매한다.

Data 지도 407p-A
가는 법 메트로 A선 Capitole에서 도보 2분 **주소** Donjon du Capitole, 31000 Toulouse
전화 0540-131-531 **운영시간** 6~8월 월~토 09:00~19:00, 일·공휴일 10:30~17:15,
10~5월 월~금 09:00~18:00, 토 09:00~12:30, 14:00~18:00, 일·공휴일 10:00~12:30,
14:00~17:00(1/1, 12/25 휴무) **홈페이지** www.toulouse-visit.com

TIP 툴루즈 투어리즘 패스 Pass Tourisme
툴루즈 박물관, 레 자바트와, 오거스탱 박물관 등 45개 이상의 관광 명소에 무료/할인가 입장 혜택을 누리는 패스. 메트로, 버스, 트램 등 티세오가 운영하는 교통수단도 무료로 이용 가능. 관광청 진행 투어 참여권, 공항 셔틀 버스 왕복권 등도 포함되어 있다.

Data **요금** 3일 26유로, 10유로를 추가하면 교통권 10회를 더할 수 있다.

툴루즈 그리터스 Toulouse Greeters
툴루즈에 사는 31명의 그리터스가 여행객을 맞이한다. 그리터스는 여행자들과 함께 다니며 여행을 돕는 단체로 2012년부터 활발히 활동해오고 있다. 보통 프랑스어와 영어를 구사하며 여러 언어를 하는 그리터도 있다. 툴루즈에 대해 잘 아는 동네 토박이 친구를 사귀고 싶다면 홈페이지에서 신청하자.

Data **홈페이지** toulousegreeters.fr/en/

툴루즈 투어 트레인 Les Trains Touristique de Toulouse
툴루즈 시내를 작은 투어 기차를 타고 약 35분간 돌아본다. 영어, 포르투갈어, 이탈리아어, 네덜란드어, 독일어, 스페인어로 오디오 가이드를 지원한다.

Data 지도 407p-A
가는 법 메트로 A선 Capitole **주소** Place du Capitole, 31000 Toulouse에서 출도착
전화 0562-710-851 **운영시간** 3월 수, 금, 일, 4~6월, 9~12월 매일 10:30~11:15, 14:00~17:00 동안 45분 간격으로 출발 / 7·8월 매일 10:00~12:30, 14:00~18:00 동안 20분 간격으로 출발
요금 성인 8유로, 3~11세 4유로

TIP 툴루즈 비상연락망
경찰응급번호 17, **소방서** 18, **24시간 응급 의료 서비스** 0561-330-000
야간 약국 0561-623-805, 20:00~08:00
화장실 찾기 어플 투알레트 아 툴루즈 Toilettes à Toulouse

툴루즈 상세도
Toulouse

- 생 세르닝 바실리카 / Basilique Saint-Sernin
- 샌디안 / Sandyan
- 빅토르 위고 시장 / Marché Victor Hugo
- 르 제이고 / Le J'GO
- 르 그랑 발콩 / Le Grand Balcon
- 툴루즈 관광청 사무소
- 카피톨 광장과 극장 / Place du Capitole & Théâtre du Capitole
- Capitole
- Jean-Jaurès
- 르 코스모폴리텐 / Le Cosmopolitain
- 르 비벙 / Le Bibent
- 알리망타시옹 / Alimentation
- 자코뱅 수도원 / Le Couvent des Jacobins
- 툴루즈 투어 트레인 / Les Trains Touristique de Toulouse
- 호텔 머큐어 윌슨 / Hotel Mercure Wilson
- 넘버 파이브 와인 바 / No. 5 Wine Bar
- 오 페르 루이 / Au Père Louis
- 무슈 조르주 / Monsieur Georges
- 벰베르그 재단 호텔 다세자 / Fondation Bemberg Hôtel d'Assézat
- 오거스탱 박물관 / Musée des Augustins
- François-Verdier
- Esquirol
- 호텔 르 페르 레옹 / Hôtel Le Père Léon
- 툴루즈 생 테티엔 대성당 / Cathédrale Saint-Étienne de Toulouse
- 메종 드 록시타니 / Maison de l'occitanie
- 그레인 드 파스텔 / Graine de Pastel
- Carmes
- 로열 정원 / Jardin Royal
- 식물원 / Jardin des Plantes
- 툴루즈 박물관 / Muséum de Toulouse
- Palais de Justice

0 200m

Toulouse
TWO FINE DAYS

1 일차

10:00
시테 드 레스파스 또는
에어로스코피아 관람

버스 1시간
(37번 이용) →

16:00
벰베르그 재단 호텔
다세자 전시 관람

도보 20분 →

18:00
일본식 정원과
미디 운하 산책

도보 20분 ↓

22:00
부근의 바 코스모폴리탄,
No.5 또는 알리망타
시옹에서 밤 보내기

← 도보 5분

20:00
저녁 식사 후 카피톨
광장의 야경 감상

미학적, 미각적 욕구를 완벽하게 충족시켜주는 툴루즈에서는 바쁘게 다녀보자. 넓고 볼 것도 많아 열심히 돌아다녀야 툴루즈의 다양한 면모를 모두 볼 수 있기 때문이다. 든든하고 따뜻한 지역 요리가 꽉 찬 이틀 일정을 소화할 수 있도록 돕는다. 툴루즈의 정원과 강가는 비가 내려도, 안개가 자욱해도 나름의 매력이 있어 어떤 날씨에도 즐거운 하루를 보낼 수 있다.

2 일차

10:00 생 세르닝 바실리카의 멋진 야자수 모양 건축미 구경

도보 20분 →

11:00 레 자바트와의 전시 관람

도보 10분 →

12:00 가론 강가의 풍경 감상

도보 20분 ↓

13:00 점심 식사 후 생 테티엔 대성당과 자코뱅 수도원 구경

← 도보 6분

14:00 오거스탱 박물관 전시 관람

← 도보 10분

16:00 툴루즈 박물관과 식물원 돌아보기

도보 15분 ↓

18:00 카피톨 광장의 르 비벙에서 멋진 저녁 식사

도보 5분 →

20:00 남프랑스 와인과 칵테일에 취해보자

툴루즈 관광의 중심이자 시작점
카피톨 광장과 극장 Place du Capitole & Théâtre du Capitole

크리스마스 마켓 등 주요 행사가 열리는 툴루즈의 심장부. 별자리로 둘러싸인 옥시탄 지방의 십자가가 그려진 광장이다. 광장 중앙에 서 있는 것은 피에르 폴 리케트로, 미디 운하를 건설한 엔지니어이자 건설가이다. 프랑스 대혁명 때 운하를 건설하여 루이 14세에게 기사 작위를 받은, 툴루즈시의 발전에 큰 공헌을 한 인물이다. 카피톨은 12세기 시 행정을 담당했던 조직으로, 이들이 주둔했던 건물과 그 앞의 광장을 그들의 이름을 따 부른다. 카피톨 의원들은 툴루즈 럭비팀 유니폼의 기원이 된 빨간색과 검은색이 섞인 옷을 입고 도시 행정을 보았다고 한다. 현재 극장 건물은 1759년 세워진 것으로, 8개의 거대한 대리석 기둥이 돋보이는 웅장한 모습을 하고 있다. 오페라가 종종 상연되며 공연을 보지 않는 사람들도 방문할 수 있는 무료 박물관이 있다. 도시의 역사를 보여주는 그림들을 감상할 수 있다. 광장을 둘러싼 복도형의 길을 덮고 있는 천장에는 29개의 회화가 그려져 있는데, 1997년 레이몬드 모레티가 제작한 것으로 툴루즈에 얽힌 이야기나 툴루즈의 역사적인 사건, 인물들을 묘사한다.

Data 지도 407p-A
가는 법 메트로 A선 Capitole
주소 Place du Capitole, 31000 Toulouse 운영시간 전시 투어
월~토 08:30~19:00
일·공휴일 10:00~19:00
(12/25, 1/1 휴관, 행사 시 폐관)
요금 무료
홈페이지 opera.toulouse.fr/

TALK

옥시탄 Occitan

옥시탄은 프랑스 남부 지역의 3/4가 사용하는 프로방스어, 카탈루냐어, 랑그도크어 등 16개의 언어를 통합하여 부르는 말이다. 얼마나 많은 사람들이 옥시탄을 사용하는지 정확히 알려지지 않았으나 프랑스에서 가장 흔히 볼 수 있는 지방 언어로 꼽힌다. 중세 시대 행정, 법적 언어로 사용된 것이 시초로, 12세기 음유시인 트루바두르들이 활발히 사용하며 더욱 널리 퍼지게 되어 무역과 경제 활동에서도 사용하였다. 중세의 시, 바로크 연극, 오페라 리베라토, 철학적인 소설 등 여러 장르의 예술에서도 그 흔적을 발견할 수 있다. 유럽 문화의 중요한 언어 중 하나로 19세기부터 연구의 대상이 되어 왔으며 프레데릭 미스트랄이 옥시탄으로 쓴 문학으로 노벨 문학상을 수상하며 그 가치가 널리 인정받은 바 있다. 특히 툴루즈에서 옥시탄을 많이 들을 수 있는데, 초콜릿을 넣은 페이스트리 뺑 오 쇼콜라는 툴루즈에서 흔히 쇼콜라틴chocolatine이라 부르며 '말하다'라는 동사는 파를레parler 대신 샤레tcharer, 헤어질 때의 인사말은 아흐 부아au revoir가 아닌 아디우adiu 등으로 말한다. 옥시탄 언어를 보존하고 개발, 연구하는 학회인 메종 드 록시탄도 툴루즈에 위치한다.

메종 드 록시타니 Maison de l'occitanie

Data 지도 407p-C 가는 법 메트로 A선 Esquirol에서 도보 1분 주소 11 Rue Malcousinat, 31000 Toulouse 전화 0561-221-331 운영시간 10~4월 월~금 10:00~18:00, 5~9월 월~금 14:00~18:00 요금 무료 홈페이지 www.ostaldoccitania.eu/

강 건너편에 위치한 현대 미술관
레 자바트와 Les Abattoirs

미디 피레네 지역 정부와 툴루즈시, 프랑스 문화부의 주도로 2000년 개관하였다. 이름은 이 자리에 있었던 '도살장'이라는 뜻. 1990년대에 도살장이 사라지고 현대미술의 발전과 보존을 목적으로 하는 미술관이 들어섰다. 4,000㎡의 전시 공간에 20세기 후반부터 현대까지의 작품들이 3,400여 점 이상 전시되어 있다. 대표작인 피카소가 제작한 대규모의 무대 커튼은 1936년 로메인 롤랑을 위해 만들어진 것으로 전시하기엔 무척 섬세하여 보관만 했다가 2015년 다시 대중에게 공개되었다. 피카소는 할리퀸 복장을 한 미노타우로스를 툴루즈에 1965년 기증한 바 있어 도시와 특별한 연이 있다. 여러 아티스트와 화풍, 장르에 따른 특별전을 영구 전시와 함께 개최한다. 2012년부터는 미슐랭 셰프 제라르 가리그가 레 자바트와의 레스토랑, 카페테리아인 헤미시클Hémicycle를 운영하고 있다.

Data 지도 406p-C
가는 법 메트로 A선 Saint-Cyprien-République에서 도보 5분 주소 76 Allées Charles-de-Fitte, 31300 Toulouse
전화 0534-511-060
운영시간 수~일 12:00~18:00, 목 ~20:00(1/1, 5/1, 12/25 휴관)
요금 10유로, 13~17세 & 학생 6유로, 매달 첫 번째 일요일 무료, 목요일 늦은 입장 6유로
홈페이지 www.lesabattoirs.org

유네스코 세계 유산에 등재된 로마네스크 바실리카
생 세르닝 바실리카 Basilique Saint-Sernin

유럽에서 가장 잘 보존된 로마네스크 양식의 예배당이다. 툴루즈의 주교 성 실뷔우스가 4세기 말에 지었던 예배당을 시초로 한다. 샤를마뉴 대제가 툴루즈 최초의 주교 성인 세르냉의 유골을 이곳에 기증하면서 스페인 산티아고 데 콤포스텔라로 가는 중요한 순례지가 되었다. 세르냉은 이교도 성직자에 의해 황소에 발이 묶여 시가지를 끌려다니다 순교한 성인(툴루즈 시내 황소의 길 Rue de Taur이 세르냉의 순교를 기리는 이름의 길). 중세 건축물 복원가 비올레 르 뒤크가 1860년 개축하였다. 1888년 설치된 아름다운 대형 오르간과 남부 중세 예술품 중 최고로 꼽히는 팔각형 종이 생 세르닌의 자랑이며, 이 오르간을 중심으로 툴루즈에서는 해마다 오르간 축제를 연다. 토요일 07:00~13:30, 일요일 07:00~14:00에는 예배당 앞에 벼룩시장이 선다.

Data **지도** 406p-B **가는 법** 메트로 B선 Jeanne d'Arc에서 도보 5분
주소 Place Saint-Sernin, 31000 Toulouse **전화** 0561-217-018 **운영시간** *바실리카 10~5월 월~토 08:30~18:00/일 ~19:30, 6~9월 월~토 08:30~19:00/일 ~19:30 *지하실과 보회랑 10~5월 월~토 10:00~12:00, 14:00~17:30/일 14:00~15:30 6~9월 월~토 10:00~17:30, 일 11:30~18:00(1/1, 12/25 휴관) **요금** 바실리카 무료, 지하실과 보회랑 2.50유로, Pass Tourisme 소지자와 15세 미만 무료 **홈페이지** www.basilique-saint-sernin.fr

성스럽고 아름다운 실내 장식의 수도원
자코뱅 수도원 Le Couvent des Jacobins

남프랑스 고딕 양식을 잘 살린 건물로, 성인 토마스 아퀴나스의 유해가 안치되어 있는 곳으로도 유명하다. 도미니쿠스 데 구스만이 설립한 교단 자코뱅은 '도미니크 수도회'라는 이름으로도 잘 알려져 있다. 프랑스혁명이 일어나자 자코뱅 수도회가 예배당을 버리고 떠나 1810년 툴루즈의 소유가 되었고, 1920년부터 52년간의 긴 복원 작업을 거쳐 현재의 모습을 하게 되었다. 내부의 색 조합과 벽화, 스테인드글라스가 아름답고, 22m 높이의 아치형 지붕 볼트는 수도원의 대표적인 특징이다. 열대 나무를 닮아 '야자수'라고 부르기도 한다. 수도회가 800주년을 맞았던 2015년 5월부터 멀티미디어 시스템으로 수도원의 역사와 건축을 설명하여, 알차게 즐길 수 있다. 아침에 큰 창을 통해 햇살 드는 모습이 영롱하다. 6월에는 음악 축제를, 9월에는 피아노 콘서트를 주최한다.

Data 지도 407p-A 가는 법 메트로 A선 Capitol에서 도보 6분 주소 Rue Lakanal, 31000 Toulouse 전화 0561-222-382 운영시간 화~일 10:00~18:00 요금 무료, 회랑 성수기 5유로, 비성수기 4유로, Pass Tourisme 소지자와 18세 미만 회랑 무료 입장 홈페이지 www.jacobins.toulouse.fr

풍성한 가구와 회화 컬렉션
벰베르그 재단 호텔 다세자 Fondation Bemberg Hôtel d'Assézat

16세기 파스텔 무역으로 부를 축적했던 상인 피에르 다세자의 개인 맨션 건물에 위치. 루브르 박물관의 정원을 본뜬 건물로 3층에 각각 도리스, 이오니아, 코린시아 양식을 반영하였다. 툴루즈 엘리트들의 모임이었던 주 플로로의 본부 역할을 했던 곳이기도 하다. 툴루즈 소유가 된 후 1993~1995년 동안 전시 공간으로 탈바꿈하여 현재는 벰베르그 재단의 회화, 동 공예품 등을 전시한다. 원색 전시관 벽이 회화와 대조를 이루어 강렬한 인상을 남긴다. 2층의 현대 미술과 야수파 전시가 인상적이며 지하에서는 세미나 등 다양한 문화 행사를 주최한다. 화·목·토요일 15:30에는 1층 전시관 투어를, 금·일요일 15:30에는 2층 전시관 투어를 진행한다.

Data 지도 407p-C 가는 법 메트로 A선 Esquirol에서 도보 2분 주소 Place d'Assezat, 31000 Toulouse 전화 0561-120-689 운영시간 화~일 10:00~12:30, 13:30~18:00, 목 ~20:30 (1/1, 12/25 휴관) 요금 11유로, 학생 8.50유로, 10~18세 6.50유로 홈페이지 www.fondation-bemberg.fr

프랑스에서 손꼽히는 고딕 양식 건축물
툴루즈 생 테티엔 대성당 Cathédrale Saint-Étienne de Toulouse

툴루즈의 대성당에서 고딕 양식을 대표하는 높이 쌓아 올리는 특징을 볼 수 있다. 가장 뛰어난 프랑스 고딕 건축물 중 하나로 평가 받는다. 1195년 당시 대주교가 남부를 대표하는 성당을 짓기 위해 세운 것으로 파리의 노트르담 대성당을 모델로 삼았던 것으로 추정된다. 13~17세기까지의 긴 보수 공사를 통해 확장되고 더욱 화려해졌다. 반은 남프랑스 고딕, 반은 북프랑스 고딕 양식의 특징을 보인다. 특히 서쪽 입구는 2개의 미완성 예배당이 합쳐진 구조로 그 형태가 독특하다. 1230년의 장미창과 축이 다른 설계를 바탕으로 한 플라잉 버트리스와 트리포리움이 공존한다. 종이 없어 '벙어리 탑'이라고 불리는 남쪽 탑과 아름다운 스테인드글라스, 성경 구절들을 재현한 출입구 위의 조각상 등이 특징이다.

Data 지도 407p-D
가는 법 메트로 B선 François-Verdier에서 도보 3분
주소 Place Saint-Etienne, 31000 Toulouse
전화 0561-520-382
운영시간 월~토 08:00~19:00, 일 09:00~19:00
홈페이지 cathedrale.toulouse.free.fr

중세부터 20세기까지의 미술품을 전시하는
오거스탱 박물관 Musée des Augustins

14세기에 지어진 고딕 양식의 오거스탱 수도원 자리에 위치한다. 루브르가 오픈된 다음 1795년 개관하여 프랑스에서 오래된 박물관 중 하나로 꼽힌다. 유럽 전역에서 수집한 회화와 조각품을 전시한다. 박물관 설립자 장 앙트완 샵탈은 대가들의 모든 장르의 화풍을 볼 수 있도록 방대한 컬렉션을 추진하여 4천여 점의 작품을 소장·전시한다. 특히 옥시탄 문화를 반영하는 조각들이 눈여겨볼 만하다. 로마네스크 조각에서 영향을 많이 받은 것을 볼 수 있다. 오거스탱 박물관의 많은 조각 작품들은 19세기 건축물에 있던 손상되어가는 조각품들을 구해내어, 큐레이터 알렉상드르 뒤 메주의 노력으로 보존된 것들이다. 툴루즈 부근의 지역에서 만들어진 작품들이 많으며 16세기 테라코타와 로댕, 카미유 클로델 등 유명 조각가들의 작품 또한 전시되어 있다. 회화의 경우 15~18세기 프랑스 파의 작품들이 대부분이다. 툴루즈 로트렉, 무릴로와 들라크루와 등 대가들의 작품들이 있다.

Data 지도 407p-C
가는 법 메트로 A선 Esquirol에서 도보 3분 **주소** 21 Rue de Metz, 31000 Toulouse
전화 0561-222-182
홈페이지 www.augustins.org
*레노베이션으로 현재 휴관 중 (2025년 재개관 예정)

툴루즈의 젖줄, 안개 낀 아침 풍경이 아름다운
가론강과 운하 Garonne & Canal du midi

툴루즈의 젖줄인 가론강의 원래 이름은 리오였는데, 이 이름을 딴 음악 축제 '르 페스티벌 리오 로코 Le Festival Rio Loco'가 이곳에서 열린다. 1995년 처음 시작된 리오 축제는 매년 6월 중순에 개최되며 툴루즈 지역에서 만들어진 모든 장르의 음악을 즐길 수 있다. 야외 영화 상영, 서커스, 비주얼 설치 미술 등 다양한 행사와 함께 진행된다(www.rio-loco.org). 가론강을 지나는 여러 다리 중 가장 오래된 것은 퐁 뇌프Pont Neuf. 파리에 있는 것과 마찬가지로, 가장 오래 되었으나 '새로운 다리'라는 뜻의 이름이 재미나다. 강가에서 돔을 빼꼼 내밀고 있는 건물은 라 그라브 병원이다. 산티아고 순례길의 일부로 유네스코에 등재된 오래된 건물이다. 2003년까지 산부인과로 사용되어 수많은 툴루즈 사람들이 이곳에서 태어났다. 툴루즈 시민들에게 인기가 많은 것은 가론강보다 유네스코 세계 유산으로 지정된 미디 운하. 길이가 240km에 이르며, 태양왕 시대에 조성되었다. 피레네 산맥을 지나 대서양으로 흘러간다. 그늘이 많아 산책, 피크닉을 하기에도 좋고 날씨에 따라 작은 크루즈 보트가 운행되기도 한다. 바람, 안개 등에 따라 스케줄이 변동되니 반드시 홈페이지나 관광청 사무소를 통해 운행 여부를 알아보자(www.bateaux-toulousains.com).

Data 가는 법 메트로 A선 Esquirol에서 도보 3분/메트로 B선 Canal du Midi 주소 31000 Toulouse

TIP 툴루즈와 음악
리오 로코 축제 기간이 아니더라도 툴루즈에서는 항상 음악이 들린다. 툴루즈에서 가장 인기가 많은 가수를 꼽으라면 클로드 누가로를 말한다. 그의 이름을 딴 전용 공연장이 최근 개관하여 종종 재즈와 프랑스 샹송 공연을 진행한다(sallenougaro.com). 누가로의 딸이 운영하는 메종 누가로Maison Nougaro에서는 그의 역사와 업적을 볼 수 있으니 관심이 있다면 들러보자(www.maison-nougaro.fr). 리오 로코 외 주목할 축제로는 툴루즈 카니발(3월 말~4월 초)과 히스패닉 문화와 플라멩코 축제인 툴루즈 에스파놀이 있다.

운하 앞 평온한 일본식 정원

일본식 정원 Jardin Japonais

일본 정원의 특징을 잘 살린 이국적인 공간. 낙원을 상징하는 전설 속의 섬 호라이를 모델로 한다. 시내 중심부에서 조금 떨어져 있어 한적하다. 프라이버시를 지킬 수 있는 공간으로 만들고자 한 의도를 잘 살렸으며 작은 정자와 대나무 숲, 벤치와 산책로가 아름답게 조성되어 있다. 14~16세기에 조성된 일본 교토의 정원들을 본떠 설계한 것으로 나무, 꽃, 정자, 호수 등이 조화를 이룬다. 인공적으로 만든 작은 언덕들도 정원의 조경을 다채롭게 한다. 드넓은 호수는 명상을 하러 찾기에도 좋은 곳. 매일 정원사들이 꽃과 나무를 다듬어 항상 정갈한 모습을 유지한다.

Data 지도 406p-A
가는 법 메트로 B선 Canal du Midi에서 도보 3분
주소 Jardin Compans Caffarelli, Boulevard Lascrosses, 31000 Toulouse
운영시간 1·2월 07:45~18:30, 3월 07:45~19:00, 4·5월 07:45~20:30, 6~8월 07:45~21:00, 9월 07:45~19:30, 10월 07:45~18:30, 11·12월 07:45~18:00

신선한 공기로 가득한 아름다운 조경의 공원
식물원 Jardin des Plantes

7 헥타르에 이르는 넓은 식물원 겸 공원. 툴루즈 의대와 툴루즈 박물관 사이에 위치한다. 1,300여 종의 식물들이 있어 산책하는 사람들의 눈을 즐겁게 한다. 처음 식물원이 조성되었을 때는 의료용 식물들을 주로 심었다가, 1808년 나폴레옹의 명으로 좀 더 철저하고 다양하게 관리하게 되었다. 툴루즈 전쟁 중에는 포병 구역으로 쓰이기도 하였다. 1887년 국제 박람회가 열리면서 정원으로 개방하게 되었다. 작은 다리가 식물원의 두 구역을 잇고, 쉬어갈 수 있는 예쁜 정자도 세워져 있다. 인공 호수에는 오리, 앵무새, 백조와 거위가 놀고 아이들을 위한 놀이터와 간단한 놀이 기구도 마련되어 있다. 간이 카페도 있어 빈손으로 가도 걱정 없다.

Data 지도 407p-F
가는 법 메트로 B선 François-Verdier, Carmes 역 또는 Palais de Justice 역에서 도보 5분 주소 Allée Frédéric Mistral, 31000 Toulouse
운영시간 11~1월 07:45~18:00 2·10월 16~31일 ~18:30, 10월 1~15일 ~19:00, 3월 1~15일, 3월 16~31일, 4월 ~20:00, 5월 1~15일 ~20:30, 6~8월 ~21:00, 9월 16~30일 ~19:30 요금 무료

식물원 옆에 자리한 자연사 박물관
툴루즈 박물관 Muséum de Toulouse

박물관 입구에서 보이는 천장에 매달아 놓은 익룡 뼈를 보면 자연사 박물관임을 한눈에 알 수 있다. 총면적 3,000m²에 이르는 넓은 실내 전시관 내부에 세계 각지의 자연사 관련 자료들과 표본 250만여 점을 전시하고 있다. 직접 체험하고 만져볼 수 있는 공간과 설비가 갖추어져 있어, 아이가 있는 가족 단위 여행객들이 특히 많이 찾는다. 살아있는 생물들을 관찰할 수 있는 부속 식물원도 갖추고 있다. 툴루즈에 서식하고 있는 고유 동식물들의 표본을 전시하고 있으며, 그 외에도 아시아, 아프리카 지역에서 가져온 희귀 화석도 볼 수 있다. 전시는 동물관, 식물관, 인류관, 선사관, 광물관 등 전시 종류와 시대로 분류하여 관람을 용이하게 한다. 다양한 주제의 특별전과 학술회의 등의 행사도 주최한다.

Data 지도 407p-F
가는 법 메트로 B선 Palais de Justice 또는 Carmes에서 도보 3분
주소 35 Allées Jules-Guesde, 31000 Toulouse
전화 0567-738-484
운영시간 화~일 10:00~18:00 (1/1, 5/1, 12/25 휴관)
요금 성수기 12유로, 비성수기 9유로, 정원 가이드 투어 3유로
홈페이지 www.museum.toulouse.fr

과학의 도시를 대표하는 우주과학기술 전시관
시테 드 레스파스 La Cité de l'Espace

1997년에 개관한 이곳에는 세계 최대의 상업용 항공기 제작회사인 에어버스의 본사와 프랑스 국립 우주연구소CNES가 위치해 있다. '유럽 우주 항공 산업의 수도' 툴루즈의 정체성을 다시 한 번 확인시 켜주는 중요한 곳으로, 툴루즈에서 발달한 우주 항공 산업에 대한 다양한 자료를 전시한다. 넓은 부지에 세워진 여러 건물들로 이루어져 있는 대규모 박물관이다. 우주와 우주 항공 산업에 관한 자료와 더불어 주요 전시물로는 러시아 우주 정거장 미르 모형, 높이 55m의 위성 발사용 로켓 아리안 5호의 실물 크기 모형이 있다. 인간과 우주를 주제로 하는 영화를 상영하는 대형 IMAX 3D 시네마도 갖추고 있다. 관객들은 360도 회전하는 입체 영상에 압도당한다. 어려울 수 있는 항공 관련 지식을 쉽게 풀어 전시해놓은 어린이 전용관도 있다.

Data 지도 406p-F
가는 법 메트로 A 선 Jolimont역, 메트로 B선 Ramonville역을 이용하여 버스 37번을 타고 Cite de l'espace 정류장 또는 16번 버스 Gymnase de l'Hers 정류장에서 하차 후 도보 500m **주소** Avenue Jean Gonord 31500 Toulouse
전화 0567-222-324
운영시간 매일 10:00~17:00, 18:00, 19:00, 21:00
요금 성수기 기준 성인 26유로, 5~18세 19,50유로, Pass Tourisme 소지자 15% 할인 **홈페이지** www.cite-espace.com

항공학의 어제, 오늘과 미래를 만나는 곳
에어로스코피아 Aeroscopia / Let's Visit Airbus

본사에서 운영 중인 에어버스 그룹의 전시장이다. 민간 군 항공기 세계 1위 에어버스의 항공기들을 살펴보고 항공학의 역사, 문화를 알아보자. 전시관은 5개의 테마관으로 이루어져 있다. 비행의 '비하인드 스토리'를 알아보는 공간, 항공 관련 커리어를 설명하는 공간, 비행기 조립을 배워보는 공간, 비행의 원리를 알아보는 기계 공간, 항공사를 되짚어보는 역사 공간으로 구성된다. 전시된 항공기로는 콩코드와 에어버스 A300B와 〈미션 임파시블〉 영화에서 톰 크루즈가 탔던 A400M도 있다. 다양한 관련 영상을 상영하는 오디토리움, 레스토랑, 교육 센터, 문서 보관소도 있다. 개별 방문도 가능하고 에어로스코피아를 전부 돌아보는 투어에도 참여할 수 있다. 에어버스 A380 투어에서는 에어버스 A380의 설계, 생산과 개발을 살펴보고 파노라믹 버스 투어에서는 오디오 안내가 나오는 버스를 타고 에어버스 부지를 모두 돌아본다. 베르테 투어는 에어로스코피아 부지의 특징을 알아본다. 셋 중 두 투어를 골라 진행하는 것도 가능하다.

Data 지도 406p-A
가는 법 트램 T1 Arènes / Beauzelle-aeroscopia 역에서 하차 주소 Allée André Turcat, 31700 Blagnac
전화 0534-394-200
운영시간 매일 09:30~18:00 12/25, 1/1 휴관
요금 성인 15유로, 학생 12유로
홈페이지 www.aeroscopia.fr

EAT

빅토르 위고 시장 옆 인기 맛집
르 제이고 Le J'GO

파리 등 여러 프랑스 도시에 지점을 가지고 있는 제이고 본점. 동네 주민들은 물론 툴루즈 럭비팀, 미식가들이 자주 찾는 소문난 맛집이다. 1995년 문을 연 이래 한때 금전적인 위기로 문을 닫을 뻔하였으나 지역 주민들의 성원으로 현재는 다시 영업 중이다. 넓은 실내 자리는 오픈 동시에 꽉 찬다. 오크통으로 꾸민 바깥 테라스 자리에서 스페인 하몽과 남프랑스 화이트 와인 한 잔을 즐기며 여유로운 오후를 만끽할 수 있다. 식사 메뉴로는 양다리 구이, 오리 기름으로 튀기는 홈메이드 감자튀김이 맛있다. 특별한 장식 없이 정직하게 담아 내오는 플레이팅이 오히려 맛에 더욱 집중할 수 있게 한다. 아무리 손님이 많아도 점원들은 부족한 것이 없는지 세심한 관심을 기울여 툴루즈에 하루 이상 머문다면 또 오고 싶어지는 곳.

Data 지도 407p-B
가는 법 메트로 A, B선 Jean-Jaurès역에서 도보 2분
주소 16 Place Victor Hugo, 31000 Toulouse
전화 0561-230-203
운영시간 월·수·금 12:00~14:30, 19:00~23:30, 목 12:00~14:30, 19:00~24:30, 토 12:00~15:00, 19:00~24:30, 일 12:00~15:00
가격 2코스 런치 메뉴 15유로, 3코스 런치 메뉴 18유로
홈페이지 www.lejgo.com

세상의 모든 조르주들이 반겨주는
무슈 조르주 Monsieur Georges

식당이 위치한 광장의 이름을 딴 맛집. 실내를 영화배우 조지 클루니, 전 미 대통령 조지 워싱턴 등 이름이 '조르주'인 사람들의 사진을 담은 액자로 장식해놓은 것이 재미있다. 셰프 크리스토프 핀토는 빅토르 위고 시장에서 매일 사오는 신선한 식재료만 사용하며 계절 과채와 푸아그라, 오리 등 툴루즈 지방색이 진한 요리들을 만든다. 테라스 자리에 앉아 타파스 메뉴와 함께 와인을 간단히 먹어도 좋고, 가격이 부담스럽지 않고 든든한 코스 메뉴를 점심 식사로 먹어도 좋겠다. 깔끔한 실내 인테리어로 비즈니스 런치 장소로도 인기가 많다. 프랑스 와인이 주를 이루는 와인 메뉴도 훌륭하다.

Data 지도 407p-D
가는 법 메트로 B선 François-Verdier역에서 도보 7분
주소 20 Place Saint-Georges, 31000 Toulouse
전화 0561-298-196
운영시간 월~토 11:00~23:00
가격 2코스 19.90유로, 3코스 23.90유로 **홈페이지** www.monsieurgeorges.fr

행복한 툴루즈의 밤을 약속하는
르 코스모폴리텐 Le Cosmopolitain

툴루즈의 마지막 포르노 영화관을 인수하여 세련된 바로 꾸몄다. 5명의 젊은 파트너들이 부담 없이 좋은 음식과 와인을 즐길 수 있는 공간을 만들자는 목적으로 작지만 알찬 바를 열었다. 타파스와 와인을 통해 살아 있는 기분을 느꼈으면 하는 바람으로 시작했다는 이 도시적인 바의 아래층에는 테이블 자리가, 위층에는 라운지가 마련되어 있다. 낮에 식사를 하기에도 좋다. 그러나 진열되어 있는 와인병을 보고 주문하지 않기란 어려울 것.

Data 지도 407p-B
가는 법 메트로 A, B선 Jean-Jaurès역에서 도보 2분
주소 1 Rue des 3 Journées, 31000 Toulouse
전화 0561-298-933 **운영시간** 월~토 11:00~15:00, 19:00~02:00, 일 19:00~02:00 **가격** 이베리코 햄 크로켓 9유로, 참치 타타키 13유로 **홈페이지** cosmopolitain-restaurant.fr/

툴루즈에서 가장 오래된 바
오 페르 루이 Au Père Louis

1889년 툴루즈 출신의 와인 애호가 루이 시모르가 개업한, 툴루즈에서 가장 오래된 와인 바. 40년대의 벽화를 그대로 보존해 옛날 모습을 간직하고 있다. 대대로 이어져 내려오는 전통을 고수하며 심플하고 맛있는 음식과 훌륭한 품질의 지역 와인을 소개한다. 가장 인기 많은 대표 주류는 와인에 설탕과 여러 아로마 허브를 넣어 만든 르 퀸퀴나Le Quinquina. 사람들이 대화하며 식사와 와인을 즐기길 바라는 마음에 오 페르 루이에서는 음악을 틀지 않는다. 모두가 좋은 와인과 따뜻한 음식, 편안한 대화를 즐길 수 있다.

Data 지도 407p-C
가는 법 메트로 A선 Esquirol에서 도보 3분 주소 45 Rue des Tourneurs, 31000 Toulouse
전화 0561-213-345
운영시간 월~토 10:00~15:30, 18:00~23:00

셀레브러티 셰프의 요리를 맛보자
미셸 사란 Michel Sarran

툴루즈 대학교 바로 옆에 위치한, 미슐랭 별 두 개를 단 다이닝 레스토랑. 유명한 요리 경연 프로그램 프랑스 버전 〈마스터셰프〉의 심사위원으로 잘 알려진 미셸 사란이 그의 이름을 걸고 운영한다. 실내 정원이 있는 모던한 1층과 아늑한 가정집 분위기의 2층 공간으로 구성되어 있다. 신선한 육류와 해산물 모두 추천한다. 계절 식재료가 셰프 사란의 손에서 창의적이고 예술적인 요리로 빚어져 눈과 입 모두 즐거운 경험을 하게 될 것이다. 치즈와 디저트, 와인 메뉴까지 꼼꼼히 신경 써 입장하는 순간부터 냅킨을 두고 일어날 때까지 행복에 도취될 것이다.

Data 지도 지도 406-C
가는 법 메트로 B선 Compans Caffarelli역에서 도보 4분
주소 21 boulevard Armand Duportal, 31000, Toulouse
전화 0561-123-232 운영시간 월, 화, 목, 금 12:00~13:45, 20:30~21:45, 수 20:30~21:45 가격 4코스 세트 75유로
홈페이지 www.michel-sarran.com/fr/

화려한 경력의 셰프가 마침내 정착한
르 비벙 Le Bibent

30년간 파리에서 리츠 호텔과 크리용, 본인 소유의 레스토랑 세 곳에서 요리하다, 남부로 내려와 아름다운 공간에서 편안한 음식을 선보이는 셰프 크리스티앙 콩스탕의 레스토랑. 1881년 세워진 건물에 바로크와 아르 누보풍으로 인테리어한 르 비벙은 2010년 카피톨 광장에 문을 열었다. 옥시탄어로 '잘 마시다'라는 뜻의 비벙에서는 와인뿐 아니라 음식도 술술 넘어간다. 전 메뉴는 홈메이드로 건강하고 신선하다. 생선과 육류 모두 맛있다. 아침 식사는 7시 반부터 시작되어 일찍부터 콩스탕 셰프의 오감 만족 메뉴를 맛볼 수 있다. 요리와 잘 어울리는 생맥주와 와인들이 훌륭하며 여름에는 테라스를 개방하여 툴루즈에서 가장 번화한 광장의 풍경을 감상하며 식사할 수도 있다. 지하에는 최대 20명 정도 수용 가능한 단체 다이닝 룸도 마련되어 있다.

Data 지도 407p-A
가는 법 메트로 A선 Capitole **주소** 5 Place du Capitole, 31000 Toulouse **전화** 0534-301-837 **운영시간** 매일 07:30~23:30
가격 버섯 리조또 24유로, 카술레 30유로 **홈페이지** lebibent.com

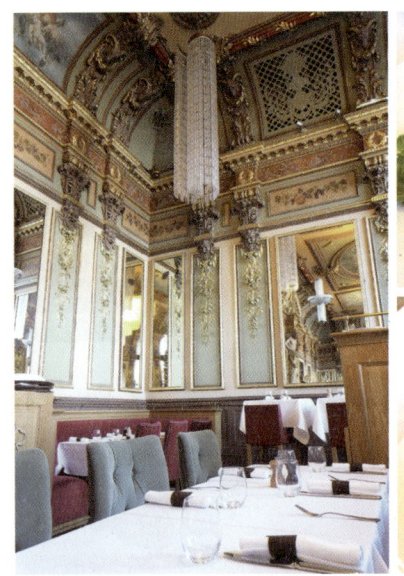

미식가들과 와인 애호가들을 위한 넓은 공간
알리망타시옹 Alimentation

알리망타시옹은 원목과 철재로 세련되고 현대적으로 꾸민 통유리 건물에서, 술과 음식, 식재료를 판매한다. 리큐르와 와인, 샴페인이 꽉 들어차 있어 어떤 것을 마시고 사갈지, 한참을 고민하게 되는 술의 천국. 실력 좋은 소믈리에가 상주하여 남프랑스 와인 초보자에게도 딱 맞는 한 병을 선택할 수 있도록 친절히 돕는다. 또한 신선한 식료품을 판매하고 조리된 요리를 포장해 가져갈 수 있도록 하여 낮부터 밤까지 다양한 고객층을 만족시키는 공간이다. 조리 과정을 볼 수 있도록 주방이 개방되어 있어 주문한 것을 기다리는 시간이 지루하지 않다.

Data 지도 407p-B
가는 법 메트로 A, B선 Jean-Jaurès에서 도보 4분
주소 3 Rue Maurice Fonvieille, 31000 Toulouse
전화 0562-270-002 운영시간 화~토 10:00~02:00
홈페이지 www.lalimentation.fr/

건강한 티룸
샌디안 Sandyan

미슐랭 별 2개를 받은 람피트리옹 레스토랑의 셰프 야닉 델페크가 문을 연 툴루즈 최초의 티룸. 차뿐만 아니라 식사도 제공된다. 양이 많지 않아 가벼운 한 끼 또는 오후의 스낵으로 먹기 좋다. 비주얼에도 정성을 아끼지 않아, 눈이 즐거운 요리들이 연이어 나오는 코스 메뉴를 추천한다. 점심 시간에는 매크로바이오틱macrobiotic (제철 음식을 뿌리부터 껍질까지 전부 먹는 것)을 콘셉트로 한 도시락 메뉴를 선보인다. 신선한 계절 메뉴를 사용하는 것은 물론이고 페이스트리는 직접 매장에서 만든다. 간단한 단일 메뉴 또는 빵만 사가지고 갈 수 있는 매장은 식당 아래층에 있다.

Data 지도 407p-A
가는 법 메트로 B선 Jeanne d'Arc에서 도보 3분
주소 54 bis Rue Alsace Lorraine, 31000 Toulouse
전화 0561-214-564
운영시간 월 11:30~18:00, 화~토 11:30~23:00
홈페이지 www.sandyan.fr

아늑한 와인 바
넘버 파이브 와인 바 No.5 Wine Bar

11년간 프로데구스타시온Prodégustation을 운영해온 감각 분석가 토마 카브롤과 소믈리에 앤 카브롤이 운영하는 핫한 와인 바. 2015년 여름, 와인 전문 매체 〈와인 스펙테이터〉에서 프랑스 와인바 TOP 12 중 하나로 꼽힌 바 있으며 20여 개국의 2,300여 종의 와인을 취급한다. 와인과 어울리는 부담 없는 가격의 타파스, 트러플, 치즈, 햄, 빵 등도 모두 최고의 농장과 베이커리 등에서 공수해온다. 크지 않지만 오래 머물고 싶은 아늑한 공간은 시크한 인테리어로 심플하게 꾸몄다.

Data 지도 407p-C 가는 법 메트로 A선 Esquirol역에서 도보 4분
주소 5 Rue de la Bourse 31000 Toulouse 전화 0561-384-451
운영시간 매일 18:00~02:00 가격 치즈 플래터 10유로 홈페이지 www.le5winebar.fr/

TIP 툴루즈 까술레 cassoulet
황금빛이 돌 때까지 고기를 오븐에서 오래 구워 말린 콩 등을 넣고 푹 끓여 따듯하게 먹는 툴루즈 대표 음식. 툴루즈 소시지가 주 재료로 사용되지만 양고기나 거위로도 만들 수 있다. 콩을 12시간이나 불려야 하고 돼지 껍질과 뼈도 함께 넣어 오래 끓여야 하기 때문에 정성이 많이 들어간 음식이다. 소시지와 고기는 따로 익혀 준비해야 하며 육수를 8번에 나누어 붓고 끓이고를 반복한다. 이렇게 손이 많이 가기 때문에 맛이 깊고 진하다는 것이 장점. 또 툴루즈에서는 1976년부터 포도를 지역에서 재배하기 시작했는데, 26헥타르에 이르는 칸디 도멘에서 300개 이상의 포도 종을 키워 맛있는 로컬 포도주를 빚으니 까술레와 반주하여 마셔보자.

BUY

연약하고 아름다운 보랏빛 꽃 바이올렛의 모든 것
라 메종 드 비올레트 La Maison de la Violette

19세기 툴루즈에 상륙한 바이올렛 꽃은 1854년부터 툴루즈에서 자라기 시작했다. 바이올렛은 기원전 400년 전부터 고대 그리스 여성들이 의학과 미용을 목적으로 재배하여 널리 쓰였다. 400여 종이 넘게 있지만 툴루즈에서 나는 종의 특징은 꽃잎이 겹쳐 나고 향기가 무척 진하며 중심은 흰색이며 겉은 라일락 색을 띠고 온실에서 자란다는 것이다. 바이올렛은 겨울 꽃이지만 이곳에서는 일년 내내 볼 수 있다. 매년 2월에는 카피톨 광장에서 비올레트 축제가 열린다. 툴루즈의 대표적인 산업 중 하나였을 때에는 바이올렛 재배자가 600명이 넘었으나 현재는 딱 10명뿐. 라 메종에서는 꽃잎에 설탕을 입혀 말린 캔디, 증류하여 빚은 리큐르, 향초, 차 등 꽃으로 만들 수 있는 모든 제품을 판매한다. 툴루즈의 비올레트 산업의 역사를 간단히 설명한 작은 전시도 가게 한편에 마련되어 있다. 기차역 앞 하천가에 있는 작은 보트가 상점이자 전시관. 독특한 외관으로 사진 찍고 방문하는 재미가 쏠쏠하다.

Data 지도 406p-B
가는 법 메트로 A선 Marengo SNCF역 바로 앞
주소 2 Boulevard Bonrepos, 31000 Toulouse
전화 0561-990-130
운영시간 월~토 10:00~12:30, 14:00~19:00
가격 바이올렛 크리스탈 사탕 150g 5.60유로 홈페이지 www.lamaisondelaviolette.com/fr

툴루즈를 대표하는 또 다른 식물
그레인 드 파스텔 Graine de Pastel

툴루즈가 르네상스 시대에 세계 무역의 중심지 중 하나로 활약할 수 있었던 이유는 바로 '파스텔Pastel'이라는 식물 덕분이다. 고대부터 염료와 의료 목적으로 사용되어 온 파스텔은 툴루즈 일대에서 널리 재배된다. 노란 꽃잎을 말려 뽑아 얻는 푸른 염료는 유럽 전역에서 인기를 끌었다. 옛 기록에서 파스텔의 피부 진정, 화상 치료 등과 관련한 효과를 발견한 것이 이 브랜드를 탄생시켰다. 그레인 드 파스텔의 두 주인은 오랜 경험과 지식을 바탕으로 2003년 회사를 창업하여 천연 파스텔 오일의 단백질과 콜라겐 등을 추출하여 넣은 친환경적 화장품을 개발하였다. 자연 친화적이고 효능도 좋은 화장품을 찾는다면 들러보자. 향이 좋고 포장도 예뻐 작은 용량의 핸드크림 등은 선물로 좋다.

Data 지도 407p-D 가는 법 메트로 B선 François-Verdier에서 도보 5분 주소 4 Place Saint-Étienne, 31000 Toulouse 전화 0582-753-283 운영시간 월~토 10:00~13:00, 13:30~19:00 가격 바디크림 100ml 25.95유로(Pass Tourisme 소지자 모든 상품 10% 할인) 홈페이지 www.grainedepastel.com

100개 이상의 맛있는 음식 가판대
빅토르 위고 시장 Marché Victor Hugo

1896년 처음 문을 연, 프랑스에서 역사가 깊은 시장이다. 1827년 툴루즈 도시를 에워싸던 벽을 허물고 현재 시장터가 닦였다. 처음에는 벼룩시장과 목재를 팔던 곳이었으나 철수하고 1892년 빅토르 위고 시장이 열렸다. 283여 개의 가게가 들어서 당시 툴루즈 일대에서 가장 큰 규모의 시장이었다. 현재의 시장은 1959년 재정비된 것으로, 100개의 상점과 700여 대의 차량을 수용 가능한 주차 공간을 포함하여 방문을 더욱 용이하게 했다. 툴루즈 소시지와 델리 음식을 파는 메종 가르시아, 푸아그라와 카술레를 파는 메종 사마란, 카피톨 광장에도 지점이 있는 해산물 마레 툴루잔, 치즈를 파는 하비에르와 베티 등이 시장에서 찾아봐야 할 대표 가게들. 계단을 통해 위층으로 가면 시장에서 파는 신선한 재료로 요리하는 레스토랑들이 모여 있다.

Data 지도 407p-B 가는 법 메트로 A, B선 Jean-Jaurès역에서 도보 2분 주소 Place Victor Hugo, 31000 Toulouse 운영시간 화~일 07:00~14:00 홈페이지 www.marche-victor-hugo.fr

SLEEP

시내 중앙, 메트로 역 바로 옆에 위치한 호텔
호텔 머큐어 윌슨 Hotel Mercure Wilson

카피톨 광장과 도보 5분 거리에 있어 시내 관광지와 가깝다. 현대적인 인테리어와 넓은 라운지, 바, 레스토랑을 갖추고 있다. 몇몇 객실에는 미니바가 있으며 업그레이드룸에는 아이팟 도크와 개별 테라스가, 스위트룸에는 별도 살롱이 마련되어 있다. 하루 15유로를 추가로 지불하고 주차 시설을 이용할 수 있다. 서비스가 친절하며 툴루즈 관광도 성심성의껏 도와준다. 호텔 주변 골목들은 툴루즈에서 가장 유명한 바들이 자리한 곳이라 밤늦게까지 활기를 띤다. 머큐어 호텔 그룹 소속, 총 객실 수 95개.

Data 지도 407p-B
가는 법 메트로 A, B선 Jean-Jaurès역에서 도보 4분 **주소** 7 Rue Labeda, 31000 Toulouse
전화 0534-454-060
홈페이지 bit.ly/3l47htd

생텍쥐페리가 묵었던 세련된 호텔
르 그랑 발콩 Le Grand Balcon

47개의 시크하고 미니멀한 인테리어의 객실을 갖춘 5성급 호텔로, 카피톨 광장이 한눈에 들어오는 전망을 갖췄다. 구와 신이 조화를 이루며 유쾌하고 모던하게 장식한 이 호텔은 디자이너 장 필름 누엘의 작품. <어린 왕자>의 작가 생텍쥐페리가 살던 건물인 이 호텔은 파일럿이었던 그를 기리듯 '비행'을 주제로 꾸며졌다. 스위트룸은 개별 라운지가 따로 마련되어 있다. 1930년대를 테마로 꾸며진 스위트룸도 있다. 60, 70년대 스타일의 칵테일 바와 2개의 회의실도 갖추고 있으며 조식은 1층 식당에서 제공한다.

Data 지도 407p-A
가는 법 메트로 A선 Capitole 역에서 도보 1분
주소 8/10 Rue Romiguières 31000 Toulouse
전화 0534-254-409
홈페이지 www.grandbalconhotel.com

접근성 좋은 모던한 호텔의 편안한 잠자리
호텔 풀만 툴루즈 성트르
Hôtel Pullman Toulouse Centre

카피톨 광장과는 도보 10분, 공항에서 차로 15분 거리의 고급 호텔. 객실은 차분한 톤으로 우아하게 꾸며져 있다. 편안한 침구와 방음 시설이 숙면을 보장한다. 칵테일 바와 라운지, 레스토랑도 호텔 내 자리하며 피트니스룸도 마련되어 있다. 발렛이 가능한 주차장이 있고 공항 셔틀도 운영한다. 최신 설비의 회의실과 각종 행사를 위한 연회장도 있다. 친절한 프런트 데스크가 24시간 운영된다. 12세 미만 아이는 1명에 한하여 부모 동반 시 무료 투숙 가능하다.

Data 지도 406p-B
가는 법 메트로 A선 Marengo-SNCF에서 도보 5분
주소 84 Allées Jean Jaurès, 31000 Toulouse
전화 0561-102-310
홈페이지 bit.ly/3nnCM8f

훌륭한 식당을 갖춘 경제적인 3성 호텔
호텔 르 페르 레옹
Hôtel Le Père Léon

시내 한가운데 에스퀴롤 광장에 자리한 3성 호텔. 툴루즈 도심에 위치하여 여러 명소들과 가깝고 주변에 카페와 식당도 많다. 방음이 잘 되어있는 전 객실은 추가 요금을 지불하면 호텔 내 프렌치 브라서리 레스토랑에서 조식을 먹을 수 있다. 호텔보다 식당이 더 유명하니, 툴루즈 맛집을 따로 찾을 필요 없이 호텔의 브라서리에서 식사를 해보자. 주차 시설은 1일 26유로로 이용 가능. 아기 침대 구비, 애완동물 반입 금지.

Data 지도 407p-C
가는 법 메트로 A선 Esquirol에서 도보 1분
주소 2 Place Esquirol, 31000 Toulouse
전화 0561-217-039
홈페이지 www.pere-leon.com

여행 준비 컨설팅

철저한 준비가 양질의 여행을 만든다. 무방비 상태의 여행과 열심히 준비하여 떠나는 여행은 다를 수밖에 없다. 꿈에 그리던 남프랑스의 모습이 눈앞에 펼쳐지기 전까지 차근차근 알찬 여행을 준비해보자.

D-80

MISSION 1 여행 일정을 계획하자

여행의 스타일을 결정하자

누구와 가는지 무엇을 할 것인지에 따라 여행 스타일이 달라진다. 액티비티를 모두 배제하고 관광과 맛집 탐방이 주가 되는 여행을 해도 좋고, 박물관에 관심이 없다면 니스에서의 일정은 간소화하고 주변 소도시를 돌아보는 스케줄이 좋을 것이다. 친구와 가는지, 부모님을 모시고 가는 것인지에 따라 일정을 결정하는 요인이 되니 여행 동행자의 성격도 고려하자.

출발일을 정하자

남프랑스는 점점 인기를 끄는 유럽 여행지다. 연중 온화한 날씨로 한겨울을 제외하고 일관성 있는 모습으로 맞이한다. 각 여행지마다 축제가 있는지 미리 알아보고 일정을 정하는 것이 좋다. 〈남프랑스 홀리데이〉에서 소개하는 각 도시별 연중 축제 일정을 참고하는 것이 도움이 될 것이다. 축제 시기나 성수기에는 교통편이 잦아 편리하다는 이점이 있으나, 사람이 너무 많이 몰리면 예약이 어렵거나 버스, 기차를 타지 못하는 불상사가 발생할 수 있다는 단점도 있다. 성수기에는 소도시에도 여행객들이 많다는 점에 유의하자.

여행 기간을 결정하자

남프랑스의 도시들은 각각의 개성이 달라 꼭 가야 하는 도시 몇 개를 꼽는 것이 어렵다. 도시 자체는 그리 크지 않아도 볼 것, 할 것, 먹을 것이 많기 때문. 책에서 골라 보고 그에 따라 여행 기간을 정하도록 하자. 툴루즈, 마르세유, 니스와 같이 남부에서 큰 도시들은 2박 3일이 기본이라 할 수 있다. 액티비티를 하고, 근교도 가보고 싶다면 1~2박씩을 추가하여 넉넉하게 일정을 짜면 좋다. 작은 규모의 도시에서는 당일치기 여행을 계획한다.

D-60
MISSION 2 항공권을 확보하자

어떻게 살까?
항공사, 여행사마다 가격이 다르고, 언제 구입하느냐에 따라서도 가격 차이가 난다. 여행사 홈페이지나 항공사 홈페이지 등을 돌아보며 최저가를 찾아보자. 이용하는 마일리지 적립 프로그램이 있다면 마일리지를 적립할 수 있는 항공사 위주로 찾아보자. 약 두 달 전쯤에는 항공권을 구입하길 추천한다. 성수기에는 표가 없거나 애매한 시간의 표만 남을 수 있다.

어떤 표를 살까?
현재 인천국제공항과 니스, 마르세유, 툴루즈를 바로 연결하는 직항편은 없다. 대한항공, 아시아나항공을 비롯하여 여러 항공사가 런던, 파리 등을 경유하여 운행한다.

표를 살 때 주의할 점은?
❶ 티켓의 조건을 확인하자
스톱오버의 여부, 마일리지 적립 가능 여부, 허용하는 짐의 무게, 취소, 변경 수수료 등 발권 관련한 여러 사항을 꼼꼼히 읽어 보자.

❷ 공항세TAX를 확인하자
항공권이나 여행상품에 유류할증료 및 공항시설 사용료 등 실제 소비자가 지불해야 하는 총 금액을 표시하도록 되어 있다. 비행기 티켓 가격만 보지 말고, 세금을 포함한 총 금액으로 확인하자.

❸ 경유지에서의 체류 시간을 확인하자
가격이 싸다고 다 좋은 것은 아니다. 비행기를 갈아탈 때 공항에서 한나절 이상 대기해야 하는 경우도 있고, 당일 연결이 안 되는 경우도 있다. 공항 밖으로 나와 다음날 비행기로 갈아타야 할 경우 경유지에서 숙박비와 이동 비용까지 발생하면 결코 싼 게 아니다. 직항 항공권이 아닌 경우에는 경유 조건을 꼭 따져봐야 한다.

❹ 발권일을 지키자
예약을 해두었어도 발권하지 않으면 내 표가 아니다. 특히 성수기에는 발권을 미루다가 좌석 예약이 취소될 수도 있으니 주의하자. 유류할증료는 발권일에 따라 결정된다.

❺ 좌석 확약을 받았는지 확인하자
좌석 확약이 안 된 상태로 출국하면 돌아오는 항공편을 구하기가 어려울 수 있다. 항공권의 'Status'란에 OK라고 표시 되어 있는지 확인하고 미심쩍으면 해당 항공사에 전화해 좌석 확약 여부를 확인하자.

항공권 검색 사이트
- 구글 항공권 www.google.com/travel/flights
- 네이버 항공권 flight.naver.com
- 인터파크 sky.interpark.com/
- 와이페이모어 www.whypaymore.co.kr
- 웹투어 www.webtour.com

MISSION 3 여권을 확인하자

어디에서 만들까?

여권은 외교통상부에서 주관하는 업무다. 서울에서는 외교통상부를 포함한 대부분의 구청에서, 광역시를 비롯한 지방에서는 도청이나 시청의 여권과에서 편리하게 발급받을 수 있다. 인터넷 포털 사이트에서 '여권 발급 기관'을 검색하면 서울 및 각 지방 여권과에 대해 자세한 안내를 받을 수 있으니 가까운 곳을 찾아 방문하자.

어떻게 만들까?

전자여권은 타인이나 여행사의 발급 대행이 불가능하기 때문에 본인이 신분증을 지참하고 신청해야 한다. 단, 18세 미만은 대행 가능하다. 여권 발급은 접수 후 3~7일이 소요된다. 비행기 표를 구입할 때 여권 번호를 기입하지 않으면 임시 번호로 자동 저장이 되니 출발 전까지 올바른 여권 번호를 기입해야 한다.

여권 발급 신청 준비물
- 여권발급신청서
- 여권용 사진 2매
- 주민등록등본 1통
- 신분증(주민등록증이나 운전면허증)
- 발급수수료(10년) 58면 50,000원

여권을 잃어버렸거나 기간이 만료됐다면?

재발급 절차는 여권 발급 때와 비슷하지만 재발급 사유를 적는 신청서가 추가된다. 분실했을 경우에는 분실신고서를 구비해야 한다. 신여권 제도 시행으로 여권의 유효기간이 만료되면 연장하지 못하고 갱신해야 한다는 점도 숙지할 것.

군 미필자는?

25세 이상의 군 미필자는 병무청 홈페이지에서 신청서를 작성하면 신청 2일 후 국외여행허가서와 국외여행허가증명서를 출력할 수 있다. 복수여권 발급도 가능하다. 국외여행허가서는 여권 발급 신청 시 제출하고, 국외여행허가증명서는 출국할 때 공항에 있는 병역신고센터에 제출하면 된다.

어린 아이들은?

만 18세 미만의 미성년자는 부모의 동의하에 여권을 만들 수 있다. 일반인 제출 서류에 가족관계증명서를 지참하면 부모나 친권자, 후견인 등이 신청할 수 있다. 만 12세 이상은 본인이 직접 신청할 수도 있다. 이 경우 부모나 친권자의 여권발급동의서와 인감증명서, 학생증을 지참해야 한다. 본인이나 친권자 등 법정대리인이 신청할 수 없을 때에는 2촌 이내의 친족에게 대리 신청을 위임할 수 있으며, 대리인도 자신의 신분증을 지참해야 한다.

D-40

MISSION 4 숙소를 예약하자

어떤 숙소에 묵어야 하나?

남프랑스 어느 마을에서든지 5성급 럭셔리 호텔과 2~3성급 호텔, 저렴한 호스텔 등 다양한 호텔을 찾을 수 있다. 성수기가 아니라면 괜찮은 숙소를 찾는 것은 문제가 아니다. 허니문이나 특별한 여행이라 좋은 호텔을 예약하고 싶다면 일찌감치 호텔을 찾아보도록 하자. 장기여행자들이 선호하는 한인민박은, 대도시가 아니라면 많지 않으니 간단한 한식은 준비해가는 편을 추천한다.

어떻게 예약할까?

호텔 예약 사이트를 이용하는 것을 추천한다. 비수기에는 다양한 할인 프로모션 행사를 진행한다. 투숙일과 투숙객 수, 원하는 지역, 서비스(무선 인터넷, 주차장 등)를 지정하여 검색해보자. 투숙객들의 후기도 볼 수 있다.

- 부킹닷컴 booking.com
- 호텔스닷컴 hotels.com
- 아고다 agoda.com

D-30

MISSION 5 여행 정보를 수집하자

책을 펴자

여행지의 가장 집약된 정보를 담은 것이 가이드북이다. 가이드북을 보고 가보고 싶은 곳을 체크하여 일정을 짜고 예산을 계산하자. 혹시 모를 상황에 대비하여 책에 표기된 물가보다 여유있게 예산을 잡는 것이 좋다. 〈남프랑스 홀리데이〉를 통해 기본적인 밑그림을 그린 후 추가로 여행지 관련 다른 서적을 찾아보자. 역사, 문화 등 인문학 서적이 도움될 것이다.

인터넷으로 검색하자

다수의 사람이 실시간으로 쏟아내는 정보들로 가득한 인터넷. 본인이 직접 체험한 여행지에 대한 후기를 전해들을 수 있어 생생한 정보를 얻기에 최적이다. 단, 개인 블로그의 경우 주관적인 생각이나 선입견에 기반을 둔 후기가 많다. 여행사에서 운영하는 홈페이지나 카페에도 알찬 정보가 많다. 요즘에는 ChatGPT 등 AI의 도움을 받기도 한다. 궁금한 점을 구체적으로 질문하면 적절한 답변을 얻을 수 있다. 단, 팩트체크는 한번 하는 게 좋다.

- 트립어드바이저 www.tripadvisor.com
- 프랑스 관광청 www.france.fr
- 코트 다쥐르 관광청 cotedazurfrance.com/

D-10

MISSION 6 여행자보험에 가입하자

여행자보험은 왜 들까?

낯선 곳에서 여행을 하며 어떤 일을 겪게 될지는 예상할 수 없는 일이다. 외부 활동이 많아지는 만큼 다치거나 아파서 병원에 가게 될 확률도 높아진다. 의도치 않게 귀중품을 도난당하는 일도 생긴다. 이런 경우를 대비해 가입하는 것이 바로 여행자보험이다. 외국에서 보험 없이 병원을 가게 되면 사소한 진료라도 깜짝 놀랄 만큼 병원비가 많이 나올 수 있다.

보상 내역을 꼼꼼하게 따져보자

패키지 여행 상품을 신청하면 보통 포함되는 것이 '1억원 여행자보험'이다. 얼핏 보면 보상이 큰 듯하지만 사망할 경우 1억 원을 보상한다는 뜻일 뿐, 도난이나 상해 보상금이 1억 원이라는 뜻은 아니다. 대부분의 여행자가 겪게 되는 일은 도난이나 상해가 일반적이다. 이 부분에 보장이 얼마나 잘 되어 있는가를 꼼꼼히 확인해보자. 보상 금액이 올라가면 내야 할 보험료도 많아진다.

보험 가입은 미리 하자

여행자보험은 인터넷이나 여행사를 통해 신청할 수 있고 은행에서도 가입할 수 있다. 출발 전 공항에서 보험사 데스크를 찾아 가입하는 것도 가능하다. 하지만 공항에서 드는 보험이 가장 비싸므로 미리 가입하도록 하자. 항공사 마일리지 적립 등 보험에 들면 혜택을 주는 상품도 많다. 보험사의 정책에 따라서 보험 혜택이 불가능한 항목들(고위험 액티비티 등)도 있으니 미리 확인하자.

증빙 서류는 똑똑하게 챙기자

보험증서와 비상연락처는 여행 가방 안에 잘 챙겨두자. 도난을 당하거나 다쳤을 경우 경찰서나 병원에서 받은 증명서와 영수증 등도 잘 보관해야 한다. 도난을 당했다면 가장 먼저 경찰서에 가서 도난 증명서부터 받을 것! 서류가 미비하면 제대로 보상을 받기가 힘들다.

보상금 신청은 제대로 하자

귀국 후에는 보험 회사로 연락해 제반 서류를 보내고 보상금 신청 절차를 밟는다. 병원 치료를 받은 경우 병원진단서와 병원비 및 약품 구입비 영수증 등을 모두 첨부한다. 도난을 당했을 경우에는 '분실Lost'이 아니라 '도난Stolen'이 기재된 도난증명서를 제출해야 한다. 도난 물품의 가격을 증명할 수 있는 쇼핑 영수증도 첨부할 수 있다면 좋다.

D-5
MISSION 7 알뜰하게 환전하자

현금 Cash
신분증을 확인하거나 수수료가 붙는 일 없이 지갑에서 바로 꺼내 쓸 수 있다. 남프랑스 작은 도시에서는 환전소를 찾는 것이 그리 쉽지 않으니 호텔에 물어보는 것이 가장 빠르다. 호텔에서 직접 환전을 해주거나 수수료가 가장 낮은 환전소 혹은 은행을 소개해줄 것이다.

신용카드 Credit card
현금에 비해 안전하고 부피도 작다. ATM에서 현금 서비스도 받을 수 있다. 환율 하락 시기에는 내가 쓴 금액보다 적은 금액이 청구되기도 한다. 단, 해외에서의 신용카드 사용은 복제의 위험에 노출되기 쉽다. 환율 상승 시에는 내가 쓴 금액보다 더 많은 금액이 원화로 청구되기도 한다. 현지에서 도난, 분실하는 경우에는 바로 카드사에 신고해야 불상사를 막을 수 있다.

현금카드 Debit card
내 통장에 있는 현금을 현지 은행 ATM에서 화폐로 바로 인출할 수 있다. 알 수 없는 환율 상황일 때에는 높은 환율에 통째로 환전하는 위험을 줄일 수 있다. 단점은 현금 인출기를 이용하는 경우 현지 은행 수수료를 물게 되는 경우도 있기 때문에, ATM에서 수수료를 따져 봐야 한다. 핸드폰에 환율 애플리케이션을 설치하고 가면 현지에서 계산해볼 수 있다. 또 출금 시점의 환율이 적용되기 때문에 여행 도중 환율이 오를 수도 있다. 해외에서 사용할 수 있는 Union Pay나 Plus, Cirrus 등의 마크가 있는 국제현금카드를 준비하도록 한다. 마그네틱 선이 손상되거나 비밀번호 입력 오류로 정지될 수 있으니 2장 이상의 카드를 준비하자.

D-1

MISSION 8 완벽하게 짐을 꾸리자

짐을 다 싸고 나면 반드시 체중계에 무게를 달아보도록 하자. 허용된 수하물 무게를 초과하면 추가 요금을 지불해야 하기 때문이다. 수하물 무게 규정은 항공권을 구입할 때 확인하자.

꼭 가져가야 하는 필수품

여권 여권 없이는 출국 자체가 불가하다. 여행 중 여권을 분실할 수 있는 상황을 대비하여 여권 사본과 여권 사진을 챙긴다.

항공권 이메일로 받게 되는 전자티켓을 출력해 가자. 출국 시 여권만 제출해도 발권되지만 입국심사에서 출국일과 여행 일정 등을 확인하며 요청할 수 있다. 깜빡했다면 공항에 있는 인터넷 라운지에서 출력하면 된다.

여행 경비 현금, 신용카드, 현금카드 등 빠짐없이 준비한다.

각종증명서 국제운전면허증, 국제학생증, 여행자보험 등.

의류 & 신발 여름에 여행을 하더라도 밤공기가 찰 수 있으니 카디건을 챙기자. 에어컨을 가동하는 실내에서도 유용하다. 유럽의 거리는 포장도로가 아닌 돌길! 많이 걸어 다닐 것을 생각하여 편한 신발로 준비한자. 바다를 즐기고 싶다면 아쿠아슈즈도 챙기자.

가방 여행 중 쓸 가방은 지퍼 있는 크로스백으로 준비한다. 남프랑스 치안은 좋은 편이지만 백팩이나 에코백 등은 권하지 않는다.

우산&모자&선글라스 휴대하기 가벼운 접이식 우산을 가져가도록 한다. 미리 일기 예보를 확인하면 한 달간의 날씨는 미리 알 수 있으나 변수가 있으니 대비하는 것이다. 여름철 여행객이라면 뜨거운 태양을 가려줄 모자와 선글라스는 필수.

자물쇠 호스텔 도미토리를 이용할 배낭여행자라면 꼭 필요하다. 숙소 사물함에 채울 수 있는 자물쇠를 꼭 챙기자. 챙기지 못했다면 인천국제공항에서 구입할 수 있으며 현지 호스텔에서도 대부분 판매한다. 그러나 한국보다 비싸다.

세면도구 호텔에서 묵는다면 샴푸, 비누 등은 제공되니 칫솔과 치약만 챙겨가도록 한다.

비상약품 모기약, 감기약, 소화제, 진통제, 지사제, 반창고, 연고, 파스 등 비상약을 준비한다.

생리용품 평소 본인이 사용하는 것은 외국에서 찾기 어려울 수 있다.

카메라 충전기나 보조 배터리, 메모리 카드와 리더기도 챙겨 가도록 한다.

휴대전화 여행 시 데이터는 유심칩, 이심(eSIM)을 구매하거나 자신의 통신사에서 자동로밍을 신청하면 된다. 쿠팡 등에서 말톡유심(이심)을 미리 구매할 수 있다. SK나 KT 등의 자동로밍도 혜택이 많아져서, 여행 기간이 열흘 이상이라면 비싸지 않고 편리하게 사용 가능하다.

가이드북 남프랑스 어디에서든, 어떤 상황에서든 도움이 될 〈남프랑스 홀리데이〉를 반드시 챙기자. 긴 비행 중 지루할 때 읽으며 든든한 여행 동반자와 친해져보자.

가져가면 편리한 준비물

지퍼백 빨아야 할 옷이나 남은 음식 보관 등 용도는 무궁무진하다.

손톱깎이&면봉 없으면 꽤나 아쉽다.

물티슈 작은 것으로 준비하면 유용하다.

반짇고리 단추가 떨어지거나 가방이 망가졌을 때 필요하다.

MISSION 9 남프랑스로 입국하자

인천국제공항에서 출국하기

1. 항공사 카운터 확인
출발 2시간 전까지 공항 3층 출국장으로 간다. 운항 정보 안내 모니터를 보면 해당 항공사 체크인 카운터를 확인할 수 있다.

2. 탑승 수속
해당 항공사의 카운터로 가서 여권과 항공권을 제출하고 보딩 패스를 받는다. 원하는 좌석이 있다면 수속 시 요청한다.

3. 짐 부치기
일반적인 이코노미 클래스의 항공수하물은 20kg까지 허용한다(저가 항공 제외). 칼, 면도기, 발화 물질, 100ml 이상 액체, 젤 등 기내 반입 금지 물건은 항공 수하물 안에 넣도록 한다.

4. 보안 검색
보석이나 고가의 물건을 휴대하고 있다면 세관에 미리 신고하자. 들고 있던 짐은 검색대에 두고 탐지기를 통과한다.

5. 출국 수속
출국심사대에서 여권과 보딩 패스를 보여주면 심사 후 통과할 수 있다. 출국심사를 받을 때에는 모자와 선글라스 등을 벗어야 한다. 공항에서 자동출입국심사를 신청하면 인천국제공항 출입국 시 심사대를 거치지 않고 여권과 지문만 심사 기계에 체크 후 통과할 수 있다.

6. 탑승
탑승구에는 출발 30분 전에는 도착해야 한다. 외항사의 경우 모노레일을 타고 별도의 청사로 이동해야 하니 주의할 것. 모노레일은 5분 간격으로 운행되며 따로 면세점이 있다.

니스 / 마르세유 / 툴루즈로 입국하기

직항편이 없기 때문에 환승에만 유의하면 문제없다. 행사가 있는 기간에는 입국 심사가 길어질 수 있다. 파리에 비해 영어가 능숙하지 않은 사람들이 많아 '봉주르'로 인사말이라도 건네면 한층 더 친절한 심사원의 모습을 볼 수 있을 지도.

1. 공항 도착
공항에 비행기가 도착하면 빠지는 것 없이 짐을 챙겨서 내린다.

2. 입국심사
NON-EU 또는 ALL(비EU소속 국가 여행자를 위한 창구, 모든 입국자를 심사하는 창구)이라 표시된 입국심사대를 통과한다. 얼마 동안 머무는지, 어디에서 묵는지 등 간단한 질문을 물어보고 통과시켜 준다.

3. 수하물 찾기
짐 찾는 곳에서 항공편에 따라 수하물이 나오는 레일 번호가 표시된다. 짐이 나오지 않는다면 배기지 클레임 티켓을 가지고 탑승했던 항공사로 수화물 분실 신고를 한다. 짐을 찾게 되면 숙소로 보내주니 숙소 주소와 연락처, 여행자 개인 번호 등을 남긴다.

4. 시내로 이동하기
니스, 마르세유, 툴루즈 공항에서 도시로 이동하는 방법은 각 도시 정보를 참조하자. 공항이 있는 도시들은 대중교통이 잘 되어 있어 시내까지 가기 어렵지 않다.

꼭 알아야 할 남프랑스 필수 정보

시차 10월 말~3월 말에는 한국보다 8시간 늦고, 3월 말~10월 말은(서머타임) 한국보다 7시간 늦다.

언어 프랑스어를 사용한다.

종교 보통 가톨릭이다. 도시, 마을마다 수호성인이 있고 각 성인의 날이나 축제가 열린다. 여느 유럽 국가와 마찬가지로 종교의 자유가 보장되어 소수 종교를 믿는 사람들도 있다.

기후 해양성 기후와 대륙성 기후를 모두 가지고 있는 사계절의 지역. 온도와 기후가 한국과 크게 차이가 없어 한국에서 입는 대로 옷을 준비해가면 되지만 여름에는 습도가 없는 쨍쨍한 햇살을 만끽할 수 있으며, 이는 늦은 가을까지 이어져 한겨울을 제외하고는 오후에 가벼운 차림으로 충분하다.

통화 유로(EUR)를 사용한다. 1유로 1,625원 (2025년 4월 기준)

전압 220V, 50Hz로 우리나라에서 사용하는 가전제품을 그대로 사용할 수 있다.

전화 로밍을 하거나 스마트폰의 경우 유심을 사서 끼워 그대로 사용할 수 있다. 유심칩을 교체할 필요없는 이심(eSIM)도 많이 쓴다.

대사관의 업무

주소 125 Rue de Grenelle, 75007 Paris
가는 법 메트로 13호선 Varenne 역에서 도보 5분
긴급연락처 (주간) +33-1-4753-0101 / (근무시간 외) +33-6-8028-5396
운영시간 월~금, 09:30~18:00(비자 09:30~12:00)
홈페이지 overseas.mofa.go.kr/fr-ko/index.do

INDEX

SEE

가론강과 운하	417
가리발디 광장	091
갈리마르	188
고대 극장	344
교황청	319
국제 향수 박물관	190
그랑 메르 해변	284
깐느 구시가지	160
깐느 구항구	160
꼬몽 예술센터	301
노트르담 가루프 성당	218
노트르담 데스페랑스 성당	161
노트르담 뒤 푸이 성당 (그라스 대성당)	195
니스 구시가지	088
니스 생트 레파라트 대성당	088
니스 항구	094
니스의 해변	085
니체 산책로	122
님 대성당	366
님 아레나	363
라 다스 항구	127
라 메종 데 파피용	237
라 파나세	390
랑글로와 다리	348
레 자바트와	412
레린섬	164
레키엥 박물관	325
로셰 데 돔 공원	325
르 호세 해변&가루프 해변	217
르가르 드 프로방스 박물관	262
마뉴 탑	367
마르세유 르 파니에 (구시가지)	260
마르세유 마조르 대성당	259
마르세유 항구와 관람차	255
마세나 광장과 알베르 1세 정원	087
마세나 박물관	091
마크 샤갈 미술관	090
마티스 미술관	089
말라 해변	145
말메종	161
매그 재단 박물관	114
메종 카레	362
몰리나르	184
몽펠리에 대성당	389
몽펠리에 식물원	388
몽펠리에 오페라	386
뮤셈	257
미라보 거리	300
바스티드 뒤 자스 드 부팡	303
바스티옹 생 하우메	218
바실리크 노트르담 드 라 가르드	258
바자렐리 재단	306
벰베르그 재단 호텔 다세자	414
벽화(깐느)	162
보 자르 미술관-롱삼 궁전	265
보그레니에 공원	216
빌라 그레크 케릴로스	137
빌라 레 카멜리아스	144
빌라 산토 소스피르	141
빌라 에프루시 드 로스차일드	140
빌라 투레 정원	217
빌라 프라고나르	194
쁘띠 아프리크 해변	136
생 로크 성당	388
생 마게리트섬	165
생 미셸 성당(라 투르비)	131
생 미셸 성당(카시스)	285
생 베네제 다리	326
생 빅토르 수도원	262
생 세르닝 바실리카	413
생 토노라섬	172
생 트로핌 성당	345
생 폴 드 방스 공동묘지	115
생 트로페 경찰과 영화 박물관	237
샤토 라 코스트	305
성채 해군 박물관	236
성채와 4개의 박물관	127
시테 드 레스파스	421
식물원(툴루즈)	419
아농시아드 박물관	235
아틀리에 세잔	304
아를 고고학 박물관	345
아를 아레나	341
아비뇽 대성당	320
아우구스투스의 트로피	132
아쿠아스플래시&어드벤처 골프	219
안티곤	390
알리스캉	348
앙글라돈 박물관	322
앙티브 고고학 박물관	214
앙티브 피카소 미술관	213
액상프로방스 생 소베르 대성당	302
에스파스 반 고흐	347
에어로스코피아	422
에즈 성당	123
에즈 열대 식물원	121
오거스탱 박물관	416
이프성	263
일본식 정원	418

자연사 박물관	265
자코뱅 수도원	414
장 콕토와 빌프랑쉬 수르 메르	128
주앙 레 팡	215
지하 비밀통로	344
카레 다트 미술관	364
카레 성채	212
카리에 드 비베뮈스	303
카지노(깐느)	163
카피톨 광장과 극장	410
칸티니 박물관	261
칼랑크 국립공원	281
칼베 박물관	323
캅 당티브	216
코메디 광장	385
콘스탄틴 목욕탕	349
콘피세리 플로리앙	185
콜렉시옹 랑베르	324
콜린성 공원	093
쿠르 줄리앙	256
탐험 박물관	162
툴루즈 박물관	420
툴루즈 생 테티엔 대성당	415
파브르 미술관	387
팔레 데 스포츠	264
팔레 데 페스티발 에 데 콩그레	158
팔로마 & 파사블르 해변	141
팜펠론느 해변	238
페네 박물관	214
페루 광장	387
퐁다시온 빈센트 반 고흐 아를	342
폴롱 예배당	113
퐁텐 정원	366
푸르미 해변	136
프라고나르	186
프라고나르 박물관	194
프로므나드 데 장글레	084
프로므나드 토르스	304
프로방스 예술과 역사 박물관	193
프로방스 의복과 보석 박물관	192
프린세스 폴린 정원	195
프티 팔레 박물관	321
헤아튀 미술관	346
현대미술박물관(니스)	092

EAT

간디	241
넘버 파이브 와인 바	428
라 레제르브	146
라 칸티네타	267
라 쿠르 데 테	220
레덴	147
레 델리카테스 드 그라스	198
레 비뉴	391
레 자르세노	266
레 장팡 루주	392
레스칼리나다	096
레스토랑 르 샨트클레르	095
레스토랑 만텔	166
레스토랑 알베르 1세-해산물 전문점 "셰 모"	222
루 피나툰	199
르 녹턴	370
르 비벙	426
르 제이고	423
르 코스모폴리텐	424
르 크리스탈	220
르 틸뤼	115
르 포와브르 단	306
메종 빌라렛	369
무슈 조르주	424
미셀 사란	425
밀크 숍	329
샌디안	427
솔레이레이스	350
스테이크 앤 셰이크	167
시 르 테 메테 콩테	392
시트뤼스	098
알리망타시옹	427
압생트 바	221
오 페르 루이	425
오 플레지어 데 알	368
오베르지 뒤 비에이유 샤토	197
카페 드 롤로주	167
카페 로열	222
카페 반 고흐	350
코너 비스트로	307
타르트 트로피지엔	240
파스칼스 키친	267
페이퍼 플레인	097
푸 드 파파	328
푸아소네리 로랑	286
프란신	099
화이트 1921의 샴페인 바	240

BUY

갤러리 라파예트(니스)	102
갤러리 라파예트(마르세유)	269
과채 시장(엑상프로방스)	309
그레인 드 파스텔	430
니스 에뜨왈	102

INDEX

당티브 대로	168
라 메종 드 비올레트	429
라 쿠폴	373
라 파퓨머리 라르레시엔느	351
레 독 마르세유	270
레 부지 드 샤루	394
레 부트 드 라 마조르	269
레 알(아비뇽)	331
레 알 시장(님)	371
레 잘레 프로방살	309
레 테라스 뒤 포르	270
로 드 카시스	289
튈레리	372
르 벙 드방 스와	330
르 파니에 데메	393
벼룩시장(니스)	102
빅토르 위고 시장	430
살레야 광장 시장	101
아틀리에 론디니	241
알린 게앙 쇼콜라티에	331
장 메드생 대로	100
카시스 시장	288
칼리송 뒤 로이 르네	308
크루아제트 산책로	168
파펌 가글류스키	200
페이루의 일요일 시장	394
포빌 시장	169
폰다시온 빈센트 반 고흐 아를 라 부티크	351
폴리곤 리비에라	224
폴리곤 몽펠리에 쇼핑몰	393
프라가나르 메종	200
프로마주 세네리-라 페름 사보야드	169
프로방스 시장	223

SLEEP

JW 메리어트	173
그랑 호텔 네그르 코스트	310
그랑 호텔 뒤 미디	395
네그레스코 호텔	103
니스 리비에라	104
라 메종 덱스	310
라 미란드	332
라 바스티드 생 안투앙 - 자끄 시보아	201
라 플라스	227
로열 호텔(앙티브)	226
로열 호텔(님)	375
로텔 파티큘리에 - 아를	352
르 그랑 발콩	431
르 생 폴 호텔 & 레스토랑	116
르 자르덩 데밀	290
메종 알바 호텔 임페라토르	374
베스트 웨스턴 호텔 라 라드	291
브리스톨	333
빌라 생텍쥐페리 비치 호스텔	105
알렉스 호텔	273
에덴 호텔 & 스파	172
이린 호텔	226
카사 오르테가	272
판 데이 팔레	242
풀만 몽펠리에 성트르 호텔	396
호스텔 메이어비어 비치	104
호텔 C2	272
호텔 뒤 쁘띠 팔레	105
호텔 뒤 클로이트르	353
호텔 드 파리	243
호텔 드 프랑스	311
호텔 라 레지덩스 뒤 비유 포르	273
호텔 레 베르제드 생 폴	117
호텔 레지나	333
호텔 르 미스트랄	397
호텔 르 쁘띠 카스텔	227
호텔 르 캔바라 깐느	171
호텔 르 페르 레옹	432
호텔 머큐어 윌슨	431
호텔 베스트 웨스턴 엘릭시르 그라스	201
호텔 벨 리브	225
호텔 세잔	311
호텔 스플렁디드	170
호텔 풀만 툴루즈 성트르	432

꿈의 여행지로 안내하는 친절한 길잡이

최고의 휴가는 **홀리데이 가이드북 시리즈**와 함께~